Fritz Morgenschweis · Im Atem der Zeit

FRITZ MORGENSCHWEIS

Im Atem der Zeit

Predigten zu aktuellen Anlässen

ERICH WEWEL VERLAG MÜNCHEN

Herausgegeben von der
Katholischen Arbeitnehmerbewegung (KAB)
Diözesanverband Regensburg

1. Auflage 1985
Wewelbuch 84

Umschlagentwurf: Alois Schaller, Regensburg
Gesamtherstellung: Verlag und Druckerei G. J. Manz AG, Dillingen
Printed in Germany

ISBN 3-87904-084-2

Geleitwort

Horchen auf den Ruf Gottes
im heiligen Evangelium
und im Bedürfnis der Zeit
(Bischof Georg Michael Wittmann
von Regensburg, † 1832)

Gerne schicke ich dieser Sammlung von Predigten meines verehrten Generalvikars Fritz Morgenschweis ein Geleitwort voraus. Die Katholische Arbeitnehmerbewegung (KAB) der Diözese Regensburg gibt damit den zweiten Band von Predigten ihres langjährigen Diözesanpräses und Betriebsseelsorgers heraus. Sie tut dies zum 65. Geburtstag des Autors und zeigt dadurch ihre Dankbarkeit und Wertschätzung. Zugleich leistet sie dabei einen wertvollen Dienst: Die Predigten werden so einem breiten Leserkreis zugänglich.
Morgenschweis greift hinein in das pulsierende Leben. Hörer und Leser spüren den „Atem der Zeit": sie erkennen sich wieder in den Freuden und Leiden der Alltäglichkeit ihres Lebens und Arbeitens, in ihren Nöten und Sorgen, ihren Gefährdungen und Abgründen, aber auch in ihrer Sehnsucht und Hoffnung.
Die wichtigen Themen unserer Tage kommen zur Sprache: Grenzen des Wohlstands und des Wachstums ebenso wie Verlust der Grundwerte und Arbeitslosigkeit, Umweltverschmutzung, Zukunftsangst und Friedenssehnsucht. Im Atem der Zeit aber läßt der Autor den Leser den Atem Gottes spüren. Vox temporis – vox dei: Stimme der Zeit ist Stimme Gottes!
Die Kirche ist für ihn sowohl Mutter und Lehrmeisterin als auch Schülerin der Wahrheit, die der Zeit gerecht werden muß, ohne sich ihr anzupassen. Morgenschweis ist kein Prophet des Unterganges, kein Künder eines lähmenden Pessimismus oder Defaitismus, freilich auch kein naiver Optimist und schon gar nicht Anhänger eines blinden Fortschrittglaubens.
Es bläst nicht zum Rückzug ins Ghetto, sondern ermuntert die Kirche als Volk Gottes zum Aufbruch in die Welt, im Vertrauen auf den Heiligen Geist, der auch in unserer Zeit wirkt.
Ich bin beeindruckt von dem Glauben an die „ungebrochene Kraft des Evangeliums" (H. Urs von Balthasar), daß Gott auch „aus Steinen Kinder Abrahams erwecken" (Mt 3, 9) und Wasser aus dem Felsen sprudeln lassen kann (vgl. Num 20, 11). Es ist ein erfrischend missionarischer Schwung in diesen Predigten mit der Einladung, mitzuarbeiten an Gottes großer Ernte auch in dieser Zeit (vgl. Mt 9).

Die Sprache ist direkt und unmittelbar. Ein Freund des Generalvikars sagte einmal im Scherz: „In seiner Sprache schmeckt man gelegentlich mehr den Rauch der

Zigarette als den Weihrauch in der Kirche." Das Wort Gottes soll ja bei den Menschen unserer Zeit ankommen. Dies ist im Sinn eines Bischofs Michael Sailer, der einmal schreibt:
„Die Pastoral muß sich bemühen, das Wort Gottes für das Volk verstehbar, für seine Vorstellung behaltbar, für sein Gemüt genießbar und für sein Leben anwendbar zu machen."
Ich wünsche dieser Predigtsammlung eine weite Verbreitung. Ich danke meinem Generalvikar Fritz Morgenschweis für das Zeugnis des Glaubens und der Hoffnung, das er in diesen Predigten ablegt.
Der Katholischen Arbeitnehmerbewegung sage ich Dank, daß sie dieses Werk herausgibt.

+ Manfred Müller.
Bischof von Regensburg.

Regensburg, am Fest des hl. Josef, 19. März 1985

Inhaltsverzeichnis

ST. JOSEF UND HEILIGE

KIRCHENJAHR

KATHOLISCHE SOZIALLEHRE – KATHOLISCHE SOZIALBEWEGUNG

VERBÄNDE – WELTAUFTRAG

Hoffnung

Kirche – unsere Hoffnung?!

„Kirche – unsere Hoffnung", so habt ihr mir es als Thema vorgegeben. Und ihr habt dahinter ein Fragezeichen und ein Ausrufezeichen gesetzt. Ich nehme beide Zeichen an und teile sie mit euch; denn da ist zwischen uns nichts, weder Unterschied der Generation noch des Dienstes, zu dem wir gemeinsam in der Kirche berufen sind. Miteinander teilen wir das Fragezeichen, d. h. die notvolle Bedrängnis, die uns überkommt, ja überkommen muß, gerade weil wir diese Kirche sind und mit dieser Kirche in einem fort in Frage stehen, vor uns selber, vor der Welt, vor den Menschen. Und miteinander teilen wir das Ausrufezeichen, weil es das Signal unserer Sehnsucht ist, wenigstens insoweit, als wir noch nicht die Kraft haben, es zum Signal unseres überzeugenden Glaubens zu machen.

Laßt mich beides in ein paar Worten angehen:

1. Kirche – unsere Hoffnung?

Da ist also zunächst das Fragezeichen und mit ihm unsere Betroffenheit, auch unsere Verlegenheit und unsere Bedrängnis; denn darauf geht es doch hinaus: Ist diese Kirche, so wie wir sie mitten in unserer Zeit erleben, wie wir an ihr leiden und wie wir uns auch an ihr reiben, irgendwie so, daß sie uns und anderen Menschen Hoffnung abgibt? Sind wir selber – da wir doch diese Kirche sind – Zeichen der Ermutigung, Signale der Zuversicht in der Apathie so vieler, vor der schleichenden Resignation, die allenthalben umgeht, zumal wenn ich nicht irre, auch in unserer Kirche und der jungen Generation heute? Nimmt man es uns denn ab, wenn wir singen: „Mit dir, du starker Heiland du, muß uns der Sieg gelingen!"? Bauen wir selber denn darauf, daß mit dieser Kirche etwas auszurichten ist in einer Welt, die lieber auf Atomwaffen und Nuklearphysik baut als auf Gnade und Bergpredigt? Welche Ermutigung fließt denn wirklich über aus dem Schiff der Kirche, dieser Arche des Heiles, in die Rinnsale stumpfer Wurstigkeit und in die Furchen der Angst, die sich durch unsere Gesellschaft hindurch breiter und breiter machen?

Tun wir doch um Himmels willen nicht so, als rechne die Welt noch mit uns und unserer Zuversicht, mit einer Kirche, die mit ihrer eigenen Nabelschau nicht fertig zu werden scheint und die genauso ratlos dasteht, wenn die Menschen etwa im Schwandorfer Raum ihre Frage stellen, was sie denn für eine Antwort auf ihre Ängste habe.
Nur, übersehen wir dabei auch nicht, daß diese Fragwürdigkeit nicht erst heute da ist. Sie gehört zur Kirche wie die Paradoxie des Kreuzes, das seine Hoffnungslosigkeit und Ohnmacht hinaussignalisiert in eine Untergangsstimmung und trotzdem für das Leben steht, für das Morgen, für die Hoffnung! Die Frage steht von Anfang an da. Oder wäre denn einer in jener stürmischen Nacht auf dem See, als die Jünger in ihrem Schiff vor Angst aufschrien, auf die Idee gekommen, zu rufen: Nehmt mich mit!? Wäre es einem denn eingefallen, an jenem Osterabend an die Türen zu trommeln, hinter denen sich die Jünger angstschlotternd verbarrikadiert hatten: Macht auf, nehmt mich hinein, damit ich meine Sorgen für morgen loswerde? Wäre denn einem auf der Straße nach Emmaus die Idee gekommen, sich den beiden Jüngern anzuschließen: Laßt mich mit euch gehen; denn ich weiß mich nicht mehr ein und aus. Sie selber wußten es doch nicht einmal mit ihrem Gestotter: Und wir hatten gehofft, er werde uns eine neue Zeit bringen?
Erspart es mir, jetzt die ganze Kirchengeschichte durchzugehen und all die Hoffnungslosigkeiten aufzuzählen, die es auf dem Weg des pilgernden Gottesvolkes gab, und all die Enttäuschungen derer, die zu dieser Marschkolonne stießen, um sie resigniert wieder zu verlassen wie Schefflers Wanderer: So muß ich traurig durch den Wald als reuig Schäflein traben.
Nein, es ist schon so, wer auf Kirche zugeht, muß gefaßt sein, nicht einfach in Sorglosigkeit, Unbekümmertheit und strahlende Hoffnungslichter zu geraten. Viel eher in eine Sackgasse, an deren Ende er ein verschrockenes oder eher noch mehr verängstigtes Häuflein der Sieben Aufrechten findet, denen das „Herr, wir gehen zugrunde!" näher ist als das „Non confundar in aeternum – ich werde nie und nimmer zugrunde gehen!"

2. *Kirche – unsere Hoffnung!*

Und trotzdem, ich bleibe bei dem Ausrufezeichen hinter unserem Thema: Kirche – unsere Hoffnung! Ich bleibe dabei, weil ich es mit jenem doppelsinnigen Wort halte, das ich irgendwo einmal aufgeschnappt habe, und das Wort geht so: Kirche verrät in einem fort ihren Herrn, aber sie verrät ihn auch. Das heißt: Mag es tausendmal so sein, daß Kirche, daß wir also, den Herrn der Hoffnung vor der Welt verraten mit unserem Kleinmut, mit unserem Lamentieren, mit unserer

Ängstlichkeit, etwas zu riskieren, den Geist Gottes wehen zu lassen, wo und wie er will, das Morgen anzunehmen und nicht am Gestern kleben zu bleiben.
Es bleibt aber ebenso tausendmal richtig, daß wir, diese Kirche, trotzdem auch im anderen Sinn den Herrn „verraten", d. h. seine Anwesenheit vermelden. Noch aus unseren Ängsten heraus, zumindest aus unseren Kyrie-eleison-Rufen, hört man doch heraus, daß diese unsere Kirche an ein Heute im Herrn, an eine Zukunft aus dem Herrn und an ihn selbst, den Christus gestern, heute und morgen gebunden ist. Und diese An- und Eingebundenheit an ihn ist das Bergseil ihrer Zuversicht, die Sprengkraft ihrer Angst und die Garantie ihrer Zukunft.
Und es kommt nur darauf an, daß wir dies verraten, daß dies bei und trotz allem sichtbar wird; denn Kirche, das sind wir, und damit ist die Kirche immer so jung, als wir überzeugende Jünger des Herrn sind. Damit ist Kirche immer so hoffnungsvoll, als wir Hoffnung zu geben wissen und bereit sind. Damit ist Kirche immer nur so voll an Freude, als wir Freude an ihr haben und frohe Hochgemutheit auf den Herrn zu in uns ist. Wer Kirche vermiest, vermiest der Welt die Hoffnung. Wer nur an der Kirche leidet, verleidet denen das Vertrauen zur Kirche, die auf sie unterwegs sind. Wer immer nur der Kirche ihre eigene Angst und Zaghaftigkeit aufrechnet, macht sich schuldig, daß bei denen die Rechnung nicht aufgeht, die trotz allem und gerade, nachdem sie die Gaukelei der Gurus und falschen Heilsprediger durchschaut haben, noch mit dieser Kirche rechnen.
Und ich bin überzeugt, das sind mehr, als wir denken, und das weiß Gott gerade in unserer jungen Generation. Ihr nennt euch Bund der Deutschen Katholischen Jugend. Ist euch bewußt, wie viel gerade von euch erwartet wird, welche Verantwortung eben Ihr dafür tragt, daß unsere Kirche zum Ausrufezeichen für Hoffnung wird?! Wer sonst denn soll morgen einer ratlos gewordenen Generation, einer morbiden Gesellschaft noch Signale der Hoffnung geben, Signale, die keine Irrlichter sind, sondern echte Orientierungspositionslichter, entzündet und genährt von dem Öl der Freude am Herrn und dem Aggregat jener spannungsgeladenen Überzeugung, in der gestanden und bezeugt wird: Nie hat einer geredet wie dieser, dieser Jesus Christus, der von sich sagen konnte: Wer mir nachgeht, tappt nicht im Finstern! Und: Himmel und Erde werden zerschellen, aber mein Wort bleibt!
Kirche ist die Hoffnung, weil ihr Herr mit ihr ist, und er ist das Morgen, er ist die Zukunft, er ist Weg, Wahrheit und Leben. Und mit ihm sind es wir. Mein Gott, welch eine Ehre für uns und welch eine Verantwortung, die wir für das Morgen der Welt tragen!
Wenn Gott will, dann richtet er seine Botschaft auch einmal mitten auf der Straße an der Heckscheibe eines VW-Käfers aus. So ist es mir vor einiger Zeit mal passiert. Ich fuhr von Straubing Richtung Deggendorf. Vor mir ein VW-Käfer, der aufreizend langsam vor mir herzockelte. Ein Überholen unmöglich. Durch das

Heckfenster erkannte ich zwei junge Leute, langmähnig, Jeans. Hinten an der Scheibe hatten sie ein Spruchband angebracht, und da sie so dahinzockelten, hatte ich Zeit genug, mich damit zu befassen. Es stand darauf: Die Zukunft gehört Jesus Christus. Richte dich darauf ein!
Das gebe ich euch weiter, denn es ist die Antwort auf Fragezeichen und Ausrufezeichen des Themas, zu dem ich euch mein Wort geben sollte. Die Zukunft, und damit die Hoffnung darauf heißt in der Tat Jesus Christus, und seine Kirche hat sie zu vermelden und zu sein. Bitte, richtet gerade Ihr euch darauf ein!

Diözesan-Versammlung des BDKJ

Signale der Hoffnung

Den unter uns möchte ich kennen, der heute auf dem Annaberg ist und dem nicht die bewegenden Bilder vor Augen stünden, die vor ein paar Wochen um die Welt gegangen sind: Bilder des Papstes auf dem Annaberg in Oberschlesien, umringt von Hunderttausenden, und alle getroffen von seinem unüberhörbaren Appell zu Versöhnung und Hoffnung! Auf jenem Annaberg, der nicht nur für unsere heimatvertriebenen Schlesier, sondern auch für uns alle voller schmerzlicher Erinnerungen und Sehnsüchte ist, aber auch für die polnischen Patrioten drüben. Ein Berg, vom Blut beider Nationen getränkt und zugleich für die Menschen hüben wie drüben Berg der Hoffnung, Anhöhe des Glaubens und Stätte der Begegnung. Auf diesem Annaberg beschwor Johannes Paul II. noch einmal, wie Tage zuvor bei der Schwarzen Madonna von Jasna Gora, die Massen, jung und alt: Glaubt der Hoffnung! Steht in der Wahrheit! Macht euch auf für Gerechtigkeit und Versöhnung! Wehrt der Resignation!
Das kann nicht nur für Polen gesagt sein. Das gilt auch für uns und unser Land, in dem für die Papstreise durch seine Heimat der Slogan gefunden wurde: Traum der Hoffnung. – Aber Hoffnung, das ist kein Traum, das kann und darf bei Gott kein bloßer Traum sein. Gerade wenn die Angst bei uns die einen auf die Straße treibt und die Resignation die anderen in Rausch oder Panikmache. Gerade dann nicht, wenn sich Christen ihrer Zeit stellen und wenn auch der Jünger Christi die Wasser bis zum Hals steigen spürt. Traum der Hoffnung? Nein, wir träumen nicht davon, wir trauen uns Hoffnung zu, und dies, weil eben der Name dieses Berges, auf dem wir uns versammeln, St. Anna, doch ein Faustpfand Gottes für eben diese Hoffnung wider alle Hoffnung ist, daß er mit uns ist und der Bund, den er mit uns geschlossen hat, nicht aufgekündigt wurde. Nicht Träume der Hoffnung tun uns not, nein, Signale der Hoffnung haben wir hier oben aufzufangen und

weiterzugeben in diese bedrängte Zeit hinein. Signale der Hoffnung, die es wahrlich im Heute gibt und die wir in dieser Stunde aufgreifen wollen:

1. *Signal der Hoffnung: Frieden!*

Das erste Hoffnungssignal heißt für mich: Frieden! Alle Welt redet davon. Ja, eine ganze Welt scheint dafür in Bewegung geraten zu sein. Kaum je in einem Jahrhundert brach die Sehnsucht nach Frieden und der Wille dazu so ungestüm auf als in unseren Tagen. Haben wir Christen eigentlich dieses Signal verstanden? Wir Christen, die man einmal auslachte, wenn sie vom Frieden redeten, und die man heute eher dafür schmäht, daß sie das nicht, oder nicht laut genug, tun. Heute, wo auf einmal der Prophet Jesaja zum Herold der Straße geworden ist mit seiner Vision, in der Schwerter zu Pflugscharen werden! Heute, indem die Bergpredigt Jesu kein verstaubtes Bibelkapitel mehr ist, sondern eher knallhartes Argument für jedermann in Demonstrationszügen und Parlamentstribünen. Heute, indem Gebete für den Frieden keine Harmlosigkeiten für fromme Spinner mehr sind, sondern up to date für Christen wie Nichtchristen, weil die Zeit passé ist, in der ein SS-Mann noch lästern konnte: „Gebete sind Sachen für Weiber, auch für solche, die Hosen anhaben, und wenn wir sterben, dann nicht mit einem Maria, bitt für uns!, sondern mit einem kräftigen Heil Hitler!"
Nein, da ist etwas Neues da. Mitten unter uns! Und es ist an uns Christen zumal, das Signal der Hoffnung zu begreifen, es aufzugreifen und wider alle Angst und Resignation zu setzen. Als Aktivisten und Bahnbrecher des Friedens; denn sie sind es nicht, die da lauthals Frieden schreien und Pflastersteine in Krefeld werfen, sie nicht, die für Frieden demonstrieren und Bomben des Terrors legen, sie nicht, die für den Frieden agitieren und mit neuen Feindparolen agieren. Sie nicht, sondern *uns* signalisiert Gott mit dieser neuen Hoffnungsformel, seinen Frieden einzustiften in unsere heillos scheinende Welt, einen Frieden wahrer Solidarität, wahrer Gerechtigkeit und wahrer Brüderlichkeit. Und das nicht nur mit emphatischen Sprüchen, sondern mit unserem alltäglichen Verspruch zu Versöhnung und Toleranz, nicht allein über die Grenze des Landes hinaus, sondern mitten unter uns und im eigenen Haus, nicht nur mit Anklageparolen gegen andere, sondern in der eigenen Bekehrung zur Liebe, wie es das Heilige Jahr 1983 meint. Und auch mit unserem Gebet. Ja, auch und vor allem damit; denn aller Friede kommt zuletzt und wirklich aus Gott, und Lord Patton, der britische General, hatte recht anno 1945, als er angesichts der Trümmer des letzten Krieges sagte: „Die beten, tun mehr für den Frieden als die kämpfen, und wenn es auf der Welt immer schlimmer wird, dann nicht, weil es zu wenig Waffen gibt, sondern zu wenig Gebete." Signal der Hoffnung – Frieden!

2. *Signal der Hoffnung: Tätige Liebe!*

Ein anderes Signal der Hoffnung in unserer Zeit ist für mich der neue Aufbruch zur Liebe. Doch auch dies; denn man mag über unsere Zeit klagen, wie man will, und erschauern ob der Brutalität allüberall, über die Menschenjagd in Chile und Nicaragua, über die Herzlosigkeit einer Ellenbogengesellschaft, über Folter, Terror und herodianischen Kindermord. Man mag unserer Kirche es vorhalten, daß sie sich oft genug benimmt wie jener schwerhörige Siebenschläfer, von dem wir eben im Evangelium hörten, der auf das Trommeln des Hungrigen an seiner Haustür nicht reagieren will. Das kann mit Fug und Recht niemand übersehen, daß auch in dieser Kirche eine neue Sensibilität für die Not wachgeworden ist, eine neue Bereitschaft zu tätiger, weltweiter Liebe, eine noch nie so dagewesene offene Solidarität mit der Arbeiterschaft und ein Engagement wie nie zuvor mit dem Elend der Dritten Welt. Signale einer neuen Hoffnung, die nur der übersehen und überhören kann, den der Haß blind macht und das Geschrei der Satten taub.
Ihr könnt sagen, das alles sei noch viel zuwenig, was da in unseren Hilfswerken der Kirchen geschieht, was wir für unsere Maxhütte, für Afghanistan und Polen getan haben, viel zuwenig noch, was für unsere ausländischen Arbeiter und gegen den Asylantenabschub von den Kirchen her gesagt wird, viel zuwenig, meinetwegen auch, wie für unsere Arbeitslosen und die jungen Menschen ohne Zukunft geholfen wird – ich aber sage Dank, Dank an dieser Stelle euch allen für die immer neuen und immer wachsenden Opfer, die ihr aufbringt für Misereor, Adveniat, Caritas und Nachbarschaftshilfe, Dank dafür, daß ihr – und wahrhaftig nicht nur, um euch mit Geld loszukaufen aus der Pflicht zur Liebe – dieses Zeugnis tätiger Nächstenliebe gebt und immer wieder gebt und damit auch das Signal der Hoffnung für diese Welt. Mit jeder Gabe brecht ihr Nacht der Verzweiflung, mit jedem Werk eurer Liebe macht ihr andere hoffen. Laßt es dabei bleiben, macht noch mehr Menschen hoffen und laßt euch durch nichts darin irremachen! Das Herz ist stärker als die Faust und jeder Funken Güte richtet mehr aus als alle Finsternis der Welt. Was die Menschen rettet, sind nicht die Trabanten der Technik über der Erde, sondern die Troubadoure der Liebe auf ihr, jene „Toren in Christo", wie sie Paulus nennt, die „selber wie Habenichtse doch alles besitzen, die selbst Bedrängten, die scheinbar keine Tränen haben und die sich mit der Welt befassen, als machten sie keinen Gebrauch von ihr" (nach 1 Kor 7, 30). Laßt es dabei bleiben, wachst in die Liebe hinein, damit das neue Signal der Hoffnung unter uns bleibe und wachse!

3. Signal der Hoffnung: Neuer Lebensstil

Laßt mich noch ein drittes Signal der Hoffnung unserer Zeit anmelden! Ich höre es heraus aus der Losung, mit der sich unlängst Abertausende unserer evangelischen Mitchristen in Hannover versammelten: Umkehr zum Leben! und ich lese es ab von der Aktion, zu der unsere Bischöfe derzeit aufrufen: „Wähle das Leben!" Beide Parolen meinen natürlich auch: „Wehre dem Töten!" Und für so ein Wort ist es wahrhaftig Zeit angesichts dessen, was wir tagtäglich erleben. Aber beide Lesungen meinen mehr als den bloßen Mut zum Leben, die Achtung vor dem Leben und den Schutz unserer Lebensumwelt. Sie meinen noch mehr Mut und Bereitschaft zu einem neuen Lebensstil.

Und dafür, meine ich, gibt es das Signal der Hoffnung, zumal von unserer jungen Generation her, die es satt hat, nur satt gefüttert zu werden, gerade und zumal von unseren jungen Menschen her, an denen wir manchmal schier zweifeln und verzweifeln möchten und die uns vorangehen – nicht alle, gewiß aber doch viele und viele – mit ihrer Sehnsucht und ihrem Programm für ein alternatives Leben, für einen neuen Lebensstil, der nicht nach dem Immer-mehr und Immer-besser zielt, sondern nach einem Endlich-anders und einem Endlich-umkehren. Franziskus geht, wer kann es übersehen, mitten durch unsere Zeit. Der Poverello von Assisi, nicht nur mit seiner Ehrfurcht vor dem Leben, vor Tier und Gewächs, sondern ebenso mit seinem Mut zur Armut und seiner Freude am einfachen Leben, mit seiner neuen Freiheit ohne den besessenen Wahn des Anspruchs und mit seiner neuen Zukunftsperspektive auf einen anderen Lebenssinn hin.

Umkehr zum Leben – das Leben wählen, wenn einer diesen Hoffnungsruf unserer Zeit aufnehmen soll, wer anders als wir? Ist er doch im Grunde nichts anderes, als was der Papst meinte, als er dieses Jahr zum Heiligen Jahr der Umkehr ausrief und uns an den Appell des Apostels erinnerte: „Brüder, ihr seid erlöst von den Götzen, bekehrt euch zu einem neuen Leben im Herrn! Macht ihm eure Türen auf, laßt ihn einbrechen in eure Sattheit, eure Begehrlichkeit, euren Lebensstil und in eure Lebenssuche!" Signal einer neuen Hoffnung, das bei uns ankommen muß, wenn es in diesem Lande wirklich zu einer Wende kommen soll und in der Welt zu einer wirklichen Chance nicht nur des Überlebens, sondern menschenwürdigen Lebens. Signal der Hoffnung, wiederum zuvörderst uns Christen gegeben, daraus einen Aufbruch zum Leben zu machen und unsere Kirche zu einem Schiff Cap Anamour, das andere mitherausholt aus den Wassern des Untergangs, aus den trüben Wellengängen der Resignation und des Lebensüberdrusses, das zu neuen Ufern trägt und an ein Festland neuer Zukunft. Nehmen wir es auf und geben wir es weiter als Anruf des Herrn von diesem Berg her!

In unserer 1. Lesung dieses Gottesdienstes haben wir uns den erregenden Handel Abrahams mit Gott erzählen lassen. Ich bin sicher, mancher unter euch hat sie nicht gehört wie eine tröstliche Legende vor 2000 Jahren, sondern eher wie eine Tagesmeldung 1983; denn in der Tat, haben wir nicht alle das Gefühl, irgendwie vor einer großen Katastrophe zu stehen, als müsse ein Gericht über das Sodom dieser Zeit hereinbrechen? Wer aber hält es auf? Wer fällt heute Gott in die Arme? Seht, noch ist Zeit! Auch heute haben wir einen gnädigen Gott! Und über das Gomorrha dieser Zeit schwingen die Signale der Hoffnung! Dafür laßt uns Gott danken auf dem Berg Anna, dem Berg der Gnade! Dazu laßt uns Zeugen und Vollbringer sein! Ein Gnadenjahr des Herrn ist ausgerufen unter uns! Amen.

Annabergfest Sulzbach-Rosenberg

Steine der Hoffnung!

Wir stehen mitten im Advent, und Advent heißt immer noch Erwartung, ja Hoffnung, Ausschau nach dem erlösenden Zeichen und nach einer Zukunft ohne Schatten. Aber, sehen wir solche Zeichen? Bedrängen uns nicht vielmehr schier handgreiflich die Realitäten von Schrecken, Katastrophen, Friedlosigkeit und Gefahren? Wird der Horizont um uns herum nicht – wie es scheint – eher von Tag zu Tag düsterer, als daß er sich erhellt auf jenen Lichtschein hin, den wir mit Weihnachten verbinden? Die Ereignisse der letzten Tage sind noch zu frisch und ihre Bilder stehen in einem bedrückenden Kontrast zu all dem, was wir gewohnt sind, in die Adventstage und -nächte als Sehnsüchte auch heute noch einzubringen. Bilder aus dem Katastrophengebiet von Italien, Bilder des Terrors, Bilder eines ausgeplünderten Planeten und Fragen so vieler, Fragen vor allem dann, wenn es um die Zukunft unserer Kinder geht und den Lebensraum der nächsten Generation. Und mitten dahinein versammeln wir uns hier zum Gottesdienst, den wir mit der Weihe des neuen Kindergartens Ihrer Gemeinde verbinden. Eben auf diese Kinder, die im unbeschwerten Spiel sich in den neuen Räumen des Kindergartens zusammenfinden, düstert doch Ungewißheit, Sorge und auch Zukunftsangst. Trotzdem, dies darf unsere Freude nicht mindern und noch weniger unseren aufrichtigen Dank für die Gemeinde, für Sie alle, die Sie um der kommenden Generation willen erhebliche Opfer gebracht haben. Ich spreche Ihnen diesen Dank aus im Namen von Bischof und Diözese, und ich möchte Ihnen zurufen, freuen Sie sich an dem nun geschaffenen Werk, freuen Sie sich an diesem Tag; denn mit jedem Stein dieses neuen Kindergartens haben Sie einen Stein der Hoffnung gesetzt, und wem anders als gerade uns Christen ist es aufgegeben, mitten in alle Resignation der Zeit und in alle Ängste vor Morgen hinein solche Wahrzeichen der Zuversicht, solche Steine der Hoffnung zu bauen. Steine der Hoffnung, die zugleich auch Zeugnis ablegen für unser Ja zum Leben und unser Ja zur Erziehung.

Lassen Sie mich dieses Zeugnis in ein paar Gedanken schreiben:

1. *Ja zum Leben*

Sie wissen, wie groß die Erregung durch die letzten Wochen sich entfaltet hat angesichts der – wie könnte ich anders sagen – skandalösen Dinge, die sich rings um die verwüstete Erde von Süditalien und die schreiende Not der Toten und Obdachlosen durch Bildschirm und Presse in unsere Häuser und Herzen eingenistet hat. Entmutigend für all jene, die noch einen Funken Mitmenschlichkeit in sich haben und angeschrien von solchen Katastrophen zu brüderlicher Hilfe bereit sind, zum Protest herausfordernd für all jene, die unter den Trümmern der Häuser und Kirchen nicht auch noch Humanität, Redlichkeit und Liebe zu Schutt werden lassen wollen. Wir alle halten den Atem an, wenn über unsere Straßen der Terror hingeht und wenn Entführungen und Attentate, wie die auf der Oktoberfestwiese, beschämendes Entsetzen um sich verbreiten, weil – wie es scheint – der Mensch geradezu zum Freiwild geworden ist. Unwillkürlich erinnere ich mich an jenes bittere Lied, das – wie erzählt wird – in den Zwanzigerjahren in dem berüchtigten sowjetischen Staatsgefängnis Lubjanka die Sträflinge auf ihrem Trott durch den Gefängnishof vor sich hin gesungen haben sollen. Sein Refrain hieß: „Was ist der Mensch? Ein gejagtes Tier! Das machen die eigenen Brüder aus dir!" Ich finde, dieser Gefängnishof hat heute unendliche Maße angenommen. Menschliches Leben scheint in unserer Wegwerfgesellschaft zur Wegwerfware und Freiwild geworden zu sein. Darum nichts gegen Demonstrationen, die dies anprangern. Nur erlauben Sie mir die Frage dazu: Wieviel Wahrheit ist oft in solchen Demonstrationen für den Menschen, seine Würde und sein Leben? Wieviel Wahrheit ist darin, wenn auch jene anderen Demonstrationen über unsere Straßen gehen, die das ungeborene Menschenleben zur Vernichtung frei fordern? Wieviel Wahrheit ist in den anderen Proklamationen für das Leben, wenn sie neben einer Aktion Sorgenkind in einem Atemzug zur Beschimpfung jener Eltern werden, die ja sagen zum Kind, auch zu einem zweiten, dritten und vierten Kind? Wieviel Wahrheit ist in aller Erregung über Terroranschläge und Tötung, wenn man daneben so allergisch, ja zuweilen gerade unflätig gegen Kirche und Bischöfe die Stimme erhebt, die als Anwälte für das Leben und für das Kind ihre Stimme unter uns erheben?

Bitte, verstehen Sie mich recht, ich will hier nicht Politik treiben, sondern ich frage nach der Wahrhaftigkeit unseres Ja's zum Leben; denn zu diesem Ja sind wir Christen gerufen, auf dieses Ja sind wir durch das Gesetz Gottes gebunden, zu diesem Ja gibt es keinen Freibrief. Würden wir sonst nicht zu frommen Heuchlern oder zu gotteslästerlichen Spielern werden, wenn wir nächstens zur Weihnacht im Wort und Lied die Ankunft Gottes in Menschengestalt, und zwar in Gestalt eines Kindes, rühmen? Darum bedeutet für mich die Errichtung eines Kindergartens nichts anderes als das zementierte Ja einer Gemeinde zum Leben, zum Kind, zur Familie. Darum glauben wir, daß wir berechtigt sind, ein Plädoyer für das Leben, das ungeborene wie das unserer Kinder, aus der Kirche heraus vortragen zu dürfen; denn wir können immerhin in unserer Diözese auf fast 300 Kindergärten verweisen, die mit den Opfern unserer Gemeinden errichtet wurden und mit denen wir glaubhaft werden, daß es uns um die Einlösung der Menschwerdung Christi in unserer Sorge um den Menschen, zumal um seine Würde und seinen Schutz geht. Dabei gestehen wir ehrlich, daß dies alles noch viel zuwenig ist, daß wir auch mit den Opfern und Mitteln unserer Kirche noch glaubhafter werden müßten in unserer Sorge für unsere Familien, für unsere alten Mitmenschen, für unsere junge Generation. Ebenso glaube ich, daß, wenn irgend jemand in unserer heutigen Gesellschaft, dann wir Christen es sein müssen, die jungen Leuten Mut machen zu Ehe und Familie. Die in das Frostklima moderner Ehe- und Familienfeindlichkeit wieder die warme Freude zum Leben einbringen müssen. Für uns Christen sage ich, weil wir an einen Gott des Lebens glauben, weil wir durch die Geburt des Erlösers im Kinde auf das Leben hin verpflichtet sind und weil wir an eine Berufung des Menschen zum ewigen Leben glauben. Insofern habe ich Ihnen Dank abgestattet, daß Sie in Ihrem Kindergarten Steine der Hoffnung aufgerichtet haben, aber auch das Zeugnis Ihres Ja zum Leben.

2. *Ja zur Erziehung*

Mit diesem Ja zum Leben verbindet sich ein zweites Ja. Ich meine damit das Ja der Bereitschaft, Sorge zu tragen für das Leben unserer Kinder, für ihre Erziehung und für ihre Einführung in das Leben. Nur lassen Sie mich hier sofort anfügen, weil ich an die hohe Zahl der kirchlichen Kindergärten erinnert habe: Wir haben solche Kindergärten nicht geschaffen und schaffen sie nicht, wieviel auch immer wieder dagegen an Verdacht aufstehen mag, als wollten wir damit spezielle Treibhäuser errichten, in denen künftige Kirchensteuerzahler herangezogen werden, und reine Ghettos einseitiger religiöser Manipulation oder gar von Unfreiheit. Unfreiheit, das ist Terror, auch wenn er im Namen Christi getarnt angepeilt würde. Aber wir sprechen es ebenso offen aus, daß für uns ein Kindergarten eben auch kein Sturzacker ist, auf dem sich alle möglichen Ideologen herumtollen können, und kein Freigelände, auf dem in die Aussaat künftiger christlicher Werte bereits die Zumischungen aus den Giftküchen sogenannter wertfreier Pädagogik erfolgt; denn auch was unser Ja zur Erziehung angeht, wissen wir uns an den Auftrag Christi gebunden „Lasset die Kinder zu mir kommen!" und an sein Drohwort: „Wehe, wer einem dieser Kleinen Ärgernis gibt! Es wäre besser, man hinge ihm einen Mühlstein um den Hals und würde ihn in die Tiefe des Meeres versenken." Darum bekennen wir uns zu einer Erziehungsaufgabe, die nicht nur junges Leben lebensfähig und lebensmächtig machen will, sondern auch fähig für das ewige Leben, zu dem Gott uns ruft und Christus uns erlöst hat. Wofür würden wir sonst unser Credo als Christen beten und uns darin bekennen, daß die Zukunft Jesus Christus heißt und seit seiner Geburt für Mensch und Menschheit keinen anderen Namen mehr besitzt. Wofür sonst würden wir bekennen, daß Christus der Eckstein ist und daß kein anderer Grund gelegt werden kann außer in ihm. Wer das Leben nicht als blinden Zufall anschaut und es als von Gott gegeben bekennt, muß auch die Sorge um die Entfaltung dieses Lebens aus der Wahrheit Gottes und nach dem Erziehungsprogramm der Bergpredigt bejahen.

Natürlich wissen wir, daß viele durch unsere Kindergärten und auch durch unsere katholischen Schulen gehen und trotzdem dann im Laufe ihres Lebens anderen Propheten und falschen Messiassen nachlaufen werden. Darüber täuschen wir uns nicht hinweg, daß die Kirche, für die es immer Advent sein wird, das um sich herum und in ihren eigenen Reihen erlebt, daß andere Heilsbringer sich anmelden, auch unter der Maske ihres Herrn, daß sie Verwirrung zu bestehen hat (auch in den eigenen Reihen) und daß sie sich ständig herausgefordert weiß, nach dem wahren Willen Gottes zu fragen. Nicht trotzdem, sondern eben deswegen erheben wir unsere Stimme auch zu den Fragen der Erziehung und Schule, zu den Programmen für Kinder im Vorschulalter und zur Sinngebung des Lebens. Gerade deshalb werden wir nicht müde und dürfen nicht müde werden, Menschen auch aus der Kirche heraus zu helfen, daß sie der erzieherischen Verantwortung gerecht werden können und daß sie der kommenden Generation das Heil in Christus aufweisen. Viele sagen sicherlich zu Recht: „Meine Kinder sollen es einmal besser haben!" Gewiß ja, aber meine Frage ist, wann werden sie es wirklich gut haben? Ich meine, unser eigenes Leben und unsere Erfahrung hat es doch bewiesen, sie haben es dann gut, wenn sie selber gut sind und die wahren Güter des Lebens entdecken. Diese wahren Güter aber heißen nicht Auto, Bildschirm, Urlaub an der Riviera oder Drogen, die vergessen machen, sondern Gnade, Erfahrung der Liebe Gottes und Frohbotschaft des Evangeliums; denn darüber sind wir sicher einig, auch die Kinder, die unsere Kindergärten unbeschwert erleben, werden älter, werden das Leben erfahren als Bewährung, Bedrohung, Not und Gefahr. Auch sie werden ihre Ängste durchschreiten müssen und in Situationen geraten, wo alle vordergründige Kraftmeierei zur Maskerade wird. Der Unterschied wird dann nur der sein, ob sie dann solche Situationen und Bewährungsproben besser bestehen noch als wir und ob sie aus ihrem Glauben heraus jene Reserven haben, die sie noch im Abgrund, Tragik und Not hoffen lassen wider alle Hoffnung. Darum noch einmal: Ich danke Ihnen für den Kindergarten, den Sie unter Opfern errichtet haben, und wenn ich

ihm hernach meinen Segen spenden darf, so ist es der Segen für Sie alle, die Sie in erzieherischer Verantwortung stehen und die Sie mit uns Sorge tragen um die Erziehung unserer kommenden Generation.
Sie haben den Tag der Einweihung Ihres Kindergartens in den Advent verlegt. Ich finde, ein guter Termin, weil wir – wie ich sagte – gerade in diesen Wochen auf das Kind von Bethlehem zugehen und damit auch mitten hineingerufen werden in eine neue Besinnung auf das, was Menschwerdung Gottes unter uns bedeutet, uns geschenkt hat, aber auch uns verpflichtet. Daß uns allen diese neue Besinnung gelinge, das ist mein Wunsch für Sie an diesem Tage.
Lassen Sie mich dazu das Wort des Kirchenvaters Cyprian vor über 1500 Jahren fügen, der für sich und seine Christengemeinde sagte: Wir reden nicht viel, wir leben, was wir sind. Sie haben mit der Errichtung Ihres Kindergartens ein Zeichen der Tat, Ihres Denkens und Lebens als Christen gesetzt. Sie haben um Ihre Gemeinde Steine der Hoffnung errichtet und sich selbst das Zeugnis abverlangt für das Leben und für die Sorge um das Leben. Gott erhalte Sie in solcher christlicher Zeugenschaft und schenke Ihnen in den Kindern, um die Sie sich in Ihren Familien sorgen und die Sie in diesen neuen Kindergarten entsenden, seine Antwort und die Antwort Gottes heißt immer wie der Anruf der Weihnacht: „Fürchtet euch nicht, ich verkünde euch große Freude!" Dafür laßt uns nun Gott danken!

Kindergartenweihe

Zeugnis der Hoffnung
(zu 1 Petr 3, 15)

Sie haben sich für Ihre Bildungstage (Tage in Johannisthal) ein mutiges, ja fast möchte ich sagen, ein provokatives Leitwort gegeben. Es ist der Appell des 1. Petrusbriefes zum Zeugnis der Hoffnung vor jedermann.
Das ist viel, und zugleich ein Anruf, dem sich niemand von uns entziehen kann und darf, solange er sich auf Jesus Christus, auf seine Sendung und Botschaft beruft. Just als ich mich anschickte, mich mit Ihnen unter dieses Wort zu stellen, stieß ich wieder einmal auf das aufregende Buch des französischen Mathematikprofessors Marcel Legaut, der sein Pult mit der Schaufel des Schafhirten vertauschte und vor einigen Jahren uns „seine Erfahrung mit dem Glauben" – so der Titel des Buches – überraschte und wohl auch beinahe überfiel.
Darin fand ich diese Sätze: „Durch seinen Glauben war er, Jesus, gewiß, daß seine Worte, aufs Geradewohl ausgestreut, preisgegeben jedem Wind und jedem Boden, wie verloren für immer, das Schweigen und die Dürre durchstehen würden, um

nach langen Jahrhunderten in den Menschen aufzugehen; denn dies ist es, was die Menschen, ohne es zu wissen, allezeit und allerorten brauchen, um in Fülle zu leben, und was sie erhoffen, selbst wenn sie anderes erwarten und suchen. Anruf, Saat und Ferment, das war Jesus bei den Menschen, die – wo er vorüberkam – sich einfanden, aufstanden und ihm folgten (Legaut, S. 239/40)."

Sie werden mir recht geben, solche Sätze kann man, ob Priester oder überhaupt Christ, nicht einfach überlesen, zumal dann nicht, wenn man sich selber in die Pflicht genommen weiß, sein Wort weiterzugeben, seine Saat neu auszusäen in die Zeit und, wie es gerade heute oft auf dem Terrain unserer Katechese und Verkündigung scheint, in die schier basaltenen Furchen heutiger Gegebenheit von Mensch und Gesellschaft. Im Gegenteil, Sätze wie diese provozieren die Torheit des Kreuzes, die unaufhebbar aller Verkündigung mitgegeben ist, und sie sind bereits jene herausfordernde Anfrage, von dem Ihr Leitwort meint, man müsse allzeit bereit sein, sich fragen zu lassen nach der Hoffnung, in der wir dem Wind der Zeit und dem Boden der Gegenwart seinen Samen preisgeben, wissend wie er um das Schweigen und die Dürre, die es danach durchzustehen gilt.

Daß Sie das tun, dafür lassen Sie mich zunächst ehrlich und herzlich danken im Namen der Kirche. Danken aber noch mehr einfach im Namen des Herrn, der uns solches Zeugnis der Hoffnung zutraut und anvertraut hat.

Dann aber lassen Sie mich in ein paar kurzen Worten Ihrer eigenen Mitbesinnung dieser Tage die Provokation, die Herausforderung, zu der Sie sich hier bekennen, zu erhellen versuchen. Ich sehe sie in einer zweifachen Weise:

1. Herausforderung durch die Welt

Da ist zunächst jene Herausforderung, wie sie Ihr Leitwort unmittelbar meint, jene also, die mitten aus der Welt, sozusagen von jedermann, auf uns zukommt. Ehrlich als Anfrage oder, wer hätte es nicht x-mal schon erlebt, in arroganter Überheblichkeit, hämischer Aggression und in einer Vielfalt von Versionen. Etwa jener, mit der man uns als Priester unverblümt fragt, ob wir denn nun wirklich das alles selber glauben – und leben! –, was wir da so predigen oder im Unterricht weitergeben. Oder die in blasiertem Spott verkleidete Anfrage an den Katecheten, ob er etwa auch nur so daherredet, weil er letzlich dafür bezahlt wird. Die bierselige Aggressivität von Männern etwa, die uns im Landseridiom als Himmelskomiker auf den Arm nimmt, oder auch die trotzig-aufbegehrende Widersätzlichkeit von Pubertanten, die uns die sorgsam bereitete Religionsstunde stört und zerstört mit der echten oder gespielten Blasiertheit von Desinteresse und Resistenz.

Im Grunde ist es immer jener Jedermann, dem wir Rede und Antwort zu stehen haben auf seine Frage nach der uns erfüllenden Hoffnung. Und das wissen wir, gleichviel, ob wir uns ärgern oder verlegen werden. Ob wir uns womöglich

herausreden und damit vor solch unbequemer Infragestellung davonstehlen möchten, oder ob wir uns – und nicht selten wohl beklommenen Herzens – zur Diskussion stellen, heimlich zuweilen ausspähend, ob sich nun an uns die Herrenverheißung erfülle, daß uns der Geist „in jener Stunde eingebe, was wir sagen sollen".
Wir sind in der Tat Gefragte; denn solange das Salz der Botschaft Jesu in uns nicht schal geworden ist, sind wir es ja, die zu solcher An- und Nachfrage reizen, reizen müssen, weil die Unerhörtheit dessen, was wir im Namen des Herrn weitergeben, nichts von seiner Schärfe verloren hat und der Christ mit seiner Hoffnung immer dem heutigen Tag voraus ist. Hoffnung meint das Morgen, und für dieses Morgen gibt es im Heute weder Beweis noch Evidenz. Hoffen ist der Angelwurf ins Gewässer von Transzendenz, und alle Kraft liegt in der Angelrute des Glaubens, und dieser selbst ist uns nur Besitz, weil er uns geschenkt wurde. Wir haben keine Beweise, aber was uns abverlangt ist, ist, daß wir uns als solche erweisen, durch die Kraft des geschenkten Glaubens Hoffende sind, ja, wie der Petrusbrief sagt, von Hoffnung Erfüllte. Davon Ausgefüllte, nicht nur Berührte oder wie von dem sog. „Silberstreifen am Horizont" mit mattem Schein Erhellte.
Und eben damit fordert man uns heraus: Wie es um solche Erfülltheit von gläubiger Hoffnung bei uns persönlich steht und ob wir damit jene zu überzeugen vermögen, die – wie immer auch zunächst ihre Anfrage lautet – darauf warten, daß da jemand seinen Glauben glaubhaft mache und seine Hoffnung zur Erhoffnung mache für eigene Desperatheit, eigene Mutlosigkeit und auch eigene stumpfe Sattheit.
Und unsere Antwort? Sie alle wissen es, sie muß bei Gott nicht in klugen Worten, in gescheiter Rhetorik oder irgendwelcher beweiskräftiger Stringenz bestehen. Um Himmels willen, nein; denn genau damit machen wir uns oft genug unglaubwürdig, ja, verzeihen Sie, lächerlich. Immer jedoch muß es eine Antwort sein, die wir schlichtweg mit uns selber geben; mit unserer ungetarnten Freude, mit unserer Geduld (oder besser: mit unserer Gelassenheit), mit unserer Festigkeit in uns selbst und womöglich auch mit unserer eingestandenen eigenen Wegsuche und Angewiesenheit auf den helfend-erbarmenden Gott, der die Seinen zwar zu „Narren vor der Welt" – wie Paulus meint – macht, nie aber zum Gespött seiner selbst. Und eben da fängt die Frage der Welt an, Anfrage nach dem zu werden, was Sie hernach als Thema haben: Wie fromm muß ein Theologe sein?

2. *Herausforderung durch den Herrn selbst*

Damit spreche ich aber auch bereits die zweite Provokation an, die ich im Leitwort Ihrer Tagung finde, nämlich die Herausforderung, die uns durch den Herrn selber geschieht. Und fortwährend neu geschieht. Ich meine seinen Befehl, stets bereit zu sein, Rede und Antwort zu stehen. Und diese Inanspruchnahme Gottes wiegt mir noch weit schwerer; denn sie stellt sich mir nicht anders dar als jene biblisch – zumal in der Prophetenzeit des Alten Testaments – bezeugte Not derer, die der Herr aufbietet, Zeugnis zu geben. „Onus Domini" – schreiben die Propheten über ihre Bezeugungen Gottes, Last Gottes – und sie machen es von Elias bis – und sei es nur allegorisch zu verstehen – Hiob, der von seinen Freunden in die Zange genommen wird, wie er es denn mit seiner Hoffnung halte vor einem Gott, der ihn schlägt, peinigt und doch nicht entläßt aus dem Antwort-Stehen und -Geben-Müssen. Onus Domini – bei Paulus wird es der Aufschrei: „Wehe mir, wenn ich die Frohbotschaft nicht weitersage!" Und ich meine wohl zu Recht, daß jeder von uns das wahrlich nicht nur einmal in seinem Dienst und Leben erfahren hat, daß wohl keiner unter uns ist, der sich nicht wie Jonas lieber dem Walfisch in den Rachen geworfen hätte, als nach Ninive zu gehen, oder nicht wie Elias sich unter den Ginsterstrauch gestreckt hätte: Laß mich in Ruhe und lieber aufgeben; denn was soll es schon mein Reden, mein Bezeugen, mein Wider-Wände und -Windreden?

Aber da steht sein Anspruch, sein Anruf: Seid stets bereit, Rede und Antwort zu stehen! Er wird nicht zurückgenommen und nicht für Verschnaufpausen ausgesetzt, bis wir uns wieder so stark und parat finden, daß wir es erneut versuchen. Es geht um das „Immer" und „Gerade-jetzt", zu dem Gott uns in die Pflicht nimmt, ohne zu fragen, wie mächtig wir gerade einer Antwort sind und wie diese ausfallen wird, verzagt, stammelnd, verlegen, schwach oder überzeugend. Danach fragt Gott nicht. Aber daß sie in Wahrheit geschehe, davon dispensiert er keinen. Das theologisch anfechtbare Gestammel eines Landpfarrers von Ars ist ihm noch mehr als die mit der modernen Wortmasche verbrämte, aber inwendig hohle Gescheitheit des Theologenstars, der „Glaube eines bretonischen Weibes" bedeutsamer und hilfreicher als der Köhlerglaube aufgeklärter Kanzelrhetorik und Kathederheroen.

Der Professor ist eben einer, der professio fidei abzuleisten hat und damit im Sinne des lateinischen profiteri zugleich etwas zu versprechen, vorzugeloben, d. h. auf Hoffnung hin erweckend und bestärkend, zu reden hat. Und immer ist er zugleich „confessor", wie die Liturgie den christlichen Lehrer nennt, dessen „confiteor" die Spannung von Bekennen und Eingestehen eigener Unzulänglichkeit in sich birgt. Es braucht kein Wort darüber, daß und wie schwer dies ist.

Aber – und dies ist nun eben diese Frage – wie schafft man dies? Wie steht man solche doppelte Herausforderung im Sinn Ihres Leitworts durch? Ich kann Ihnen darauf keine andere Antwort geben, als jene, die in dem von Ihnen gewählten Zitat aus dem 1. Petrusbrief bereits buchstäblich vorgegeben ist. Im ersten Halbsatz *vor* Ihrem Zitat heißt es nämlich: „Haltet Christus heilig in euren Herzen!", und daran schließt sich an: „Und seid stets bereit, jedem Rede und Antwort zu stehen!"

Das ist es. Es ist das „Einei in Christo – das In-Christus-Sein!", das für Paulus die Essenzformel für unsere Existenz aus der Hoffnung ist und die Quintessenz seiner urpersönlichen Erfahrung im Amt der Verkündigung.
„Christus heilig halten im Herzen . . ." Dies – erlauben Sie! – möchte ich Ihnen nicht mehr ausdeuten, ich möchte Sie lieber nun einladen, mit mir die hl. Eucharistie zu feiern und sie in der communio Jesu zu erfüllen, damit „er in uns und wir in ihm seien" und damit nach seinem gültigen Verheißungswort auch Frucht tragen.
Amen!

Religionslehrerverband

Geistliche Berufe – Primiz – Priesterjubiläum

Wo Gott in Anspruch nimmt
(zu Mt 8, 19–22)

Zuweilen arrangiert Gott Begegnungen, die man nicht mehr aus seinem Leben streichen kann. Für mich war dies gleich in den ersten Monaten meines Priesterseins. Eines Tages pflanzte sich in meinem Kaplanszimmer ein Mann auf und schleuderte mir in ziemlicher Erregung das Wort entgegen: Herr Kaplan, Sie verkünden nicht das wahre Evangelium. Ich muß ziemlich verdutzt dreingesehen haben; denn er fügte sofort hinzu: Ja, Sie nicht und alle Ihre Kollegen nicht! „Aber, bitte", sage ich, „das ist starker Tobak. Da müssen Sie mir schon . . ." Er fällt mir in den angefangenen Satz: „Jawohl, das beweise ich Ihnen!" Und dann packt er aus: „Sehen Sie, wenn Christus gepredigt hat, da war etwas los. Da spürten die Leute eine Entscheidung vor sich. Da sprangen die einen vor Begeisterung auf und die anderen fluchten und bückten sich nach Steinen. Aber – und er kostete seine Trumpfkarte aus – was passiert denn bei Ihnen . . . ? Nichts! Die Leute hören Sie an und gehen zur Tagesordnung über. Und darum sage ich, Sie verkünden nicht das wahre Evangelium; denn sonst müßte doch etwas passieren!"
Ich habe diesen Mann – er war, wie sich dann herausstellte, ein Sektierer, doch das tut nichts zur Sache! – nicht mehr vergessen, und so gewiß die Botschaft Jesu Christi Frohbotschaft ist und keine Drohbotschaft, so sicher steht für mich fest, daß seine Angebote an den Menschen keine Billigangebote sind, sondern Entscheidungsangebote. Wir haben das doch wohl eben miteinander so empfunden: Da war dieser Schriftgelehrte – ein Theologe sozusagen vom Fach –, der seine Nachfolge anbietet und dafür statt eines Dankeschöns gesagt bekommt, daß er quasi nichts zu erwarten hat. Und da war der andere, der schon zur Jüngerschar gehörte – also so etwas wie ein Kandidat Geistlicher Berufe heute –, der lediglich vor seinem endgültigen Adsum noch einen Kurzurlaub zur Erfüllung seiner natürlichsten Pietätspflicht am toten Vater haben möchte und statt dessen eine Abfuhr erhält. Also ist es so, daß es beim Herrn keine Billigangebote gibt, sondern Angebote der Entscheidung, und diese Entscheidung zielt immer ab auf Nachfolge ohne Wenn und Aber. Ohne die Frage, wie weit und wie lange. Ohne Auch und Zunächst einmal.

Das ist es: Gott spricht weder ins Unverbindliche, noch schickt er ins Ungewisse.

1. Jesus spricht nicht ins Unverbindliche

Wenn nicht alles täuscht, dann erwacht gerade heute wieder ein Gespür und Gefühl für Inanspruchnahme und Verbindlichkeit, auch und wie ich meine, zumal unter jungen Menschen, ob in Gesellschaft oder Kirche. Irgend eine neue Art Protest macht sich bemerkbar, ein Protest dagegen, daß man anscheinend in dieser Gesellschaft nichts vorfindet, das zu Engagement und Einsatz reizt, daß man sich nicht ernstgenommen fühlt, weil fast keiner sagt: „Packt an!, sondern eher nur: Schaut an, was wir für euch alles parat gemacht haben!" Ein neuer Protest gegen ein Nur-Statistsein in einer Fertigwarengesellschaft. Oder täusche ich mich, wenn ich meine, so viele unserer jungen Menschen hätten es satt, nur satt gefüttert zu werden und seien daran, sich loszubinden aus den Unverbindlichkeiten heute. Auch in unserer Kirche; in einer Kirche, die recht schön mit der Zeit geht, obwohl sie doch von ihrem Wesen her unzeitgemäß sein müßte; in einer Kirche des Aggiornamento statt des Risorgemento; in einer Kirche, in der tausend Nachgiebigkeiten im Wind der Zeit das Wehen des Geistes Gottes – und der weht bekanntlich wo und wie er will! – zu vereiteln scheinen. Wo – so höre ich junge Leute fragen – bleibt noch der Radikalismus eines Franz von Assisi oder die Provokation einer Katharina von Siena.
Genau das aber ist doch das Neue, das Aufregende, das Christus mit seiner Person und Botschaft eingebracht hat. Er spricht nicht ins Unverbindliche. Er ist kein Guru weltflüchtiger Seelentröstung und kein Exeget harmloser Lebensweisheiten. Er läßt – und das kann jede Seite des Neuen Testamentes aufweisen! – keinen Augenblick einen Zweifel daran, daß sein Wort Verbindlichkeit schafft, daß sein Ruf an den Menschen Anruf zu Bindung und Nachfolge ist, daß er weder bloße Interessiertheit für seine Botschaft erwartet oder nur spontane Begeisterung. Sein Ansprechen ist immer und überall Inanspruchnahme, Herausforderung zu Ja oder Nein. Ihm geht es nicht um Zaungäste seines Reiches, sondern darum, daß man sie von den Zäunen herbeihole und bedränge, mit von der Partie zu sein.
Sein Wort ist für die einen wie berauschender Wein, für andere wie Galle und Essig. Für niemand aber Limonade. Ich frage mich, ob wir das noch wahrhaben und wahrhaben wollen, und ob wir nicht Anlaß genug haben, dies wieder frank und frei zu vermelden. Euch zu vermelden, Ihr jungen Leute, euch jungen Christen dieses Heute und eines Morgen, in dem Religion wieder das ist, was es heißt: Verbindlichkeit und Bindung, und in dem man wieder glauben wird, aber eben anders, als eine Fernsehreihe dieser Wochen es uns in einem filmischen Ringelnattergetue vorgeführt hat.

Jesus spricht nicht ins Unverbindliche. Wer die Hand an den Pflug legt und vorsichtig noch einmal umschaut, ist seiner nicht wert. Wer erst dann zu ihm stoßen will, wenn er seinen Vater begraben, d. h. seine familiären Probleme gelöst hat, den läßt er stehen. Wo einer nicht aus dem Boot steigt, auch wenn ringsum die Wellen hochgehen, weil er sagt: Komm!, dort reicht er auch keine Hand, ihn zu halten. Wo jemand erst mit seinem Verstand völlig ins Klare kommen will, ohne ihm auch das Geheimnis des Glaubens abzunehmen, dort sagt er – selbst zu bereits Erwählten! –: „Wollt auch ihr gehen?" Jesus Christus ist nicht der Rufer der Halbherzigen, der Neunmal-Vorsichtigen, der Rückversicherer und Hasardeure. Er ist der Herr der Wagemutigen, der heiligen Abenteurer und Pioniere und der Freund von Freunden, nicht der Weggenosse der Mitläufer und Aussteiger. Er ruft dem Judas nach: „Was du tun willst, das tue bald!, und er zwingt den Thomas: Leg deine Hand in meine Seite und glaube!"

2. *Jesus schickt nicht ins Ungewisse*

Ein Zweites ist ebenso klar, wenn wir vorbehaltlos Wort und Person Jesu Christi annehmen: Da ist kein Prophet, der denen, die ihm zuhören, nur rosige Zeiten verspricht, da ist kein Lehrer, der mit geschickter Rhetorik Menschen ideologisiert, da ist kein Agitator, der eine Fata Morgana zur Propaganda macht, und da ist kein Heilsverkünder, der Last, Not und Tod verschleiert. Jesus schickt die Seinen nicht ins Ungewisse. Er legt die Karten auf. Der gelehrte Theologe vom Tempel – wir haben es gehört –, der sich ihm anbietet, erfährt es aus seinem Mund klipp und klar, daß von Karriere nichts drinnen ist. „Die Füchse haben Höhlen und die Vögel des Himmels Nester, der Menschensohn aber hat nichts, wohin er sein Haupt legen kann" (Mt 8, 20). Den Jüngern verhehlt er sein eigenes Geschick nicht, daß er nach Jerusalem gehen muß – und wird! –, um dort ans Kreuz geschlagen zu werden, aber auch das nicht, daß sie sich ebenso darauf einzurichten haben: Wer mein Kreuz nicht auf sich nimmt, ist meiner nicht wert!

Er spricht sich aber ebenso unverhohlen und glasklar darüber aus, was die erwartet, die sich dazu, d. h. zu ihm und seiner Nachfolge, seinem Dienst, entscheiden: „Wer um des Himmelreiches Vater und Mutter verläßt, wird das hundertfach wettgemacht finden, und wo einer bereit ist, aus seinem Geist und in seiner Nachfolge den Menschen zu dienen, dort kommt er ans Ziel: Wo ich bin, da soll auch der sein, der mir dient" (vgl. Mt 19, 29; Mk 10, 29. 30).

Nachfolge Jesu – und das ist Christsein, das ist zumal die totale Verfügbarkeit im Dienst Jesu, im Priestertum und in der Kirche; solche Nachfolge ist kein Vabanquespiel. Sie ist offengelegt im Leben und Sterben des Herrn selbst. Er kann seine Jünger fragen, ob ihnen dabei je etwas gefehlt habe, und sie werden es

bestätigen: Nein!, und er kann ihnen garantieren: Wer mir nachfolgt, der tappt nicht im Finstern; denn ich bin der Weg, die Wahrheit und das Leben!
Ich verstehe es, wenn ein junger Mensch nicht einfach mit einem Hurra sich für Christus und seine Kirche als Lebensberuf entscheidet, aber ich verstehe es nicht, wenn wir dem fragenden jungen Menschen gegenüber in achselzuckender Verlegenheit keine Antwort darauf zu geben haben, ob es sich lohnt, eine solche Entscheidung zu treffen. Ich begreife es, wenn manche Eltern auf den Wunsch ihres Sohnes, ihrer Tochter, den geistlichen Stand zu ergreifen, Herzklopfen bekommen in ihrer verständlichen Sorge um die Zukunft, aber ich begreife es nie und nimmer, wenn christliche Eltern, Lehrer – oder gar Priester – erst einen Herzschrittmacher von Gott weiß welchen Bürgschaften brauchen, um ja zu sagen, wo der Herr ruft. Er schickt die Seinen doch nicht ins Ungewisse. Und die Gewißheit, die er denen gibt, die ihm folgen, ist doch die, daß sie getrost auf seine Liebe, auf seine Treue, auf sein Wort bauen können, wo doch eher Himmel und Erde auseinanderbersten, als daß sein Wort sich verflüchtigt und seine Treue wankt und seine Liebe nachläßt.
Natürlich braucht es Mut, ja zu sagen zur Nachfolge und Inanspruchnahme durch Jesus, aber das ist nicht der Mut zur Waghalsigkeit, sondern der Mut, auf das einzugehen, was er uns in aller Offenheit über unsere Sendung, unser Schicksal und unsere Seligkeit gesagt hat. Sollte dieser Mut in unserer Kirche, in unseren Gemeinden, in unseren Familien, in unserer jungen Generation nicht mehr zu finden und zu wecken sein? Ich kann es nicht glauben und will es nicht glauben, weil ich an die Gnade Gottes glaube und auch an das Herz gerade junger Menschen. An ihr Herz und ihren Mut!
In den Tagebüchern des ersten UNO-Sekretärs Dag Hammarskjöld habe ich diesen Satz gefunden, den ich Ihnen zum Schluß weitergeben möchte zur Ermutigung für Ihre Lebensentscheidung. Er lautet so: Mit Gottes Liebe das Leben und die Menschen lieben, um der unendlichen Möglichkeit willen, warten wie er, beurteilen wie er, ohne zu verurteilen, dem Befehl zu gehorchen, wenn er ergeht, und niemals zurückschauen – dann kann er dich brauchen, dann vielleicht, braucht er dich.
Und wenn er dich nicht braucht, in seiner Hand hat jede Stunde einen Sinn, Hoheit und Glanz, Ruhe und Zusammenhang. „An Gott glauben" heißt in dieser Perspektive an sich selber glauben.

Primizpredigt
(zu Lk 5, 1–11)

Lieber, junger Mitbruder,
liebe Heimatgemeinde!

„Gott muß wieder zurück nach Europa!" So stand es auf einem Flugblatt zu lesen, das vergangene Woche in den Straßen Regensburgs herumlag, und vielleicht bist Du, lieber Neupriester, auf deinem Weg zum Weihealtar im 700jährigen Dom unseres Bistums darüber hinweggegangen, ohne es zu beachten. Ein Flugblatt nur auf den Weg gestreut, so wie man früher einem Neupriester Blumen gestreut hat. Ein Flugblatt und ein Aufschrei – wer weiß woher –, aber Gott kann auch in den Staub der Straße seinen Namen und sein Gebot schreiben, er kann den Asphalt der Großstadt zur Tafel machen, um kundzutun, was Menschen hören und erfahren müssen, denen das Herz taub geworden ist und die Sinne wirr vor Ideologien und Pamphleten, vor Übermut und Mutlosigkeit.
Gott muß wieder zurück nach Europa! Mir geht dieses Wort nach bis in diese Stunde hinein, und ich meine, wir sollten es aufheben von der Straße und es dir zum Weggeleit machen; denn als du mit deinen 15 jungen Mitbrüdern am Samstag vor acht Tagen vor dem Bischof und dem Volk Gottes ja gesagt hast zu Weihe und Dienst des Priesters, was war es anderes als das Echo auf das ewige Ja Gottes selber, der zum Menschen kommen will, zu eben diesem Menschen, der bereit ist, 700 Jahre seines Domes zu feiern, und nicht minder fähig ist, an einem solchen Dom vorbeizugehen wie an einem Mausoleum, an das zu Beginn dieses Jahrhunderts Friedrich Nietzsche plakatierte: „Gott ist tot!"? Und als über dein breites Ja hinweg unser Domchor in unbeschreiblicher Eindringlichkeit es in die tausendfache Schar hineinsang: Christus vincit, Christus regnat – Christus ist Sieger, Christus ist König – was konnte es anderes bedeuten als den Triumph der Freude und der Hoffnung, daß wir in dir und deinen Mitbrüdern am Ende des zweiten Jahrtausends christlich-europäischer Geschichte Gott bei uns wissen werden; denn dein Ja zum Priestertum ist das neue Ja Gottes zu uns, zu den Menschen dieser Zeit, zu seiner Kirche, in der die Ratlosigkeit so groß und der herzhafte Mut oft – wie es scheint – so klein geworden ist!
Darum danken wir dir für dein Ja und danken wir Gott in dieser Stunde, und wir danken doppelt froh als Rosenberger, daß wir 27 Jahre nach meinem priesterlichen Beginn in dir wieder einen aus unserer Mitte als Zeichen und Pfand des ungekündigten Bundes Gottes mit uns entgegennehmen dürfen. Unsere Freude ist groß, aber wir bleiben mit ihr im Realismus des Kreuzes, von Angst und Anruf unserer Zeit, von Licht und Dunkel einer Epoche, in der uns gerade die letzten Tage des Weltgeschehens den Aufschrei vernehmen ließen: Gott muß wieder kommen.

Du, lieber Neupriester, hast dir für deine erste Eucharistiefeier das 5. Kapitel des Lukasevangeliums als Frohbotschaft gewählt, und du hast gut daran getan; denn die Geschichte jenes Morgens am See ist deine und unsere Geschichte. Der Tag der Kirche, der Tag deines Priesterlebens und der Alltag unserer eigenen Bewährung fängt hier an, und keine Stunde, ehe der Tag Christi selbst anbricht, bleibt ohne den Anruf jenes Morgens am See. Der Anruf aber heißt:

Wage den Glauben!
Baue Gemeinschaft!
Folge ihm nach!

1. *Wagnis des Glaubens*

Da stehen Menschen mutlos und mürrisch im Frühlicht des Tages. Sie kennen sich aus in ihrem Handwerk und wissen Bescheid um Wetter und See. Trotzdem liegen ihre Netze leer am Boden. Umsonst, alles umsonst! – Und da ist einer, der sie mit ungeheurer Zumutung herausfordert, der ohne Anfrage über sie verfügt: „Fahrt hinaus und fischt!" Ihr Widerspruch ist parat: „Eine ganze Nacht haben wir uns umsonst geplagt!", aber auch ihre Bereitschaft ist da, alles zu wagen: „Auf dein Wort hin soll es sein!" Und ihre Ruder klatschen ins Wasser und schlagen ein neues Credo in die Wellen: „Weil du es sagst, weil wir dir glauben!"
Was uns da erzählt wird, braucht keinen Kommentar. Wer immer von uns sich je auf Gott und das Evangelium eingelassen hat, weiß das. Der hat es erfahren, welches Risiko es bedeutet, sich mit Gott einzulassen, sein Wort zur Weisung zu machen. Da geht es wahrhaftig nicht mehr um ein bloßes Annehmen und Nachsagen von Lehrsätzen (wie haben wir das je meinen können?!). Da geht es um die Preisgabe eigener Sicherheit, da geht es um das Wagen einer Liebe zum unbekannten Gott und zur Torheit des Kreuzes, mit dem man sich vor den Menschen und zuweilen vor dem eigenen Herzen zum Gespött macht.
Glaube ist Herausforderung. Also wage den Glauben, das sage ich dir, lieber junger Mitbruder als erstes; denn du bist allen voran der erste, dem dies abverlangt wird. Du hast den Glauben zu verkünden. Das aber heißt, du hast zuvor deine eigene Selbstsicherheit aufzukündigen. Kein Diplom der Theologie bewahrt dich davor. Du hast Botschaft des Herrn auszurichten, und immer bedeutet dies, daß du vorweg selbst Richtmaß nimmst an Wort und Willen des Herrn. Nur, wer an dich glaubt, glaubt auch an deinen Gott!
Du hast auf sein Wort hin zu reden, gelegen oder ungelegen, und du wirst den Aufschrei des Apostels erfahren: Herr, wer nimmt uns unser Wort des Glaubens ab! Du hast die Brüder im Glauben zu stärken, und wir alle wissen, daß wir für dich zu beten haben, „daß dein Glaube nicht wanke". Das Wagnis des Glaubens

bleibt, und es kann nicht gewagt werden ohne die Gnade. Durch sie bist du, was du bist. Wo immer ein Priester sein Leben lang dies besteht, ist es nicht Zeugnis seines lauteren Charakters und seines treuen Mutes, sondern Werk der Gnade. Wo immer einer als Priester scheitert, stellt sich nicht zuerst die Frage nach Zölibat und Kirchengesetz, sondern nach seinem Glauben und dem Gebet der Brüder. Wage den Glauben!

2. *Wille zur Gemeinschaft*

Kehren wir zurück zum Evangelium! Sie haben ihm wider ihr eigenes Herz Glauben geschenkt. Er überschüttet sie mit prallvollen Netzen. So prallvoll, daß sie gar nicht alleine damit fertig werden. Andere, viele müssen mit anpacken, damit eingebracht wird, was Gott ihnen zugetrieben hat.
Wir alle ahnen, daß dies mehr ist als ein Bild. Hier wird ein Zeichen gegeben, und das Zeichen heißt: Gott geht es nicht um die Solistenleistung, Gott will die gemeinsame Tat. Gott braucht deine Hände, aber er ruft zugleich die Hände der vielen. Im Miteinander geschieht sein Werk. Gottlob, wir haben es im Anruf des letzten Konzils wieder begreifen gelernt, daß es nicht Dienst der Priester ist, Gemeinde zu versorgen, sondern Gemeinde besorgt zu machen, daß Seelsorge nicht Spezialistentum von Amtsträgern ist, sondern gemeinsame Sorge, gemeinsames Werk aller Getauften und Gefirmten. Wir haben wieder eine Ahnung bekommen davon, daß nicht der einzelne Priester für sich, und sei er noch so seeleneifrig, treu und heilig, Kirche voranbringt, sondern allein ein Presbyterium, eine Priesterschaft, die mit ihrem Bischof eins ist, und die lebendige Gemeinde des Herrn dazu. Gott ruft jeden einzelnen beim Namen, aber er ruft ihn zugleich in das Beisammen von Liebe und Sendung, das wir Kirche nennen.
Darum rufe ich dir, lieber Neupriester, zu: Baue Gemeinschaft. Darum sage ich euch, liebe Schwestern und Brüder, laßt mir eure Priester nicht allein! Miteinander gilt es, Ernte Gottes einzubringen, gemeinsam ist es uns aufgetragen, sein Netz ans Land zu ziehen. Und ich bin dabei gewiß, auch in der wildbewegten See dieser Zeit bereitet er uns den Fang, auch über der scheinbar verbrannten Erde unserer Tage reift seine Ernte! Gott agiert nicht im Nichts, und die er in Dienst nimmt, beläßt er nicht im Fiasko.
Darum glaube an die Menschen, rufe deine Gefährten, jung und alt, traue ihnen zu, was Gott selbst ihnen zutraut! Habe Mut, ihr Leben zu teilen, bleibe der Erwählte Gottes, aber bleibe einer der ihren. Er hat doch aus ihrer Mitte gerufen. Rufe die Menschen in ihre Verantwortung; denn sie ist auch die ihre.

3. *Bereitschaft zur Nachfolge*

Als ich vor 27 Jahren hier als Neupriester stand, rief mir mein verewigter Priesteronkel zu: „Wir wollen Priester sein, nicht nach dem Herzen der Menschen, sondern nach dem Herzen Gottes." Darf ich dasselbe Wort heute wiederholen? Ich meine ja, denn es ist im Grunde nichts anderes als das Schlußwort des Stücks Frohbotschaft, das du dir, lieber junger Mitbruder, für diese Stunde gewählt hast. Ich meine den letzten Satz des Berichts vom See. „Da zogen sie die Boote ans Land, ließen alles hinter sich liegen und folgten ihm nach."
Wir alle ahnen, was hier gesagt wird, jeder von uns spürt das Eigentliche, und dieses Eigentliche ist mehr als der Appell. Wage den Glauben, baue Gemeinschaft! Das Eigentliche ist: Folge dem Herrn nach! Darauf kommt es an, für dich, für uns alle. Und nimm es mir nach meinen 27 Priesterjahren ab: Es kommt zuletzt wirklich nicht darauf an, wie tüchtig oder gar wie erfolgreich einer als Priester ist, wie gewandt er predigen kann, wie beschlagen er ist in allen theologischen Disziplinen, was er organisieren kann, und nicht einmal, was er an Dienstbereitschaft einbringt. Entscheidend ist seine Verfügbarkeit für Christus, den Ausschlag gibt seine Nähe zum Herrn! Die Nachfolge Jesu ist seine Qualität, die Freude an ihm seine Kraft, die Nähe zu seinem Herzen sein Erfolg! Nicht, wie sehr er bei den Menschen „ankommt", sondern wie nah Jesus durch ihn auf den Menschen zukommt, das ist seine Karriere und auch sein Gericht; denn „wir verkünden nicht uns selbst, sondern Christus den Herrn und uns selbst nur als Knechte um Jesu willen" (2 Kor 4, 5), und man muß Gott zu eigen sein, „um allen alles zu werden" (1 Kor 10, 22).
Meine Lieben, unsere Zeit ist voll von Diskussionen um das Priesterbild. Sagt selbst, wie lange wollen wir eigentlich noch debattieren, bis wir endlich wieder den Mut haben und auch die Demut, zu bekennen, daß das Bild des Priesters das Vorbild Jesus Christi ist? Wie lange wollen wir denn noch zuwarten, bis endlich einer aufsteht und sagt: Gebt uns Priester nach dem Herzen Jesu und wir sind bereit, euch unser Herz anzuvertrauen? Wie viele Debatten wollen wir denn noch in unserer Kirche veranstalten über geistliche Berufe, bis wir endlich auf den Herrn selber verweisen und jungen Menschen helfen, sich für ihn zu entscheiden? Worauf die Welt wartet, ist doch nicht der clevere Kleriker, sondern der Priester, in dem man Jesus begegnen kann. Gott schenke es dir, lieber Neupriester, daß du mit deinem Leben anderen die Tür aufstößt in den Beruf des Priesters; Gott schenke es dir, liebe Heimatgemeinde, daß euere Freude an Christus und seiner Kirche zum Signal für Priesterberufe wird! Laßt es mit Gottes Gnaden nicht wieder 27 Jahre werden, bis ein Rosenberger in eurer Mitte bekennt: Ich aber will dem Herrn nachfolgen!
Lieber, junger Mitbruder, liebe Heimatgemeinde! Ein Flugblatt lag neulich auf

dem Weg zum Weihealtar in Regensburg, und es schrie uns an: Gott muß wieder nach Europa! In dieser Stunde wissen wir, Gott *ist* unterwegs zu uns; denn in dem Opfer, das unser Neupriester nun feiert, bricht Gott mit seiner Wirklichkeit und Fülle ein in unsere Welt. Dafür danken wir, darüber sind wir voller Freude. Dazu versprechen wir dem jungen Priester unser Gebet, und dies nicht nur heute. So brich denn auf in deinen Tag, lieber Mitbruder, fang an dein Werk. Wir sind mit Dir, Du aber baue auf Gott und wage dein Herz!

Frage und Gewißheit

(Jo 21, 1–19)

Laßt mich mit einer kleinen Geschichte beginnen; denn ich frage mich bei ihr immer von neuem, wo kämen wir Menschen, wir neunmal-klugen Rechner und naseweisen Zeitgenossen wohl hin, schickte uns der Herrgott nicht dann und wann ein Kind über den Weg, das uns staunen und fragen läßt. Ich meine, so ein Kind, wie es seinerzeit im Inferno des letzten Krieges an der Hand seiner Mutter aus dem Luftschutzbunker trippelte. Es hatte wieder Bombenalarm gegeben, und im Bunker war eine Panik ausgebrochen, bis plötzlich aus irgendeiner Ecke einer zu beten anfing: „Vater unser im Himmel . . ." Und da sammelten sich die verwirrten, verängstigten Stimmen, und als endlich Entwarnung kam, da schritt dieser anonyme Beter durch die rauchenden Trümmer. Die Mutter mit ihrem kleinen Buben hinterdrein. „Du, Mutti" – die kleine Bubenhand wies auf den unbekannten Mann voraus –, „du, war das der liebe Gott?" – „Nein, mein Junge, das war nur ein Priester, weißt du, einer, der vom lieben Gott erzählt und der zu ihm betet. Nein, es war nicht der liebe Gott. Er ist ein Mensch wie wir alle." Eine Weile stapfte das Kind weiter, dann hob es trotzig den Kopf und protestierte: „Mutti, und es war doch der liebe Gott!!"

Nun, was meint Ihr, wer von uns hätte es gewagt, dem Buben zu widersprechen? Wem von uns allen auch wäre seine trotzige Frage nicht genauso lästig und belastend gewesen? Ein Priester, was ist das eigentlich für einer? Auf dem Jubiläumsbild unseres Jubilars steht das Augustinuswort: „Mit euch bin ich Mensch, für euch Priester", ein gutes Wort, gewiß auch ein notwendiges Wort, zumal heute. Und Welt und Kirche greift es gerne auf, manchmal fürchte ich fast, zu gerne und zu unbedacht, denn das kommt uns ja gelegen, das Priesteramt vom Sockel falscher Hochwürdigkeit herunterzuholen und es auf die Basis des Menschseins wie wir zu etablieren. Aber, damit bleibt die Provokation dieser Kinderfrage, und es bleibt die Herausforderung an uns, ob wir es damit bewendet sein lassen wollen oder ob wir es nicht auch noch wagen, eben diesen Menschen

in der Perspektive Gottes zu sehen und anzuerkennen! „Und es ist doch der liebe Gott . . .!" Das heben wir nicht auf, und wollten wir's, so müßte diese Priesterfeier uns zu Heuchlern oder Possenspielern machen. Dann nämlich feierten wir ein Berufsjubiläum irgendeines Menschen, nicht aber eine Stunde des Dankes für eine Berufung und für die Kundgabe Gottes, die durch 25 Jahre hin genau dies beinhaltete. Solange es den Priester gibt, bleibt es nämlich dabei, daß durch ihn Gott den Menschen begegnet, fordert und fördert. Priestertum ist nicht bloß in liturgische Gewänder und theologische Weisheit vermummte Menschlichkeit. Es ist und schafft Anwesenheit Gottes.
Darauf ist keiner von uns Priestern stolz, eher betroffen, auf jeden Fall aber dankbar, und eben diese Dankbarkeit führt uns hier am Altar zusammen, eben diese Betroffenheit läßt uns in dieser Stunde hinhorchen auf den Anruf Gottes, auf Frage und Gewißheit priesterlicher Existenz, wie sie – so jedenfalls vernehme ich es aus der Botschaft des Johannes-Evangeliums – an diesem österlichen Sonntag vorgegeben wird.

1. Die bedrängende Frage

Da ist zunächst eine Frage, eine bedrängende Frage. Er selbst stellt sie an Petrus und stellt sie dir, Jubilar, wie jedem von uns Priestern. Eine so urmenschliche Frage, daß sie beinahe banal klingen könnte, und doch eine Frage, die aufwühlt und nach dem Letzten in uns zielt. Ich meine die dreifache Anfrage, die Jesus dort am See stellt: „Petrus, liebst du mich?" Du hast sie am 26. März 1955 beantwortet mit dem Ja deiner Priesterweihe. Jeder von uns hat sie in seinem Leben von der Taufe an wer weiß wie oft beantwortet, und trotzdem, so oft sie gestellt wird, muß sie uns nicht verwirren wie den Jünger damals, der nach dem dritten Wiederholen fast noch unsicherer wird als beim ersten Mal? Liebe ich ihn wirklich?
Und dabei spüren wir doch, wie er uns mit in seine Unsicherheit und Betroffenheit des Herzens hineinnimmt; denn so menschlich-banal sie ist mit ihrem „Liebst-du-mich?", so ungeheuer ist die einzig gültige Antwort darauf. Wenn von Mensch zu Mensch einer so fragt „Liebst du mich?", dann steht unausgesprochen dahinter die Erwartung: Wenn ja, dann gib dich mir hin, dann sorge für mich, dann denke nur an mich, dann bleib du immer bei mir, dann laß nur mir deine Zeit, deine Sorge, dein Gutsein! Wenn ER aber fragt, so heißt die Erwartung: Dann such dir nicht ein heimliches Plätzchen in meiner Nähe, dann bleib bei mir und nur wir zwei wollen uns nahe sein, sondern: Dann, weide meine Schafe, d. h., dann brich auf und geh auf die vielen zu, dann übernimm für sie Sorge, dann teile mit ihnen dein Leben, dann sei du für sie da und je mehr du das für die vielen tust, um so mehr nehm ich es dir ab, wenn du sagst: „Ja, Herr, ich liebe dich wahrhaftig."

Das also ist es, und das meinte Augustinus, wenn er hinter das „Mit-euch-Mensch" flugs sein „Für-euch-Priester" setzt. Priester ist man für andere. Das Barometer priesterlicher Liebe zum Herrn ist die Skala seiner Sorge um den Menschen. Erst und nur auf ihr lesen die Menschen die Glaubwürdigkeit unserer Seelsorge und auch die ehrliche Hingabe unseres Lebens an Christus, den Herrn. Wir Priester sind eben nicht berufsmäßige Sozialarbeiter mit theologischem Drall, sondern Menschensucher und Menschendiener, weil wir keine andere Art haben, es der Welt offenbar zu machen, und es allein damit bezeugen, daß wir Christus lieben. Wie oft haben mich Arbeiter früher gefragt: Sagen Sie mal, warum verzichten Sie auf Ehe und Familie, warum sind Sie nicht anderswo eingestiegen, wo Sie mehr verdienen, bessere Karriere hätten machen können? Was sollte ich ihnen denn anderes sagen darauf als dies: Weil ich euch zeigen will, daß ich meinen Jesus liebe! Ich weiß keine andere Antwort als die, die ich den Arbeitern gab, und es gibt auch keine andere. Denn immer noch und immer wieder steht der Herr vor uns mit seiner bedrängenden Frage: Liebst du mich? Und immer noch und immer wieder läßt er keine andere Antwort zu als die: Weide, sorge, geh zu den Menschen! Danke du heute Gott dafür, und wir danken mit dir, daß er dich nie in 25 Jahren aus dieser Frage entlassen hat und daß du so darauf antworten wolltest und durftest!

2. *Die beglückende Gewißheit*

Noch mehr aber danke Gott heute dafür, daß er dir zu dieser permanenten Frage auch das andere schenkte: Die beglückende Gewißheit, daß er deine Liebe abforderte und dir die seine versicherte; denn auch dies ist Anruf – immer neu erlebter und erfahrener Anruf – dieser Johannesbotschaft deines Jubiläums. Da fahren sie hinaus auf den See und fangen viele Fische. Noch sind ihre Augen gehalten, noch faßt sie das Staunen an, wie er ihre Netze füllte, prallvoll füllte. Noch ist es nur wie ein Ahnen, das sich dann in eine ergriffene Gewißheit löst: Seht, doch es ist der Herr! Ja, wirklich, es ist der Herr! Wir haben ihn nicht erkannt, aber wir haben seine Nähe gespürt, und nun wissen wir es, daß ER es wirklich ist und war, von Anfang an, daß er in unserer Mitte ist und es keine Stunde gibt, in der wir ihn entbehren, auch wenn wir ihn nicht sehen, auch wenn wir uns vorkommen wie Waisen.

Was den Priester trägt – und ich füge gern hinzu, jeden Christen –, ist allein dies, daß er sich getragen weiß vom Herrn, daß er gewiß sein kann, nie nur auf seine Tüchtigkeit, seine Begabung, auf die Gunst anderer oder gar auf Geld, Protektion und Förderung angewiesen zu sein, sondern daß er immer und überall weiß, mein Herr ist mit mir, er ist vor mir Ernte zu bereiten, die ich einholen darf, und er kommt mir nach; denn mein „Erfolg ist, daß er folgt"! Wir Priester sind ehrlich genug, jederzeit zu gestehen, daß auch wir oft versucht sind, mit unserer Klugheit und Tüchtigkeit zu renommieren, uns Anleihen zu nehmen aus dem Lehrbuch des Erfolgs vom Management dieser Zeit, aber dann sorgt schon der Herr dafür, daß wir auf die Nase fallen und merken, wie wenig letztlich wir selber an den prallen Netzen schuld sind, und wie sehr wir es dem verdanken, der uns die Fische zugetrieben hat. Nur, solche Stunden unserer Beschämung sind immer die seligsten Augenblicke unseres Priesterseins, Augenblicke unsagbarer Freude, in denen wir beginnen zu stammeln: Es ist der Herr!

Darum sollte diese Stunde des Jubiläums eben ein solcher Augenblick des Glücks sein, für dich, lieber Mitbruder, wie für uns alle; denn eben jetzt werden wir inne, daß durch 25 Jahre hin der Herr mit dir gewesen ist und der Herr dir es schenkte, mit so vielen Menschen gewesen zu sein, und zugleich für so viele Priester, d. h. Angebot Gottes, Nähe des Herrn, Botschafter seiner Liebe, seiner Sorge, seiner Freude, seines Heiles.

Laß dir ruhig gratulieren zu deinem Festtag, denn jeder, der es tut, meint eben dies, und jeder Dank, der dir gegeben wird, ist in Wahrheit ein Deo Gratias. Du aber freue dich, daß es immer der Herr war, der dich zu den Menschen aufgeboten hat und inmitten der Menschen austeilen ließ, was er selber geben wollte. Größeres gibt es nicht, Beglückenderes auch nicht als solche Gewißheit. Sie trägt dich und trägt uns alle und sie ist der nie versiegende Quell unserer Zuversicht, und auch der Freude, zu deren Botschafter wir nach den Worten des Apostels Paulus bestellt und berufen sind.

Ein Kind, so habe ich begonnen, kann uns staunen und fragend machen. Ihr werdet mir nun recht geben, wie not es uns tut, daß uns Gott auch mal ein solches Kind über den Weg schickt, damit wir nachdenken und begreifen lernen „Und es war doch der liebe Gott!", daß wir in all den Diskussionen um das Priestertum unserer Zeit, bei unserem Rufen und Werben junger Menschen für den Priesterberuf, und auch in all den quälenden und oft auch gequälten Fragen um priesterliche Berufung und priesterliches Tun wieder Mut und Freude finden, es in Schlichtheit zu erfassen und in Dankbarkeit zu bekennen: Ja, und es ist immer noch Gott selbst, der uns jederzeit bedrängen darf mit seiner Frage „Liebst du mich?" und der zugleich uns in einemzu beschenken will mit der Gewißheit: Geh nur, wohin ich dich sende; denn ich bin bei dir! Beides ist die Summe unseres Lebens, aber auch der helle Summton unserer Jubelfeier, in der wir mit dir Gott durch Jesus Christus sagen: Gratias, Eucharistia, Danke, Danke!

Amen

Silbernes Priesterjubiläum

Wenn der Herr ruft!
(zu Lk 9, 57 ff)

Unter all den Daten und Zahlen, mit denen wir tagtäglich überflutet werden, wollen mir zwei nicht mehr aus dem Sinn gehen: Da wurde uns gemeldet, daß sich in diesem Herbst drüben in Polen 1700 junge Leute zum Eintritt ins Priesterseminar entschlossen haben. Eine fast atemberaubende Zahl, die man sicher nicht nur als Echo auf den Papstbesuch erklären kann. Immerhin müssen diese jungen Menschen in Polen wissen, wie fragwürdig ihre Zukunft in einem kommunistischen Staat ist und wie klein geschrieben für sie das Wort Karriere. Die andere Zahl kommt aus Afrika. Dort haben sich 680 für die Priesterseminare gemeldet. Und man muß in Afrika gewesen sein oder zumindest die politische Situation dort verfolgen, um wiederum die Frage zu stellen: Was bringt diese jungen Afrikaner zu ihrem Entschluß? Und dann sehen wir uns im eigenen Land um, und ohne billiges Lamento überfällt einen die Sorge, was aus der Kirche hierzulande morgen und übermorgen werden soll. Nur, allzubillig wäre es in dieser bedrängenden Sorge, Anklagebänke zu zimmern und darauf all die bösen Verführer dieser Zeit zu plazieren, vom Wohlstand angefangen bis zu innerkirchlichen Ereignissen, wie es jetzt eben geschehen. Nein, das reicht nicht hin, wenn man nach Berufen der Kirche frägt. Weit wichtiger, so meine ich, ist es, bei uns selber Besinnung zu halten und mit unseren aufgewühlten Herzen zum Herrn zu gehen um von ihm die Geschichte der Berufungen zu erleben und neu zu erfahren, wie er es mit denen gehalten hat, die er rief.

1. Der Herr bettelt nicht!

Was erfahren wir dabei? Dies zuerst: Christus, der Herr, bettelt nicht um Berufe. Er schlägt keine Werbetrommel, veranstaltet keine Diskussionsabende über das Thema Jüngerberufe. Er klopft keinem betulich auf die Schulter: „Wie wäre es, junger Freund? Hättest du nicht vielleicht auch Lust, mit mir Frohbotschaft zu verkünden?" Keine Spur von Anbiederei oder Berufsberatung. Er geht einfach auf die Menschen zu, ohne wenn und aber. Sie waschen ihre Netze und ER winkt sie herbei: „Kommt mit!" Der andere kassiert an der Zollschranke. „Komm, folge mir!" Wieder einen anderen bringen die schon Gerufenen heran. Wortlos fast ist er mit dabei. Und keiner sozusagen nur probeweise, keiner auf Zeit. „Und ER rief, die er wollte!" Das ist der einzige Kommentar, der später gestammelt wird und dem man fast noch die Atemlosigkeit derer anmerkt, an die dieser Ruf erging. Was bedeutet das? Also keine Werbung für Priesterberufe? Keine Diskussionen in unseren Schulen und Gemeinden? Kein Informationstag, keine Gespräche und keine Drucksachen? Natürlich nicht! Immer muß dem Tun Christi Wegbereitung durch uns vorausgehen. Immer braucht es auch den Jünger, der selber schon erfaßt ist und der zum Freund geht: „Du, wir haben IHN gefunden, komm du auch mit!" Immer erst recht das Gebet der Gemeinde; denn dazu hat der Herr uns selbst verpflichtet: „Also bittet, daß der HERR Arbeiter in seine Ernte sende!" Nur das meine ich nicht minder, daß wir einmal Schluß machen mit aller unwürdigen Bettelei, euch jungen Leuten gegenüber, daß wir Schluß machen mit dem Irrwahn, es brauche nur noch mehr, noch besseres, meinetwegen zeitgemäßeres Werbematerial, mehr geistliche Werbeträger in Schule und Gemeinde. Daß wir statt dessen es wagen, im Namen des Herrn zu sagen: Komm mit, junger Mensch; denn der Herr will dich haben! Und daß Ihr selber durch unsere Freude als Priester, durch den gesunden Stolz eurer Eltern und Geschwister, durch das überzeugende Gebet eurer Gemeinden den Mut habt, euch als Angerufene zu erkennen, und den Mut allen Unkenrufen zum Trotz und allem Defätismus, den es auch in der Kirche, auch unter uns Priestern gibt, entgegen, euch dem Herrn zu stellen. Der Herr bettelt euch nicht, er ruft euch und – auch das lesen wir im Evangelium – er betet für euch beim Vater, ehe er sagt: Komm!

2. *Der Herr beschwört nicht!*

Wir orientieren uns am Herrn der Berufe und entdecken dabei ein Zweites: Nirgendwo beschwört er die Angerufenen, durchzuhalten, nicht irre zu werden, treu zu bleiben. Im Gegenteil: In der entscheidenden Nacht, da er sich Ihnen selbst in der Eucharistie anvertraut, sagt er es Ihnen hart und schonungslos ins Gesicht: Ihr werdet alle an mir irre werden! In der Synagoge von Kapernaum, als er sie mit seiner Eucharistierede total verwirrt und ratlos macht, beschwichtigt er sie nicht. Nein, er drängt sie in die unerbittliche Entscheidung: „Wollt auch ihr gehen?" Nicht einmal Judas beschwört er im Abendmahlssaal, sich doch zu überlegen, was er vorhabe und nicht alles über Bord zu werfen. Im Gegenteil, noch im Gehen hört Judas den Herrn: „Was du tun willst, das tue bald!"
Ich gestehe, daß mir jedesmal, wenn ich an solche Szenen im Evangelium gerate, das Herz bis zum Hals schlägt. Daß ich mich dann freilich auch frage, ob wir mit unseren Priesteramtskandidaten richtig umgehen, ob wir nicht doch versuchen, die Entscheidung zu verbrämen, statt sie in aller Klarheit darzulegen, ohne Kompromisse und Beschönigungen. Eine Entscheidung, die immer auf den Herrn zugeht, und zwar auch den, der jetzt und hier Herr seiner Kirche ist, auch einer Kirche, die verwirren kann und, wie es zuweilen scheint, sich mit Moderne maskiert, um das Signum erträglich zu machen, mit dem sie ein für allemal gezeichnet ist. Ich meine das Signum des Kreuzes. Der Altar, an dem wir hier

stehen, ist kein Boxring, wo Schlagabtausch geschieht und geschehen darf. Aber dennoch darf ich dies sagen: Wenn vor kurzem zu lesen war: Ein Theologieprofessor unserer Universität habe angesichts der jüngsten Ereignisse gesagt, man müsse sich fragen, ob man einem von euch noch raten dürfe, Priester in der Kirche dieser Diözese zu werden, so nehme ich mir das Recht, zurückzufragen: Herr Professor, kann man diesen jungen Leuten noch raten, Ihre Vorlesung zu hören? Woher nehmen Sie das Recht, Ortskirche gegen Ortskirche zu stellen? Christus hat seine Jünger nicht nur nach Kana mitgenommen, sondern auch nach Kapernaum und damit nicht nur zu einer Hochzeit, sondern auch in die Notzeit einer Entscheidung und in das Ja zu einem Jesus, dessen „Rede hart war" und der von sich sagte: „Selig, wer sich an mir nicht ärgert!" Und dieses Wort gilt, meine ich, 1979 so gut wie damals, und vor einer Kirche von Regensburg so gut wie vor einer Kirche anderswo, weil es nur die „*eine*, heilige, katholische und apostolische Kirche" gibt. Habt ihr also den Mut, euch so herausfordern zu lassen? Werdet ihr dennoch, wenn Gott euch ruft, „Diener in Freude" sein, ohne daß man euch bemitleiden darf und beschwören muß? Ihr könnt es, denn nun füge ich ein Drittes sofort hinzu:

3. *Der Herr betrügt nicht!*

Ich weiß, meine Formulierung ist anstößig, ja beinahe blasphemisch. Aber erlaubt es mir dennoch, denn es liegt mir daran, euch mit aller Kraft dieses Pfand zu verdeutlichen, das wir vom Evangelium her für jedwede Berufung und für unsere Mitarbeiterschaft und Gefolgschaft Jesu haben, das knallharte Pfand nämlich, daß der Herr zu seinen Berufungen steht, daß er keinen anheuert und dann womöglich allein läßt, daß er zu seinem Wort steht und es einlöst. ER kann seine Jünger fragen: „Hat euch jemals etwas gefehlt?", und keiner kann ein Ja darauf anmelden. Er gibt ihnen die Bürgschaft, daß er sie „nicht als Waisen in der Welt zurückläßt", auf sich selber angewiesen, ohne Hilfe, ohne Schutz, ohne Beistand. ER verbürgt es ihnen feierlich, daß er mit ihnen ist „bis ans Ende der Tage", und die Jünger fanden sein Wort bestätigt, selbst dort, wo es zur Gemeinschaft mit ihm im Martyrium wurde. Und auch das ist nicht nur Evangelium, sondern Geschichte seiner Kirche, erlebt, erfahren und empfangen bis hinein in die Gaskammer von Auschwitz und in die Tretmühle des Alltags, in die auch ein Priester mutlos stolpern kann. Nur den fordere ich heraus, der mir beweist, daß er ehrlich und im permanenten Vertrauen auf Jesus sich habe rufen lassen, und dann sei er hilflos gescheitert.

Der Herr steht zu seinem Wort und nicht minder zu dem, den er beim Jawort angenommen hat. Ich mache nicht in billigem Optimismus, wenn ich das so sage,

aber Gott schlage mich auf den Mund, käme ich auf den Gedanken, in miesmacherischem Pessimismus zu machen. Wir sind zur Hoffnung berufen, und die Hoffnung hat nur einen Garanten: Das ist die Treue des Herrn. Darauf allein bauen wir, darauf sollt Ihr bauen; denn etwas anderes hat die Kirche auch dieser Zeit nicht zu bieten, etwas anderes kann sie nicht versprechen, wenn sie im Namen des Herrn jungen Menschen sagt: Folge dem Ruf des Herrn! Und das Gebet um diese Zuversicht ist für mich Gebet um geistliche Berufe.
Wir haben euch in unser Priesterseminar gebeten, damit ihr euch informieren könnt. Nehmt eine solche Information nicht an, wie man sich einen Berufekatalog ansieht, ob vielleicht etwas Passendes dabei sei. Nein, nehmt unser Angebot zur Information als eine Einladung, wie sie der Herr jenen beiden gab, die noch unentschlossen am Jordan standen und fragten: „Meister, wo wohnst du?" Ihnen winkte er zu: „Kommt, und seht!" Und da sie einen Tag bei ihm blieben, war es ihnen klar, daß er sie wollte. Niemand wird das für euch so garantieren, aber jeder von uns soll wissen, daß er die Gewähr einer großen Chance hat, der Chance nämlich, daß auch an der Donau widerfahren kann, was dort am Jordan geschah. Weil wir daran glauben, sammeln wir uns hier am Altar im Gebet und in der frohen Hoffnung, daß der Herr noch immer ruft. Und wenn er dich meint, so sage ja! Amen.

Für Priesterberufe

Unser Ja zu Gott

Wo kämen wir Menschen, wir neunmalklugen und zehnmalvorsichtigen Rechner und Planer wohl hin, schickte uns nicht der Herrgott ab und zu ein Kind über den Weg, das uns mit all unserer Vorsicht und unseren kalkulierten Risikos lächerlich macht und uns zugleich Antwort gibt auf unsere Probleme und Fragen. Ein Kind etwa wie jenen kleinen französischen Buben Guido Fontgalland, von dem heute kein Mensch mehr spricht, der mir aber in meiner Jugend das Schlüsselwort für mein Leben abgab.
Laßt es mich erzählen: Eines Abends, wie Kinder es halt tun, schlang er beim Zubettgehen seinen Arm um die Mama und bestürmte sie mit der Frage: „Du, Mama, was ist wohl das schönste Wort, das man zu Gott sagen kann?" Mama war natürlich ratlos, aber erfinderisch, wie nun mal Mütter sind, drückte sie den Buben ins Kissen und meinte: „Nun schlafe erst mal, und morgen darfst du dann in Papas großem Wörterbuch selber suchen. Der Kleine gab sich zufrieden, aber am andern Morgen war er da: „Mama, du hast doch gesagt . . ." Sie drückte ihm das dicke Dictionnaire, das Wörterbuch des Vaters mit seinen hunderttausend Wörtern, in

die Hände und meinte wohl, sie hätte nun eine ganz schöne Zeit Ruhe. Von wegen! Bereits nach wenigen Minuten kam der Bub zurück, aufgeregt, als habe er eben die Welt selber entdeckt. Sein Finger war auf ein winziges, kleines Wort gepreßt, und seine Stimme jubelte: „Ich hab's! Mama, ich hab's! Da, sieh! Das ist das Schönste, was man zu Gott sagen kann!" Und die Mama las das winzige Wörtlein: „Oui – Ja!"
Ich gestehe es offen, über die Jahrzehnte meines Lebens hinweg ist mir das nicht mehr aus dem Sinn gekommen, und als ich überlegte, was ich euch zum Fest des großen Bischofs Franz von Sales sagen könnte, war es wieder da; denn just dabei fiel mir eine Spruchkarte in die Hände, die ich vor über 20 Jahren einmal einem jungen Menschen geschrieben hatte. Auf ihr stand das Wort des heiligen Franz, und es hieß genauso: „Ja, Vater! Immer Ja!", sozusagen als Kurzformel seines Lebens und als Lehrformel, mit der er, der lebensfrohe, lebensoffene und grundgütige Bischof, Menschen führte und formte. So möchte ich euch es in dieser Stunde weitergeben als sein Vermächtnis und, so Gott will, als Schlüsselwort auch für euch, dieses kleinste, aber schönste und sicherlich auch schwerste Wort, das unsereiner zu Gott sagen kann: Ja!

1. *Ja zu Gott – das schönste Wort unseres Lebens*

Ja sagen heißt sich öffnen in Bereitschaft. Mehr noch, es bedeutet, sich hingeben und verschenken an ein Du. Mit dem Jawort binden sich zwei liebende Menschen am Traualtar für ein Leben aneinander. Und sie nennen es Hochzeit, die hohe Zeit, in der ihre Liebe fähig geworden ist, es einander vor Gott zu gestehen: „Ich bin dein und du bist mein – und was kann denn Schönres sein!" Dieses urmenschliche Ja ist nach den Worten des Apostels Paulus „Abbild dessen, was zwischen Christus und der Kirche ist". Was heißt das anderes, als daß das Urbild erst recht und noch viel tiefer reichend solche Bindung in Liebe meint, ein Ja, mit dem der Mensch Gottes eigen wird und, da Religion ja wörtlich Bindung sagt, die Bindung zwischen Gott und Mensch ihre hohe Zeit erfährt.
Aus dem Leben des hl. Franz von Sales wird uns berichtet, wie ungemein lang er sich als junger Mensch mit Glaubensnöten und innerer Unrast herumschlug, friedlos, ruhelos, voller Ängste. Wochenlang, so lesen wir, schleppte er sich so dahin, konnte mit niemand davon reden, wurde bleich und mager. Da eines Tages, als er gerade vor einer Marienstatue sich seine Not wegbetete, überkommt ihn die erlösende Erkenntnis, und die heißt: „Laß doch alle Sorge um die Dinge, die du nicht ergründen kannst. Lebe so, daß du vertrauen kannst. Denk daran, daß Gott die Liebe ist und Christus dein Erlöser." In dieser Stunde übergibt er sich Gott, wie der Bericht lautet, „auf Gnade und Ungnade", und für sein ganzes Leben

ist er der frohe, der gelöste Mensch, der frei ist und später es als sein Vermächtnis weitergibt: „Ich sage dir, sei Gottes eigen. Sei Gottes eigen für und für in diesem Leben! Gottes eigen sein, das ist das Größte!"
Genau das meine ich mit dem Ja, und ich bin gewiß, unser Heiliger würde es unserer Generation heute doppelt laut sagen, dieser unserer Generation, die – wie es scheint – Gottes so müde geworden ist, dieser „skeptischen Generation", wie Schelsky sie beschreibt, dieser Generation heute, die weder den Mut zum Ja einer Lebensbindung in Ehe und Priestertum noch den Mut zum Ja, zum Leben überhaupt zu haben scheint, sondern in ihrer Sinnlosigkeit des Lebens in Rausch und Lärm flüchtet. Er würde es wohl auch in unsere Kirche hinein sagen, von der man wie zu kaum einer anderen Zeit soviel Alleluja singt und in der man zugleich so wenig Freude vorfindet über allem Kritisieren, Diskutieren und Infragestellen.
Sag ja zu Gott, sei Gottes eigen! Für Franz von Sales ist es der Schlüssel zur Erfüllung seines Lebens, und ich finde, es sperrt eigentlich auch kein anderer das Tor der Freude auf. Mit diesem Schlüsssel-Ja hebt ja doch auch die Frohbotschaft unseres Glaubens an: Jesus selbst sagt es: Ja, Vater! Maria spricht es aus in der Stunde ihrer Erwählung! Es ist das Ja, mit dem der Herr am Kreuz endet und die junge Kirche ihren Weg beginnt. Es ist und bleibt die Losung des pilgernden Gottesvolkes und darum für jeden von uns die Wegweisung zum Glück; denn „der höchste Mensch ist der, der Gott liebt". An diesem Ja der Liebe führt kein Weg vorbei.
Nur eben, daß das alles nicht bloße Deklamation sein darf, es muß gelebt und erfahren werden auf Gott hin, täglich neu, wie wir Priester es vor dem Konzil, in der alten Liturgie der Messe täglich sagten: „Ich will hintreten zu Gott, der meine Freude ist von Jugend auf!" Das wünsche und erbitte ich euch in dieser Stunde mit unserem frohen Heiligen, wünsche ich euch vor allem in euer Suchen nach dem großen Weg eures Lebens hinein und in die Entscheidung für Christus.

2. *Ja zu Gott – das schwerste Wort unseres Lebens*

Allerdings laßt mich nun auch das andere hinzusagen: Das Ja zu Gott ist wohl das schönste Wort, das wir sagen können, nur es ist auch das schwerste. Gottes eigen sein, wie Franz von Sales mein Ja umschreibt, ist gewiß Garantie unserer Geborgenheit, es ist aber auch das Risiko unseres Lebens. Glaube und Liebe haben das Wagnis in sich.
Unwillkürlich denke ich an jenen 16jährigen Jungen, der einmal in meiner Kaplanszeit zu mir kam und mir gestand, daß er einfach nicht mehr beten könne. Und überhaupt, er wisse nicht, was er Gott sagen könne. Da entsann ich mich einer – wie mir früher schien – frommen, ähnlichen Geschichte. Ich sagte ihm: „Paß

auf, du gehst jetzt in die Kirche hinüber, kniest dich hin und sagst nur: Mein Gott und mein alles! Mehr nicht und nichts anderes und immer wieder!" Er ging, aber nach ein paar Minuten war er schon wieder da, aufgeregt und mit rotem Kopf: „Herr Kaplan, das kann ich nicht beten!" – „Wieso denn nicht, es ist doch so einfach: Mein Gott und mein alles!" Er fiel mir ins Wort: „Aber hören Sie, wenn ich das sage, dann ziehe ich mir doch den Boden unter den Füßen weg!"

Er hatte es begriffen; denn in der Tat, wer so sagt und wer das Ja zu Gott so ernst nimmt, der zieht sich tatsächlich den Boden unter den Füßen weg, denn wenn das gilt, dann gilt kein Sicherheitsnetz mehr, wie die Menschen es sich spannen. Man muß springen ohne Netz, einfach auf ihn hin, so wie Petrus aus dem Boot stieg, hinaus aufs Wasser, das eben keine Balken hat, und nicht anders als ein Franz von Assisi, als er sich vor dem Bischof und dem verständnislosen Vater splitternackt auszog und erklärte: Fortan kleidet mich nur noch Christus. Natürlich das sind nur zwei Momentaufnahmen letzten Wagnisses, die Normalzeit des Umgangs mit Gott ist auf den Dauerton täglich neuer Entscheidung eingestellt, und diese kennen wir alle. Vielleicht ist sie im Grunde noch schwerer als ein einmaliger heroischer Akt. Bestimmt aber ist dieses immer neue Wagnis auf Gott hin, diese immer neue Mutprobe zum einmal gegebenen Ja ebensogroß.

Franz von Sales spricht diese Ausdauer einmal mit einem drastischen Bild an. Er meint: Die jungen Hunde verlassen die Spur und wechseln oft die Richtung, sooft ihnen was in die Quere kommt. Aber die klugen alten Hunde wechseln niemals, sondern verfolgen immerzu die Fährte, die sie einmal gewittert haben. So soll – fährt er dann fort – ein jeder, der einmal Gottes Willen erkannt hat, dabei bleiben und danach trachten, sich zu heiligen in Ordnung und Besonnenheit.

Ihr werdet mir recht geben: Sind wir ständig gehetzten und gescheuchten Menschen unserer Zeit – auch inmitten der Kirche von heute – weithin nicht solche jungen Hunde? Was redet und diskutiert man heute nicht über Spontaneität, Kreativität und weiß Gott wie all die Modewörter heißen, die auch durch das religiöse Leben gerade junger Menschen geistern. Was erfinden wir nicht alles an neuen Formen und Lehrinhalten, wie viele Modelle entwickeln wir für Liturgie und neuen christlichen Lebensstil! Ich habe nichts dagegen, aber zuweilen sollten wir den ehrlichen Mut haben, auch das einmal zu hinterfragen und dann vielleicht zu entdecken, daß es oft im Grunde Ausweichmanöver sind vor der eigentlichen und klaren Entscheidung, vor dem wirklichen und ebenso schweren Ja zu Gott. Kurswechsel darf und soll es auch im pilgernden Gottesvolk geben; denn immerzu hat es Buße, und das ist Kurskorrektur, nötig. Aber die Spur, die der Herr uns zum Vater hin vorgegeben hat, können und dürfen wir nicht verlassen, auch die Spur nicht, die er mit seinem Kreuz ein für allemal vorgezeichnet hat.

Darum meinte ich, das Ja zu Gott ist schön, nur eben auch schwer. Und deshalb wünsche und erbitte ich euch und mir selber nicht nur, daß wir es erfahren dürfen,

wie froh ein Ja zu Gott macht, sondern daß wir dieses Ja auch in seiner Schwere durchzutragen vermögen. Immer, überall und ohne Fluchtgedanken!
Wir feiern des Fest eures Heiligen, und ich wollte euch nicht so sehr von seinem Leben berichten, als vielmehr die Summe seines Lebens in Erinnerung rufen. Ich finde sie mit dem Satz, mit dem ich begann: „Ja, Vater! Immer Ja!" Laßt uns nun miteinander und füreinander zum Herrn beten, daß dieses Ja – das schönste, wenn auch schwerste Wort, das man zu Gott sagen kann – auch zur Summe unseres Lebens werde! Amen.

Die Angst durchschreiten – Zukunft wagen!

„Nun brauche ich mich nicht mehr vor meinen Kollegen zu schämen, wenn ich am Sonntag in die Kirche gehe; denn ich habe gesehen, daß ich nicht allein bin!" Das sagte ein junger Mann auf der Theresienwiese nach der Papstmesse, und ich gestehe, ich habe noch keinen besseren und schöneren Kommentar zum Papstbesuch gehört, es sei denn, aus Ihrer Mitte heraus käme heute einer und sagte mir: „Nun habe ich keine Angst mehr, Priester zu werden; denn ich habe das Volk Gottes gesehen, für das es wert ist, sein Leben daranzugeben! Denn ich habe den Papst gehört, der uns jungen Leuten gesagt hat: Laßt euch nicht aus der Fassung bringen!" Dies wäre mir noch mehr; denn in der Tat, ich weiß, wie schwer es ist, dieses Ja zu sagen. Immer schon, und heute erst recht. Ich verachte keinen, der mir sein Herzklopfen verrät über dem Gedanken einer solchen Berufung, und ich habe Respekt auch vor dem, der mir ganz schlicht gesteht, er habe Angst, Priester zu werden. Wieso auch? Wie sonst hätte es der Papst auf der Theresienwiese immer wieder der Jugend in dieser Eindringlichkeit zugerufen: Laßt euch nicht aus der Fassung bringen! Wie sonst hätte er auf seinen Reisen zwischen Jasna Gora und Nairobi es unentwegt in die Menge gerufen: „Habt keine Angst, euch Christus zu öffnen!"
Mir – und ich bin sicher, nicht nur mir – ist dieser Appell zur Frage geworden. Wieso eine solche immer neue Beschwörung der Angst, wozu eine solche Mutspritze? Gibt es denn überhaupt so etwas wie Angst vor Christus? Angst vor dem, dem die Menschen in Scharen nach- und zugelaufen sind, dem sie als Hoffnungsbringer zujubelten und vor dem nicht einmal eine Ehebrecherin auf offener Straße Hemmung hatte? Gibt es denn die Angst vor dem, der sich darauf verbürgt, auch noch das geknickte Rohr nicht abzubrechen und den glimmenden Docht auszutreten? Kann es die Angst – und das ist mehr als eine flüchtige Gänsehaut – geben, dort, wo er einem Menschen die Ehre antut: Komm, werde mein Freund! Komm, wirf deine Sorgen alle auf mich!

Doch, diese Angst muß es geben, trotzdem und noch immer. Lassen Sie mich daher von dieser Angst reden, die – wie ich meine – auch durch diese Stunden Ihrer Begegnung heute in unserem Priesterseminar gegangen sein mag. Ich glaube, sie hat ein doppeltes Gesicht: Einmal ist es Angst vor Gott selbst und dann Angst vor der Zukunft.

1. Angst vor Gott

Angst vor Gott. Wenn ich das sage, denke ich unwillkürlich an das Wort von Paul Claudel. Er sagt: „Wo Gott hintritt, zittert der Staub." Und ich übersetze es für Sie und mich dann so: Wo Gott ruft, erschrickt das Herz! Und daß dem so ist, dafür habe ich nicht nur mein eigenes Erleben, sondern vielfältige Bürgschaft aus der Botschaft Gottes selber. Ist Ihnen noch nicht aufgefallen, wie es in der Schrift des Alten wie Neuen Testamentes kaum einen Anruf oder ein Hinzutreten Gottes auf den Menschen gibt, ohne daß sofort Erschrecken geschieht, Furcht, Zittern, Aufschrei? Da stöhnt der Prophet: Herr, laß mich in Ruhe, du siehst doch, ich kann nicht einmal reden! Da läuft der aufgebotene Jonas davon und läßt sich lieber ins Meer werfen, als nach Ninive zu gehen! Da muß immer erst ein Engel kommen und sagen: Fürchte dich nicht! Zur Mutter des Herrn, zu den Hirten auf dem Feld, zum Priester Zacharias, zu den Jüngern am Osterabend und zu wem sonst noch. Da schreien seine Apostel im nächtlichen Schiff auf vor Angst, als sie Jesus erkennen, da wirft sich ein Petrus nach dem Wunder eines Fischfangs zur Erde: Geh weg von mir, Herr, ich bin ein sündiger Mensch! Da grassiert die Furcht, da geht vielfache Angst um, und sie begleitet die Pilgerschaft des Gottesvolkes, die Heiligen wie die Sünder, durch die Jahrtausende.

Wo Gott hintritt, zittert der Staub. Wo Gott ruft, da erschrickt das Herz! Wirklich, keiner von uns braucht sich zu schämen, wenn er solche Angst erfährt in seinem Leben. Keiner darüber schamrot werden, daß er sein Herz bis zum Hals klopfen spürt, wenn er es erahnt, wie der Herr auf ihn zukommt! Nein, keiner; denn gerade mitten in diesem Herzklopfen darf er eben sicher sein, daß Christus bei ihm anklopft und Einlaß begehrt, daß er ge- und berufen ist. Und die Freude kehrt dann mit ihm zu, sobald wir uns nur einen Spaltbreit öffnen, sei's mit der verwirrten Frage: Bist du es wirklich, Herr? Und: Meinst du tatsächlich mich? Denn auch das ist Erfahrung aus biblischer Botschaft: „Da freuten sich die Jünger, als sie den Herrn sahen!" Da gestanden es sich die zwei von Emmaus: Brannte nicht schon unterwegs unser Herz? Und voller Freude liefen sie zurück zu den anderen. Auch das ist die Erfahrung all derer, die zu Hunderten als Bürgen in der Geschichte der Kirche aufstehen, von Paulus bis Franz von Assisi, von Augustinus bis zum KZ-Diakon Leisner. Man muß die Angst vor Gott durchschreiten, besser noch:

Man muß Gott selber durch seine Angst schreiten lassen, um zu der frohen Gewißheit zu kommen: Er hat mich angenommen!
Wie gesagt, ich nehme jedem seine Angst ab, die vor seiner Entscheidung auf Christus hin düstert, aber ich gestehe sie keinem zu als unentwirr- und unentrinnbare Fessel; denn Christus ist der Befreier aus allen Banden, er ist der Überwinder der Furcht, er ist das Licht, in dem die Nebel zerstieben. Darum konnte der Papst es in München beschwören: Laßt euch nicht aus der Fassung bringen, und in Krakau den Hunderttausenden zurufen: Habt keine Angst, euch Christus zu öffnen. Und ich gebe Ihnen sein Wort in diese Stunde hinein weiter.

2. *Angst vor der Zukunft*

Aber da ist noch das andere Gesicht der Angst, in das ein jeder zuerst schaut, der sich vor eine Lebensentscheidung gestellt sieht. Ich nenne es die Angst vor der Zukunft. Und auch sie tritt an jeden heran, auch ihretwegen braucht sich niemand zu schämen. Glaube ist Wagnis, sagen wir, ja, aber eben Wagnis nach vornezu, in ein Morgen hinein, das noch nicht einmal in seinen Umrissen klar ist, auf ein anderes Ufer hin, an dem sich noch keine Straße abhebt, in ein Terrain, von dem man nicht weiß, ob es trägt und ein Zuhause werden kann. Als Petrus aus dem Schiff stieg, faßte ihn die Angst an. Wasser hat keine Balken. Als Paulus blind vom Pferd stürzte, wankten seine Knie, und er zitterte am ganzen Leib; denn er sah keinen Schritt mehr voraus. Als Maximilian Kolbe sich aus der Appellreihe löste, wußte er zunächst nur den Gasofen, auf den es zuging. Das Wagnis auf Gott hin – und das ist der Glaube –, das ist ein Ja zu einer Berufung, besteht immer und allezeit zuerst darin, alle Karten auf Gott zu setzen und dabei zugleich zu wissen, daß Gott sich nicht in die Karten schauen läßt.
Auch heute und morgen nicht! Aber wir fragen doch nach morgen. Für Sie als junge Menschen ist es legitimes Recht, danach zu fragen, wie es denn mit Ihrer Zukunft bestellt sein wird und mit der Zukunft einer Kirche, für die Sie sich entscheiden sollen. Kirche hat Zukunft, weil Kirche immer jung ist, aber auch Kirche weiß nicht um ihre Zukunft, weil ihr Herr sie ihr nicht aufblättert wie ein Buch. Was wir vermögen, ist, allenfalls ihre Konturen abzutasten. Nach den Worten des Herrn, wie wir sie gerade zu Ende des Kirchenjahres und in den Advent hinein neu erfahren, sind es eher Konturen düsterer Zeiten als Silberstreifen unbeschwerter Pilgerschaft. Sie kennen die Endzeitreden Jesu, und Sie wissen wie ich, daß wir in der vom Herrn ausgerufenen Endzeit leben.
Was wartet auf uns? Kirche am Ende des 2. Jahrtausends – daran hat das Konzil erinnert in aller Nüchternheit – ist nicht Haus der Glorie, sondern aggiornamento – der Papst in München übersetzte dieses so oft mißdeutete Wort aggiornamento

mit der „Verheutigung“! –, ein Aggiornamento also in ein Heute herein, das uns allen, jung und alt, die Traumkappe von Fortschritt, Sicherheit und Wohlstand vom Kopf gerissen hat und uns einkeilt in ungeahnte Fragwürdigkeit und Unsicherheit! Was wartet auf uns? Keiner in der Kirche, der es mit jungen Menschen redlich meint, kann versprechen, daß er mit einem Ja zur Berufung auch ein Ja zu einer Happy-day-Tour spricht. Eher im Gegenteil! Was wir für die Kirche für diese und die nächste Zeit erspähen, ist Scheidung der Geister, ist Kirche der Konflikte und Spannungen, ist Seelsorgearbeit mit größerer Belastung als in den Generationen bislang, ist Priestersein und Ordensleben in einer verfremdeten Welt und auch in einer Art von Einsamkeit, die wahrlich nicht nur von Zölibat und Ehelosigkeit ausgelöst wird.
Wie sollte ich jemand verachten, wenn er solche Zukunft abschätzt und es mir gesteht, daß ihm angst wird davor? Kraftprotzerei und Hurraheldentum waren noch nie christliche Antworten, wohl aber Hoffnung und Vertrauen darauf, daß man, wie es in den Psalmen heißt, „mit Gott über jede Mauer springt“ und daß der Herr, der ruft, auch ein Herr ist, der führt. Für meine Entscheidung hat eine einfache Arbeitersfrau Pate gestanden. Es war meine Mutter. Als ich ein halbes Jahr vor meiner Priesterweihe als junger Diakon plötzlich an ihr Totenbett gerufen wurde, hatte sie mir einen Brief hinterlegt, und darin stand: Mein lieber Bub, merke es dir: Gott läßt wohl sinken, aber nicht ertrinken! Und Gott schickt nicht mehr, als wir ertragen können. Ich gebe Ihnen diese Bürgschaft einer einfachen Frau als Schlüssel in Ihre Zukunftssorge, ja Zukunftsangst mit. Nicht als frommen Spruch, sondern als ein Versprechen Gottes, das er an mir eingelöst hat! Und ich bitte Sie: Wagen Sie Ihre Zukunft! Sperren Sie den Käfig Ihrer Angst auf mit diesem Schlüssel der Hoffnung! Auch Sie werden es erfahren, er sperrt wirklich auf!

Ich wollte Ihnen das Gesicht der Angst zeigen und erhellen, von der ich meine, daß sie der Papst im Auge hatte, als er auf seinen Reisen gerade Sie, die jungen Menschen, beschwor: Habt keine Angst, euch Christus zu öffnen! Laßt euch nicht aus der Fassung bringen! Und ich wollte Ihnen gerade zu diesem Begegnungstag als einem Tag des Anrufs, über Ihre mögliche Berufung nachzudenken helfen, wenn ich Ihnen sagte: Es gilt Angst zu durchschreiten und Zukunft zu wagen. Natürlich kann ich Ihnen die Entscheidung nicht abnehmen und Ihnen die Sorge nicht einfach wie ein Licht ausblasen, die Sie aus einem solchen Tag eher erst recht als immer noch mit nach Hause nehmen. Nur sollen Sie auch wissen, daß wir alle, ja, ein Bistum, für Sie betet, Gott möge es Ihnen schenken zu sprechen wie jener junge gefallene Dichter des 1. Weltkrieges, Reinhard Johannes Sorge: „Was morgen ist, auch wenn es Sorgen ist, ich sage ja!“

Für Priesterberufe

Im Anruf des Herrn
(zu Mt 21, 28–32)

Wenn Gott will, schreibt er uns seinen Anruf auch einmal auf das Heck eines VW Käfers. So habe ich das jedenfalls verstanden, als ich vor einiger Zeit schon zwischen Straubing und Deggendorf auf belebter Straße hinter einem VW einherfuhr, der mit aufreizend langsamem Tempo vor mir her zockelte. An ein Überholen war da nicht zu denken, und so zwang mich der liebe Gott, lange hinterherzufahren. Durch das Heckfenster erkannte ich zwei junge Männer. In Bluejeans, mit langer Mähne, wie sie uns Älteren eben nicht gerade wie Himmelsboten vorkommen. Auf der Heckscheibe selber aber pappte ein Spruchband, und darauf stand: „Es kommt das Reich Jesu Christi! Richte dich darauf ein!"
Ich weiß nicht, ob Ihr das den beiden Twens abgenommen hättet. Ob jemand von euch nicht eher nachsichtig gelächelt hätte, als ernsthaft an diesen Spruch zu glauben. Unsere Zeit scheint doch wahrhaftig nach allem anderen aus als nach dem Kommen des Gottesreiches. Wir sind doch eher damit angefochten, daß wir das Gegenteil wittern, wir machen uns doch weit größere Sorgen, daß dieses schlingernde Schiff der Kirche auslaufen könne und stranden. Oder sehe ich zu schwarz? Da schreibt jüngst ein Wiener Pfarrer ein Buch: „Woran die Kirche krankt", und er stellt ihr die Diagnose, mit dieser Reservistenkirche geht es zu Ende. Das ist Kirche auf Abbruch. Da schießt ein undurchsichtiger Terrorist auf den Papst, da geht eben in diesen Septembertagen 1981 durch die Seminare unseres Bistums ein beklommenes Frösteln, weil wie noch in keinem Jahr, die Neuzugänge so spärlich sind. Ja, es könnte sein, daß wir gerade heute, wo wir die Erneuerung dieses Seminars feiern und weihen wollen, verlegen sind, ob solche Investition sich denn überhaupt lohnt. Bauen wir nicht gedankenlos in eine Zukunft, in der der Weinberg des Herrn eher zum Brachland zu werden aussieht, als zum hoffnungsvollen Pflanzgarten (und das ist ja der Name Seminar!)? Und trotzdem, ich halte es mit den beiden Twens zwischen Straubing und Deggendorf und ihrem kühnen, fast tollkühnen Anruf: Richtet euch ein, es kommt das Reich Christi! Und meine Frage ist: Richten wir uns tatsächlich darauf ein, eine Frage, die doch im Grunde genau die Anfrage Gottes ist unserer Tagesbotschaft von heute, Anruf Gottes, den wir hören müssen und dem wir uns zu stellen haben.

1. Den Aufruf hören

Unser Evangelium eben ist unverkennbar Geschichte einer Berufung. Ein Gleichnis nur, gewiß, aber mehr als deutlich in seinen Konturen. Ein Gleichnis, anders als jenes, das wir uns vor 8 Tagen am Altar anhörten und in dem es auch

um Arbeit im Weinberg ging. Nur, vor einer Woche ging es um einen Anruf an Fremde, an irgendwelche, die da den ganzen, lieben, langen Tag auf dem Marktplatz herumstehen, die Hände in den Hosentaschen, verdrossen, gelangweilt, wurstig. Heute aber, in diesem Gleichnis, geht der Anruf an zwei junge Leute, die einen solchen Appell: Geht in den Weinberg! erst gar nicht nötig haben sollten. Der Weinberg gehört ihrem Vater, er gehört quasi auch bereits ihnen selber. Wenn einer daran Interesse haben kann, daß da etwas wächst, daß da die Steine ausgeräumt werden, daß da Ernte passiert, dann doch sie selber und sie unmittelbar! Es dreht sich doch um ihr eigen, um ihr Erbe für morgen. Davon sollen und müssen sie demnächst leben!
Unwillkürlich fragt man sich, was sind denn das für seltsame Patrone, die man erst noch in Marsch setzen muß für ihr eigenes Erbteil, was sind denn das für wurstige Kameraden, denen die Lust fehlt, in die Arbeit einzusteigen, deren Frucht doch für sie ist?
Ja, und nun bitte ich um Pardon, wenn ich sage: Und was müssen wir in unserer Kirche heute eigentlich für seltsame Patrone geworden sein, wenn wir landauf, landab wie Werbetrommler herumziehen müssen, um jung und alt zu beschwören, stellt uns Mitarbeiter ab für den Weinberg des Herrn? Und das ist doch diese unsere Kirche, und das ist doch diese unsere Welt, für die Christus in die Weinbergkelter des Kreuzes gestiegen ist! Kirche und Welt, die er uns in aller Form vermacht hat als sein Erbe, für die er uns an Kindesstatt angenommen hat!
Sehen Sie, wenn mich etwas aufregt an diesem Gleichnis des Herrn, dann ist es dies, daß wir trotz Taufe und Firmung, trotz Konzil und Synode in unserem Land uns weithin so benehmen, als sei das gar nicht unsere Sache, als muteten wir euch jungen Menschen, die wir anwerben für den ungeteilten Dienst in der Kirche und im Heilsdienst an der Welt, geradezu etwas Exotisches zu, als sei es beinahe eine Unverschämtheit, heute noch Eltern anzurufen: Gebt euren Buben, gebt eure Tochter frei für den Weinberg des Herrn! So als wollten wir sie für die Fremdenlegion loskeilen, und nicht eben für den Acker Gottes, der uns zur Treuhänderschaft übergeben ist, und nicht für eine erlöste Welt, die es heimzubringen gilt als Gottes eigen! Und sie ist doch unser, diese Kirche, sie ist doch unser, diese Welt, es ist doch unsere Zukunft! Darum meine ich, es gilt, den Anruf Gottes aus dieser Geschichte zu hören, Gott zu hören, der nicht um etwas Außerordentliches bettelt, sondern legitim uns das Allerselbstverständlichste aufträgt, was es für uns geben kann: Kümmert euch um meinen Weinberg. Packt an!

2. *Sich dem Anruf stellen!*

Und ebenso selbstverständlich ist im Grunde das andere: Daß wir uns solchem Anruf stellen. Aber das scheint es noch weniger zu sein; denn auch in unserer

Geschichte gehen da die Meinungen schon auseinander: Der eine sagt ja und verdrückt sich still und leise. Der andere brummt in seinen Bart: Ich habe keine Lust, und es dauert schon eine Weile, bis er sich dann doch bequemt, die Hacke aufzunehmen. Und das noch Sonderbarere an dem Gleichnis: Wir hören weder ein spontanes Lob des Vaters für den einen: Brav, mein Junge! noch eine gereizte Gardinenpredigt für den anderen, den Brummer. Alles sieht so aus, als lasse sich der Vater das einfach gefallen. Er nimmt das stumm hin. Er zwingt keinen und findet sich damit ab. Tatsächlich, er zwingt nicht, nur er läßt dann auch keinen Zweifel daran, wer sich in Wahrheit als sein Sohn erweist, der eben, der dann doch und trotzdem sich seinem Anruf stellt und ihm nachkommt.

So ist das in der Tat: Gott zwingt keinen. Zu keiner Zeit, auch heute nicht. Nur eines erzwingt er, daß man sich frei entscheide und handle. Das ist und war immer so und zu keiner Zeit anders. In unserem Heute offenbar erst recht nicht.

Wir wissen, daß wir gerufen sind. Und ich gebe zu, es mag euch Eltern schwer sein, ja zu sagen, wenn er in eurer Familie euer Kind abruft. Ich begreife euch junge Leute durchaus, wenn ihr durch eure Seminarjahre hindurch euch so mühsam abquält mit eurer Berufsfindung und gar mit dem Ja zum Priesterberuf. Ja zu sagen ist leichter, als so ein Ja zu realisieren. Und wir brauchen gar nicht anfangen, darüber zu jammern, wieviel schon mal ja gesagt haben und dann doch abgeschwenkt sind, zu Aussteigern wurden, wie man heute sagt. Wir wissen freilich ebenso um die anderen jungen Menschen, die wir Spätberufene nennen und die eben nicht gleich ihr Ja parat hatten, dann aber doch sich durchgerungen haben. Was wären wir heute auch in unserem Bistum gerade ohne sie!

Das alles wissen wir, nur eines bleibt: Daß uns nichts und niemand davon entbindet, uns zu entscheiden, uns dem Anruf Gottes zu stellen und unser Ja zum Mittun nicht zu einer Sache spontaner Begeisterung oder Laune zu machen, sondern, mit welchen Überlegungspausen auch immer, es reifen zu lassen zur Tat. Und auch darüber gibt es nichts zu deuteln, daß wir mit unserem Ja oder Nein zu Gottes Anruf in die Verantwortung genommen sind. Für unsere Kirche, für die Menschen, für die Welt Gottes! Immer geht es, wo Gott ruft, eben doch auf ein Entweder-Oder hinaus und darauf hinaus, daß wir unser Ja zu ihm realisieren. Noch einmal: Das muß weiß Gott nicht immer und sofort im Hurraschritt passieren, auch mit beklommenem Herzen und nach langen, harten Stunden des Ringens mit sich selbst und mit Gott ist es wertvoll und Erfüllung des Vaterwillens Gottes. Er sucht nicht die Forschen, sondern die Willigen. Er liebt nicht die Spontanbereiten mehr als die Bedächtig-Paraten. Aber er braucht Menschen, die ja sagen und das Ja tun. Darum ruft er uns an, darum stellt er uns, ob gelegen oder ungelegen, damit wir uns ihm und seinem Anruf stellen!

Da habe ich letzten Montag Nacht etwas Seltsames erlebt. Ich war schon zu Bett gegangen und, weiß Gott wieso, drehte ich noch an meinem Nachtkastenradio

herum. Auf einmal packt es mich. Da höre ich Stimmen junger Menschen über einen Sender, die von ihrer Begegnung mit Jesus berichten. Der sie in Beschlag genommen hat, für den sie nun da sein wollen. Und schließlich singen sie. Ihr Lied fängt an: „Mein Jesus ist in mir, ich hab' ihm aufgemacht . . ." Fast verschlägt es mir den Atem. Und das noch mehr, als ich dann in meiner Neugier, woher das wohl kommt, abwarte und in der Absage der Sendung höre: Radio Tirana! Tirana – Albanien!! Ich bin verwirrt. Ist das nun ein kommunistischer Dreh, hat sich da ein Piratensender auf gleicher Welle für Tirana der Frequenz bemächtigt? Ich weiß es nicht, aber was tut's, ich habe Gott gedankt! Für diese jungen anonymen Menschen und für eine Wellenlänge, die aus Albanien über Rim hinweg nach Regensburg die Botschaft ausrichtet: Mein Jesus ist in mir, ich hab ihm aufgemacht! Echo des Anrufs unseres Papstes an die Jugend in Polen, in Amerika, in Irland, auf der Theresienwiese in München vor einem Jahr: Macht euch auf für Christus! Echo des Wortes Gottes in dieser Stunde: Sagt ja, geht in meinen Weinberg, denn er ist euer und ich will euch Zukunft geben!
Amen!

Für Priesterberufe

Ins Morgen bauen!

Sagen Sie selbst: Kann es drastischere Kontrastzeichen geben in dieser unserer Zeit als die, die wir eben heute erleben? Es ist Mai, und wir schmücken die Bilder der Gottesmutter mit dem frischen Grün unserer Bäume und der farbenvollen Pracht aus Gärten und Wiesen, und zugleich starren wir in die Bilder des großen Sterbens, das durch unsere Wälder geht, und schlagen Alarm wider die Vernichtung unseres Lebensraumes. Wir stehen vor Pfingsten, und immer noch ist in uns jener Anruf, den Johannes XXIII. mit dem letzten Konzil verband: „Ein neues Pfingsten!", aber bis in unsere Kirche hinein sieht alles anders aus, als wehe Gottes Geist. Er ist eher wie ein Säuseln, das man kaum noch vernimmt, der Wind der Welt aber dafür der eisige Sturm, der statt Friedensblüten das dürre Laub von Angst, Verderben und wachsenden Sorgen vor sich hertreibt. Da schicken wir uns in dieser Stunde an, einen Kindergarten und ein Schwesternheim mit dem Segen Gottes zu bedenken, und es ficht uns eher an, als hätten wir ein Haus auf Abbruch gebaut, in eine nahe Zukunft hinein, in der es beides nicht mehr geben wird, die Kinder und die Menschen, die sich den Ordensstand erwählen.
Pardon, ich möchte euch wahrlich kein Wasser in den Wein eurer Freude dieses Tages schütten, und nichts liegt mir ferner, gerade in dieser festlichen Stunde, in der wir miteinander Gott danken wollen und um seinen Segen beten, als

Miesmacher aufzutreten. Alles andere als das; denn ich möchte mich mit euch freuen, und ich bin gekommen, euch allen den aufrichtigen Dank von Bischof und Diözese zu überbringen für das Zeichen der Hoffnung, das Ihr mit dem Bau dieses Marienheimes gesetzt habt, gerade jetzt und genau wider alle Hoffnungslosigkeit, und danken auch für die Opfer, die Ihr dafür aufgebracht habt. Genau das nämlich steht uns als Christen an, in allem Realismus unsere von Gott gegebene und von Gott aufgegebene Zuversicht nicht zu verraten, inmitten noch so vieler Fragen, Probleme und Ängste ein neues Ja zum Leben und zum Dienst in Gottes Namen zu sagen und wider die Unheilschiffren der Zeit die Heilszeichen des Herrn zu vermelden. Dies um so mehr und um so klarer, wenn wir ein Haus segnen, das den Namen der Mutter des Herrn, Mariens, trägt. Sie ist, wie die Schrift es sagt, das „große Heilszeichen vom Himmel", und in ihrem Namen ist ein für allemal das zweifache Ja vorgegeben, das wir mit dem Marienheim von Arzberg zu unserem Ja machen, nämlich das Ja zum Leben und das Ja zum Dienst am Leben.

1. *Unser Ja zum Leben*

Wir weihen euer Haus auf den Namen Mariens. Mutter des Lebens nennen wir sie, weil sie das Leben selbst in Christus Jesus in unsere Welt geschenkt hat. Mit ihrem Ja zum Leben hat sie uns auf das Leben hin in Pflicht genommen, uns und alle, die an Gott glauben, an einen „Gott der Lebenden und nicht der Toten", und alle, die sich auf den Sohn Gottes berufen, der „gekommen ist, daß wir das Leben haben" und den Tod in die Schranken verwies. Und alle, die an eine Kirche glauben, die berufen ist, Anwalt des Lebens zu sein und nicht Staatsanwalt der Lebensverhütung und Lebensvernichtung.
In dieser Pflicht eines nicht übernehmbaren Jas zum Leben stehen wir, und das um so mehr, als um uns der Lebensüberdruß, die Lebensangst und auch die Jagd auf das Leben grassieren, in einer Zeit, in der mehr als ein Herodes „nach dem Kinde trachtet", und inmitten einer Gesellschaft, die zur Wegwerfgesellschaft geworden ist, auch da noch, wo es um das Leben des Menschen geht. Ich habe nichts gegen die Demonstrationen, die allüberall über unsere Straßen ziehen und wider die Vernichtung unseres Lebensraumes protestieren, die lautstark gegen den Rüstungswahn und die atomaren Gefahren ihre Stimme erheben, die Transparente wider den Tod und für die nächste Generation schwingen. Nur erlauben Sie mir dazu die Frage: Wieviel Wahrheit ist oft in solchen Demonstrationen, für den Menschen, für seine Würde, für sein Lebensrecht, wenn sie dann auch den Freibrief für die Tötung ungeborenen Lebens verlangen, wenn sie neben einer Aktion Sorgenkind in einem Atemzug auch zur Beschimpfung jener Eltern werden, die ja zum Kind sagen, auch zu einem dritten und vierten Kind? Wieviel Wahrheit

ist in aller Erregung über Krieg und Massenvernichtung, wenn diese Erregung die Aufregung einschließt über die Kirche und ihre Bischöfe, die sich mit der Abschaffung des § 218 nicht beruhigen wollen und werden?"
Versteht mich nicht falsch, ich will hier nicht Politik treiben, mir geht es um die Wahrhaftigkeit unseres Ja zum Leben, das wir mit dem Namen und der Mutterschaft Mariens verbinden. Würden wir nicht zu frommen Heuchlern werden und mit gespaltener Zunge reden, wollten wir unsere Marienlieder singen und die Geburt Christi feiern, seinen Tod und seine Auferstehung preisen „bis er wiederkommt", aber – mit dem Wort des Propheten gesagt – „stumme Hunde sein, die nicht bellen wollen", wenn es um das Ja zum Leben geht? Ein Kindergarten in einer Gemeinde, das ist für mich das betonierte Ja zum Kind, zur Familie, zur Elternschaft und Elternwürde. Seine Steine zeigen, daß wir kein bloßes Lippenbekenntnis aus diesem Ja machen, die fast 300 kirchlichen Kindergärten unseres Bistums, errichtet mit den Opfern unserer Gemeinden, machen es deutlich, daß wir nicht nur reden und proklamieren, sondern handeln und uns für das Leben engagieren. Man mag sagen, das alles sei noch viel zuwenig, Kirche müßte sich noch weit mehr einsetzen für unsere Familien, für unsere jungen Menschen auf dem Weg zu Ehe und Familie, für unsere alten Mitbürger, die die Last der vorigen Generation getragen haben. Gewiß ja, aber genau das mahnt ein solcher Tag ja in einer Gemeinde an, eben dahin weist der Name der Mutter Jesu, die mit ihrem Sohn bei einem jungen Hochzeitspaar die ersten Zeichen ihrer und seiner Sorge gesetzt hat. Es braucht unsere Tat, es braucht noch mehr unsere Aktion dafür, jungen Menschen Mut zu machen für Ehe und Familie, das Frostklima der modernen Ehe- und Familienfeindlichkeit aufzulösen und Steine der Hoffnung zu setzen, wie Ihr es getan habt mit dem Bau eures Marienheimes. Ein Ja zum Leben.

2. *Unser Ja zum Dienst am Leben*

Und ein Ja zum Dienst am Leben kommt hinzu. Mit eurem Marienheim wollt Ihr ja nicht nur Kindern Heimat schenken, sondern auch den Schwestern Heimstatt geben, die in eurer Gemeinde im Dienst am Leben stehen. Ihnen darf ich – sicher in aller Namen – ein Vergelts Gott! in dieser Stunde sagen. Seit fast genau 75 Jahren sind sie hier in Arzberg im Dienst an den Kranken, den Alten, den Kindern und euren Familien. Ordensfrauen, die selbst auf Ehe und Mutterschaft, auf Familie und eigenes Daheim um Gottes willen verzichtet haben, um vielfache Mutterschaft in einer Diasporagemeinde zu übernehmen, statt eigener Beheimatung in ehelicher Liebe alle Liebe freizusetzen für den Dienst in Liebe an allen, die persönliche Geborgenheit über nun schon zwei Generationen hin eingetauscht haben mit dem Dienst des Bergens und verborgener Selbsthingabe.

Ihnen Dank in dieser Stunde, und es ehrt euch als Gemeinde, daß Ihr mit dem Neubau des Marienheimes euren Schwestern eine bessere, neue Heimstatt gegeben habt. Ihnen, die nicht nur den Namen Mariens als Beinamen tragen, sondern die aus dem Geist der dienenden Magd Gottes ihr Leben zum Zeugnis und Anruf mitten unter euch machten und machen. Zeugnis voller Verfügbarkeit für Gott und den Menschen und Anruf auch und gerade in diese Zeit hinein, daß nicht nur eine Welt ärmer wird ohne unsere Ordensfrauen, sondern auch eine Kirche an Glaubwürdigkeit verliert, wenn es in ihr nicht immer wieder Menschen gibt, die ihr totales Fiat, ihr lebenslanges Ja zu ungeteiltem Dienst der Liebe sprechen.

Und gerade da beginnt unsere Sorge und unsere Frage: Gibt es sie noch, diese mutterschaftslosen Mütter im Ordenskleid, wird es sie noch geben, diese gelebten Ausweise einer Kirche, die Maria zur Mutter proklamiert und auf schmerzlicher Suche nach jungen Menschen ist, die bereit sind, das Ja Mariens aufzunehmen für ein Leben lang und für den Dienst am Leben anderer? Wir beklagen seit Jahren den Priestermangel, der auch in unserem Bistum Jahr um Jahr spürbarer und drückender wird. Drückt uns aber auch der weitaus größere Mangel an Ordensberufen, und zwar gerade in unseren Frauenorden? Haben wir nicht alle nur bedauernd zugesehen, wie unsere Gemeinden ihre Schwestern verloren haben und es nun weithin schon so ist, daß eine Ordensfrau in unserer Gesellschaft anmutet wie ein Mensch von einem anderen Stern? Heute noch ins Kloster gehen? Das ist ja beinahe schon keine Frage mehr, höchstens eine Entrüstung, ja, eine Zumutung an Mädchen dieser Zeit und – darf ich es offen sagen? – oft noch eher an unsere Eltern, die sich trotz Rosenkranz in der Tasche und Herrgottswinkel in der Stube dagegen verwahren, daß ihre Tochter mit so einem verrückten Ansinnen daherkommt.

Nein, ich will nicht anklagen, aber wir können uns in dieser Stunde der Weihe eines Marienheimes nicht vorbeistehlen an der Frage und der Sorge, wer morgen und übermorgen noch das Ja zum Dienst am Leben mit dem Treuewort einer Ordensprofeß besiegelt. Wir können und dürfen uns nicht abfinden damit, daß sich vielleicht doch noch der eine oder andere junge Mensch finden wird, der dies wagt und dies zu seiner Lebenserfüllung macht, wir sind vor Gott in die Pflicht genommen, solche Berufungen zu erbeten, ein Klima der Willigkeit für jene zu schaffen, die Gott für seinen Dienst ermutigt. Darin erfüllt sich die Weihe eines Marienheimes in einer Gemeinde. Damit lösen wir unseren Lobpreis der Gottesmutter ein. Erst so habt Ihr mit euren Opfern nicht fürs Heute nur, sondern für morgen gebaut.

Weihe des Marienheimes

Kirche

Kirche – das sind wir!

Es gibt Dinge und Erlebnisse, die bringt man einfach nicht mehr aus seinem Kopf. Und mögen darüber Jahrzehnte vergangen sein. So ging es mir eben, als ich nach Pfreimd hereinkam. Vor mir eure Kirche, eingerüstet von unten bis oben, zugerüstet für das große Jubiläum, das Ihr in diesem Jahr feiern wollt. Unwillkürlich stand vor mir jener letzte Abend, den ich als Soldat auf der Heimkehr aus dem Inferno des letzten Krieges zu Bamberg erlebte. Man hatte uns im Viehwagen quer durch das verwüstete Deutschland gefahren. Zerbombte Städte, Flüchtlingstrecks auf den Straßen, fragende Augen allüberall: Wie wird es weitergehen? Es war wie ein letzter Anschauungsunterricht darüber, wohin ein Volk gerät, das die Balken des Kreuzes umbiegt zu vier Haken und dann erlebt, was daran alles zugrunde geht.
So waren wir, hungernd, nach Bamberg gekommen. Aberhunderte von Landsern, die heimwärts transportiert werden sollten. Wir lagen unter freiem Himmel auf einer Anhöhe über der Stadt. Die Nacht fiel schon herein. Unten die Stadt, öde, stumm, ein verlorener Schüppel Häuser. Und wir aus Rußland kommend mit tausend Fragen um unsere Zukunft im Hirn und Herz. Da plötzlich schlug einsam in die Nacht hinein aus der Stadt unten eine Glocke an. Für mich wie ein Signal neuer Hoffnung. Aber für einen meinen Kameraden neben mir wie eine große Provokation. Er stieß mir seinen Ellbogen in die Seite und fing an gottsjämmerlich zu fluchen: „Hörst du's, Kamerad! Da bimmeln sie schon wieder, diese gottverdammten Schwarzen. Da bimmeln sie schon wieder, und du wirst sehen, die schaffen es. Es wird nicht lange dauern, dann sind sie wieder obenauf, die Schwarzröcke, die Herren Prälaten . . ." Ich weiß nicht mehr, was er alles hinausfluchte und hinausräsonierte. Aber ich höre ihn noch heute, mit seinem „Kirche-oben-auf!"
Und daran dachte ich eben vor eurer eingerüsteten Kirche, „Kirche-oben-auf"? Bald sind es 40 Jahre her seit dem Fluchen jenes Kameraden. Hatte er denn recht? Ist nun denn Kirche wieder obenan? Und ich meine damit nicht die vielen renovierten Gotteshäuser, die vielen neuen dazu, die mit aus dem Schutt wiedererstanden sind, wiedererstanden mit so vielen großartigen Opfern unserer Gläubigen (und Ihr gehört dazu!). Nein, ich meine die Kirche, die wir selber sind. Ich denke an die Kirche, die inzwischen ein Konzil und eine deutsche Synode gehabt hat. Ist sie obenauf? Oder ist sie nicht für immer mehr Menschen untendurch?

Ich meine die Kirche, in der es weiß Gott heute weit weniger nach Weihrauch riecht als eher, wie Paul VI. es frank und frei sagte, der Qualm Satans gedrungen ist. Ich meine die Kirche, aus der so viele heute heimlich ausziehen und in die es anscheinend unsere jungen Leute nicht mehr hineinzieht; eine Kirche, in der die einen verzagen wollen, weil sie anscheinend nicht mehr die Kirche ihrer Kindheit und Jugend ist und in der die anderen verdrossen werden, weil sie ihnen zu wenig zeitoffen ist, ewig-gestrig und altmodisch geblieben mit ihrem Wort und ihrem Gehabe. Ich meine die Kirche, in der die Priester und Ordensberufe zu veröden scheinen und durch die zugleich das Lamento – auch in unserem Bistum – umgeht, weil die Gemeinden ohne Pfarrer bleiben. Ist diese Kirche obenauf?
Eine Frage, die jeder anders beantworten mag. Meine Antwort jedenfalls ist die: Kirche ist nach dem Wort und Auftrag des Herrn als Stadt auf dem Berge bestimmt, „obenauf zu sein", aber sie kann und ist es nur, wenn die Menschen in ihr obenauf sind, d. h. wenn wir selber – denn wir sind diese Kirche! – obenauf sind, wenn wir, die wir diese Kirche tragen, willens sind, sie zum Zeichen Gottes in der Welt zu machen. Wie, das möchte ich Ihnen, und gerade Ihnen, liebe Sodalen der Männerkongregation, in ein paar kurzen Strichen zeichnen; denn der Ursprung unserer Marianischen Kongregation vor rund 350 Jahren lag doch genau da, daß sich in ebenso wirren Zeiten des Dreißigjährigen Krieges zu Ingolstadt Männer zusammentaten, um Kirche obenauf zu bringen mit ihrer klaren und liebenden Entscheidung zur Kirche, mit ihrer Verfügbarkeit für die Sendung der Kirche und mit der Kraft, die sie sich inmitten der Kirche durch Maria vom Herrn erbaten.
Kirche obenauf. Dazu gehört ein Dreifaches:

1. *Sich mit der Kirche identifizieren*

Das erste ist dies: Sich mit der Kirche zu identifizieren, d. h. sich nicht nur eins wissen mit der Kirche, sondern zu wissen und zu leben, daß wir selber diese Kirche sind. Freilich, das hört sich nun an wie eine Binsenwahrheit. Nur, ich frage euch: Wie weit ist diese Wahrheit denn schon in die Binsen gegangen? Kirche – ist das nicht für sehr viele weit eher etwas, von der man höchstens etwas erwartet, an der man sich räkelt und reibt, an der man kritisiert und von der man sich distanziert? Etwas, das einem eher auf den Wecker fällt, als daß sie Hoffnung weckt, Freude, Zuversicht? Ist es nicht weit in unsere Kreise hinein – und das nicht nur bei unseren jungen Menschen – zur Parole geworden: Christus ja – aber Kirche nein! Als ob man das voneinander trennen könnte! Als ob einer sagen könnte: Ich halte zu Christus, dem Herrn der Kirche, aber haltet mir seine Braut, und das ist die Kirche!, gefälligst vom Leibe! Nein, das ist nicht möglich, nur ich gebe es zu, es ist nicht immer leicht, sich wirklich mit dieser Kirche Jesu zu identifizieren.

Sie ist aus Menschen und so, wie sie unter und vor den Menschen erscheint, oft nur allzu menschlich. Mit allen Schwächen, mit allen Ärgernissen, mit allem, was an einem Menschen liebenswert, aber leider auch verdrießen und belasten kann. Und die 2000 Jahre, seit sie als pilgerndes Gottesvolk unterwegs ist, sind keine Prachtprozessionen gewesen, da hat sie auch den Staub und Unrat der Welt an ihren Sohlen mitgenommen. Sie ist unsere Mutter, aber eben eine alte Mutter, die ihre Runzeln hat und sich nicht in jeder Generation mehr wie ein Teenager benehmen kann. Aber soll ich meine Mutter deswegen verachten, weil sie von vorgestern ist? Soll ich ihr meine Liebe aufkündigen, weil sie nicht einfach meine Eigenmächtigkeiten und Kapriolen mitmacht? Soll ich an meinen Geschwistern irre werden, weil sie untereinander streiten oder eigene Wege gehen? Genau das meine ich nämlich mit dem Sich-mit-der-Kirche-Identifizieren. Dieses In-Treue-zu-ihr-Stehen, diesen Familiensinn untereinander, diese – und das ist wahrlich nicht das Geringste! – Freude, zu ihnen zu gehören! Ihr gehört als Sodalen zur Marianische Kongregation! Denkt daran, was dieser Name bedeutet: Kongregation, das kommt von dem Wort congregare, und das heißt auf gut deutsch: sich zusammentun, zusammenhalten, zusammenstehen. Gerade jetzt und in dieser grex domini, in dieser Kirche, damit wir den Suchenden das Signal von Gemeinschaft geben, den Irregewordenen Wegweisung nach Hause und den Resignierten die Spur zur Heimkehr.

2. *Sich für die Kirche engagieren*

Ein Zweites füge ich sofort hinzu: Kirche kommt obenauf, wenn wir uns für die Kirche engagieren. Und das ist etwas anderes und mehr, als bloß der Kirche anzugehören und mit der Kirche zu sein. Das ist nicht ein schon fast totgeredetes Aktionsprogramm für Pfarrgemeinderäte, kein Zuruf für einen Ameisenhaufen von Geschäftigkeit und Wichtigtuerei in der Kirche. Es meint die grundsätzliche und stete Dienstbereitschaft im Namen des Herrn, die reale Verfügbarkeit für die allgemeine Sendung der Kirche. Es sagt genau das aus, was von der ersten Stunde an Gelöbnis der Sodalen unserer Männerkongregationen war: Selbstheiligung *und* Apostolat!

Es ist die aktive Mitsorge aller an allen, Aufbruch dahin, wie ich es seit Jahren ins Bistum hineinsagte, daß aus unseren versorgten Gemeinden besorgte, mitsorgende Gemeinden werden, und das nicht nur angesichts des zunehmenden Priestermangels, sondern aus der hoffentlich zunehmenden Einsicht, worauf unsere Taufe und Firmung hinzielte. Auf nichts anderes nämlich als auf den Ausbau des Leibes Christi, und das ist die Kirche! Auf den immer neuen Umbau, d. h. die Reform, und den Ausbau, d. h. Mission unserer Kirche. So wie Sie Ihr

Gotteshaus eben jetzt wieder erneuern und Hand anlegen, damit das Haus des Herrn fortbestehe.
Sich für die Kirche engagieren. Machen wir keine großen Worte darüber. Denn dieses Engagement will etwas anderes als Propaganda und Proklamationen, es zielt mitten in unseren Alltag hinein; es fängt in unseren eigenen vier Wänden an. Hauskirche – so hat unser Bischof das Programm genannt, Hauskirche in Familie und Nachbarschaft, in der Engagement des gemeinsamen Betens, des Zeugnisses unmittelbarer Liebe und vorgelebten Glaubens geschieht. Im Hause nämlich muß nicht nur beginnen, was „leuchten soll im Vaterland", sondern auch in der Kirche. Und Engagement über die Haustür hinaus. Es gilt, Kirche unter den Menschen präsent zu machen, liebenswert präsent, in der Gemeinde und am Arbeitsplatz, in Freizeit und Gesellschaft. Sie vor allem auch wieder damit präsent zu machen, daß wir dieser unserer Kirche Berufe erbeten und schenken: Priester, Ordensleute, Schwestern und Missionare! Bitte, nehmt dem Generalvikar des Bistums das vor allem ab, weil es seine tägliche Sorge ist. Schon ist jede 6. früher mit eigenem Seelsorger versehene Gemeinde ohne den Priester am Ort. Schon ist die Ordensschwester beinahe ein exotisches Wesen geworden. Gewiß, wir können geistliche Berufe nicht erzwingen. Aber wir können sie erbeten, und wir können ein neues Klima schaffen für sie, mit unserer Freude und unserem Mittun am priesterlichen Dienst neuen Elan in unsere Jugend vorbereiten, im Engagement für die Kirche ein erfüllendes Lebensziel zu entdecken. Die Frage der kommenden Jahre lautet nämlich nicht zuerst: Was haben wir für unsere Kirche alles angeschafft; neue Glocken, neue Orgeln, neue Altäre, sondern was haben wir für unsere Kirche alles eingebracht, damit aus der Kirche von heute lebendige Kirche von morgen werde. Und die Lebenskraft einer Gemeinde Christi erweist sich zuerst an den Berufen, die sie Gott gegeben hat.

3. *Sich mit der Kirche regenerieren*

Nun mögt Ihr fragen: Wie kommen wir dahin? Woher nehmen wir diese Lebenskraft? Woher die Kraft, uns mit Kirche zu identifizieren, uns für sie zu engagieren? Darauf gibt es nur eine Antwort. Es ist die, mit der heuer der Deutsche Katholikentag antritt: Kehrt um, erneuert euch! Das heißt, regeneriert euch mit und aus der Mitte der Kirche heraus! Es gibt keine Wende in der Kirche als die der neuen Zuwendung zum Herrn, und dies im Gehorsam gegenüber dem Appell der Muttergottes an der Hochzeitstafel von Kana: Tut alles, was er euch sagt! Es gibt keine Kirche, die obenauf ist, außer einer Kirche, die aus der Tiefe ihrer Heilsquellen, d. h. aus den Sakramenten, lebt. Es gibt keine Erneuerung und Regeneration des Volkes Gottes als die, daß wir uns regenerieren in Anbetung, Umkehr und Opfer.

Und auch damit stehen wir wieder genau an den Anfängen der Marianischen Kongregationen. Was sie als sog. Eliten der Gegenreformation bewirkten – und das ist zumal für unsere bayerische Heimat bis heute geblieben! –, geschah aus der urpersönlichen Reform jener ersten Männergemeinschaften im Zeichen der Muttergottes, aus ihrem neuen Willen zur Selbstheiligung. Das heißt, aus ihrer Bereitschaft, Kirche damit neu zu machen, daß sie bei sich selber anfingen, neue Menschen aus der Gnade Gottes zu werden. Einen anderen Weg gibt es nicht. Auch nicht heute, wo so viele lauthals nach einer Reform der Kirche rufen und mit den Fingern nach allen möglichen Leuten in der Kirche, den Papst und die Priester zuerst, zeigen, nur nicht zuerst auf sich selber.
Vor einigen Tagen habe ich das bedenkenswerte Wort des Franzosen Georges Bernanos gelesen: „Wenn der Anblick der Mittelmäßigkeit uns nicht mehr foltert, ist das ein Zeichen, daß wir selbst von Kopf bis Fuß mittelmäßig geworden sind." Ich fürchte viele, wenn nicht allzu viele – und ich schließe uns Priester dabei um keinen Deut aus –, haben sich in der Tat an Mittelmäßigkeit gewöhnt. Aber in der Bibel lese ich: „Das ist der Wille Gottes, eure Heiligung!" (1 Thess. 4, 3). Und was in der Bibel steht, bleibt für allemal geschrieben und verbindlich. Davon gibt es keine Dispens und keine zweite Wahl. Gott will nicht unsere Mittelmäßigkeit, er will unsere Vollkommenheit. Dazu bietet er uns seine Sakramente: die Chance im Beichtstuhl, das Brot des Lebens in der Eucharistie, sein Dabeisein im Sakrament der Ehe und noch im letzten Versagen unserer menschlichen Kraft die Stärkung mit dem Zeichen des heiligen Öles. Dazu schenkt er uns sein Evangelium, die klare Wegweisung seines Wortes und die Ermutigung im Heiligen Geist.
Was soll also einer Kirche, selbst wenn sie krank und im Niederbruch wäre, fehlen, sich neu zu beleben, wieder obenauf zu kommen, lebendige Gemeinde des Herrn zu werden und zu sein? Gottes Angebot bleibt bestehen und damit auch der uralte Fastenanruf an uns: Heute, wenn Ihr seine Stimme hört, dann verhärtet nicht euer Herz! Macht es auf!
Draußen steht eure Kirche. Eingerüstet für die Erneuerung, vorbereitet für die Jubelfeier eurer Pfarrgemeinde. Schon heute freue ich mich für euch alle und danke euch für dieses sichtbare Zeichen eurer Liebe zum Haus des Herrn und zur Kirche eures Glaubens. Aber überseht es nicht: Es geht nicht um die Kirche aus Stein, es geht um euch, die Ihr, wie es beim Apostel heißt, selber bestimmt seid, euch aufbauen zu lassen als lebendige Steine zum Haus des Herrn. Rüstet euch also selber ein, rüstet euer Leben zu, daß dieser Gottesbau gelinge an und durch euch und für die Kirche von Pfreimd, für die Kirche des hl. Wolfgang, für die Kirche Jesu Christi inmitten dieser Welt und in die Zukunft hinein! In eine Zukunft, die für uns nur einen einzigen Namen hat: Jesus Christus. Gestern, heute und in Ewigkeit!

MC-Fest in Pfreimd

Kirche – ein erregender Gedanke
(zu Lk 19, 1–10)

„Wo Gott hintritt, zittert der Staub!" Dieses Wort des tiefen Denkers Paul Claudel hat mich eben in euer Gotteshaus begleitet, in dieses eben zehnjährige Heiligtum, das den Namen Gottes selber trägt, Name und Anruf des Heiligen Geistes. Und unwillkürlich reckte sich auch die Frage hoch: Ob denn nun wahrhaft der Staub zwischen diesen Wohnblocks seither zu zittern angefangen hat, nachdem Gott dazwischengetreten ist. Ob in diesem kurzen Jahrzehnt um diese Kirche des Gottesgeistes, der ja immerhin Sturm und kein sanftes Mailüftchen sein soll, etwas in Bewegung und Unruhe geraten ist. Wo Gott hintritt, da zittert der Staub – dieses Wort also hängt sich mir an in dieser Stunde unserer gemeinsamen Dankbarkeit für ein Jahrzehnt unter Gottes Geist und in Gottes Nähe, und eine kleine Erinnerung dazu:
Es mag nun wohl schon 40 Jahre her sein. Damals war ich als junger Frontsoldat auf Urlaubstrip in dieser Stadt – es war gerade vor Kirchweih –, und ein Priester fragte mich: „Du, morgen ist Kirchweihfest. Da fängt die Messe an ‚Terribilis est locus iste' . . . Sag, wie würdest du dieses Wort übersetzen?" Terribilis, das heißt im Schullatein so etwa wie furchtbar, furchtgebietend. Ich erinnere mich, daß ich dem Priester sagte: „Also, ich würde übersetzen ‚Kirche, das ist eine aufregende Sache'." Denn uns jungen Studenten damals im Krieg war es klar, daß wir einmal aus dem Inferno nicht nur heimkehren würden in eine Heimat, die wir aus Trümmern neu schaffen müßten, sondern auch heim in eine Kirche, die statt stiller Beheimatung zur großen Herausforderung werden würde. Und ich denke, sie ist es geworden, nicht erst seit dem Konzil, das wir hinter uns haben, sondern zumindest vor 10 Jahren hier heraußen an der Isarstraße, als der Platz für dieses Haus Gottes ausgespart wurde und Sie darangingen, in ein Stück unserer modernen Betonkarawanserei die heilige Kumpanei Gottes zu tragen. Damals – meine ich – zumindest mußten es die Menschen hier ringsum erspüren, etwas Aufregendes sei im Gange. Kirche kommt, Gott macht Nachbarschaft auf, und wo er hintritt, zittert der Staub. Und – Kirche eine aufregende Sache. Dabei bleibt es auch, gleichviel, ob wir nun die Steine dieses Gotteshauses meinen oder uns selber, die wir uns zur Kirche zählen, mehr noch, die wir diese Kirche sind. Und was ist das Aufregende daran? Darauf gibt die Frohbotschaft des Kirchweihfestes Antwort, eine vordergründig, beinahe idyllisch anmutende Geschichte, ja, in Wahrheit aber voller Erregung; denn das ist ihr eigentlicher Inhalt: eine erregende Sehnsucht, eine erregende Wirklichkeit, ein erregender Auftrag!

1. Erregende Sehnsucht

Das erste, die erregende Sehnsucht, spricht dieser kleine Oberzöllner auf seinem Hochsitz im Baum aus. „Ich möchte Jesus sehen!" Und wir erfahren in einem Atemzug, woran eben diese seine Sehnsucht zu zerschellen droht. An den Menschen nämlich, und ausgerechnet an den Menschen, die den Jesus seiner Sehnsucht umgeben. In dichten Scharen umgeben und die ihm damit Weg und Sicht versperren. So muß er erst auf den Baum hinauf, über der Menge Platz und Hochsitz finden, wo er ihn entdecken kann und zugleich von Jesus entdeckt wird.

Und das ist nun wirklich kein billiges Kirchweihgeschichtchen mehr, das ist aufregende Wirklichkeit. Oder spüren wir nicht, wie sehr in diesem Bild des Zöllners und seiner Sehnsucht sich die Konturen einer Kirche abzeichnen, in der es das in einem fort gibt: Freude und Not des Glaubens, Begeisterung für die Sache Jesu und Verrat an ihm, Anbetung und Ärgernis, Sehnsucht der einen, die Jesus in ihr suchen, und verbitterte Resignation anderer, die ihn genau da nicht entdecken können. Wirklichkeit einer Kirche, in der Massen – wir haben es vor einem Jahr beim Papstbesuch doch erlebt – in Jubel ausbrechen und zugleich andere aussteigen, weil sie mit ihrer persönlichen Sehnsucht nicht an- und durchkommen. Kirche, die gewiß immer neu Anstoß gibt, Jesus zu begegnen, und die zugleich zur Anstößigkeit wird, an der Suchende resignieren.

Ich bin sicher, auch um diese eure Kirche sitzt Zachäus auf dem Baum, irgendwo in einem Hochhaus, irgendwo im vierten oder fünften Stock, irgendeiner mit seiner Sehnsucht, Jesus zu begegnen, und einer, der es nicht kann, weil – pardon! – wir ihm Sicht und Weg versperren! Ich glaube an den anonymen Zachäus in unserer Stadt, in dieser unserer Zeit, und ich entdecke ihn in manchen obskuren Aussichtsständen neuer Jugendreligionen und Sekten – auch in Regensburg! –, der Jesus erleben möchte, aber dem so manches, was wir tun und wie wir uns geben, den Blick versperrt. Den wir anonym sitzen lassen mitsamt seiner Sehnsucht, indessen wir in Gott weiß welcher Geschäftigkeit und Allerweltsaktivität uns um Jesus drängeln. Versteht mich bitte nicht falsch: Ich freue mich, in eurer jungen Pfarrei reges pfarrliches Leben sich entfalten zu sehen, aber es bedrängt mich eben auch, wenn ich an die geheime Erwartung und Sehnsucht der Anonymen um euch denke. Und ich glaube an diese Sehnsucht, auch heute, auch in unserer Generation, die an der Kirche müde zu werden scheint (wenn sie es nicht schon geworden ist), und ich denke auch an all die mitten unter uns, die vor Sattheit heute in die Angst abgesackt sind und inmitten ihrer Angst Ausschau halten nach einem, der sie hoffen läßt, der auch ihrem Leben Sinn geben kann, für den auch sie, sie ganz persönlich, etwas bedeuten. Ich bitte euch, hebt eure Augen auf, schaut euch um, entdeckt sie, die Anonymen mit ihrer erregenden Sehnsucht: Ich möchte Jesus sehen! Holt sie herab und heraus aus dem Gestrüpp ihrer Vorbehalte und dem Abseits ihres vorsichtigen Abwartens!

2. *Erregende Wirklichkeit*

„Wo Gott hintritt, zittert der Staub." Was der Franzose mit diesem Satz meinte, erfahren wir als erregende Wirklichkeit im anderen Teil unserer Festbotschaft. Da ruft Jesus den Mann vom Baum herab, hinein in die Menge, die ihn begleitet, und heraus aus seiner Isolierung. „Zachäus, heute will ich in deinem Hause bleiben!" Das Echo darauf ist eine ungeheure Erregung unter den anderen. „Gibt es denn so was! Seht, bei einem Sünder, da kehrt er ein, mit einem Menschen, den wir an den Rand geschoben haben, gibt er sich ab. So einen macht er zum Kumpanen und sich mit dazu!" Wir sollten diese Aufregung alles andere als pharisäisch abtun; wir tun gut daran, sie in dieser Stunde unserer Festfeier auf uns überspringen zu lassen. Denn was geschah denn vor 10 Jahren, als Gott hier im Heilig-Geist-Viertel erstmals Halt machte, was ist denn in diesem ersten Jahrzehnt eurer Pfarrei geschehen, wenn Ihr zur Eucharistie zusammengekommen seid, was signalisiert denn nun schon über mehr als 3600 Tage und Nächte hin die Ewiglichtlampe vor diesem Altar? Ist es nicht dieselbe aufregende Sache, die vielleicht nur deswegen nicht mehr erregt, weil wir uns schon so sehr daran gewöhnt haben? Gott ist in unserer Mitte, er ist einer von uns und einer unter uns, häusernah, hautnah, angewiesen darauf, daß wir ihn aufnehmen und annehmen in unserer Mitte, sein Haus – unser Haus in Nachbarschaft, Teilhaber unseres Alltags, unseres Lebens, in Partnerschaft mit dem Menschen!

Im Grunde müßte es uns den Atem verschlagen, würden wir dieses ungeheuerliche Ereignis zur Kenntnis nehmen. Da reden wir heute soviel vom Menschen, von seinem Aufstieg, von seiner Gefährdung, von seiner Angst und seiner Hoffnung, seiner Masseneinsamkeit und seiner Flucht ins Private. In dieser Kirche aber erfahren und haben wir sein Dominus tecum: Du bist nicht allein, ja, du kannst es gar nicht sein, denn siehe, ich bin bei dir zugekehrt, ich bin bei und mit dir! Bei dir, du Zachäus mit deiner Sehnsucht und deiner Verzweiflung, bei dir mitsamt deiner Schuld und deiner Hoffnung, bei dir und mit dir in deinen Sorgen und deinem Übermut. Du bist nicht allein, du bist nicht gottverlassen, du kannst mich aussperren, aber du mußt wissen, ich schließe dich ein in meine Liebe. Du magst dich taub stellen, aber in deine stumpfen Sinne rufe ich dich an: Ich bin da! Das ist die erregende Sache, die ich Kirche nennen und die uns in dieser Stunde dankbar und unruhig zugleich machen muß. Wir leben in der Zukehr Gottes, und wir leben aus ihr.

3. *Erregender Auftrag*

Wir denken 10 Jahre zurück, als diese eure Kirche geweiht wurde. In den Gebeten von damals war davon die Rede, daß wir selbst uns aufbauen müßten als lebendiger Gottesbau. Denn das ist Kirche in Wahrheit. Das ist ihr Sinn. Gotteshäuser aus Stein kann man konstruieren, Kirche – wie der Herr sie meint – läßt sich nicht konstruieren, sie muß „in den Seelen erwachsen" (R. Guardini). Wo Kirche ist, muß etwas geschehen, etwas Neues, Ungestümes, Verzehrendes. Und auch damit kommt uns Gottes Wort und Anruf in der Botschaft dieses Kirchweihfestes entgegen: Der Herr kehrt bei Zachäus zu. Was geschieht nun? Welche Reaktion löst das bei dem Oberzöllner aus? Kein Alleluja, keinen Kniefall aus Dankbarkeit, kein Gastgeschenk als Revanche für die widerfahrene Ehre, nichts von alledem. Aber etwas anderes, Unerwartetes: Wandlung von Sinn und Herz. Auf einmal sieht dieser Mann die Menschen, seine Mitmenschen. Und er sieht sie anders als bisher. Bis dato hat er an ihnen verdient, nun will er dienen. Soziale Sorge bricht durch, Bereitschaft, auf Menschen zuzugehen, an ihnen etwas gutzumachen. Vierfach, wenn es sein soll und not tut. An ihnen löst er seinen Pfandschein vor Gott ein, für sie ist er bereit, da er Gottes Bereitschaft zur Gemeinschaft mit ihm erfährt.

Er begreift den erregenden Auftrag, den Gottes Zukehr für ihn bedeutet. Nun bist du den Menschen etwas schuldig. Du kannst nicht dem Gott der Liebe begegnen, ohne von da an der Liebe zu leben. Du kannst keine Gemeinschaft mit Gott haben, wenn du nicht Gemeinschaft mit den anderen suchst. Du kannst nicht sagen: Mein Herr und mein Gott, ohne weiterzusprechen: Ihr meine Brüder und Schwestern! Du darfst dich nicht ausruhen beim Herrn, ohne in Unruhe zu geraten um des Menschen und seines Heiles willen. Gott meint dich, du hast die Menschen zu meinen, Kirche Jesu, Gemeinde Christi, Volk Gottes!

Eine andere Alternative gibt es nicht, wo immer Gott sich uns zugesellt und wir ihn aufnehmen unter uns. Gott ist nicht Hausmann nur und Hausfreund unter den Seinen, er ist ihr Herr, der sie sendet und zwingt, immer neu und immer wieder zwingt, ihr eigenes frommes Zuhause zu verlassen und auf die zuzugehen, die er nicht weniger meint als sie, bei denen er zugekehrt ist. Das ist erregender Auftrag an seine Kirche, zu jeder Zeit, und wir sind seine Kirche, wir stehen, gerade weil wir Gottes Anwesenheit glauben und preisen, unter diesem seinen Auftrag und Anruf. Seelsorge ist Sorge, die wir aus der Begegnung mit Gott übernehmen, Schuld, die wir einzulösen haben in unserer Umgebung, an den Menschen neben uns. Lassen wir gerade heute am Jahrestag der Gotteszukehr bei euch daran denken und füreinander neue Bereitschaft zu solchem Aufbruch erbitten!

„Wo Gott hintritt, zittert der Staub." Ihr mögt verstehen, warum ich eingangs gestand, wie eben dieses Wort mich heute morgen bedrängt, bedrängt hat mit der

Frage, wie sehr denn in diesen 10 Jahren in eurer Pfarrgemeinde der Staub zu zittern begonnen hat. Laßt uns nun Gottes Wort in der Danksagung eurer Pfarrei zur herzhaften Bitte machen: Herr, laß uns Kirche sein und werden. Gib uns allzeit erregende Sehnsucht nach dir, erhalte uns immer die erregende Nähe deiner Liebe und führe uns weiter in den erregenden Auftrag deiner Sorge um die Menschen, damit deine Ankunft geschehe bei uns und durch uns!

Kirchweihe 1981

Testfall Gemeinde

. . . „Gemeinde Gottes" – findet Ihr nicht alle, daß dies genau Wort und Weisung des Herrn ist herein in diese Eucharistiefeier? Wir haben uns eben den Thomas-Osterbericht sagen lassen, und ich finde, man könnte diese österliche Botschaft aus der Urgemeinde Jesu zum Testfall von Kirche und Pfarrgemeinde heute machen, zur unausweichlichen Anfrage Gottes an uns, die wir uns zur Ostereucharistie des Weißen Sonntags zusammengefunden haben. Anfrage des Herrn an die Seinen, wieviel brüderliche Toleranz sie füreinander aufbringen, wieviel Sorge sie einbringen füreinander und wie verfügbar sie sich miteinander machen.

1. Brüderliche Toleranz

Da ist sie also beisammen, die Urzelle der Kirche. Sie haben den Herrn gesehen und sind voller Freude darüber. Aber „Thomas war nicht bei ihnen, als sie den Herrn sahen". Das ist der Schatten ihrer Osterfreude. Er, der mit ihnen berufen wurde, mit ihnen sich um Jesus scharte, ist nicht da, und schlimmer noch, er ist – man würde es heute so nennen – zum „Aussteiger" geworden, zum Außenseiter der Gemeinde und beinahe zum Spaltpilz. Denn er macht keinen Hehl daraus, wie er denkt, er schleudert ihnen geradezu seine Aggressionen entgegen: Wenn ich nicht sehen und greifen kann, mache ich nicht mit. Und das könnte sich ja auch so anhören: Wie harmlos ihr seid! Wie unkritisch, wie naiv! Euer Alleluja ist mir zu seicht, dafür ist meine Enttäuschung zu groß und zu tief.
Und nun das Erstaunliche: Wie reagieren sie auf sein Alibi, auf seinen Protest, auf seine Aggressionen? Sie fallen nicht über ihn her, sie scheinen das wortlos hinzunehmen, ohne Bannfluch und Verärgerung. Nein, genau das passiert eben nicht. In dieser Urgemeinde ist Platz für den Glaubensfrohen wie für den Glaubensschwachen, für den Bekenner wie für den Zweifler, für den Ergriffenen und auch den, der nicht begreifen will.

Damit aber stellt Gott die Anfrage, wie es um die brüderliche Toleranz in seiner Gemeinde von heute bestellt ist. Und in der gibt es weiß Gott nicht nur einen Thomas und nicht nur einen Konflikt, ein Spannungsverhältnis und eine Differenz. Wie reagieren wir? Was geht unter uns um an Nervosität und Ärgerlichkeit etwa zum Thema Lefebvre und Küng, um die sog. Aussteiger der jungen Generation, um einen „Katholikentag von unten", um Jugendverbände und um was sonst für viele Thomasprovokationen, die wir unter uns erleben? Haben wir die Kraft, dies brüderlich durchzustehen und auszutragen, oder kitzelt es uns eher in der Faust als im Herzen? Nicht, daß wir uns einfach mit allem und jedem, bis hin zum wirklichen Skandal und echtem Ärgernis, abfinden sollten, stumm bleiben, wo wir in Wahrheit reden müssen und bloße Klagelieder anstimmen, statt unser Zeugnis-Alleluja um so deutlicher und kräftiger einzubringen. Aber die Anfrage bleibt dennoch bestehen: Wieviel Toleranzkraft bringen wir füreinander auf, hier und heute? Wie gehen wir mit den Thomaschristen, jung und alt, unserer Tage um?

2. *Brüderliche Sorge*

Und es bleibt die andere Anfrage dieser Thomas-Ostergeschichte, die mit dem Satz beginnt, aus dem wir noch den Seufzer heraushören: „Thomas war nicht bei ihnen!" und die dann mit der Zeitverschiebung von acht Tagen weitergeht mit dem Satz, der sich wie ein Aufatmen anhört: „Diesmal war Thomas mit bei ihnen." Acht Tage liegen zwischen Seufzer und Aufatmen. Acht Tage, in denen Thomas mit sich ringt und in denen, wie wäre es sonst zu erklären, die Gemeinde der Brüder um ihn ringt in wacher, liebender Sorge: Thomas, komm wieder zu uns! Eine Sorge, die wohl aus der Betroffenheit jedes einzelnen stammt wie der ganzen Gemeinschaft. Sie kann es nicht einfach sein lassen, daß der nun fehlt, der doch mit ihnen berufen wurde, mit ihnen schwor: „Wenn alle dich verlassen, ich nicht!" Ja mehr noch, ausgerechnet der, der beteuerte: „Wenn er sterben muß, gut, dann sterben wir eben mit ihm!"
Gemeinde damals – Gemeinde heute. Wir wissen doch, wie viele Gefährten Thomas seither gefunden hat. Ich lese die Pfarrbriefe und entnehme mit Unruhe deren Thomasberichte über den Rückgang von Taufe, Ehesakrament und Gottesdienstbesuch. Ich bin über den neuen statistischen Erhebungen unserer Gemeinden für 1982. Wißt Ihr, daß auf jeden, der bei euch hier am Sonntag zur Eucharistiegemeinde zählt, drei Thomasse kommen, die nicht mehr dabei sind? Als solche, die in der Taufe berufen wurden, Gefirmte, im Sakrament der Ehe in Gott hineingebundene? Wie reagieren wir darauf? Mit Sorge, ja, gewiß viele. Aber sind wir dennoch nicht schon weithin daran, uns damit wie hilflos abzufinden,

wenn nicht gar, sie schlechtweg abzuschreiben? Schuldige für all die Abseitigen und Außenseitigen zu suchen in den Pfarrern, im Konzil oder sonst wo, statt aus bloßer Betroffenheit aktive Sorge zu machen. Liebendes Heimsuchen des Thomas, in der eigenen Familie, am täglichen Arbeitsplatz, in der Nachbarschaft, liebendes Heimsuchen und Ansprechen, Einladen, Mitnehmen statt Sandkastenspiele in irgendwelchen Gremien oder Eigenvertröstung, daß bei uns gottlob es noch nicht so schlimm ist. Liebendes Heimsuchen, das der Gnade Gottes vertraut, die Thomas auf den Heimweg half und diese Gnade unbeirrt erbetet! Danach sind wir durch Gott gefragt, nicht nach einer gottlob noch versorgten Gemeinde, sondern nach einer vor Gott besorgten Gemeinde.

3. *Verfügbar für den Herrn*

Und laßt mich auch noch die andere Anfrage des Herrn hinzufügen, die nach der Verfügbarkeit für ihn. Da ist also nun Thomas, der Heimkehrer, mit dabei, der Auferstandene erscheint. Auch von ihm kein Wort des Vorwurfs, keine Zurechtweisung, statt dessen inmitten der Gemeinde die atemberaubende Neuberufung eben dieses Apostels. „Thomas, gib mir deine Hand! Ja, du und gerade du! Und nun greife an mein Herz und binde dich ein als Zeuge und Helfer zum Glauben der anderen!" Thomas fällt in die Knie „Mein Herr und mein Gott!", und das ist nicht sein neues Ostercredo nur, es ist der erste Dienst am Glauben der Brüder, der erste Akt seiner Sendung!
Gott ruft jeden mit anderer Stimme. Er ruft auch solche, die wir eher aufgegeben hätten. Versteht ihr darum mein kühnes Wort, das ich in die Synode damals einbrachte: Wenn Gott aus Steinen Kinder Abrahams erweckte, dann meine ich, daß er auch noch aus Rockern Priester machen kann! Versteht Ihr meinen Optimismus trotz aller bitteren Tageserfahrungen, die ich zumal als Generalvikar mache, etwa wenn allein in den letzten vier Wochen neun Priester verstorben sind? Versteht Ihr aber auch – und ich darf euch Eltern und euch junge Menschen ansprechen –, wenn ich euch im Namen Gottes frage: Wie verfügbar seid Ihr, wenn Gott zu eurem Sohn, zu eurer Tochter sagt: Gib mir deine Hand und jetzt gehe in meinen Dienst! Komm ganz nah an mich heran und mach aus dieser deiner Jesusnähe einen Auftrag, Brüder im Glauben zu stärken, Osterzeugnis weiterzutragen!
Du, junger Mann, wenn du für Jesus Thomas heißt und er dir das sagt, was wirst du tun? Gemeinde des Herrn lebt davon, daß es die gibt, die sich in die Hand Jesu begeben, total, gläubig, für immer. Ich rufe euch junge Menschen zu: Ihr seid zu vielen unterwegs, Jesus zu erfahren. Bitte, macht eure Erfahrung mit Jesus zur Offenbarung inmitten der Gemeinde! Macht euer Herz dabei frei für den Anruf seines Herzens!

Und euch Eltern bitte ich ebenso herzlich darum, haltet die Hände nicht zurück, die Christus ergreifen will! Ihr alle in der Gemeinde, macht euch verfügbar und schafft Mut für jene, die er ergreifen will, daß sie seine Zeugen seien. Nur so sind wir wahrhaft Ostergemeinde Jesu. Nur so besteht Ihr den Test dieser österlichen Botschaft! Sie ist nämlich doch „Testfall Gemeinde!"

Inmitten der Gemeinde

Noch stehen wir sicherlich unter dem bewegenden Eindruck der Tage, in denen der Papst unser Land besucht hat. Jubel von Hunderttausenden und dankbares Echo auf das stärkende Wort des Glaubens, auf Fürbitte und Weisung an uns alle. Aber vielleicht steht manchem auch noch die Schamröte im Gesicht, manchem, der vorher und danach die Frage nach dem Geld gestellt hat und das andere Echo aufnahm, ich meine das jener Krämerfrage aus dem Evangelium, wozu solch ein Aufwand, solche Verschwendung, und ob man nicht besser für das Geld Armen geholfen hätte. Versteht mich recht: Ich habe nichts dagegen, wenn man auch in unserer Kirche nach dem Geld und seinem Wohin und Wofür fragt, wenn man ehrlich Ausgaben prüft nach ihrem Sinn und ihrer Berechtigung, nur, ob man das eben wie Essig in den Wein festlicher Freude schütten soll, das ist etwas anderes. Und ich will das offen zu Beginn dieser Predigt ansprechen, denn ich könnte mir denken, daß just auch in dieser Stunde, in der wir dem neuen Pfarrhaus Ihrer Gemeinde den Segen geben sollen und ein Fest der Gemeinde dazu begehen, auch hier Stimmen der Kritik laut werden mögen, Stimmen, die Kosten und Aufwand nachrechnen und denen aufrechnen, die für dieses Haus Verantwortung tragen und denen dieses Haus Zuhause werden soll. Und ich bin auch Ihnen nicht gram; denn wir tun gut daran, wir alle, auch mit unserem Lebensstil in der Kirche und unseren Finanzausgaben glaubhaft zu bleiben vor dem Evangelium und vor dem Menschensohn Jesus, der nach eigener Aussage „keinen Stein hatte, wohin er sein Haupt legen" konnte. Doch danach darf man uns nicht nur fragen, wir selber müssen die ersten sein, die sich damit in Frage stellen. Nur, soll dies in Ehrlichkeit geschehen und die Freude einer solchen Stunde nicht in mieser Kritik versauern; denn wir haben Grund zur Freude, hohen Anlaß zum Dank, den ich euch allen hier namens des Bischofs abstatte, und zwar von ganzem Herzen, weil die beachtlichen Opfer, die Ihr für dieses euer Pfarrhaus gebracht habt, mehr als alles Zeugnis eurer Gemeinschaft mit dem Priester sind und Zeugnis auch dafür, daß Ihr inmitten der Gemeinde das Haus der Seelsorge – das nämlich ist ein Pfarrhaus – errichtet habt zum Zeugnis eurer Liebe zur Kirche und zum Zeugnis eurer Mitsorge, daß Christus in eurer Gemeinde verkündet und seine Gnadengüter an

euch vermittelt werden. Dafür also meinen Dank und meine Anerkennung, auch meinen Glückwunsch zur Fertigstellung dieses Baues!
Laßt uns nun aber – und erst recht vor dem Altar und unter dem Anruf Gottes unserer Eucharistiefeier – kurze Besinnung halten darüber, was ein solches Haus inmitten der Gemeinde in Wahrheit bedeutet. Ich meine ein Zweifaches:
1. Es ist die *Beheimatung des Priesters mitten unter euch.* Das scheint für den ersten Augenblick eine recht selbstverständliche, ja banale Erklärung zu sein. Ist sie es wirklich? D. h., ist es wirklich so selbstverständlich, daß neben einem Gotteshaus und inmitten einer Gemeinde auch der Priester wohnt? Daß da ein Seelsorger am Ort Mitbürger und Mitgefährte des Menschen in ihrem Lebensalltag ist? Das mag wohl einmal ziemlich selbstverständlich, ja gedankenlos so hingenommen worden sein. Heute nicht mehr; denn gerade als Generalvikar erfahre und erlebe ich es fast Tag für Tag, was es für eine Gemeinde bedeutet, wenn das Pfarrhaus verwaist, wenn kein Seelsorger mehr am Ort sein kann, wenn Gemeinde – ich liebe das Wort nicht, aber es ist nun einmal heute notvollerweise schon zum Modewort geworden –, wenn Gemeinde „priesterlose Gemeinde" wird, weil geistliche Berufe fehlen, weil Stellen, wie wir sagen, nicht mehr besetzt werden können, und ich habe erst neulich im Bistumsblatt die bedrückende Zahl genannt: 279 eingezogene Stellen allein in den letzten 25 Jahren. Und dies bei uns in der Diözese, der man oft neidisch die Neupriesterzahlen nachrechnet und die man so über den Zaun hinweg noch als „heile Welt" ansieht. 279 unbesetzte Stellen, und die 80er Jahre werden sie noch vermehren.
Aber, nehmt das nicht als Lamento hin, sondern lernt eher daran messen, was es dann einer Gemeinde bedeuten kann und muß, mitten unter sich den Priester zu haben! Lernt daran auch verstehen, daß wir eben deshalb auch Opfer erbitten und von der Diözese her tief in die Tasche greifen, damit unsere Priester heute und morgen an gesunden Wohnverhältnissen die Voraussetzung finden, so Gott will, lange Dienst an den Gemeinden zu tun. Denn so sehr wir sicherlich umdenken müssen, Seelsorgestrukturen ändern, Aufgaben zusammenfassen, Gemeinden seelsorglich miteinander zu verbinden und Seelsorgedienste zu überprüfen, so kann es uns nicht ruhen lassen zu wissen, daß es ja auch dann noch Gottesdienstmöglichkeiten gibt, daß getauft wird, Eucharistie gefeiert, Sakramente gespendet, Wort Gottes verkündet wird. Irgendwie immer noch; denn Seelsorge ist mehr als Sakramentendienst und Predigt. Seelsorge ist mehr als Verwaltung und religiöser Noteinsatz. Seelsorge ist – sie sollte es sein, wo immer das noch zu schaffen ist – gemeinsame Beheimatung von gemeinsamen Gerufenen in gemeinsamer Sendung Stehenden.
Darum sind wir für jede Pfarrgemeinde dankbar, in der dies noch möglich ist. Darum sind wir in Freude dankbar über jedes Pfarrhaus, das wir segnen können und in das wir einer Gemeinde den Priester einbeheimaten dürfen. Freuen Sie sich

mit uns; denn mit der Weihe Ihres Pfarrhauses schenken wir und schenken Sie sich selber dieses Miteinander, diese Lebensgemeinschaft einer Kirche vor Ort! Machen Sie Ihr Pfarrhaus zur Mitte Ihrer Gemeinschaft im Herrn!

2. Ein Zweites möchte ich hinzufügen: Das Pfarrhaus ist *Anruf des Herrn an die Gemeinde:* Ich habe in den vergangenen Jahren immer wieder die Losung für die 80er Jahre ausgegeben: Von der versorgten Gemeinde zur besorgten Gemeinde. Ich habe das wirklich nicht nur getan angesichts des fortschreitenden Seelsorgermangels, sondern aus dem Denken heraus, das uns das letzte Konzil über die Kirche lehrte. Pfarrhäuser haben ihre Amtsstuben, aber sie sind keine Ämter, von denen aus so ziemlich alles besorgt wird. Pfarrhäuser sind Seelsorgestationen, aber sie sind es nicht im Sinne von Sozialstationen und Notrufposten, die man nach Bedarf angehen kann. Pfarrhäuser sind Dienststellen, aber sie sind kein einseitiger Dienstleistungsbetrieb, sondern sie sammeln und erwecken die Dienste einer Gemeinde. Nur im Zusammenwirken gemeinsamer Sorge um die Menschen und um die Sache Gottes erweist sich Gemeinde als Gemeinde des Herrn und erhält das Pfarrhaus in ihrer Mitte seine eigentliche Bestimmung. Welche Bestimmung? Ich möchte es so sagen, die Bestimmung einer Umsatzstation jener Seelsorge, die uns gemeinsam aus unserer Bestimmung von Taufe und Firmung her mitgegeben ist.

Auf Weihnachten hin erinnere ich mich immer neu an jene kleine Parabel, die ich aus Frankreich hörte. Da erzählt einer, Jesus habe sich um die Weihnachtszeit auf den Weg durch eine Pfarrei gemacht. Er sei plötzlich mitten in einer Gruppe von Gläubigen erschienen, unter denen auch ihr Abbé, ihr Pfarrer, saß. Stumm und wortlos schritt er die kleine Runde ab, vorbei an den Jungen und Alten, Männern und Frauen, bis er dann vor dem blassen Abbé stand, dem die Sorge im Gesicht stand. Eine Weile hielt Jesus vor ihm an. Schweigend und betroffen. Dann wandte er sich um und sprach in den Kreis der Versammlung nur ein einziges Wort, eine einzige Frage: „Warum laßt ihr ihn so allein?" Sprachs und ging wortlos von dannen.

Was würde der Herr in eurer Gemeinde sagen? Mit Dankbarkeit weiß ich, daß Ihr euch nicht nur bedienen und umsorgen laßt. Vielfache Initiativen sind mir bekannt, selbstlose Bereitschaft, mitzusorgen und mitzuarbeiten. Darüber freue ich mich mit euren Priestern. Trotzdem, laßt mich die Frage der französischen Parabel gerade in dieser Stunde zur neuen Bitte machen: Bitte, laßt ihn nicht allein, euren Seelsorger! Macht ihn nicht zum einsamen Verwalter der Dinge eurer Pfarrei, laßt ihn nicht allein in seinem Haus, sondern macht das Pfarrhaus selbst zur offenen Tür, ja zu eurem Zuhause! Zu einer Herberge gemeinsamer Sorge um alle und zum Befehlsstand des Heiligen Geistes, der immer Geist der Liebe, Geist der Sendung, Geist der Entfaltung christlichen Lebens ist. Wenn man früher dieses Haus Pfarrhof nannte, so soll sein wahrer Name heute Hofhaltung Gottes

heißen! Er ist der Hausherr, Ihr alle seid sein Personal! Jene – um im Bild der Bibel zu sprechen – „unnützen Knechte", die auch dann noch, wenn sie alles getan haben, die Frage der Bereitschaft auf den Lippen und im Herzen haben: Herr, was willst du, was wir tun sollen? Der Christ ist nämlich nie außer Dienst, Seelsorge kennt keinen Feierabend, und das Wort des Herrn gilt uns allen: „Wirket, solange es Zeit ist, denn die Stunde kommt, wo niemand mehr wirken kann." Diese Bereitschaft möchte ich in eurem Namen heute in den Neubau eures Pfarrhauses hineinsegnen und euch selbst vor Gott einbinden als „lebendige Steine", aus denen auch heute und morgen Gottes Haus gebaut wird. Verstehen wir den Anruf des Herrn!
Wir feiern ein Fest eurer Pfarrei, und wir heben es an hier am Altar mit der Feier der Eucharistie, der großen, bleibenden Danksagung, die der Herr selber für und durch uns dem Vater abstattet. Nehmen wir in diese seine Danksagung unseren Dank hinein und sprechen wir ihn aus, heute bewußter und froher als sonst, wie wir ihn so oft in den Worten nach der heiligen Wandlung bekennen: „Wir danken dir, daß wir vor dir stehen und dir dienen dürfen!" Ich bin gewiß, Gott wandelt diesen unseren Dank in Segen für jeden einzelnen, für euch und eure Familien, für die Priester eurer Gemeinde und – dies ist meine Zuversicht – auch in einen Segen, der aus euren Häusern wieder junge Menschen erweckt zum Priestertum, damit die Priesterhäuser unseres Bistums nicht veröden. Gerade aber um diesen Segen laßt uns in dieser festlichen Stunde vor allem beten!
Amen!

Zur Weihe des Pfarrhauses '80

Und immer Kirche konkret!
(zu Mt 13, 24–30)

Jubiläen stoßen Fenster auf. Zurück in die Zeit, an die sie erinnern, hinein in die Zeit, in der sie gefeiert werden. Das eine bedeutet für unsere 325-Jahr-Feier unseres St. Annaberges das Fenster der Vergangenheit aufstoßen in eine der härtesten und bewegtesten Zeiten unserer Heimat und der Kirche. 1656 erklang zum erstenmal das große Lied der Passion von Paul Gerhardt „O Haupt voll Blut und Wunden", das mit seiner Ergriffenheit den bitteren Kampfgraben der Reformation überbrandete. 1656 schrie derselbe lutherisch-fromme Dichter in einem Lied auf: „Dies Leben ist doch lauter Tod. Drum komm und reiß aus aller Not uns in das rechte Leben." 1656 pilgerte Christiane von Schweden, die Tochter des Schwedenkönigs Gustav Adolf, dessen Kriegsscharen auch unsere Heimat verwüsteten – die Schwedenmühle erinnert daran! –, als Konvertitin zum alten

Glauben nach Rom. Europa, das total im Dreißigjährigen Glaubenskrieg zerstückelte und verwirrte, hielt den Atem an. 1656 begann Bernini, der geniale Baumeister, mit dem Kollonadenbau des St.-Peters-Platzes in Rom, Treffpunkt der una sancta ecclesia, der Kirche der Welt. 1656 erging das unselige Schreiben der Päpstlichen Kurie nach China zum inmitten der Missionskirche entbrannten Ritenstreit, der so viele Hoffnungen auf Gottes Reich im Reich der Mitte zerschlug. Und 1656 kehrte Christian August von Sulzbach in die Katholische Kirche zurück und errichtete hier auf unserem Annaberg das erste Heiligtum der großen Frau an der Zeitenwende.

Das und vieles andere erscheint im Fenster unseres Jubiläums vom Gestern. Im Heute erscheint das Bild einer Zeit, in der die Angst umgeht und über den Annaberg hinweg die dunklen Wolken politischer Gefahren, sozialer Brände und gesellschaftlicher Unruhen ziehen, einer Zeit aber auch, in der bis in die Mitte der Christenheit und unserer eigenen Kirche hinein Halleluja und Miserere sich vermischen und die Sehnsucht nach Einheit sich mit der Resignation vor den Konflikten in allen Bereichen sich verschwistert, einer Zeit, in der aus Hamburg unsere evangelischen Brüder es als Tagesparole verkünden „Fürchtet euch nicht!" und in der bei uns vor wenigen Wochen in Zaitzkofen und Regensburg zur Priesterweihe Altar gegen Altar gestellt wird.

Und in das Fenster nach dem Gestern wie dem nach dem Heute hinein vermeldet Gott dasselbe Wort, die nämliche bestürzte Frage der Seinen: „Herr, hast du denn nicht guten Samen auf den Acker gesät? Woher denn das Unkraut?" und dieselbe aufregende Antwort des Herrn: „Reißt mir nicht mit dem Unkraut den Weizen aus! Laßt es wachsen bis zur Ernte!" Das ist sein Grußwort zu unserem Annaberg-Jubiläum. Das ist sein Wort an die Kirche von 1656 und von 1981; denn Gottes Wort kennt keinen Kalender und seiner Kirche gibt er keine andere Realität als eben die von Not und Hoffnung, von Konflikt und Frieden, von Angst und Freude miteinander. Das Haupt voll Blut und Wunden mit all seiner Marter und Todesangst rückt er neben Anna Selbdritt mit der Zuversichtlichkeit, Hingabe und Gefaßtheit. Wo immer seine Kirche konkret wird, ist sie Kirche solcher Ängste und Hoffnungen, Kirche, der die einen den Grabgesang anstimmen und für die er selbst das Halleluja bereithält, Kirche der Anna, und das heißt, seiner Gnade, und Kirche des Kreuzes, und das heißt unserer Schuld.

Immer ist die konkrete Kirche eine Kirche, an der wir leiden, eine Kirche, mit der wir leben, und Kirche, aus der wir hoffen.

1. *Kirche, an der wir leiden*

Kirche konkret, sage ich, das ist immer Kirche, an der wir leiden. Und das nicht erst in jener Zeit, an die uns das Annaberg-Jubiläum erinnert, eine Zeit, in der

Kirche auseinanderbrach und in ihre eigenen Spaltungen und die Gräben von Leidenschaft und Gegnerschaft auch das ganze deutsche Land mit hineinriß, Zeit einer Kirche, in der über die Gewissen hinweg Glaube und Kirche zu wechseln war auf politisches Geheiß wie die Wäsche am Leibe. Und gerade unser Sulzbacher Land hat dies in wenigen Jahrzehnten mit am bittersten erfahren, bis unter dem Annaberg ein Simultaneum dekretiert wurde, das bis in unsere Generation herein noch das Nachbeben jener Zeit erspüren ließ. Nein, immerzu gibt es das Leiden an einer Kirche, die zur Heiligkeit bestimmt ist und auf ihrem Weg die Spuren von Schuld, Verrat und Schande zeichnet. Kirche als eben jenen Acker, in dem sich – wie es scheint – unausrottbar das Unkraut zu den goldenen Ähren mengt. Verachtet mir keinen, der darüber in Zweifel gerät, schleudert keine Bannflüche jenen nach, die über dem Unkraut blind geworden sind gegenüber der Reife in den Halmen! Schmäht sie nicht, die Aufgeregten, die sich entsetzen und ärgern, was sie alles in dieser Kirche entdecken! Nur laßt sie nicht den Acker Gottes zertrampeln und den Herrn der Ernte lästern! Laßt sie nicht so billig auf Distanz gehen oder davonlaufen mit ihrem selbstgerechten Schlagwort: Christus ja – Kirche nein! Denn auch enttäuschte Liebe muß fähig sein zur Geduld, auch verletzte Liebe darf nicht zum Haß der Verachtung werden.

Oder sagen wir nicht gerade in unserer heimatlichen Sprechweise zu jemand, den wir lieben: „Ich mag dich leiden!"? Genau das meine ich, und gerade dies rufe ich euch zu: Euch, ihr jungen Menschen, die ihr daran seid, Aussteiger zu machen aus einer Kirche, in der ihr so vieles zum Kritisieren findet und anscheinend so wenig zu lieben. Versucht es zuerst mit diesem „Ich-mag-dich-leiden!", ehe ihr eure Liebe aufkündigt und an Gurus und Salbader neuer Jugendreligionen verschwendet!

Genau das rufe ich euch Arbeitern zu, die ihr mit Recht vom fortwirkenden Skandal eurer Kirche redet und so wenig wahre Freunde in ihr zu finden glaubt. Sagt dieser Kirche, die trotzdem soziale Wege zu weisen hat und die wenigstens mit euch hier in Sulzbach vor Monaten auf die Straße gegangen ist: Ich mag dich leiden! Nur bitte, laß du es mich deutlicher, greifbarer spüren, daß auch du mich leiden magst und mit mir meine Sorgen um Arbeitsplatz und Zukunft mitdurchleiden willst! Ich rufe es euch zu, ihr Laien in unserer Kirche, die ihr immer neu beschworen werdet, euch nicht versorgen zu lassen, sondern mitzusorgen, und die ihr trotzdem oft eher meint, daß wir euch nicht den Freiraum geben, eure Mitverantwortung einzubringen, und euch höchstens als Hinweis annehmen statt als Partner unserer gemeinsamen Sorge um den Acker Gottes. Werdet nicht verdrossen und müde, bleibt dabei, daß ihr sie leiden mögt, diese eure Kirche, die ihr selber seid und deren Last ihr mitzuverspüren kommt, je kräftiger Ihr zupackt!

Und ich bitte auch jene unter euch: Sagt es dieser Kirche von heute: „Ich mag dich leiden!", Ihr, die Ihr in diesen nachkonziliaren Jahren außer Tritt geraten seid,

die verunsichert und verwirrt nach der Kirche ihrer Kindheit suchen und trauern angesichts einer Kirche, in der soviel Bewegung, solche Auf- und Umbrüche sind, die wahrhaftig nicht nur Aussaat göttlichen Samens entstammen, sondern auch den Wurzelstöcken von billiger Anbiederei zur Welt und hochnäsigem Theologenbruchweizen.
Kirche konkret ist immer eine Ackerfurche, über die hinter dem Schritt des ewigen Sämanns der Klumpfuß des Bösen trappt und die uns damit zur Anfechtung wird, oder – wie ich es meine – zur Kirche, an der wir leiden.

2. *Kirche, mit der wir leben*

Aber mit dieser Kirche leben wir, besser noch, als diese Kirche leben wir. Und wir wissen – oder müssen es immer neu begreifen! –, daß sie als Ackerfeld Gottes eben nicht ein unversehrter Paradiesgarten ist, wo allenfalls einer von der Schlange versucht wird, sondern eben Mischfeld von Weizen und Unkraut, von Frucht und Fäulnis, von Ähren und Ärgernissen. Das ist Kirche konkret. Von Anfang an! Da gibt es die Konfrontation von Petrus zu Paulus. Da sind – die Paulusbriefe sprechen lauthals davon – Zwist und Spaltung in der Gemeinde. Da reckt sich der Skandal um Geld und Macht. Da erhebt der Apostel Klage wider die falschen Brüder. Da stellt sich ein Franz von Assisi nackt vor den Bischof und erklärt: Nun werde ich nur noch zu einem Vater sagen, dem Vater unser! Da muß eine Katharina von Siena den Papst nach Rom beschwören, wo zwischen den Marmorplatten der Peterskirche schon das Gras wächst. Da gibt es die große Verzeihung und den Bannfluch.
Das ist Kirche konkret, und wir sind diese Kirche, von der einer das doppelsinnige Wort geschrieben hat: „Die Kirche verrät in einem fort ihren Herrn, aber sie verrät ihn auch, d. h. immer kann in dieser Kirche der Herr verdunkelt werden, aber ebenso erhellen Heilige sein Bild und weisen auf ihn hin. Immer fallen Schatten auf ihren Weg durch die Zeit, aber zu jeder Stunde ist sie Ewiglichtlampe für Gottes Anwesenheit. In, mit und als diese Kirche leben wir. Das ist unsere Gegebenheit und Aufgabe. Wir haben in jeder Generation Gottes Acker zu bestellen, Saat seines Wortes und seiner Gnade auszustreuen, aber dabei auch die Kraft der Bewährung aufzubringen, wenn das andere, das Böse und Ärgerliche, mit ins Kraut schießt. Kirche konkret – das ist Lebensgemeinschaft von Sündern und Heiligen, von Gnade und Ungnade, von Opfer und Ohnmacht zugleich. Nur, zu keiner Stunde ist es uns erlaubt, uns einfach damit abzufinden, apathisch mit der Schulter zu zucken, weil das nun halt mal so ist; denn der Acker Gottes ist für die Ernte und Reife bestellt und Kirche zur Heiligkeit, wie es uns das letzte Konzil in unüberhörbarer Eindringlichkeit neu gesagt hat. Mit dieser Kirche leben, das

heißt, unruhig werden um des Herrn willen und unserer Berufung zu seiner Nachfolge, es heißt auch immer neue Orientierung suchen an den reifen Menschen im Volk Gottes, und das sind die Heiligen, zu deren Stätten und Bildern wir wallfahrten, wie dorthin, wo St. Anna in Wort und Namen, in Zeugnis und Zeichen auf Gottes Gnade und Gottes Ruf zu heiligem Leben verweist. Darum machen wir Halt vor den Heiligen unserer Kirche, weil sie uns Einhalt in aller Müdigkeit und Versuchung gebieten und uns anhalten zu Umkehr und Buße, uns Wegzeichen sind hin zur unaufgebbaren Bestimmung seiner Kirche, und das ist die eine, heilige und apostolische Kirche, die wir im Credo Gemeinschaft der Heiligen nennen.

3. *Kirche, auf die wir hoffen*

Und auch das gehört dazu, wenn wir von Kirche konkret reden; denn mag sie als Acker Gottes Sorge bereiten, sie ist dennoch Kirche, auf die wir hoffen und der die Zukunft verbürgt ist. Denn ihre Ernte und ihr Ertrag ist ihr sichergestellt trotz allem; und diese Ernte wird nach Gottes Wirken so überreich sein, daß er uns auffordert, zeitig um Arbeiter für seine Ernte zu bitten und zu erbeten. Das ist ihre Zukunft: die große Heimholung dessen, was da umwuchert von Raden und Mieren, unter Hagelschlägen und Hitze herangereift ist. Von der ersten Aussaat an ist seine Ernte sichergestellt, und alles andere steht uns an als Resignation und Zweifel. Wir sind zur Hoffnung berufen, und diese Hoffnung ist alles andere, als die vage Aussicht, es werde schon irgendwie gut hinausgehen, oder die vorsichtige Prognose, irgendwie werde unsere Mühe, unsere Geduld und unsere Ausdauer sich schon lohnen.

Wer glaubt, zittert nicht, und wer aus der Hoffnung lebt, freut sich auf den „großen offenbaren Tag".

Aus solchem Glauben und aus der Kraft dieser Hoffnung sind seit 325 Jahren die Menschen zu St. Anna hergepilgert, mit der Bestärkung dieses Glaubens und der Aufrüstung zu solcher Hoffnung sind sie immer wieder von diesem Berg hinabgestiegen in ihren Alltag, der seine Sorgen und Schatten hatte, aber noch mehr sein Licht von oben her.

Alles, was ich euch in dieser Jubelwoche erbitte, ist diese Zuversicht! Laßt euch nicht durcheinanderbringen, rufe ich euch mit unserem Papst zu: „Glaubt an die Ernte, vertraut auf den Herrn der Ernte!" Ich sage es euch Eltern, die Ihr oft so ratlos und verzagt seid, wenn die Aussaat eurer Erziehung so umsonst scheint! Ich sage es euch, Ihr Ringenden und Angefochtenen, wenn Ihr irre zu werden scheint an Gott, an Kirche und Welt ob all des Übels und all der Ängste dieser Zeit. Ich rufe es euch zu, Ihr Engagierten in unserer Kirche und Gesellschaft, wenn euch

die Müdigkeit anficht, weil Ihr anscheinend nichts ausrichtet. Ich erbitte es euch, Ihr Diener der Kirche, die Ihr doch Diener der Freude sein sollt und die Ihr so oft mehr Resignation als Zuversicht verbreitet!
1656, als zum erstenmal auf St. Anna hier gebetet und gesungen wurde, rief der evangelische Liederdichter Gerhardt es in die verschrockene und verzagte Christenheit hinein: „Nun freut euch hier und überall, der Herr ist auferstanden. Im Tod bracht er den Tod zu Fall und macht die Höll zu schaden! Des Lebens Leben lebet noch, sein Arm hat aller Feinde Joch mit aller Macht zerbrochen!" Sollen wir nach 325 Jahren stumm und blind sein angesichts dessen, was wir in dieser unserer Zeit auch erfahren dürfen: Die Ergriffenheit der Welt durch eine Mutter Teresa, die mitreißende Faszination eines Johannes Paul II., den Widerhall der Bergpredigt noch in Demonstrationszügen, den Aufbruch in den Missionen und eine Kirche der Jugend, die weiß Gott nicht nur in Sex und Rock macht, sondern uns Skeptisch-Angefochtenen zuruft: Wenn du fertig bist mit deinem Gott, komm her, ich zeige dir meinen Jesus! Nein, wo Kirche konkret wird, da ist auch die Zuversicht und Freude, da steht Ernte an, die es einzubringen gilt, auch aus den Sturzackern von Zerstörung und Barbarei, auch zwischen den Furchen von Atomkratern und Napalmbomben, auch noch im Ackerrain von Stumpfsinn und Hoffnungslosigkeit Kirche konkret, das ist Kirche, die den Tag Christi vor sich hat. Und wir sind diese Kirche! Amen.

Annaberg-Wallfahrt

Eucharistie – unsere Mitte

Es ist schon sehr lange her, aber das Wort geht mir dennoch nicht aus dem Sinn. Ich meine das Wort eines evangelischen Pfarrers, der da sagte: „Wenn ich das glauben könnte, was ihr Katholiken glaubt, nämlich, daß Jesus Christus in Brotsgestalt in eueren Kirchen gegenwärtig ist, dann würde ich niederfallen und mein Leben lang nicht mehr aufstehen." Ich weiß, wie gesagt, nicht, vor wieviel Jahren ich diesen Satz schon gelesen habe und erst recht kenne ich den Namen dieses evangelischen Mitbruders nicht. Dafür aber weiß ich den Namen eines anderen Mannes, für den die eucharistische Gegenwart unseres Herrn diese überwältigende Bedeutung hatte. Ich meine Propst Seidenbusch, dessen 250. Todestag wir mit diesen Abendpredigten in Erinnerung bringen. In der 1100-jährigen Geschichte von Aufhausen sind die 62 Jahre, die er hier als Seelsorger wirkte, wie die große Leuchtspur der Geschichte eueres heiligen Berges. Wir gedenken seiner in diesen Tagen, vor allem jenes Dezembertages des Jahres 1729, in dem er heimgerufen wurde zu Gott mit seiner letzten Bitte, ihn unter der

Türschwelle des Heiligtums zu beerdigen und auf die Grabplatte die Worte zu setzen: Sacerdos minimus – der geringste der Priester. Dieses Vermächtnis war alles andere als der letzte Überschwang seiner großen Frömmigkeit. Aber er wollte minimus, der Geringste, sein, weil eben für ihn Christus alles war. Es ist gut, wenn wir am Beginn dieser Gedenktage für Propst Seidenbusch von seiner Christusliebe sprechen, die sich an der heiligsten Eucharistie entzündet und entfaltet hat. Wie sehr dies war, bezeugt jenes eucharistische Anbetungslied von 1657, wie es im Aufhausener Gebetbuch gedruckt und in unserem Gotteslob wiedergegeben wurde. Ein Lied, mit dem ich euch deuten möchte, was für diesen Priester die heiligste Eucharistie bedeutete, nämlich

die Mitte der Kirche,
die Mitte der Schöpfung und
die Mitte unseres Lebens.

1. Mitte der Kirche

In dem seit 1657 unvergessenen Lobpreis auf die Gegenwart Christi im Sakrament beschwört Seidenbusch die Kirche, aber nicht eine Kirche, wie sie heute gewöhnlich gesehen wird, die gerade noch, wenn überhaupt, bis Rom reicht, weil wir in all den Debatten dieser unserer Zeit so kurzsichtig geworden sind und oft genug nur noch das sehen, was im Schatten des eigenen Kirchturms als Kirche gegenwärtig ist. Er meinte nicht die Kirche, über die man heute mit Leidenschaftlichkeit diskutiert, wozu sie überhaupt da ist und der man dann alle möglichen Aufgaben stellt, angefangen von der sozialen Befreiung, vom gesellschaftlichen Engagement, von ihrem politischen Auftrag und ihrer Aufgabe, sich möglichst auf den Menschen zuzubewegen. Dies alles ist sicherlich *auch* Aufgabe der Kirche, die sich auf Christus beruft, auf einen Herrn, der in der Tat auf seiten der Armen war und der die Bitte ums tägliche Brot zum wesentlichen Gebet machte. Aber die erste und unaufgebbare Aufgabe der Kirche ist die Gloria dei, d. h. die Anbetung Gottes, und zwar nicht bloß Anbetung der Kirche, die als pilgerndes Gottesvolk unterwegs durch die Zeit ist, sondern der ganzen Wirklichkeit einer Kirche, von der wir mit Recht als Kinder in unserem Katechismus lernten, daß sie die „streitende, leidende und triumphierende" große Heilsgemeinschaft aller Lebenden und Toten sei, die Christus, der Herr, erlöst hat und einer Kirche, in der sich so Himmel und Erde verbinden. So sah Propst Seidenbusch die Kirche und darum beschwört er in seinem Anbetungslied zuallererst diese große Gemeinschaft Kirche, die Engel und Heiligen, die Bekenner und Märtyrer, und mit ihnen zusammen ruft er die Kirche auf, sich zu ihrer wahren Mitte hin zu bewegen, und diese Mitte heißt für ihn der Gegenwärtige Herr im heiligsten Sakrament. Ihm gilt der „Lobpreis ohne

End". Christus als Mitte der Kirche – diese Überzeugung des Propstes Seidenbusch trifft sich mit dem, was das letzte Konzil meinte, wenn es die Eucharistie als „culmen", d. h. als Ziel- und Höhepunkt alles Tuns der Kirche, bezeichnet hat und in der großen Aussage über die Bestimmung der Kirche ein Kapitel einsetzte, das leider viel zuwenig beachtet wird, nämlich das Kapitel über die Berufung aller Glieder zur Heiligkeit. Ich meine, wir haben uns jahrelang nach diesem Konzil genug die Köpfe heiß geredet über das Thema der Kirche, davon aber im Grunde herzlich wenig gesprochen, daß sie in der Anbetung ihres Herrn, der die Mitte ihrer Gemeinschaft ist, ihre höchste Aufgabe erkennen muß. Wir haben zwar in diesen Jahren die Losung ausgegeben „Alle Erneuerung muß vom Altar ausgehen", aber meine Frage ist, haben wir es nicht bloß beim Umkehren der Altäre bewendet sein lassen, statt selber umzukehren und uns auf die Mitte, nämlich auf Christus hin, zu orientieren und von der Mitte der Gegenwart Jesu im Sakrament her unser Leben zu gestalten.

2. *Mitte der Schöpfung*

Nach dem Anruf der großen Heilsgemeinschaft Kirche, beschwört Propst Seidenbusch in seinem Sakramentslied dann die ganze Schöpfung: „Sonne, Mond, Berg und Tal, Baum und Strauch." Ist das nun nichts weiter als ein barocker Überschwang der Zeit, in der er lebte? Ist dies nichts weiter als ein Echo einer Zeit, in der gerade in unserer bayerischen Heimat die prächtigen Kirchen sich in all ihrer farbigen Pracht als Gottestempel unter uns offenbaren wollten, in der die Menschen fast wie im Ungestüm aufbrachen, um durch ihre Wiesen und Felder mit dem Lobpreis des Sakramentes zu diesen Stätten Gottes zu wallfahrten? Für Propst Seidenbusch ist die Berufung der ganzen Schöpfung und der Natur in die Anbetung und in den Lobpreis der eucharistischen Gegenwart Jesu mehr als ein poetischer Enthusiasmus. Er ruft die Natur und Welt zur Anbetung, weil dies sein Glaube ist, daß Christus, der Herr, auch ihre Mitte ist. Weil diese Welt und alles, was in ihr ist, durch den geopferten Leib Jesu und das Blut, das er in diese unsere Erde vergossen hat, zur geheiligten Schöpfung wurde, auch wenn sie – wie der Apostel sagt – noch immer inmitten ihrer Seufzer bleibt und der endgültigen Offenbarung der Herrlichkeit Gottes harrt. Es war sein Glaube, den er in diesem Sakramentsanruf an die Schöpfung bekundet: Weil Christus, der Herr, in der Gestalt des irdischen Brotes, der Frucht dieser Erde, wie wir es jetzt in unseren Gabenbereitungsgebeten eigens sagen, gegenwärtig ist, hat die irdische Schöpfung selbst eine neue Mitte erhalten und wir gleichsam das Pfand darauf, daß diese Welt, die mit seinem Blut ein für allemal geheiligt ist und in der er mit uns zusammen gegenwärtig ist, nicht zur Hölle wird und zur Hölle werden darf. Damit aber sind wir zu einer zweiten, sehr aktuellen Besinnung gerufen: Geht nicht gerade jetzt in dieser unserer Welt die Angst um die Zukunft unserer Erde um? Ruft man nicht allenthalben nach neuer Verantwortlichkeit gegenüber den Gütern dieser Erde, gegenüber der Natur, beschwört man nicht die Gesellschaft, endlich aufzuhören mit der Selbstzerstörung unserer Umwelt? Aber was nützen alle diese Proteste und Proklamationen, wenn wir den Sinn mit nicht mehr begründen als damit, daß wir Angst für uns und vor allem für unsere Kinder ums Überleben haben? Für Seidenbusch ist die heiligste Eucharistie Mitte der Schöpfung und darum auch der Frevel an dieser Schöpfung wie ein Sakrileg, eine Gotteslästerung, weil sie sich mit der Schändung der Natur und der Umwelt im Grunde an dem im irdischen Brot anwesenden Herrn versündigt. Wo nicht mehr angebetet wird, dort beginnt auch die Verfluchung der Welt. Wo das heilige Brot der Eucharistie zur Banalität wird, ist der Schritt nicht weit zur Frivolität, mit der wir mit dem irdischen Brot und all dem, was dem Menschen zum Leben dient, begegnen. Nur, wo Gott gegenwärtig bleibt in dieser Welt, bewahren wir die Erde auch davor, daß sie selbst letztlich zur Hölle wird. Anbetung des Herrn im Sakrament also ist zugleich Anruf zur Verantwortung gegenüber der Schöpfung, deren Herr Christus ist und für die er im Sakrament Mitte bleibt.

3. *Mitte unseres Lebens*

Im Ausklang seines Sakramentsliedes erst spricht dann Propst Seidenbusch uns selbst an. Überraschenderweise mit nur einem halben Vers, wenn es dort heißt: „Christus, der unsere Speise ist." Wer das Leben von Propst Seidenbusch kennt (und Ihr werdet es ja an diesen Abenden näher erfahren), weiß, wie lange Jahre hindurch für Propst Seidenbusch und sein Oratorium der Hunger täglicher Gast war, wie drückend die Brotsorge am Beginn seiner Priestergemeinschaft auf diesem heiligen Berg gewesen ist, er weiß aber auch, wie sehr Propst Seidenbusch gerade inmitten der Entbehrung sich auf die heiligste Eucharistie berufen hat als Mitte seines Lebens und wie er euere Vorfahren eben darauf hinerziehen wollte. Die Gründung der Corpus-Christi-Bruderschaft in Aufhausen als Gemeinschaft der Anbetung Jesu im Sakrament sollte dies sichtbar machen, aber zugleich auch eine Gemeinschaft von Menschen in der Nähe des Herrn und in der Anbetung Jesu heranformen, die mitten in ihrer eigenen täglichen Sorge um das Brot, es auch immer neu erfahren und wissen sollten, daß „der Mensch nicht vom Brot allein lebt". Irdisches Brot macht satt, aber wo das Brot, in dem Christus sich selber uns schenkt, liegen bleibt, verfällt der Mensch, auch wenn es ihm noch so gut geht, unaufhaltsam dem Tode; denn daran ist nicht zu rütteln und Himmel und Erde werden vergehen, aber dieses Wort wird bleiben: „Wer mein Fleisch ißt und mein

Blut trinkt, der hat das ewige Leben, wer mein Fleisch nicht ißt und mein Blut nicht trinkt, hat das Leben nicht." Aus diesem Wort Christi lebte Propst Seidenbusch und führte er die Gemeinde von Aufhausen zu der herzhaften Anbetung des Sakramentes, aber auch zum Leben aus der Eucharistie. Ehrfurcht vor der Gegenwart Christi und Existenz aus der Opfergabe Jesu, darauf kam es ihm an. Und für uns bedeutet das erneut Anlaß zur Besinnung, einmal zur Besinnung darauf, ob der Tabernakel nicht nur Mitte unseres kirchlichen Lebens in der Gemeinde ist, sondern der im Tabernakel gegenwärtige Herr als Speise Gottes auch die Mitte unseres Lebens, ohne die wir uns sonst verlieren. Zum anderen Besinnung darauf, ob wir wirklich die Eucharistie als das „Höchste Gut" anerkennen und, wenn ja, mit welchem Maß der Ehrfurcht wir ihm begegnen. Wenn ich das sage, geht es mir wahrhaftig nicht um den leidigen Streit darum, ob man etwa Christus im Sakrament mit dem Mund oder der Hand empfängt, weil die Ehrfurcht nicht eine Frage des Mundes oder der Hand, sondern immer des Herzens ist. Aber auch ich frage mich manchmal, ob wir nicht zuweilen in diesen letzten Jahren mit dem Abbau der Kommunionschranken vielleicht schon auch die Barrieren der Ehrfurcht niedergerissen haben. Wo es um das „Höchste Gut" geht, ist auch das Höchstmaß der Ehrfurcht geboten.

Ich habe einleitend das Wort eines evangelischen Pfarrers zitiert: „Wenn ich glauben könnte, was ihr Katholiken glaubt, nämlich daß Christus im Sakrament gegenwärtig ist, so würde ich niederfallen und nicht mehr aufstehen." Ein Wort, das Propst Seidenbusch hätte gesagt haben können, das in dieser Stunde unserer Besinnung aber eine wesentliche Anfrage an uns alle, Priester wie Laien, bedeutet, Anfrage nämlich danach, was uns die heiligste Eucharistie bedeutet und die Wahrheit der Gegenwart Jesu mitten unter uns. Wir stehen im Advent und gehen damit in der Liturgie der Kirche dem großen Offenbarungstag entgegen, an dem Christus sich uns allen unverhüllt zeigen wird, er, der, unserem irdischen Blick entzogen, in wunderbarer, aber doch verhüllter Weise schon mitten unter uns ist. Mögen wir und die Kirche dieser Zeit davor bewahrt bleiben, daß der Epilog unseres Lebens und dieser Zeit der Kirche so lautet wie der Prolog, mit dem der Apostel Johannes sein Evangelium eröffnet: „Und das Wort ist Fleisch geworden und hat unter uns gewohnt. Er kam zu den Seinen, aber die Seinen nahmen ihn nicht auf."
Amen!

Probst Seidenbusch und die heiligste Eucharistie

Zum Weltmissionstag

Das Gesicht der Kirche unseres Landes ist vielfältig und widersprüchlich geworden. Da klettern beispielsweise einerseits die Zahlen der Kirchenaustritte in die Höhe, überrundet noch von der Summe jener stummen Emigranten, die heute aus verletzter Liebe oder aus stolzer Eigenwilligkeit auf Distanz zur Kirche gehen, andererseits aber meldet sich gerade in der jungen Generation ein oft leidenschaftliches Interesse an Jesus und seiner Gemeinde an. Da diskutiert man über Sinn und Unsinn einer Kirchensteuer, und zugleich überraschen die beachtlichen Spendensummen, die zumal die Kirchgänger für die großen Hilfswerke und für die Mission erbringen. Da gibt es heiße Diskussionen um innerkirchliche Strukturen und daneben nicht minder lebhafte Debatten um den sozialen, ja politischen Auftrag der Kirche. Man stößt auf Ghettotruppen eigenwilliger Traditionalisten und trifft neben ihnen neue Gemeinschaften an, denen Ökumene, geistgewirkte Erneuerung und Reformbeflissenheit alles zu bedeuten scheint. Ganz zu schweigen von der Bandbreite, in der heute Theologie selbst den sogenannten kleinen Mann erreicht und bewegt; den einen beunruhigt, ja verängstigt, den anderen beflügelt, ja schier erotisiert.
Was Wunder, wenn der Fragen im Kirchenvolk viele geworden sind! Daß so oder so eine tiefe, allgemeine Unruhe aufgebrochen ist, in der Selbstverständlichkeiten von gestern heute zu Problemen und jahrzehntelang eingebürgerte und eingelebte Aktivitäten zu aktuellen Tagesthemen werden. So begehen wir heute den 50. Weltmissionssonntag. Über fünf Jahrzehnte hin Anlaß und Impuls, sich der weltweiten Sendung der Kirche zu entsinnen und sich für das Missionswerk des Glaubens aufs neue in die Pflicht nehmen zu lassen. Aber in dem Maße, in dem die Missionsopfer ins Vielfache gewachsen sind, haben sich auch die Fragen vervielfacht, die mit einem Male, so scheint es, aufgebrochen sind. Mission – auch heute noch? Trotz Entwicklungshilfe und Ökumene, trotz des konziliaren Manifests zur Religionsfreiheit und nachkonziliarer interner Krisen, trotz eigenen bedrückenden Priestermangels und verwaister Gemeinden zu Hause? Muß einem, der vor Ort mit heißem Herzen die Misere nicht mehr zu absolvierender Religionsstunden in den Schulen, der verfallenden religiösen Prägung unserer Dörfer – von den Städten mit ihren Wohnbarrieren ganz zu schweigen! –, des gesellschaftlichen Streits um fundamentale christliche Werte und des Schwundes an tatsächlicher Präsenz der Kirche im öffentlichen Raum, muß einem, der das miterlebt, nicht die Versuchung erlaubt sein, in der einem die Sorge um das fadenscheinig gewordene Hemd am eigenen Leib mehr beschäftigt als die Bereitstellung eines passenden Rocks für andere draußen in der Welt? Die Gemeinsame Synode von Würzburg hat dieser Versuchung widerstanden. Wer

dort die Diskussion über die Vorlage zur Mission miterlebte, war betroffen und überrascht zugleich, mit welch einem erstaunlichen Interesse und Engagement von ihr die Frage nach der Mission heute beantwortet wurde, nämlich mit einem klaren Ja zur Mission, wenn auch mit manchem Aber zur Missionsmethode.

Mission also trotzdem? Ja, denn darüber kann und darf es keine Debatte geben, daß der Missionsbefehl Christi zu Ende des 20. Jahrhunderts nicht weniger gilt als in apostolischer Zeit, und ebensowenig darüber, daß sich dieser Auftrag nicht allein durch fromme Gebete und milde Gaben verwirklichen läßt, Mission ist Evangelisation der Welt, und es kann ihr nicht darum gehen, aus einem Anhänger Buddhas einen besseren Buddhisten zu machen und den Moslem zu animieren, sich intensiver mit seinem Koran zu beschäftigen, sondern Wort und Botschaft Jesu Christi an alle heranzutragen, gleichviel, ob im eigenen Land Glaubensnot umgeht oder in der Welt bereits andere Messiasse ihre Gläubigen gefunden haben. Auch die Kirche dieser Zeit muß wissen, was der Aufschrei des Apostels meint: „Wehe mir, wenn ich das Evangelium nicht verkünde!" Nichts entbindet Kirche heute von dieser Pflicht zur weltweiten Evangelisation. Weder Priestermangel noch eigene Krisen, weder ein drohendes Schisma in den Stammländern der Christenheit noch politische und soziale Krisen in den Ländern der Dritten Welt, die mit ihrer ungestümen Frage nach Freiheit, Gerechtigkeit, wirtschaftlichem Aufstieg und politischer Geltung wie mit einer riesigen Woge das Frachtboot der Glaubensmission zu überfluten scheint.

Mission trotzdem? Ja, erst recht, meinen die Bischöfe unseres Landes, die den 50. Weltmissionssonntag unter das Wort gestellt haben: Die Zeichen der Zeit erkennen: Mission! Und ich meine, sie haben recht; denn auch die Menschen in Afrika und im Fernen Osten, am Orinoko und auf den Inseln der Südsee „leben nicht vom Brot allein", und sie wissen es. Umworben und überrollt von fremden Ideologien und Heilsbotschaften, im Innern zutiefst bewegt von den Fragen nach ihrer Zukunft und nach dem Wahren, dem Gültigen, dem Sinn des Lebens und dem tragenden Grund irdischer Wirklichkeit, sind sie zu Anfragenden geworden, zu Anfragenden bei einer Kirche, die von sich behauptet – zu Recht behauptet! –, eine Antwort zu haben, nämlich das gültige Wort ihres Herrn und seine Wahrheit, von der die Bischöfe in ihrem heutigen Missionsaufruf sagen: Sie allein überfremdet und vergewaltigt nicht, und nur in ihrem Licht werden die vielen Völker und Kulturen auch sich selber finden können.

Die Zeichen der Zeit weisen auf diese Erwartung der Völker. Sie verweisen allerdings die Kirche selbst auch darauf, daß Mission heute etwas anderes besagt als das bloße Heranbringen christlicher Heilsbotschaft und sozusagen ein barmherziges Werk der Sorge um die „arme Heidenwelt", wie wir dies früher oft so unbedacht und ungereimt gesagt und danach gehandelt haben. Missionssorge heute ist vorrangig Sorge um die Entfaltung der Kirche in den Missionsländern, weniger um ihre Entstehung; denn immerhin an Zahlen gemessen, hat sich das Gewicht der Gläubigen in den letzten 50 Jahren längst und massiv verschoben. Es geht weniger darum, in vielen neuen Ländern Kirche aufzubauen, als allen jungen Kirchen am Ausbau eigener Mission und Evangelisation zu helfen, nicht um mehr Angebote unserer angestammten Gläubigkeit, sondern um die Stärkung des Aufgebots, das die Kirche in den Missionsländern selbst zu erbringen bereit und fähig ist, wenn wir dazu helfen und sie dazu ermuntern.

Wenige Wochen, bevor unser verewigter Kardinal von München aus Afrika heimkehrte und uns gestand, er kehre als Beschenkter heim, war ich im Priesterseminar von Pretoria. Ein riesiges Haus, leider von bedrückender Leere. In der Eingangshalle eine Marmortafel – vorkonziliar gedacht und beschriftet mit dem Satz: Ut christiani et Romani sint! – Christen und Römer also sollten hier herangebildet werden. Ich gestehe Ihnen meine Verlegenheit und auch meine Betroffenheit. Ohne Zweifel, auch die Kirche Südafrikas muß Glied der universalen Kirche sein, die in Rom sich mit allen anderen verbindet und eint. Aber universale Kirche ist eben nicht gleich uniformer Kirche. Ut christiani et africani sint, hätte ich am liebsten daruntergesetzt. Gott gebe, daß hier Christen erwachsen, die aus Geist und Kultur ihrer gottgegebenen afrikanischen Art der Kirche der Welt einbringen, was der Geist des Herrn, der auch heute weht, wo und wie er will, ihnen eingibt und durch sie an uns weitergibt.

Ja, weitergibt; denn wir haben gottlob zu begreifen begonnen, daß Mission nicht einseitige Gabe an Arme ist, sondern ebenso Geschenk der „Armen" an uns, die wir materiell reich, im Geiste aber und in der Lebensfülle des Glaubens oft mehr als bedürftig sind. Nach drei Wochen, die ich in den südafrikanischen Buschgemeinden verbrachte, erging es mir wie unserem Kardinal: Neben einer tiefen Unruhe um die Mission und ihre Zukunft wuchs ein unsagbares Gefühl der Freude auf und auch der Beschämung, wenn ich an zu Hause dachte. Daran dachte, wie kleinkrämerisch wir daheim oft sind und wie eng, wie wenig uns Hoffnung stimuliert und statt dessen Resignation lahm macht, wie ängstlich manche meinen, das Gestrige hüten zu müssen, statt dem Geist Gottes Raum im Heute zu geben, wieviel Besorgtheit um Eigenversorgung uns beschäftigt und wie wenig Mut, gerade jetzt und inmitten eigener Bedürfnisse, etwa an Priestern- und Schwesternberufen, jungen Menschen den Weg freizugeben, Entwicklungshelfer des Glaubens zu werden.

Und doch liegt gerade darin unsere Chance, die Chance der Kirche auch in unserem eigenen Land. Ich halte es nämlich mit jenem Diskussionsredner in der Synode von Würzburg, der uns Synodale geradezu beschwor: „Die große Chance der Gegenwart liegt zweifelsohne im Kommen jener Kirche, welche ich die Dritte nennen möchte, die Missionskirche. Dieses Kommen stellt das epochale Ereignis

innerhalb der einen Kirche dar. Nie war die Kirche mehr herausgefordert als heute, nie stand sie vor einer derartigen Chance, Kirche der Welt zu werden, wie es heute mit dem Kommen der Dritten Kirche gegeben ist."
Ich gebe zu, solche Worte hören sich pathetisch an. Aber ich frage Sie, braucht es nicht tatsächlich das Pathos, im Ursinn des Wortes, wenn Kirche sich selbst treu bleiben will und sich nicht verlieren soll in egoistischer Heilssorge und kleinkrämerischer Beschäftigung mit sich selber? Ein wirkliches Pathos, das dem Erleiden menschlicher Heilsnot entspringt und zur Leidenschaftlichkeit für den umfassenden Heilswillen Gottes wird? Die Zeichen der Zeit erkennen heißt, diese Not aufnehmen und Mission zur Sache einer offenen Kirche machen, die für alle Völker, Sprachen und Kulturen bestimmt ist. Die „geschlossene Gesellschaft" ist der Titel von Sartres Höllenvision. Sie ist kein Name für die Kirche. Ihr ist nicht das Ghetto eigen, sondern die Welt. Nur als Weltkirche ist sie Kirche Christi. Nur in ihrer Mission erweist sie sich als wahres „Zeichen unter den Völkern" und – wie das Konzil es in Erinnerung brachte – als „Arche des Heiles" für alle.
Heute, am Weltmissionssonntag, erinnert uns die Verantwortung der Hirten der Kirche zum 50. Mal daran. Vereint mit 22 Bischofskirchen Afrikas, Asiens und Ozeaniens, versammelt sich in dieser Stunde die Kirche unseres Landes in Gebet und Aktion des Opfers. Ich wünsche Ihnen, verehrte Hörerinnen und Hörer, daß auch Sie mit dabei sind, mit einer offenen Hand und einem offenen Herzen; denn Sie sollten wissen, daß die Hand, die sich öffnet zu schenken, zugleich offen ist zu empfangen und, daß Ihr Christsein, sofern es Ihnen Herzenssache ist, zur wirklichen Sache des Herzens wird, in Geist und Tat jenes Herzens, das in Christus Ihnen und allen Menschen offensteht.

Leib Christi sein!

Wieder einmal hat die Welt dieser Tage aufgehorcht. Proteste und Solidaritätsbekundungen, als sie erfuhr, daß der Nobelpreisträger Sacharow gewaltsam verbannt wurde. Und es war mitten in der Woche, in der die Christen sich weltweit zu ökumenischem Gebet versammelten, versammeln mußten, weil sie dem Auftrag ihres Herrn, eins zu sein, nicht entrinnen können und weil sie mit jedem Tag ihrer Trennung und ihres Gegeneinanders sich neu an ihm versündigen. Sie haben doch getan, wovor selbst die Soldateska auf Golgotha zurückschreckte, nämlich den Leib des Herrn zu zerreißen, ihn zu zerteilen. Das ist unsere Schuld, das ist unsere Last, und dies ist uns gerade in diesen Tagen hier in Regensburg schmerzlich bewußt geworden, als die Türen der evangelischen Dreieinigkeitskirche verschlossen blieben für die Beter um Einheit und Wiedervereinigung im

Glauben, und dies mit dem Argument, daß der Entzug des kirchlichen Lehrauftrags für Professor Küng solches Tun rechtfertige.
Wir klagen nicht an, aber wir gestehen es, daß wir darüber – hüben und drüben in den Kirchen dieser Stadt – erschrocken sind, und wir erlauben uns auch die Frage, was denn in uns Christen gefahren sein muß, wenn wir einerseits sehen, wie ein gemaßregelter Theologe durch Funk und Presse schier zum Märtyrer hochstilisiert wird, und andererseits man über die wahren Märtyrer unserer Zeit zur Tagesordnung übergeht. Keine Schlagzeile für Viktorias Petkus, keine Fernsehnachricht über Gléb Jakunin, kein Rundfunkkommentar zu Dimitri Dúdko!
Um so dankbarer sind wir, daß wir heute hier in unserem Dom die Mitglieder der deutschen Sektion der Bewegung „Glaube in der Zweiten Welt" begrüßen dürfen, uns mit ihnen um den Altar versammeln in ökumenischer Gemeinschaft mit ihnen, die nicht nur das Gewissen der Welt auf die Glaubenszeugen hinter dem Eisernen Vorhang wachhalten wollen, sondern die zugleich deren Glaubenszeugnis uns zur Stärkung und Aufrüttelung unserer Gewissen übermitteln.
Um so dankbarer sind wir, wenn gerade in der Liturgie dieses Sonntags – wie wir in der Lesung hörten – der Völkerapostel selbst seine Stimme erhebt und uns aufs neue daran erinnert, was wir in Wahrheit sind: Kirche, d. h. Leib Christi, *ein* Leib durch die *eine* Taufe und den *einen* Geist, der uns getränkt hat.
Finden wir nicht alle, wie not uns ein solcher Appell des Apostels tut? Kirche – wie viele sehen darin nichts mehr als Organisation, Struktur und Reglement. Wie viele – das haben wir in unserer nachkonziliaren römischen Kirche noch erlebt – reden sich die Köpfe heiß über Reorganisation, über eine Theologie der Befreiung – und zwar auch, wie manche meinen, einer Befreiung von Amt und Auftrag, und über eine Kirche, die noch mehr Aggiornamento zur Welt braucht als die Erneuerung an Haupt und Gliedern.
Hier meldet sich der Apostel zu Wort: „Wie der Leib eine Einheit ist, doch viele Glieder hat, alle Glieder aber, so viele es auch sind, den einen Leib bilden, so ist es auch mit Christus. Und Ihr seid Christi Leib, jeder einzelne ist Glied an ihm."
Und hier zieht der Apostel die für ihn und uns einzig mögliche Konsequenz, was Leben als Kirche, was Leben als *ein* Leib in vielen Gliedern heißt; dies nämlich, daß dort, wo einem Glied Ehre widerfährt, sich alle mit ihm mitfreuen und wo immer ein Glied leidet, alle anderen sein Leid zu ihrem machen.
Bleiben wir, liebe Brüder, ein wenig dabei! Winken wir nicht fade oder gelangweilt ab, weil uns diese Botschaft doch ohnehin geläufig ist. Sie mag es sein, aber wie sehr – das ist die Frage – laufen wir ihr davon, wie wenig läuft sie ein in unser Denken über Kirche, unser Reden von Kirche und unser Leben als Kirche?

1. Dies ist das Erste also: Gemeinsame Freude!

Wir „betreiben", wie man so im Jargon sagt, Ökumene. Wir blicken über die Zäune und sprechen miteinander, wir beten für- und miteinander und diskutieren oft mit Leidenschaft Fragen des Glaubens. Das tun wir, und es ist wahrlich nicht wenig. Wir haben Gott zu danken, daß dies so ist und es davon keinen Schritt mehr zurück geben kann. Nur, Hand aufs Herz, ist dieses Blicken über den Zaun nicht oft genug im Grunde ein vorsichtiges, wenn nicht mißtrauisches Einander-Beäugen? Ist dieses Sprechen zueinander nicht immer noch auch ein bloßes Reden übereinander, und dies womöglich noch gemischt von hämischer Schadenfreude, wenn es drüben überm Zaun Konflikt und Skandal gibt? Ist unser Beten in Ökumene immer mehr als eine Pflichtübung, also Bedürfnis des Herzens und nicht Kalenderprogramm einer Weltgebetsoktav im Januar? Geht durch unser Diskutieren nicht auch ein Schuß Diskriminieren? Es sei ferne, hier anzuklagen, aber meine Frage ist: Wo bleibt die Freude, die wir unter uns und füreinander empfinden, jene Freude darüber, wenn wir über alle Zäune hinweg erleben dürfen, was mit Gottes Gnade bei dem einen oder anderen aufbricht?
Solche Freude darf nicht nur in Taizé gepflanzt werden und gedeihen. Solche Freude ist Ökumene des Herzens und der Tat! Also frage ich, freuen wir uns beispielsweise, wenn hie oder dort die Berufungen zum geistlichen Dienst wieder ansteigen? Freuen wir uns, wenn hier ein Papst Millionen neue Hoffnung erweckt und dort ein schwedisches Königspaar ein Gebetbuch für Kinder schreibt? Freuen wir uns, wenn in der Hagia Sophia ein Papst niederkniet und wenn ein neuer Erzbischof von Canterbury sein Amt antritt? Freuen wir uns über ein Denkmal Maximilian Kolbes wie an einer Briefmarke mit der Confessio Augustana?
Ich frage an mit dem Apostel, ob es solche Freude der Glieder an- und miteinander gibt, ob sie Erweis ist für den einen Leib mit den vielen Gliedern, der wir sind und als den uns Christus zur Kirche gemacht hat.

2. Und dann das andere: Gemeinsames Leiden!

Wo ein Glied leidet, leiden alle mit. So setzt es der Apostel als Kennzeichen für die Funktion und den Lebenserweis der Kirche Jesu Christi. Und sicher dürfen wir mit Dankbarkeit sagen: Doch, das gibt es! Gottlob, das gibt es auch heute unter uns! Dieses Betroffensein über ein Massaker an den Missionaren und Schwestern ohne Rücksicht auf Konfession in Rhodesien oder Uganda. Diese Empörung über Folterung von Glaubenszeugen in Chile oder Litauen? Die ehrliche gemeinsame Sorge um die Wiedereröffnung des Tores der Verkündigung in Rotchina und um den Priester, der jüngst in der CSSR vor das Gericht geschleppt wurde, weil er

Eucharistie feierte. Das gibt es, und es gibt nicht wenige unter uns, die die Kirche des Schweigens und des Leidens Tag um Tag betend zu ihrem Leid machen. Gott sei Dank!
Aber gibt es daneben nicht auch die Zonen des Schweigens unter uns, wo es um Leid der Glieder geht? Gibt es nicht die Gleichgültigkeit und Stumpfheit trotz schauriger Informationen und Protestaktionen zumal junger Christen? Gibt es nicht auch Fatimagebete für die Bekehrung Rußlands, die in Wirklichkeit Flehrufe sind, Gott wolle uns vor den Sowjetpanzern bewahren?
Unter uns sind heute Christen verschiedener Kirchen, die sich zusammengetan haben, damit das Thema „Glaube in der Zweiten Welt" auf der Tagesordnung der Kirche insgesamt bleibe. Denn auch in der Zweiten Welt lebt Kirche, gibt es Glauben, ist der Same des Wortes Gottes lebendig. Auf dem letzten Kongreß „Kirche in Not" von Königstein im Juli 1979 berichtete Michael Makarenko, daß es nach amtlichen sowjetischen Umfragen und Statistiken unter den 163 Millionen Sowjetbürgern 32,7 Millionen Menschen gibt, die sich gläubig bekennen, daß 1,8 Millionen junger Menschen zwischen 14 und 30 Jahren gläubig sind und 12% der befragten Studenten offen gegen die atheistische Propaganda protestieren.
Wir wissen, daß aller Glaube freie Gnadengabe Gottes ist. Aber die Erfahrung der Christenheit ist auch die, daß das Blut der Märtyrer Same neuer Christenheit wird. Darum danken wir Gott für die Glaubenszeugen der Zweiten Welt, aber deshalb fragt Gott auch an, wie sehr wir ihr Martyrium mittragen: „Wo ein Glied leidet, leiden alle anderen mit!"
Unter uns Menschen ist es eine Erfahrung, daß nichts so unmittelbar spontan und nichts so sehr Solidarität schafft und Gemeinsamkeit des Erlebens als Freude, Leid und Protest. Sollte diese urmenschliche Erfahrung nicht erst recht die Erfahrbarkeit einer Kirche sein oder werden, in der ein Apostel zur Gemeinde spricht, sie möge sich als ein Leib in vielen Gliedern erkennen und daraus Gemeinsamkeit der Freude und Gemeinsamkeit des Leidtragens erwecken? Und ich füge sicher zu Recht im Sinne des Apostels hinzu: Auch Gemeinsamkeit des Protestes, und zwar eines Protestes im Ursinn dieses Wortes, nämlich als Zeugenschaft für die Wahrheit.

Verfolgte Kirche

Bastionen der Liebe
(zu Lk 10, 30 ff)

„Herr, laß Hirn vom Himmel regnen!" Dieses seltsame, provokative Stoßgebet war auf einem der vielen Transparenten zu lesen, die kürzlich in der Bonner

Massendemonstration mitgetragen wurden. Ich nehme an, seine Erfinder meinten es ernst mit ihrer Bitte, und sicher braucht es die Gottesgabe der Vernunft – des Hirns also – in unserer emotional so angeheizten Gesellschaft. Sicher braucht es Verstand und Verständigung (worum wir ja den Hl. Geist als seine Pfingstgabe bitten), um aus dem Labyrinth von bestialischer Gewalttat und Rüstungsmanie einen Weg zueinander zu finden. Sicher muß Gott Einsicht schenken, wenn es nicht zum Inferno entfesselter Dummheit in der Welt kommen soll. Nur, ich frage mich, ob nun gerade diese Einsicht Sache des Hirns ist oder nicht eher Sache des Herzens, etwa so, wie es der „Kleine Prinz" Saint Exupérys meint: „Nur mit dem Herzen sieht man gut!" Dann freilich müßte das Stoßgebet von Bonn richtiger geheißen haben: „Herr, laß Herz vom Himmel regnen!" und dieses Gebet wäre auch für den Beginn dieser Vollversammlung des Diözesanrats gut geeignet, zumal dann, wenn wir mit Herz nicht irgendein verschwommenes Wort-Etikett meinen würden für mitmenschliches Miteinander und Füreinander, sondern die Ortung jener Caritas als erster Christenpflicht, wie sie heute Thema Ihrer Versammlung ist.

Solche Ortung mag uns das Wort Gottes weisen, das wir eben hörten und unter das wir uns nun in einer kurzen Besinnung stellen wollen. Wenn wir gerade auf diese nur allzu bekannte Gleichnisgeschichte nämlich recht hinhören, so zeichnen sich sozusagen zwei Bastionen der Liebe ab, die eine liegt im Tempelbereich, die andere im Haus des anonymen Herbergsvaters.

1. *Tempelbastion der Liebe*

Sie werden sich heute mit dem Arbeitsthema „Caritas der Gemeinde" beschäftigen. Ich möchte Ihren Überlegungen nicht vorgreifen, aber Sie daran erinnern, daß Gemeinde – oder wie wir es biblisch besser sagen Ecclesia-Kirche – für uns nicht zuerst ein soziologischer Begriff ist, sondern wesentliche Ortsbestimmung aus der Heilsgeschichte: Gott ruft sein Volk zusammen. Dieses Zusammengerufensein füllt den Begriff Kirche und hatte im Tempel des Alten Bundes seine sichtbare Mitte. Hier wurde die Bundeslade bewahrt, hier das geschriebene Vermächtnis des Wortes Gottes, hier war die Bastion des Hauptauftrages von Gesetz und Überlieferung, des Grundgesetzes der Liebe. Die Pharisäerfrage, mit der das Jerichogleichnis eingeleitet wird, macht dies mehr als deutlich.

Genau deswegen ist der Kontrast zwischen Auftrag und Ausführung dieses Gesetzes dann so groß, ja, derart aufreizend und herausfordernd, daß wir noch heute uns das Gleichnis nicht anhören können, ohne betroffen und beschämt zugleich zu sein; denn ob pharisäisch aufgeregt oder persönlich verlegen zu werden, die Frage springt einen doch förmlich an: Da kommen sie aus ihrer Bastion

des Hauptgebots der Liebe, der Priester, der Levit, und nichts geschieht. „Sah ihn und ging vorüber . . ." Was haben sie denn dann eigentlich mitbekommen, droben im Tempel, wieso ficht sie das schon ein paar Kilometer Wegs danach überhaupt nicht mehr an, woher ihre Blindheit und ihr kaltes Herz? Hat es denn Opfer und Predigt nicht warm gemacht? War ihr Gottesdienst nur in Weihrauch vernebelte Inzucht? Hat sich da Gemeinde – zusammengerufenes Gottesvolk, Kirche – versammelt, um in heilig-unheiligem Getue blind und taub zu werden für die Straße des Lebens?
Doch das sind doch die Fragen, die Rückfragen dieser Geschichte an Gemeinde von damals und zugleich die Anfragen an Gemeinde Gottes von heute. Und die Anfrage ist dabei doch weiß Gott noch wesentlicher als bloße Rückfrage. Gott meint das Heute, nicht das Gestern, und darum ist Ihr Thema heute für mich weit mehr, als es in der Einladung steht: „Ein interessantes Thema." Nein, es ist die Nagelprobe auf den Geist der Gemeinde Gottes in unserem Hier und Jetzt, die Herausforderung, zu überprüfen, ob diese Gemeinde heute denn neue Tempelbastion des Hauptgebots der Liebe ist. Und das kann man eben nicht mit einem selbstgerechten und beinahe schon als Frage wie eine Beleidigung empfundenem „Aber ja!" erledigen, auch nicht mit einem undifferenzierten bedauernden Schuldbekenntnis „Leider nein!" oder „Noch nicht!" Hier gilt es in der Tat, Revision zu machen, ehrliche und gründliche Revision.
Und ich wünsche Ihnen Mut und Demut dazu; denn es ist gewiß so, daß wir in der Kirche, der Gemeinde Gottes von heute, mehr denn je das Thema Caritas – Nächstenliebe, tätige Liebe, vorbehaltlose Liebe – strapazieren. Es ist erfreulicherweise so, daß das, was an caritativer Hilfe geleistet und vor allem für ihre Ermöglichung gespendet wird, mit zu den hoffnungsvollsten Zeichen der nachkonziliaren Zeit gehört; nur das alles ist es ja im Grunde noch nicht, was uns abgefragt wird. Das ist weit mehr die Nachfrage danach, ob die Tempelbastion von heute mehr und anders entläßt, ob in ihr die Menschen, die vor Gott zusammenkommen, hellhöriger und hellsichtiger weggehen als jene Frommen damals auf der Jerichostraße, ob da in unserer Gemeinde Bastionen der Liebe sind mit unverschlossenen und unverschließbaren Ausfalltoren der Nächstenliebe. Danach sind wir gefragt und – wie gesagt – Gott gebe Ihnen Einsicht und Gnade, mit Ihren Herzen gut zu sehen, wenn Sie sich dieser seiner Anfrage stellen.

2. *Hausbastion der Liebe*

Aber da ist in der erregenden Gleichnisgeschichte noch die andere Bastion der Liebe. Ich meine mit ihr jene vollkommen anonym bleibende Herberge, vor deren Tür der Samariter den halbtoten, hilflosen Menschen ablädt. „Trage Sorge für ihn! Ich werde dir das gutmachen, was du von deinem Eigenen zulegen mußtest, wenn ich wieder vorbeikomme!" Und das schier Unglaubliche geschieht aus diesem Haus heraus: Der namenlose Herbergsvater macht seine Tür auf. Er geht auf diesen seltsamen Kredithandel ein, indem ihm sozusagen auf Treu und Glauben Fracht des Elends angeliefert wird. Keine Silbe von einer Bürgschaft, einem Pfand. Kein Wenn und Aber irgendeines Vorbehalts. Wortloses Einverständnis für eine Caritas, die wer weiß wie lange seine Herberge umfunktionieren wird zur Pflegestation in und aus Liebe.

Und wieder drängt sich uns das Fragen förmlich auf: Woher hat dieser anonym-spontane Helfer seine Bereitschaft? Was und wer hat ihm Sinn und Herz erschlossen für solche Bereitschaft, in Liebe zu dienen? Nicht die leiseste Andeutung von Frommsein seiner Hausgemeinschaft und von Gemeinschaftsformung aus Thora und Gesetz. Nichts von alledem. Einzig die Offenheit, an- und aufzunehmen, die Selbstverständlichkeit von Mitsorge und Hilfsbereitschaft, die zu jeder Stunde parate Wachheit des Herzens, die weder Rückversicherung noch Anerkennung zu erwarten scheint. Eine andere Bastion der Liebe, in der man anscheinend nicht einmal Belehrung und Predigt braucht, um da zu sein, wo es darum geht, fremde Not als Sache des eigenen Herzens und den unbekannten Bruder in Not als Gottes Gast und Hausfreund anzunehmen.

Und auch angesichts solcher Bastion der Liebe vermögen wir nicht bei exegetischen Rückfragen zu verweilen. Viel ungestümer erfahren wir aufs neue die Anfrage an uns, an unsere Häuser und Gemeinden im Hier und Jetzt. Wir haben uns mittlerweile daran gewöhnt, von unseren Hausgemeinschaften als Hauskirche zu sprechen, und das ist gut so, denn Kirche vor Ort fängt in der Tat in den einzelnen Häusern unserer Gemeinden an und bezeugt sich am ehesten und glaubwürdigsten zwischen den vier Wänden und von Korridor zu Korridor, von Haus zu Haus. Unsere Familien nennen wir gern Fluchtburgen in den Massengesellschaften. Darf ich fragen: Sind es auch Fliehburgen für die anonyme Not um uns herum? Caritas in der Gemeinde – fragen Sie einmal durch, wie viele Herbergen solcher Spontanbereitschaft, wie viele Bastionen solcher unorganisierter Caritas es in unseren Gemeinden gibt, wieviel Kredit der Liebe abgegeben wird in der Hauskirche von heute!

Wir brauchen die organisierte Caritas der Kirche, wir sind dankbar für Sozialstationen und Pflegeheime, wir sind angewiesen auf hauptamtliche Sozialarbeiter und bezahltes Pflegepersonal, aber wehe uns, wenn wir uns damit etwa gar ein Alibi schaffen möchten für die Unmittelbarkeit und auch für die Anonymität von Sorge, Hilfe und Notbereitschaft!

Caritas in der Gemeinde, das ist etwas anderes als nur organisierte Nächstenliebe, das ist zuerst und vor allem das Erwachen der Herzen in der Unmittelbarkeit von Mensch zu Mensch und weit vor den amtlichen SOS-Stationen voraus die Errichtung und Entdeckung der Bastionen der Liebe im Ungeplanten, Nicht-

Organisierten und Spontanen. Aktion eben jener Hauskirche nach Geist und Gewähr jener unbekannten Herberge, vor der die aktuelle Not der Straße abgeladen wird. Darum mein anderes Stoßgebet: „Herr, laß Herzen regnen vom Himmel!" und laß diesen Regen fallen in die Vorgärten aller Organisation und jedweder Planung!
Darf ich Ihnen zum Schluß meiner kurzen Meditation zum Jerichogleichnis ein Geständnis machen? Es bewegt mich jedesmal von neuem, wenn ich in meinem Amtszimmer einen neuernannten Pfarrer investiere, d. h. auf seine neue Gemeinde verpflichte und dann dazu spreche: „Mit der Hilfe Gottes werden Sie nach dem Vorbild des Guten Hirten der Ihnen anvertrauten Herde dienen und sich besonders der Armen und Hilfsbedürftigen annehmen. Dann brauchen Sie einst die schuldige Rechenschaft vor unserem Herrn Jesus Christus nicht zu fürchten." Ich nehme an, auch der Mitbruder, der mit diesem beschwörenden Anruf seine Gemeinde übernimmt, wird dies so empfinden. Ich möchte dieses Wort an Sie alle als Laien im Volk Gottes weitergeben; denn so wenig Seelsorge Amtsgeschäft des Priesters ist, so wenig ist die lebendige und tatbereite Sorge von Caritas in der Gemeinde nur Amtspflicht des Priesters. Auch Ihnen im allgemeinen Priestertum ist die Pflicht gegeben, sich besonders der Armen und Hilfsbedürftigen anzunehmen. Auch Sie werden darüber Rechenschaft geben vor unserem Herrn Jesus Christus.

Caritas in der Gemeinde

Liebe will Taten

Es ist ein hartes Wort, das uns einmal einer vorgehalten hat. Er meinte: Ihr Christen würdet euch über zweierlei scheußlich aufregen: Einmal, wenn man euer Christentum nicht ganz ernst nähme, und zum andern, wenn einer anfinge, mit dem Christentum ganz ernst zu machen. Ein hartes Wort, aber ein wahres auch. Wir erleben es ja alle oft genug. Den einen unter uns verstimmen sie, weil sie ihn nur einen Namenschristen heißen, den andern machen sie fertig, weil er ihnen als Christ viel zu bigott vorkommt.
Mit der Caritas unserer Kirche ist es nicht viel anders: Man wirft uns vor, daß wir viel zuwenig tun und das Gebot der Liebe zu wenig ernst nehmen, aber man kreidet es uns ebenso an, wenn wir daherkommen und an das Gewicht des Liebesgebotes erinnern und mehr fordern als irgendeine lässige oder lästige Spende dann und wann.
Aber wie es mit so einer Kritik auch sei, um eines kommen wir nicht herum: Tatsächlich ist bloße Gesinnung zu wenig. Es braucht die überzeugende Tat, und die Tat allein bleibt fragwürdig, wenn nicht die Gesinnung kund wird, aus der sie stammt.

1. Von der Gesinnung zur Tat

Doch, es ist so: Gesinnung allein, das ist zu wenig. Und unsere Zeit ist mit Recht kritisch, wenn sie uns Christen unter die Lupe nimmt und oft genug geradezu barbarisch testet, was denn nun wirklich an unserer Christlichkeit dran ist. Sie nimmt uns die Frohbotschaft unserer Erlösung nicht ab, wenn wir – Nietzsche meinte es – selber so unerlöst aussehen, und sie stellt uns samt unserer Religion der Liebe an den Pranger, wenn wir davon reden, daß alle Menschen Kinder Gottes sind, aber uns selber nicht als Brüder und Schwestern erweisen, wenn wir singen von unserem Opferwillen und aus unseren Opfergaben dann ein Problem machen, wenn wir gegen einen totalen Versorgungsstaat reden, aber sofort nach dem Staat rufen, wenn wir selber von Mensch zu Mensch helfen könnten, wenn wir unseren jungen Menschen das hohe Ideal eines Lebensdienstes für Gott predigen, aber wenn es darauf ankommt, unser Kind zu schade finden, es für Gott und den Mitmenschen freizugeben.

Erspart mir weitere Beispiele! Es bleibt dabei: Wir werden mit unserer Gesinnung nur glaubhaft durch unsere Tat. Darum ist ein Caritassonntag immer ein Test auf unsere wahre Einstellung zum Gebot der Liebe und der Appell zu einem echten Caritasopfer immer ein Anruf Gottes an einen jeden von uns: Zeige, wer du bist und wieviel du liebst; denn Liebe will Taten, nicht Worte allein. Jakobus hat das bereits der Urgemeinde mit ungeschminkter Eindringlichkeit geschrieben: „Was hilft es, meine Brüder, wenn einer sagt, er habe den Glauben, wenn er keine Tat dahinterstellt? Kann etwa der Glaube allein ihn selig machen? Wenn ein Bruder oder eine Schwester ohne Kleider sind und zu wenig zum täglichen Lebensunterhalt haben, und dann sagt einer von euch zu ihnen: Geht in Frieden, wärmt euch und eßt euch satt – aber ihr gebt ihnen nicht dazu, was sie zum Leben brauchen –, was nutzt das? Ein Glaube, der nicht tätig wird, ist eine tote Sache!" (Jak 2, 14–17).

Ich weiß, jeder von euch wird dem zustimmen. Für uns alle ist so ein Bibelwort wie eine Binsenwahrheit. Aber wie oft geht so eine Wahrheit trotzdem in die Binsen, wenn wir dann z. B. die Caritasbüchsen leeren oder die Spendenlisten zusammenzählen! Erst unsere Tat zeigt, wes Geistes Kind wir sind.

2. Von der Tat zur Gesinnung

Natürlich hört sich das nun an, als ginge es lediglich darum, euch ein entsprechendes Sammelopfer für unsere Caritas herauszulocken, so daß einer ärgerlich brummen könnte: Da hast du mein Geld, laß mich in Frieden! Aber genau das ist nicht der Sinn eines Caritasopfersonntags. Liebe will Taten, gewiß; aber es sollen auch Taten der Liebe sein und nicht nur Handgriffe in den Geldbeutel; denn mit Geld kann man zwar Brot kaufen und Krankenbetten bauen, aber es ist ein großer Unterschied, ob man Brot verschenkt, weil man dann einen Bettler wieder von der Tür loshat oder ob man es tut, weil der an der Tür ein Bruder ist, ob man ein Krankenbett aufstellt, weil man damit die Statistik eines Wohlfahrtsverbandes ausweitet oder weil man damit ein Zeichen seiner Mitsorge setzen möchte.

Die Frage eines Caritassonntags ist darum wirklich nicht nur die, *was* gebe ich her, sondern auch die, *warum* leiste ich mein Opfer. Eine Gabe ohne Herz ist eine herzlose Sache, und wäre sie in Goldvaluta geleistet. Gott schaut nicht nur auf deine Hände, er sieht dir auch ins Herz! Wenn wir darum heute gerufen sind, Liebe durch Taten kundzumachen, so sind wir nicht minder gerufen, unsere Taten einmal wieder ernsthaft darnach zu testen, wieviel an echter, innerlicher, christlicher Liebe in uns lebendig ist. Caritas ist mehr als eine Sammlung im Frühjahr und im Herbst. Sie ist Werk unseres Glaubens und Prüfstein unserer gläubigen Liebe zugleich.

Es ist oft leichter, noch etwas zu geben, als zu lieben.

Es fällt manchem unter uns nicht schwer, einmal eine gute Tat zu setzen, aber weitaus schwerer, gut zu sein.

Es kommt uns allen nicht auf eine Mark an, wenn es um eine gute Sache geht, aber kommt es uns auch darauf an, bis ins Mark hinein uns fordern zu lassen von der Pflicht der Liebe, wie der Herr sie uns aufgetragen hat?

Liebe will Taten, aber beinahe noch mehr gilt, daß unsere Taten erst durch die herzhafte Gesinnung der Liebe Christi Werke Gottes werden und damit Werke des Segens, Werke der Gnade.

Der Franzose Follereau läßt in seinem kleinen, aufrüttelnden Büchlein „Wenn Christus morgen an deine Tür klopfte" einen Normalchristen vor Gottes Richterstuhl ankommen und nach einem ordentlichen Leben, wie man so sagt, vor Gott die Hände heben und sagen: „Schau, Herr, meine Hände sind rein!" Und Gott sagt darauf: „Ja, deine Hände sind rein, aber sie sind – leer!" Ihr ahnt, was damit gesagt sein soll: Was nutzt ein reines Herz mit leeren Händen? Liebe will Taten. Aber auch das andere: Was nutzen volle Hände, wenn dahinter kein Herz steht?

Macht darum heute eure Gesinnung zur Tat und erneuert in der Tat der Liebe eure Gesinnung im Geiste Jesu!

Zum Caritassonntag

Ein wenig Güte von Mensch zu Mensch

Predigtentwurf zur Caritas-Sammlung

Brüder und Schwestern im Herrn!

Nun stellt euch einmal vor, euch wäre das passiert: da hat man zu Ende des letzten Krieges auf einem japanischen Schlachtschiff ein Dutzend aufgefischter amerikanischer Gefangener in die enge Zelle des Heizraumes eingesperrt und die Deckluke darüber zugemacht. Und sie muß zubleiben; denn so will es der Befehl des Admirals. Wehe dem, der sie aufmacht, um den armen Teufeln da unten in der brütenden Hitze einen Hauch frischer Luft hineinzulassen; der ist des Todes schuldig. Also beim besten Willen nichts zu machen. Schließlich hängt ja ein jeder an seinem Leben. Doch in der Nacht, während die Gefangenen in der mörderischen Hitze nach Luft wimmern, schleicht einer der japanischen Matrosen übers Deck. Lautlos wie eine Katze. Nun ist er bei der Deckluke zum Heizraum. Er kann das nicht mehr mit anhören und – er öffnet den Deckel. Da haben sie ihn aber auch schon geschnappt. Am anderen Morgen steht er vor dem Kriegsgericht. Das Urteil lautet auf Tod! Ganz recht geschieht ihm. Warum hatte er auch . . .? So fragt ihn der Kommandant, nachdem das Urteil gefällt ist. Und nun hört euch den jungen Matrosen an! Ruhig, als spreche er das Selbstverständlichste der Welt aus, gibt er zur Antwort: „Ich bin ein Christ und hasse nicht!" –

Nun, was meint Ihr? Wenn wir an seiner Stelle gewesen wären . . . Nicht wahr, die Geschichte könnte einen beinahe ein wenig nervös machen, so nervös wie das Plakat draußen an unserer Kirchentür, das schon wieder einmal einen Caritassonntag anmeldet. Dumme Geschichte das! Natürlich ist man auch Christ, klar, daß man so das Seine tut, wenn es sein muß – und mit dem 50-Pfennigstück, das du heute in die Sammelbüchse wirfst, hast du dich inzwischen ebenfalls abgefunden, also, wozu noch – Caritas? Und immer wieder dieses lästige Wörtlein Caritas, das einem beinahe die ganze Sonntagsstimmung vertreiben könnte? Nun, ich meine, gerade, weil wir zwei über diesem kleinen Wörtlein so nervös werden, sollten wir dennoch mal den Mut haben, uns die Sache zu überlegen, schon deswegen, weil ich glaube, Caritas, das ist eine ur-menschliche und eine ur-christliche Angelegenheit.

Und sollen wir uns denn über solche ursprüngliche Dinge nicht einmal in Ruhe unterhalten?

1. *Caritas – eine ur-menschliche Angelegenheit*

Ja, also diese Geschichte mit dem Matrosen – sie ist übrigens ganz echt, so unglaublich sie dir auch vorkommt! –, die werden wir uns doch wohl oder übel noch näher anschauen müssen. Es geht da tatsächlich nur um einen Mund voll frische Luft! Eine lächerlich geringe Sache eigentlich; aber, nicht wahr, eben deswegen so erschütternd, so aufregend, so gemein: So weit haben wir es also mit aller modernen Zivilisation, mit all unserem Fortschritt und Humanitätsgesäusel gebracht, daß man einem Menschen nicht einmal mehr die Luft zum Atmen läßt! Daß man sich des Todes schuldig macht, wenn man einem armen Teufel einen Mundvoll Luft gibt!

Sagt jetzt nicht: Ach ja, der Krieg! Da sind die Menschen wie Bestien! Sagt nicht: diese Japaner! Höchste Zeit, daß sie Christen werden! Denn der eine Japaner da, der Christ war, macht uns ja alle schamrot! Um von Mensch zu Mensch ein wenig Bruder und Schwester zu sein, dazu muß man gar nicht erst Christ werden! Für ein bißchen Güte von Mensch zu Mensch ist kein Taufwasser notwendig. Dafür hat uns doch der Herrgott ein Herz in den Leib gegeben, das fühlen kann! Hat nicht dazu der Herrgott den zweiten Menschen aus Adam geschaffen, daß er eine Stütze hätte? Und Gott sprach: „Wir wollen ihm eine Gehilfin machen!" So haben wir's einmal gelernt in unserer Bibel. Gelernt, ja und vergessen! Und wie vergessen! Daß gerade darin die Würde des Menschen liegt, nicht der krasse Egoist zu sein, nicht der einsame Eigenbrötler, nicht der herzlose Menschenhasser, sondern Gehilfe und Gehilfin füreinander! Wir haben ein schmuckes Fremdwort dafür erfunden, das nennt sich Sozialismus! Gehilfenschaft! Und wie werfen wir damit herum: soziale Fragen, soziale Gesinnung, soziale Gesetzgebung! Prima. Aber hinter diesem Feigenblatt „sozial" da stehen wir, nackt, nackte Egoisten, die nach dem Vater Staat schreien, wenn das Hochwasser steigt, die nach der Polizei rufen, wenn einer nachts draußen im Freien liegt, weil er kein Dach überm Kopf hat, die das Sanitätsauto bestellen, wenn der alte Vater krank ist und sie keine Zeit haben, sein Bett aufzuschütteln, die den Fürsorgeausweis verlangen, wenn einer um 20 Pfennig bettelt an der Tür! Wie prachtvoll sozial sind wir doch beisammen – ja, und wie unmenschlich herzlos sind wir geworden. Das kleine bißchen Güte von Mensch zu Mensch, das uns vom Herrgott in die Wiege mitgegeben wurde als die urmenschlichste aller menschlichen Anlagen, die haben wir fein säuberlich demokratisch hinter einem Gestrüpp von Wohlfahrtsparagraphen und Sozialinstituten gefangengesetzt und unschädlich gemacht! Dafür hat man dann unlängst in Stuttgart einen „Menschenschutzverein" gegründet und feierlich erklärt, es sei eine Schande des Jahrhunderts, nachdem es schon Jahrzehnte einen Tierschutz gäbe, daß es da noch keinen Menschenschutz gäbe!

Brüder und Schwestern, spürt Ihr, daß das Caritasplakat da draußen an unserer Kirchtür etwas ganz anderes ist als eine Notopferverordnung, daß es ein Aufruf ist: Kehrt zurück zur Menschlichkeit! Werdet wieder Menschen, wie Gott den Menschen wollte: mit einem Herzen, das der Güte fähig und des Gutseins fröhlich ist! Nein, Caritas ist und darf nicht eine Erfindung sein, die irgendwo im sozialen

Dschungel dieser Zeit ihr Leben fristet! Caritas ist urmenschliche Angelegenheit, so alt wie die Menschheit, so natürlich wie die Menschheit und so notwendig wie die Menschheit! Ohne Caritas, ohne diese Güte im Menschenherzen und unter den Menschenherzen hören wir auf, Menschen zu sein!

2. *Caritas – eine ur-christliche Angelegenheit*

Aber nun geht es uns ja gar nicht darum, gute Menschen zu sein! Uns kann es nur darum gehen, gute Christen und immer bessere Christen zu sein! Glaubt Ihr, wir könnten es ohne Caritas sein oder werden? Glaubt Ihr wirklich, wir könnten in dieser heiligen Messe Christus in unsere Mitte hereinrufen und dann doch wieder weggehen wie die Heiden, die niemals auf das neue Gebot verpflichtet wurden: Ihr sollt einander lieben, wie ich, Christus, euch geliebt habe? Und weggehen wie die Heiden, die keine Bibel haben, in der sie lesen: „Brüder, wer sagt er liebe Gott, aber er haßt seinen Bruder, der ist ein Lügner" (1 Joh 4. 20)? Ja, weggehen wie die Heiden aus diesem Gotteshaus und glauben, wir hätten uns mit einem 50-Pfennigstück im Klingelbeutel wieder für ein halbes Jahr losgekauft von unserer Caritasverpflichtung? Nein, das ist unmöglich! Das ist so unmöglich, wie du dir deine Taufe aus der Seele streichen kannst und das Firmkreuz von deiner Stirne wischen! Und eben diese Taufe, die du nicht mehr wegbringst, und diese Firmung, die du nicht mehr losbekommst, die sind unsere Kläger vor dem Caritasgericht Gottes! „Was ihr dem Geringsten meiner Brüder nicht getan habt, das habt ihr mir nicht getan" (Mt 25. 45)!
Gewiß, es geht uns an einem Caritassonntag auch ums Geld! Es geht uns auch darum, von euch Gaben zu bekommen, damit unsere Caritasapostel weiter arbeiten können und unsere Anstalten, die Caritasanstalten der Kirche, weiter bestehen können. Und derer sind viele! 1835 Ordensleute und 1296 Laien haben im Jahre 1953 in unserer Diözese an über 14 000 Betten fast 47 000 Menschen in Heimen und Schulen betreut! Fast fünfzehn Millionen Mark Geld und 22½ Millionen Kilogramm Lebensmittel hat unser Diözesan-Caritasverband in Regensburg seit dem Kriegsende verteilt! Es waren euere Spenden, euere Gelder! Und das darf nicht aufhören! Das muß weiter wachsen! Und dafür wirst du heute opfern, wirst du diese Woche die Sammler und Sammlerinnen, die an deine Haustür anklopfen, nicht mürrisch fortschicken! Aber –
Aber damit bist du nicht fertig, bist du nicht freigesprochen und absolviert, gut zu sein und selber Güte zu schenken von Mensch zu Mensch! Nicht der Vater Staat ist zuständig, wenn deinem Nachbarn der Sturm das Haus abgedeckt, sondern du! Nicht die Polizei hat zu kommen, wenn ein junger Mensch auf der Landstraße herumirrt, sondern du! Nicht das Wohlfahrtsamt hat die erste Sorge, wenn in der Nachbarschaft die Mutter von 5 Kindern ins Krankenhaus muß, weil

sie nicht mehr rechtzeitig Erholung finden konnte, und jetzt ist sie krank und niemand ist da, der den Haushalt versorgt! Nicht das Sanitätsauto muß kommen, wenn im andern Haus eine alte Witwe erkrankt, sondern du! Nicht der Bettler muß den Fürsorgeausweis zeigen, sondern du mußt deinen Ausweis herausnehmen, daß du Christ bist! Denn diese einfache, diese schlichte, natürliche Güte von Mensch zu Mensch ist doch uns Christen vor allen anderen Menschen aufgegeben! Oder muß es wirklich erst ein alberner Konsum-Schlager sein, der uns Christen das beibringt: „Miteinander geht es besser, miteinander geht es gut!" Ach, daß es überhaupt so etwas gibt wie unser Caritas-Thema heute: Ein *wenig* Güte von Mensch zu Mensch! Ein wenig? Nein, *alle* Güte von Mensch zu Mensch, so müßte es heißen. Aber wir sind ja nun schon einmal so bescheiden geworden, daß wir mit Pfennigen rechnen, selbst an einem offiziellen Caritassonntag! Und trotzdem: selbst dieses wenig wäre schon genug; denn „besser als alle Liebe zur Menschheit ist ein wenig Güte von Mensch zu Mensch!" (Dehmel). Und uns Christen ist sie aufgegeben, weil Caritas urchristliche Aufgabe ist!
Meine Lieben! Wie war das wieder mit dem japanischen Matrosen? „Ich bin ein Christ und hasse nicht!" Für einen Mundvoll Luft, für so ein winzig bißchen Güte von Mensch zu Mensch, ging er lieber in den Tod als einen Zentimeter von Christus ab! Und was wirst du und du nun tun, wenn du heute heimkommst? Amen.

Bausteine zur Caritaspredigt

1. Nach dem Krieg, als die vielen Flüchtlinge die Bahnhöfe bevölkerten, konnte man an einem Schuppen des Verladebahnhofs in Münster mit Kreide von unbekannter Hand angeschrieben lesen: „Ein bißchen mehr Liebe und weniger Neid / ein bißchen mehr Güte und weniger Streit / ein bißchen mehr Wir und weniger Ich / dann sorgt der Herrgott für dich und für mich!"
2. In einer Großstadtpfarrei läuft ein Kaplan eilig durch die Straßen. Sein Freund spricht ihn an: „Wohin denn so eilig?" – „Ich muß einem armen Menschen das achte Sakrament bringen. Da sieh!" Er öffnet ein Päckchen. Drinnen sind zwei Hemden.
3. In einem Entlassungslager 1945 in Schleswig-Holstein wurde in der Nacht vor der Entlassung ein Landser von den eigenen Kameraden totgeschlagen. Grund: er hatte eine einzige Scheibe Brot aus Hunger geklaut.
4. Beachten wir eigentlich, wie wir alle Hauptwörter der Caritasgesinnung mit dem vorsichtigen Zusatz „ein wenig" versehen: „Bitte, ein wenig Geduld!" „Ein bißchen Rücksicht!" „Ein klein wenig mehr Verständnis!" „Eine kleine Aufmerksamkeit!" „Nur ein kleines bißchen Liebe" usw.
5. Wie unsere Hände uns verraten! Hände, die sich ichsüchtig verkrampfen, werden zu Fäusten! Fäuste aber tun immer weh und drohen!
(Warum haben die Kommunisten die erhobene Faust als Gruß? Vielleicht, weil wir Christen zu wenig die Hände erheben?)

Vom Überfluß zum Überdruß?
(zu Mt 14, 13–21)

Da geht ein neues, provozierendes Wort um in unserem Land. Immer lauter wird es weitergereicht. Und unsere junge Generation hat es zum Schlachtruf, wie es scheint, gegen die Gesellschaft gemacht. Ich meine das Wort: Alternativ! Alternatives Leben, alternative Listen, alternative Politik. Und es stammt weiß Gott nicht von den Managern unserer Konsumindustrie, um neue Bedürfnisse für den Markt zu wecken. Schon gar nicht von den Politikern, die es ja bis heute unseren Bischöfen nicht verziehen haben, daß sie es wagten, zur letzten Bundestagswahl von Staatsverschuldung und Umkehr des Anspruchsdenkens zu reden. Und es stammt nicht einmal zuerst aus dem Raum der Kirche, die dafür eigentlich das Patent haben sollte; denn ihr Evangelium und der heilige Poverello von Assisi hätten es ihr eingeben müssen. Nein, es kommt von der unruhigen Jugend der 60er Jahre her und läßt sich heute nicht mehr aus der Diskussion bringen. Es ist das laute Aufbegehren wider eine Überfluß- und Wegwerfgesellschaft, und es ist die unüberhörbare Protesterklärung eines Überdrusses, zumal derer, die es satt haben, nur sattgefüttert zu werden, und die nicht mehr mitmachen wollen mit der Wohlstandsideologie: Erst Mallorca, dann die Moral!
Keine Angst, ich will auf dem Annaberg weiß Gott nun nicht den Altar zur politischen Tribüne vertauschen. Aber ich frage mich und ich frage euch, gerade hier auf diesem Berg und im Anruf des Evangeliums dieses Sonntags, ob wir taub sein dürfen, wir Christen, für das, was da mitten unter uns laut wird und ob es nicht an uns ist im Anruf des kommenden Deutschen Katholikentages mit seiner Parole: „Kehrt um und glaubt und erneuert die Welt!", uns fragen zu lassen und allen Grund haben, wie wir es denn halten wollen inmitten dieses Umbruchs vom Überfluß zum Überdruß. Und ich meine, daß ich dem Evangelium wahrhaftig keine Gewalt antue, wenn ich mir dieses Thema gestellt habe; denn wer diesen Bericht der Speisung der 5000 am See Genesareth eben nicht nur als erbaulich-harmlose Geschichte von anno dazumal anhört, muß ja wohl erahnen, daß sie genau in diese Problematik weist: Hier der Überfluß von 12 Körben Brot und Fisch, die im Gras sonst zertrampelt würden, und daneben eine Menschenmenge, die er, der im Überfluß schenkende Gottessohn, aus der Lethargie von Überdruß und Gedankenlosigkeit wachrütteln will. Wie das?

Laßt es mich in ein paar kurzen Worten deuten und in unser Heute übertragen:

1. Gott schenkt im Überfluß

Bleiben wir zunächst in der Geschichte unseres Evangeliums! Da sind Tausende, die sich aufgemacht haben, dem neuen Propheten aus Nazareth, dem großen Wundertäter entgegen und mehr noch auf den hin, von dem sie sich neue, gültige Antwort auf ihre Existenz erwarten, auf ihre Zukunft, auf ihre Heilschancen. Darüber vergessen sie selbst ihren knurrenden Magen, ihre Brotsorge und Unterkunftsprobleme. Es geht ihnen um das, was wir eigentlich mit Alternative meinen, nämlich um das Fragen nach dem Wirklich-Lebenswerten, nach dem Heil, statt der vordergründigen Abspeisung mit Allerweltssalbadereien, um eine Antwort auf die eigentlichen Fragen ihres Lebens, nach seinem Sinn, seiner Sendung, seiner Zukunft. Ihr braucht es nur nachlesen bei Johannes, was dort unmittelbar zuvor von Jesus gesagt wird.
Aber nun erleben sie einen Jesus, der nicht nur ihren Glauben an den Vater im Himmel herausfordert, sondern – und ohne daß ihn dazu einer bitten müßte! – im Überfluß zu essen gibt, mehr als sie auch nur im Traum hätten erwarten können und so viel, daß sie nicht einmal damit fertig werden. Ja, ihr Mund ist anscheinend so voll, daß sie nicht einmal ein Danke herausbringen.
Und hier, meine ich, hört das auf, bloß eine Episode von damals zu sein. Hier fängt unsere ureigenste Geschichte an, die Geschichte unserer letzten Jahrzehnte und das Kapitel, wie wir vom Hunger zum Überfluß gekommen sind. Wie wir selber Gott erfuhren in diesem Land, das in diesem Sommer wieder mit den EG-Ländern eine Milliarde Steuergelder ausgeben wird, um den Überfluß an Obst, Gemüse und Wein zu vernichten, damit die ausgemachten Preise gehalten werden. Oder haben wir es tatsächlich vergessen, wie es anno '45 bei uns anging und anno '82 endete? Nicht um anzuklagen, sondern uns zum Denken und Danken zu bringen, laßt es mich fragen: Was ist denn aus den Papierschnipseln geworden, die einmal Lebensmittelmarken hießen und nun zur Menükarte des „großen Fressens" – so hieß doch der Film! – geworden sind? Was aus den mageren Rucksäcken unserer Heimatvertriebenen von damals, als sie über die Grenze getrieben wurden? Was aus den vom Reisig leergehamsterten Wäldern einst, über die heute der saure Regen der Vernichtung niedergeht, den wir mit unserem Chemiezauber von Fortschritt herbeigerufen haben? Was auch aus den Menschen, die wir importiert haben und die uns inzwischen lästig, ja bedrohende Mitesser zu werden scheinen?
Natürlich hat Gott uns den Überfluß nicht wie im Schlaraffenmärchen gegeben. Es wurde hart gearbeitet, mit viel Geist und Esprit geforscht, erfunden und gewirtschaftet. Aber er ließ mit seinem Segen, seiner Gnade – und dieser Berg

trägt den Namen der Gnade Gottes! – uns dies erleben und erlangen! Nur scheint es, daß wir eben in solchem Überfluß anfingen, seiner selber überdrüssig zu werden. Gott, braucht es den überhaupt? Oder hätten wir am liebsten auch den Feldgesang der Brigaden drüben überm Eisernen Vorhang aufgenommen: Ohne Gott und Sonnenschein bringen wir die Ernte ein! Denken wir darüber nach, laßt uns endlich dankbar werden. Die 5000 damals wollten Jesus wenigstens noch zu ihrem König machen, als sie seines Segens innewurden. Hat es uns danach gelüstet, oder haben wir Gott in unserem Überflußtaumel nicht eher für überflüssig erklärt? Wir, die wir nach dem Song der 80er Jahre ja „alles im Griff" haben und erst jetzt nach Alternativen rufen, da wir uns, wie dieser Tage ein bedeutender Biochemiker schrieb, „unserer Schwäche bewußt werden, als wir uns anschickten, gegen die Natur zu leben anstatt in ihr" (Chargaff DIE WELT v. 3. 7. 82) und – so dieser Wissenschaftler – uns der Totenschein, den wir Gott in aller Form ausstellten, in die Ausweglosigkeit als einziges Ideal hinterließ.

2. *Gott wehrt dem Überdruß*

Und jetzt also schallt es durch die Lande: Alternatives Leben! Alternatives Programm, alternative Initiativen! Ich bin sicher, daß viele dies ehrlich meinen und aus wahrer Betroffenheit so proklamieren; denn man muß wahrhaftig kein „Grüner" sein, um dem grün zu sein, was da im Wahn des Überflußdenkens mitten unter uns passierte und passiert; was da mit Berufung und Fortschritt und Wissenschaft alles inszeniert, experimentiert und politisch arrangiert wird. Nein, wir nehmen – so hoffe ich – als Christen die Sorgen derer ernst, die heute auf die Straße gehen und ihr Stopzeichen setzen: Stop der Verbetonierung der Landschaft, stop der Vernichtung unseres Lebensraumes, stop dem nuklearen Hasardspiel, stop der Ausplünderung des Planeten!

Nur, zuweilen setzte ich dabei auch meine Fragezeichen: Kommt dies nun wirklich aus einer hochaktuellen Besinnung und Umkehrbereitschaft, oder ist es vielleicht doch nur eine andere Melodie des anwachsenden Überdrusses, ein Überdruß an wirklicher Verantwortlichkeit, an echtem Lebenswillen und an einem Hänsel-und-Greteldasein: satt von Köstlichkeit, aber eben dabei der Hexe ausgeliefert. Könnte es nicht selbst ein Überdrußzeichen sein an uns, der Kirche, die sich genauso satt gebärdet und dabei die Stimme verloren hat zu ihrer wahren Mission, und diese heißt immer noch: Geht, sagt den Menschen, sie haben umzukehren; denn das Reich Gottes – und das ist etwas anderes als Sattheit und Reichtum – ist nahe?

Was soll das Gefackel mit der Bergpredigt, wenn es um Friedensdemonstrationen geht, wenn die *ganze* Bergpredigt daneben verschwiegen und zu harmlosen

Seligkeitssprüchen umgemünzt wird. Sie ist doch insgesamt Gottes Programm sowohl gegen den Übermut wie wider den Überdruß. Sie meint doch nichts anderes als eben die totale und wirkliche Alternative, die er uns vorgibt, und ihr Name heißt: Nachfolge Jesu! Er hat die Menschen damals gestellt: Als sie ihm nachgelaufen sind im wiedererwachten Hunger und nachdem der Brotfluß zu Ende war, da hält er ihnen vor: „Was wollt ihr denn eigentlich? Satt werden! Müht euch nicht um vergängliche Speise, sondern um die, die fürs ewige Leben herhält." Und als sie weiterfragen, was sie denn tun sollen, erklärt er ihnen: „Glaubt an den, den Gott gesandt hat!" (Jo 6, 28).

Wer die wahre Alternative sucht und das wahrhaft volle Leben, muß ihn entdecken, auf ihn eingehen, mit ihm zum Vater, der zwar im Überfluß schenkt, aber auch dem Überdruß wehrt, weil er der Gott wohl auch der leeren Mägen ist, mehr aber noch der Gott der leeren Herzen!

Damals am See ließ er die gedankenlos weggeworfenen Brotkrumen sammeln in 12 Körben, weil er der Gedankenlosigkeit und der Unverantwortlichkeit ein Signal setzen wollte. Hat er es nicht auch unter uns nötig? Du, Vater und Mutter, lehrst dein Kind beten: Unser täglich Brot gib uns heute! Bringst du ihm auch bei, daß es begreift, wie man mit Brot umgeht und beizeiten darüber nachdenkt, daß sein „heutiges Brot eben nicht alltäglich" ist? Du, junger Mensch, demonstrierst für den Frieden, aber frag dich auch einmal, über wie viele kleine Bausteine des Friedens du stolperst und wieviel Saatgut des Friedens du in deinem Zorn zertrittst? Du, Arbeiter, bangst mit Recht um deine Zukunft und deinen Lebensunterhalt von morgen darum, daß das sog. soziale Sicherheitsnetz nicht zerreißt. Nur bitte, denke auch daran, wer dir dieses Netz knüpft und wer es womit wirklich reparieren kann. Dazu nämlich braucht es mehr als eine neue Regierung, dazu braucht es neue Orientierung, und zwar nicht an Tagesparolen, sondern an Gottes Wort und Gottes Sohn!

Noch ist Gottes Wahrheit, Gottes Gnade, Gottes elementares Gut noch unter uns. Nicht mehr, wenn ich im Bild unseres Evangeliums bleiben soll, vielleicht so, wie es einmal unseren Eltern und den Generationen vor uns ausgeteilt wurde, eher gleichsam nur noch in Brocken, die wir erst wieder zusammensuchen und einbringen müssen in die Körbe unserer heutigen Verdrossenheit und Angst; aber sie sind da und – noch einmal im Bild dieses Tages – sie reichen aus, uns satt und erfüllt zu machen. Gehen wir's an! Auch das ist Alternative von heute: Machen wir uns zu eigen, was uns gläubig-bereite Menschen vor uns hinterlassen haben, heben wir wenigstens das ans Licht, was wir im Leichtsinn haben liegen lassen, wofür uns lange der Appetit fehlte. Es sind immer noch Gottes Gaben, genug, uns Leben zu schenken, hoffen zu lassen und die Kraft zu geben für die Alternative einer Bekehrung, eines neuen Anfangs im Geiste und auf Gott hin! Kehrt um, glaubt und erneuert die Welt! Das soll uns nicht erst in sechs Wochen Düsseldorf

proklamieren, das spricht Gott uns zu, hier und in dieser Stunde auf dem St. Annaberg.
Droben in der Kirche schauen wir über dem alten Gnadenbild unseres Berges das große Annabild, schauen wir eine Frau, und alles an ihr ist wie ein Widerschein von Gelassenheit, von Zufriedenheit, Zuversicht und auch Freude. Das Porträt eines Menschen, der sich von Gott beschenkt weiß und auch von ihm gehalten und zum Hören auf sein Wort gerufen.
Ein Bild, das uns aufgeregte, verängstigte und verdrossene Menschen dieser Zeit eher fremd anmutet denn als attraktiv. Und doch, ich meine, wir sollten uns Zeit nehmen, davor zu stehen und es uns zum Spiegel zu machen; denn es kann uns die Antwort geben, wo wir nach Alternativen fragen. Es kann uns Mut machen, wo wir vom Übermut versucht oder vom Überdruß angefochten sind. Und vor allem, es kann uns hoffen lassen, weil Gott getreu ist und nicht nur an ihr sich als der Gott, der es gut mit dem Menschen meint, erwiesen hat, sondern sein Wort dafür verpfändet, daß er an uns nicht anders handelt.
Amen!

Annabergfest Sulzbach-Rosenberg

Maria

Maria – Heilszeichen Gottes

Unter all den Kommentaren und Diskussionen, die in den Tagen nach dem Papstbesuch bei uns zu hören waren, ist mir ein Satz besonders nahegegangen. Ihn sprach der evangelische Berliner Pfarrer Albertz, der „rote Pastor", wie er genannt wird, über den Fernsehschirm. Und er meinte, er könne mit einem Papst kaum etwas anfangen, aber die Maria, die würde er gern in seine protestantische Kirche hereinholen, damit es da ein bißchen menschlicher wird. Über so ein Wort kann man sich freuen, nur schadenfroh dürften wir nicht werden, etwa in dem Sinn, als hätten wir das ja immer schon gewußt und gehalten. Denn wir könnten eher verlegen werden, würde uns einer fragen, wieso es dann nach dem Konzil diese Stille um Maria bei uns gegeben habe. Und sie gab und gibt es doch. Auch in unserer Kirche hatten und haben doch nicht wenige Angst, wir könnten Christus aus dem Auge verlieren, wenn wir auf Maria schauten. Auch bei uns gab und gibt es doch – und das nicht nur unter unseren jungen Menschen – so etwas wie Peinlichkeit, den Rosenkranz in der Tasche zu haben und ein Marienlied zur Eucharistiefeier zu singen. Wie sonst hätte vor einiger Zeit ein Buch erscheinen können mit dem vielsagenden Titel „Man spricht wieder von Maria"? Und wir tun es gottlob. Der Papst zu Altötting selbst hat sich zum Fürsprecher und Vorbeter gemacht. Nur, die Frage bleibt dann noch immer: Warum tun wir das? Wieso halten wir uns an Maria? Was führt uns zu ihr und was bedeutet sie uns? In der Antwort darauf freilich gehe ich mit Pastor Albertz nicht mehr einig: Maria ist für mich kein Mittel, damit es in der Kirche menschlicher zugeht, sondern sie ist uns Hilfe und Bürge dafür, daß die Kirche klarer und froher auf Gott zugeht. Sie ist uns Mutter der Kirche und damit auch Heilszeichen für ihren Weg durch die Zeit, Orientierungsmal für unser Leben und Schlüssel für unsere Lebensfragen. Dies meine ich in einem zweifachen Sinn vor allem: Ein Zeichen unserer Erwählung und ein Zeichen unserer Hoffnung.

1. Zeichen unserer Erwählung

Übermorgen feiern wir das Fest der Unbefleckten Empfängnis, oder wie die neue Liturgie sagt, Fest der Erwählung Mariens. Man hat dieses Fest aus dem

Feiertagskalender unseres Landes gestrichen. Wir haben es hingenommen ohne viel Widerspruch. Aber wissen wir eigentlich, was wir damit aufgegeben haben? Wir haben ein Zeichen aus unserem Alltag entfernt, das wir gerade heute nötiger gehabt hätten als je zuvor. Haben uns nicht gerade die letzten Jahre und zumal die allerletzten Wochen angesichts von Terror, Katastrophen und Krisen aller Art in unserer Selbstsicherheit erschüttert, uns mit Grauen und Angst erfüllt, wie hilflos wir letztlich sind, wenn eine Erde bebt und wenn das Verbrechen Jagd auf den Menschen macht. Was ist der Mensch noch und welche Aussichten bleiben ihm? Ist er nicht ausgeliefert an das rabiate Spiel der Mächte, der Willkürlaunen der Natur, dem blinden Schicksal, das heute hier und morgen dort zuschlägt in Tod und Vernichtung? Kümmert sich denn irgendein Gott um ihn oder trottet er gottverlassen seinem Ende entgegen? Waltet da denn wirklich ein Vater im Himmel über ihm, oder ist er ein einsam Ausgelieferter an Zufall und Ohnmacht? Genau dahinein war und ist uns das Heilszeichen Mariens Erwählung gesetzt. Eben in diese Verlorenheit hinein jubelt uns ein Mensch zu: Mein Herz jubelt auf in Gott, dem Retter. Er hat auf mich, seine kleine Magd, geschaut! Mitten in solche Ungewißheit und Not hinein vermeldet uns in Maria ein Engel des Herrn, daß wir eben nicht allein gelassen sind, sondern der Herr mit uns ist!

Wie oft habe ich in vergangenen Jahren, als ich quer durch das Bistum für unsere Arbeiterschaft, für unsere Familien im sozialen Grenzland unterwegs war, das weitergegeben. Ich sagte ihnen: Als Karl Marx vor mehr als 130 Jahren sein kommunistisches Manifest proklamierte, da begann er mit der Botschaft der Angst. Er schrieb: „Ein Gespenst geht um in Europa, vor ihm zittern die Mächtigen. Das Gespenst ist der Kommunismus." Und ich fragte die Menschen, wo erwartet sich einer von Gespenstern das Heil? Mein und euer Manifest, es ist das Evangelium, fängt anders an. Wir haben es eben gehört: Der Engel des Herrn ging um. Er trat in die Hütte einer Arbeiterfamilie, zu einem unbekannten Nichts in der Gesellschaft und sagte: „Fürchte dich nicht, Maria! Du bist angenommen in Gott. Der Herr ist mir dir!"

Das ist das Zeichen unserer Erwählung. Gott ist nicht parteiisch. Er hat keine Lieblingskinder und andere, die er abschreibt. Er liebt uns alle, und was er an Maria proklamierte, ist sein Treuespruch auch für uns, für jeden von uns: Ich lasse dich nicht allein. Ich bin mit dir! Ich habe dich als Sohn und Tochter erwählt. Du kannst darauf bauen, daß ich zu dir stehe und dein Emmanuel, dein Gott-mit-dir bin! Sagt selber, wann hätten wir solche Bürgschaft nötiger gehabt als in unserer Zeit? Wann ein Zeichen dieser Erwählung klarer und unübersehbarer als eben angesichts der Schrecken und Ängste, die heute den Menschen überfallen, nachdem er seine Tollkühnheit von Frieden, Fortschritt und Sicherheit der 60er Jahre über Bord geworfen hat und ihm die rosarote Brille harmloser Zukunftsgläubigkeit von der Nase gerutscht ist? Wann denn?

Maria in der Kirche, damit es da ein wenig menschlicher zugeht? Nein, mein lieber Pastor von Berlin, Maria mit und für die Kirche, damit der Mensch es in und mit dieser Kirche erfährt, daß Gott den Menschen ein für allemal in seine Liebe gerufen und ihn als Kind Gottes erwählt hat, und Maria ist dafür Bürge und Zeichen! Darum schauen wir auf sie, deshalb rufen wir ihre Gemeinschaft und Hilfe, von daher kommen wir zu ihr und ihrem Bild, damit wir an uns selber nicht irre werden und noch weniger an der Liebe und Treue unseres Gottes. Und wenn der Papst es auf seinen Reisen immer neu in die Scharen der Menschen ruft: „Habt keine Angst!" Wenn er uns unlängst auf der Theresienwiese zurief: „Laßt euch nicht aus der Fassung bringen!" Dann beruft er sich auf das Zeichen, das er sich für sein Leben und seinen Dienst gewählt hat. Ich meine das große „M", das Maria heißt unter dem schützenden Balken des Kreuzes als Ausweis und Pfand für den, der die Welt – der uns! – so sehr geliebt hat, daß er seinen eigenen Sohn dahingab. Für uns Menschen, für unser Heil!

2. *Zeichen unserer Hoffnung*

Maria ist Zeichen unserer Erwählung, sie ist auch Zeichen unserer Hoffnung. Und wieder frage ich, wann je gab es einen Menschenadvent der Erwartung, der ein solches Zeichen mehr bedurfte als unsere Tage, die Tage einer müden Resignation so vieler nicht nur in unserer Kirche, sondern in aller Welt, Tage einer heillosen Flucht so vieler, und oft gerade junger Menschen, in Rausch und Vergessen, in Drogen und Selbstmord, weil da anscheinend nichts mehr vor ihnen ist, wofür es sich lohnt gut zu sein, Opfer zu bringen, sich vorzufreuen und darauf einzugehen? Warum bleiben die Wiegen leer, weshalb liefern wir das ungeborene Leben aus, wieso werfen wir in unserer Wegwerfgesellschaft alles auf den Schutt, auch die Achtung vor dem Leben, die Würde des Menschen, den Glanz des Heiligen und die Unschuld des Herzens? Warum, wenn nicht deshalb, weil wir nicht mehr aufschauen und ausschauen nach dem, was uns Gott in Maria signalisiert, und das ist die Berufung des Menschen in seine Vollendung, seine Herrlichkeit ewigen Lebens und in eine Zukunft, die neuer Himmel heißt und Zeit, in der Gott jede Träne abwischen wird, in der Leid, Not und Tod nicht mehr sein werden.
Er hat Maria als erste von uns in diese Vollendung geführt, und die letzten Seiten der Schrift weisen sie uns aus als die Frau mit der Sonne umstrahlt, das Haupt von den Sternen umkrönt, den Mond – Sinnbild von Vergänglichkeit und Gewordenheit – unter ihren Füßen. So schmücken wir das Marienbild in unseren Kirchen, davon singen wir in unseren Marienliedern, dafür entzünden wir die Kerzen vor ihr, der schönen Frau, daß ihr Glanz die Nebel unserer Ängste und Hoffnungslosigkeiten teile und uns den Blick freigebe – durch sie und über sie

hinweg – in unsere eigene Zukunft. Und diese Zukunft ist kein Traum, kein Märchen, keine billige Opiumvertröstung aufs Jenseits, sie ist leibhaftig, weil Maria leibhaftige Schwester unseres Menschseins ist und bleibt.
Noch einmal also: Nein, Herr Pastor Albertz, wir haben Maria in unserer Kirche nicht, damit es da ein wenig menschlicher zugehe, sondern wir als Kirche gehen auf Maria zu, weil wir sonst als Menschen uns nicht durchfänden im Dunkel von Zeit und Leben, hätten wir nicht sie als Wegleuchte vor uns, sie, die Frau, die Mutter unserer Hoffnung, an der Gott eingelöst hat, was er uns verheißen. Jedem von uns zugeschworen in der Stunde unserer Tauferwählung und für alle Stunden unserer Hoffnung auf Erden. Nicht zu mehr Menschlichkeit hilft uns Marienliebe und Marienglaube, sondern zu mehr Übermenschlichkeit in einer Kirche, in der Hoffnung Inhalt aller Botschaft ist, weil sie selber gehalten ist von der Liebe ihres Herrn.
Gerade jetzt im Advent gilt von der Kirche das Wort der Psalmen: Wie die Magd auf den Herrn schaut, unentwegt, so richten wir unsere Augen auf Gott. In diesem vertrauensvollen Schauen haben wir die Magd Gottes vor uns, sie, die noch im Dunkel des Karfreitags und unter dem Tränenschleier ihres Schmerzes auf den Sohn und mit ihrem Sohn auf den Vater sah, unangefochten und unbeirrbar in ihrem Vertrauen, daß man ihm alles in die Hände geben dürfe. Auch Trauer und Tod; denn sie war noch in dieser äußersten Not, in dieser Nacht der Finsternis sicher, daß er auf sie schaue und seinen Blick nicht von ihr nehme.
Darf ich euch diesen letzten Gedanken noch mit einem persönlichen Erlebnis verdeutlichen? Ihr alle wißt, wieviel Kinder fragen können, wie sehr sie uns oft verlegen, ja ratlos zu machen verstehen. Ich hatte eine kleine Nichte, vier, fünf Jahre vielleicht alt, und eines Tages fragte sie mich, den großen, studierten Onkel: „Sag mal, warum hat Gott eigentlich nur *ein* Auge?“ Sie meinte das Auge Gottes, wie es in ihrem Kinderbuch abgebildet war. Mein Gott, was hättet ihr auf so eine Frage gesagt? Ich gebe zu, wie verlegen mich das Kind machte, samt aller meiner Theologie. Ja, und dann wußte ich keine andere Antwort als die: Gott hat nur ein Auge, weil er das andere auf dich geworfen hat! Lächeln Sie ruhig darüber, ich tue es auch, aber je mehr Zeit darüber verstreicht, um so mehr meine ich, daß meine Verlegenheitsantwort gar nicht so dumm war. Gott hat sein Auge auf uns geworfen, und Maria, die dies als erste im Engelsgruß erfährt, bürgt uns dafür als Zeichen unserer Erwählung und als Zeichen unserer Hoffnung. Freuen wir uns an ihrer Bürgschaft. Gehen wir zu Maria, dies zu erfahren!

Erwählung Mariens

Orientierung und Impuls
(zu Joh 2, 1–11)

Was sagt Ihr, leben wir nicht in einer verrückten Zeit? Um uns herum geht das Gespenst von Krieg, und wir streiten uns, ob wir nach Moskau zu einer Friedensolympiade gehen sollen! In Bremen treten 1200 junge Soldaten an, bereit, für die Freiheit einzustehen, und wir sehen zu, wie andere junge Leute sie mit Steinen bewerfen. Wir haben uns was zugute getan darauf, den Weltraum zu erobern, und zugleich machen uns die Grünen nervös, wenn sie gegen die Vernichtung unseres Lebensraumes demonstrieren. Wir verleihen Friedensnobelpreise und erleben mitten dabei die Jagd auf den Menschen in Terror und Geiselnahme. Und was noch alles an Widersinn, und ich frage euch, ist es inmitten der Kirche denn viel anders? Da beschwören wir den Priestermangel und tun so ziemlich alles, jungen Menschen das Priestertum und den Ordensstand zu verleiden. Da reden wir von der Mündigkeit der Laien und suchen nebenher mit der Laterne nach denen, die sich wirklich engagieren! Da tun wir uns was zugute auf die Wiederentdeckung des Wortes Gottes und reden im gleichen Atemzug vom Evangelium, als wäre es ein Album von Ammenmärchen. Da reden wir von Jesus, dem Mann aus Nazareth, und erfinden Musicals vom Superstar Jesus Christ, aber wie viele bekommen einen Stimmbruch, wenn sie das Wort Maria laut werden lassen!
Pardon, ich weiß wohl, man macht sich verdächtig, wenn man heute so redet, man kommt in Gefahr, als politischer Agitator auf der Kanzel angesehen zu werden, wenn man zu Dingen der Gesellschaft spricht, und man wird nur allzu schnell als konservativer Rechtsextremist abqualifiziert, wenn man in der Kirche eher zur Umkehr als zur Anpassung spricht. Trotzdem, in einer Stunde wie dieser, wo wir uns im Zeichen und vor dem Bild Mariens zusammengefunden haben, meine ich, sollten wir inmitten solcher Schizophrenien den Mut haben, gerade von der Mutter des Herrn her Orientierung und Impuls einzuholen, und das Evangelium, wie wir es eben hörten, ist weiß Gott dazu angetan.

1. Orientierung

Da haben wir – wieder einmal – die Geschichte der Hochzeit von Kana angehört. Ein Geschehnis und Bild von so starken Konturen, daß wir blind und stocktaub sein müßten, nicht zu spüren, wie wenig es um eine orientalische Hochzeitsstory geht, sondern wie sehr wir selber darin uns wiederfinden; denn das ist doch das Bild: Eine Gesellschaft, in der es hoch hergeht: Frohsinn, Unbekümmertheit, Sattheit, Sorglosigkeit bei Fest und Feier, aber die Frage ist, wie lange noch? Im

Hintergrund steht bereits die jähe Pleite, und nur *ein* Mensch scheint in Nüchternheit das zu bemerken: Sie haben keinen Wein mehr! Und Reserven gibt es nicht.
Ein Bild nur? Ich will mich wahrhaftig nicht mit den professionellen Exegeten anlegen, aber ich gestehe euch offen, so oft ich in diese biblische Szenerie schaue und danach meine Tageszeitung lese und mir am Bildschirm die Zeit ansehe, in der wir leben, so oft macht mich das betroffen. Da leben wir in der sog. Wohlstandsgesellschaft. Es geht uns gut, noch gut. Und Jubel, Trubel, Heiterkeit in allen Landen, Wa(h)lpurgisnacht in Bonn und Bierzelte querfeldein in Bayern. Und da soll einer kommen und Panik machen? Da soll einer sagen: Leute, macht die Augen auf, wir gehen einer Pleite entgegen! Aber kurioserweise ist das ja nicht einmal nur einer, der heute sagt: Wacht auf! Da redet eine halbe Welt von Ölkrise und Energiekrise! Da melden sich die Wissenschaftler zu Wort: Wir sind am Ende des Wachstums! Da steht eine junge Generation auf und protestiert für die Umkehr zum einfachen Leben? Da trägt eine katholische Arbeiterschaft es durch die Lande, was der Papst sagte: Mehr-Sein als Mehr-Haben! Da wächst die Zahl derer, die es satt hat, satt zu sein; denn schon ist ja die Debatte um den Verlust der Grundwerte im Schwang und – gottlob! – auch das Gespräch über eine geistige Energiekrise, die noch bedrängender ist als die materielle.
Also doch Kana, und nicht nur in Galiläa, sondern mitten unter uns, mitten unter uns auch in der Kirche? O ja, denn wir bauen weiter Gotteshäuser, nur fragen manche, bauen wir sie nicht in die Emigration, in den Auszug der vielen aus der Kirche? Wir predigen und haben staatlich garantierten Religionsunterricht, nur, was für einen Wein schenken wir da aus, den reinen Wein der Botschaft Christi oder ein Colamix von Schlagerethik und Marxismusessenz? Wir predigen weiter von Menschenwürde und Sinnbestimmung des Menschen, aber mußten wir nicht erst kürzlich in Regensburg uns von einem Jugendpfleger sagen lassen, daß wir das alles nur in Scheinheiligkeit tun, wir Erwachsenen, und daß die jungen Leute uns dafür eher einen vor den Latz geben sollten? Nein, wir klagen nicht an, sondern wir fragen an, weil Maria uns diese Frage vorweg stellt, die Frage nach dem Wielange-noch und nach den Reserven. „Sie haben keinen Wein mehr!" Weil sie uns an der munteren Hochzeitstafel auch dieser Zeit zu Nüchternheit mahnt und Orientierung aufgibt, wo wir denn stehen und wohin wir treiben.

2. *Impuls*

Und mit dieser ihrer Frage, mit ihrer desillusionierenden Klarheit gibt sie zugleich den Impuls für unser Umdenken und Umkehren. Darum meinte ich, ich tue dem Evangelium keine Gewalt an, wenn ich sagte, die Episode von Kana ist auch Epilog für unsere Zeit, denn wir verstehen unter marianischer Haltung und marianischem Christsein, daß wir mitten unter den Menschen dieser Zeit als Christen leben, aber zugleich auch mit dem Blick, der auf Jesus Christus ausgerichtet ist und von ihm her Heil und Hilfe erwartet, daß wir mit den Augen der Muttergottes in Nüchternheit sehen, woran wir sind, aber auch mit ihrem Herzen eingehen auf ihren Impuls: „Tut, was er euch sagt!" Das heiße ich Aufbruch zu Maria und Marienverehrung, die zur Marienbelehrung wird: „Mir geschehe nach deinem Wort, o Gott!" Und darum auch dies noch einmal: Wir brauchen keine neue Redaktion der Bibel, aber wir brauchen den Mut zu einer neuen Reaktion auf das Wort Gottes und den Mut zu neuer Aktion im Namen des Herrn!

Was für eine Aktion? An der Hochzeitstafel von Kana bestand sie darin, daß wenigstens ein paar Leute von den Schanktischen aufstanden und sich auf den Weg machten, Wasser zu holen. Wasser, auch wenn sie dabei zu Verrückten und Spielverderbern erklärt wurden und sich zum Gespött der Trunkenen machten. Wasser – ohne sich davon ein Wunder erwarten zu können, aber immerhin reines, klares Wasser . . . Ihr merkt, was ich sagen möchte: Es geht darum, den marianischen Impuls aufzunehmen inmitten unserer Lebenssituation und unserer Gesellschaft, und der heißt: Sich dem Anruf Gottes zu stellen, auszuscheren aus der stumpfen Gemächlichkeit und dem gedankenlosen Mittrotten in der Menge, und Wasser zu holen, d. h. anders zu leben, für andere sich auf den Weg machen, damit Gott in seiner Güte ihnen Leben und Zukunft erhalte, sauberes Wasser zu schöpfen an den Quellen, die uns Christus inmitten der Kirche erschließt und – so er es will – damit die Chance eines gnädigen Wunders für Welt und Menschheit zu bereiten.

Der Impuls der Mutter des Herrn heißt: Träumt nicht in eurer Sattheit, sondern schafft neue Reserven für euer Leben; denn euer Gott ist ein Gott des Lebens und nicht des Todes, ein Gott der Freude und nicht der seichten Gaudi, ein Gott der Kraft und nicht der Ohnmacht! Und der Impuls heißt: Tut, was er euch sagt! Habt den Mut auszubrechen aus dem Hexensabbat der Ideologen und Demagogen und umzukehren in die Wahrheit Christi und die Klarheit seines Evangeliums! Habt acht auf den Ausverkauf aller Werte und wahrt den Besitzstand Gottes; denn – so verstehe ich den Anruf Mariens – Gott steht zu euch, er will euere Zukunft! Nur, all das wird er euch geben, wenn Ihr zuvor auf ihn eingeht, für IHN euch auf den Weg macht, die Krüge zu füllen, und dies nicht nur für euch tut, sondern für all die anderen dazu. Gott tut immer das Seine, er wartet aber auch, daß wir das Unsere tun. Christus läßt die Seinen, wie Paulus sagt, zu Toren werden vor den Siebengescheiten dieser Welt, aber er gibt sie nie der Lächerlichkeit preis! Der Herr kennt unsere Schwachheit und Begrenztheit, aber er erwählt auch das Schwache, um damit die Kraftprotzerei zu beschämen. Das wußte Maria, daraus hat sie gelebt und darüber ihr Preislied angestimmt: „Die Mächtigen wirft er vom

Thron, aber die Kleinen macht er groß, und sein Erbarmen währt von Geschlecht zu Geschlecht, bei denen die Ehrfurcht vor ihm haben, ja, die ihn fürchten; denn die Gottesfurcht ist allzeit der Anfang der Weisheit!"
Wer sich an Maria orientiert, ist kein Schwärmer, er ist der wahre Realist, wer zu ihr geht, macht keinen Umweg in seinem Christsein, sondern geht geradewegs in die Mitte der Christusnachfolge. Wer zu ihr ruft, ruft – wie es der ungebrochene Glaube der Generationen beteuert – eben nicht umsonst und unerhört, sondern weiß, daß er Antwort erhält, auf jeden Fall die entscheidende Antwort: „Tut, was er euch sagt!; denn nur dort, wo das Wort Jesu verbindlich wird, wird es auch zum Wort der Verheißung!"
Ihr wißt, Wort und Bild der Botschaft von Kana hört mit einem bitteren Vorwurf auf. Der Speisemeister sagt es in unverhohlenem Verdruß: Warum erst jetzt!? Niemand bedient doch seine Gäste zuerst mit Fusel und dann erst mit gutem Wein! Darf ich euch zum Schluß fragen: Wollt Ihr, daß uns die Menschen unserer Gesellschaft, vorab unsere kommende Generation, einmal ebenso vornimmt und es uns ankreidet: Warum erst jetzt? Warum habt Ihr nicht eher eure Augen aufgemacht zu sehen, wohin die Reise geht? Warum seid ihr geruhsam hocken geblieben, wo es Zeit war, Reserven zu schaffen? Warum habt ihr nicht getan, was er euch durch Maria gesagt hat? Ihr Christen habt es doch als erste wissen müssen und hättet doch als erste aufstehen müssen, die Krüge zu füllen, auch die geist- und sinnentleerten Krüge einer Wohlstandsgesellschaft, die alles hat, nur nicht das, woraus und wofür sich wirklich leben läßt auch noch ins Jahr 2000 hinein! Sollen wir diese Abrechnung einer Generation riskieren? Nein, noch ist Zeit, aber es ist auch wahrlich hohe Zeit, dem Ruf der Mutter zu folgen und zu tun, was Jesus Christus will. Heute noch!
Amen.

Marienwallfahrt

St. Josef und Heilige

Anwalt des Lebens und des Todes
(zu Mt 2, 13–15)

Unsere Zeit ist wahrlich nicht arm an Protesten. Wo immer Ärger ist, da leiht sich der Unmut laute Stimmen. Man protestiert und demonstriert und mobilisiert die aufgeregten Massen. Aber was empört die Menschen heute in unserem Land am meisten? Die jüngste Umfrage des Allenbacher Instituts hat das erforscht, und ihre Ergebnisse sind erstaunlich und bedrückend zugleich. Da rangiert an vorderster Stelle mit 85% die Empörung über Kindmißhandlung, 76% der Befragten regen sich am meisten auf über die Verseuchung unserer Gewässer, 75% über Tierquälerei, 65% über den Rüstungswahn, 48% über die Robbentötung im Eismeer und 42% über die Vergiftung des Obstes durch chemische Spritzmittel. Weit dahinter erst mit 34% rangiert die Empörung über die Abtreibung hierzulande, in der Jahr um Jahr mindestens ungeborenes Leben von Menschen in der Größenordnung unserer Stadt Regensburg vernichtet wird.
Und das muß uns betroffen machen; denn kaum eine andere Zahl weist so schonungslos auf, wohin es mit der Würde und dem Wert des Menschen bei uns gekommen ist und wie barbarisch-gleichgültig unser Volk dem Leben wie dem Tod gegenübersteht. Also ist jenes grausige Lied, das einst die Gefangenen im russischen Lubjankagefängnis auf ihrem Trott durch den Hof vor sich hin gesungen haben, doch zu einer Art stummen Nationalhymne geworden: „Was ist der Mensch? Ein gejagtes Tier, und das machen die eigenen Brüder aus dir!" Freiwildjagd auf das werdende Menschenleben im Mutterschoß und – wenn nicht alle Zeichen trügen – Freigabe auch des erlöschenden Lebens, die sich in der auflebenden Diskussion um aktive Sterbehilfe kundgibt. Resümee einer Nachrichtenagentur dieser Tage: „Der Stern im Morgenland leuchtete über einem in ärmlichen Verhältnissen geborenen Kind in Bethlehem. Armes Abendland: Dein Stern leuchtet für Herodes!"
Vor der Kulisse feiern wir das Fest des heiligen Josef, des Anwalts des Lebens und des Sterbens, den wir noch immer anrufen als den „sorgsamen Beschirmer Christi" und als den „Patron der Sterbenden" (Josefslitanei). Können wir es noch guten Gewissens tun? Müssen wir umgekehrt nicht gerade ihn inmitten solcher Bedrohung und Bedrängnis neu entdecken als Alarm- und Rettungszeichen Gottes? Ihn, den Mann, den Gott selbst erwählte und bestellte, Hüter des Lebens

zu sein und Protektor menschenwürdigen Sterbens? Die Schrift berichtet nur wenige Zeilen über ihn, aber alles, was da von ihm geschrieben steht, kreist einzig um diese Anwaltschaft von Leben und Tod.

Anwalt des Lebens

Wir kennen diese spärlichen Josefsberichte der Heiligen Schrift: den aus jener qualvoll-unruhigen Nacht, in der Josef mit dem vom Heiligen Geist erweckten Leben im Schoß seiner Verlobten konfrontiert wird: „Josef, scheue dich nicht, deine Frau Maria zu dir zu nehmen samt dem Kind, das sie im Schoße trägt!", wie den anderen aus einer nicht minder erregenden Nachtstunde, in der er zur Flucht ins Unbekannte und in die Fremde aufgeboten wird: „Steh auf, nimm das Kind und seine Mutter und flieh nach Ägypten und bleibe dort, bis ich's dir sage; denn Herodes ist daran, nach dem Kinde zu fahnden, um es umzubringen."
Wortlos und unverzüglich reagiert Josef, fast so, als habe er auf eben diese Anrufe Gottes schon gewartet. Kein Wenn und Aber, kein Warum und Wieso. „Und Josef stand auf und tat, wie ihm gesagt worden war." Er tritt die Anwaltschaft für das Leben an; denn das ist für ihn keine Frage, das Kind soll leben und es darf nicht Herodes in die Hände fallen. Mögen andere ihn darüber verspotten, ihn, den Vater, der selbst nicht Vater ist, ihn, den Naiven, der auf eine Traumvision hin an das Wort Gottes glaubt und sich ihm stellt, auch wenn das Heimatlosigkeit und Ungewißheit seiner Zukunft einbringt. Gottes Wille löscht alle Bedenken, alle Angst vor morgen und jede nur auf sich bedachte Eigenliebe aus.
Man muß sich das unvoreingenommen und mit allem Bedacht sagen lassen, um wenigstens zu ahnen, wie radikal der Maßstab Josefs all unsere Vorsichtigkeiten, unsere Rechenkünste um Kind oder Nichtkind, all unsere Abwehrversuche wider das Leben und wider das Kind zuschanden macht.
Bischof Manfred hat uns in seinem Fastenhirtenwort die Losung erschlossen, mit der die deutschen Bischöfe die Aktion „Wähle das Leben!" in unsere Gesellschaft einbringen wollen, durch uns einbringen wollen, denn wer sonst schon muß sich herausgefordert wissen für eine solche Umkehr aus Mutlosigkeit und Gleichgültigkeit dem werdenden und auch dem behinderten und alten Leben gegenüber und zu einer neuen Hinkehr zum Leben und damit zu Gott, der „ein Gott der Lebendigen und nicht der Toten" ist, wer schon, wenn nicht wir Christen? Wie sollten wir ehrlichen Herzens Sankt Josef feiern und anrufen, seinen Gehorsam und seinen Lebensmut preisen, wenn wir in einem Atemzug nein sagen zum Leben, nein zum Kind, nein zu einem Leben, das uns lebensunwert erscheint, und nein auch zu einem Opfer, wo es um Gottes Willen und das Morgen unseres Volkes wie unserer Kirche geht?

Wer dem Stern über der Krippe von Bethlehem folgt, kann nicht zugleich dem Stern des Herodes Gefolgschaft leisten. Um diese Alternative geht es, ein Niemandsland des Gewissens gibt es nicht. Und wir wählen das Leben, für das Josef Gottes Anwalt und unser Appellant wurde.

Anwalt des Sterbens

Sankt Josef, Anwalt des Lebens, aber auch Anwalt des Sterbens, ich meine, des menschenwürdigen und gottgerechten Heimgangs des Menschen aus dieser Welt. Zwar spricht keine einzige Zeile der Bibel von Josefs Tod, nichts darüber auch, ob er noch Christi Opfertod erlebte oder in den Händen Jesu entschlief. Und doch muß früh schon durch die Kirche ein Gespür wach geworden sein, eine Art heiliger Witterung für das Miteinander von Josef und dem Sterben des Christen. Wie sonst wäre gerade er der Patron der Sterbenden geworden, woher sonst wäre das jahrhundertealte und ununterbrochene Beten und Rufen zum Nährvater Jesu in der Kirche aufgebrochen um seinen Beistand in der Sterbestunde, um seine Fürbitte im Angesicht des Todes und um sein Geleit hinüber über die letzte Schwelle des Lebens?

Leben und Tod berühren sich in der Unendlichkeit Gottes und der Aufbruch ins Leben wie der Abbruch unseres Daseins liegen in seiner Unwiederholbarkeit und Einmaligkeit nicht weit voneinander. Das Ja zum Menschwerdendürfen und das Ja zum Als-Mensch-sterben-dürfen. Es ist daher nicht von ungefähr, daß kaum nach der Preisgabe des Menschen im Mutterschoß auch die öffentliche Diskussion um die Auslieferung des verlöschenden Menschenlebens an die Willkür Dritter aufflammte. Wer den Grenzstein eines § 218 am Beginn des Lebens verrückt, braucht nicht lange, auch den Schlußstein des Lebens nach eigenem Gutdünken zu setzen. Genau das aber erleben wir jetzt in der Debatte um die sog. „aktive Sterbehilfe", ein raffiniert-maskiertes Wort für die Lebensverkürzung durch Dritte.

Das Landeskomitee der Bayerischen Katholiken hat dazu vor kurzem klipp und klar erklärt: „Das Recht der Menschenwürde muß auch auf den Tod hin gewahrt bleiben. Der Mensch hat ein Recht auf einen natürlich, ihm gemäßen Tod. Darum ist die gegen den einsichtigen Willen des Betroffenen erfolgende, den Tod lediglich kurz hinausschiebende Verlängerung des Lebens durch medizinische Eingriffe abzulehnen. Wer das Lebensrecht des Menschen schützen will, muß jeder Verfügung eines Dritten über Leben und auch der Gestattung solcher Eingriffe durch den Staat widersprechen." (KNA v. 23. 2. 84) Was heißt das? Einmal, daß jeder Mensch ein Recht hat, sterben zu dürfen, ohne daß man ihn noch zuletzt unnötig mit allen möglichen medizinischen Prozeduren traktiert, zum anderen

aber, daß kein Mensch das Recht hat, über den Willen des Sterbenden hinweg eigenmächtig sog. Sterbehilfe, d. h. lebensverkürzende Maßnahmen, anzuordnen. Auch keine sog. „Fachkommission“, deren Aussage über Leben und Tod nicht von Fehlurteilen freizuhalten ist. Es darf nicht dahin kommen, daß das unselige Wort von „lebensunwertem“ Leben wieder zum Schlag- und Vernichtungsmotto wird. Wer heute schreit: „Mein Bauch gehört mir!“, wird morgen proklamieren, „deine letzten Lebenstage bestimme ich!“ Und beides ist Blasphemie vor Gott und Anarchie einer neuen Herrenrassenideologie. Nichts anderes. Beides aber auch Herausforderung der Christen und ihrer Kirche, einer Kirche, in der Sankt Josef sowohl als Anwalt des Lebens wie als Anwalt menschenwürdigen Sterbens verehrt und angerufen wird.
Laßt uns diese Herausforderung bestehen und laßt uns dazu die Hilfe des heiligen Josef erbitten!

Josefi 1984

Der Mann nach Gottes Willen

Um unsere Heiligen ist es still geworden. Das ist erstaunlich und beunruhigend zugleich. Erstaunlich, nachdem doch gerade der Mensch unserer Tage fast unentwegt daran ist, mit Kamera und Blitzlicht einer starsüchtigen Masse immer neue Bilder seiner Verehrung, ja Anbetung einzufangen, und beunruhigend – jedenfalls für Christen gesprochen – deswegen, weil die Zahl derer, wie es scheint, wächst, die es langsam satt werden, mit blutleeren Doktrinen und noch so gescheiten, aber eben rational-abstrakten Theologismen zur Nachfolge Jesu aufgefordert zu werden. Sie möchten den Menschen sehen, der ihnen das Unglaubliche glaubhaft machen kann, nämlich, daß es möglich und vor allem daß es sinnvoll ist, diesem Jesus zu folgen, sich seinem Wort zu stellen und seinem Anspruch im Hier und Heute gerecht zu werden.
Die Heiligen können das. Aber um sie ist es still geworden. Der Josefitag könnte dafür Beweis sein. Nicht allein, daß er im Alltagskalender von Verdienst und Vergnügen untergegangen ist, der Heilige selber – einst vornean in der Namensliste und in der Lieblingsreihe zumal unseres bayerischen Volkes – ist in die Ausnahmestube liturgischer Feier und volksfrommer Vorbilder geraten. Gerade ihm ist Seltsames widerfahren: Der Konzilspapst Johannes XXIII. verfügte noch, seinen Namen im Kanon der Eucharistiefeier zu nennen, aber nachkonziliarer Reformeifer hat ihn sozusagen ins Abseits verwiesen. So ist der „Mann der Stille“, wie er oft von den Predigern genannt wurde, tatsächlich zum Mann des Schweigens, des Ver-Schweigens geworden.

Nun freilich, man kann zu Recht fragen, was denn überhaupt an diesem schweigsamen Handwerker aus Nazareth ist, von dem die Schrift kaum mehr als ein paar magere Sätze zu berichten weiß und aus dessen Mund sie kein einziges Wort überliefert. Wie soll gerade er dem Fragenden dieser Zeit Antwort und dem Suchenden heute Wegweiser sein zum Vollzug seines Lebens? Vorbilder müssen Konturen haben und leuchten. Josef aber bleibt im biblischen Report wie ohne Gesicht und in beinahe legendärer Dämmerung.
Es mag uns wenig helfen, von ihm als den „Mann der Arbeit" zu reden. Er war es tatsächlich. Nur, was hat seine Arbeitswelt mit jener industriellen Leistungs- und Streßsituation gemein, in der heute einer sein Dasein, und erst recht sein Christsein, zu bewältigen hat?
Solange die Werkstatt von Nazareth das ihr angedichtete Idyll frommer Harmlosigkeit nicht sprengt, solange strengt man sich wohl vergeblich an, dort einen Patron der Arbeiter zu küren.
Nicht viel hilfreicher scheint es, Sankt Josef als den getreuen Mann an der Seite der Mutter Jesu und als das „Haupt der Heiligen Familie" einer Zeit zu offerieren, in der das Wort von ehelicher Treue höchst unzeitgemäß geworden und der Ruf nach der Familie fast in Verruf gekommen ist. Die Lilie am Josefstab ist für allzu viele welk geworden und die Häuslichkeit, die die Legende allzu leichtfertig um das Haus von Nazareth gesponnen hat, zur religiösen Gartenlauben-Absonderlichkeit.
Was also ist an diesem Mann? Worin liegt das Wegweisende, das uns noch heute veranlassen kann, ihn ins Blickfeld zu nehmen? Ich finde, es ist dies: Daß wir in der unmittelbaren Nähe Jesu Christi einen Menschen entdecken – wieder entdecken! –, an dem Gottes Ruf in unerhörter Weise ergangen ist und wie dieser ihn angenommen hat. Da nämlich hört alle Legende auf. Da beginnt die Wirklichkeit des Glaubensvollzugs.
Die kleine Szene im Matthäus-Evangelium, die wir uns eben in Erinnerung brachten, weist es auf: Gott hat an Maria gehandelt. Ohne jede Vorbereitung und Voranmeldung wird Josef damit konfrontiert: „Josef, scheue dich nicht, Maria, deine Frau, zu dir zu nehmen; denn das Kind, das sie im Schoße trägt, stammt vom Heiligen Geist. Und Josef tat wie ihm geheißen." Ein Kapitel danach im selben Evangelium noch einmal das gleiche: „Josef, steh auf, nimm das Kind und seine Mutter und flieh nach Ägypten und bleibe dort, bis ich es dir sage! – Und er stand auf, nahm das Kind und seine Mutter bei Nacht noch und ging fort nach Ägypten." Beidemale ohne Wort und Widerrede, in einer Selbstverständlichkeit, die alles menschliche Verstehen illusorisch macht. Oder was meinen Sie, liebe Hörer? Wo wäre unter uns einer so aufs Wort bereit und verfügbar? Wer von uns hätte nicht sogleich hundert Wenn und Aber zur Hand, wer reagierte nicht sofort mit Zweifel und Widerstand: Woher sich Gott ein Recht nehme, so etwas von uns zu

verlangen, und was er sich eigentlich dabei gedacht habe, wieso gerade unsereiner und just in ungelegener Stunde?

Josef kennt kein solches Wenn und Aber. Seine Antwort ist die Tat. Ohne Vorbehalt und Widerspruch tritt er an und tritt damit in die Spur dessen, den sein Volk den „Vater des Glaubens" genannt hat, Abraham. Nicht von ungefähr nimmt die Liturgie des Josefsfestes dessen Geschichte in einer der Lesungen auf. Geschah ihm doch dasselbe: „Abraham, brich auf, verlasse deine Heimat und zieh in das Land, das ich dir zeigen werde. Ich werde dich zum Stammvater eines großen Volkes machen." Auch Abraham brach auf, ohne Vorbehalt und Gegenrede, stellte sich dem Wagnis und Risiko, ein heiliger Abenteurer, den seine Mitmenschen als Narren belächeln und der seinen Nachfahren zum Halt und Vorbild wird, wo immer sie selber in den Anspruch des Absoluten geraten und beginnen wollen zu zaudern, zu rechnen, abzuwägen, ob sich das lohnt, und zu versuchen, sich Leichteres mit Gott auszuhandeln.

Hier bei Josef, wie dort bei Abraham, erleben wir das gleiche, genau das nämlich, was uns zugleich beeindruckt und verwirrt, wenn wir anfangen zu begreifen, wie wenig im Grunde Glaube die Unterwerfung des Hirns, wie vielmehr er in Wahrheit Gehorsam des Herzens ist, wie wenig Christusnachfolge im theologischen Befragen der Schriften endet, sondern dort nur anhebt, um dann zum fraglosen Wagnis des Glaubens zu werden. Mit Gott handelt man nicht, sondern man handelt nach seinem Wort.

Wenn Sie, verehrte Hörerinnen und Hörer, die wirkliche Geschichte der Heiligen nur einigermaßen kennen, werden Sie mir zustimmen: Immer stoßen wir, sobald wir durch die Goldauflage hindurch sind, mit der frommen Legende, sie zu unserem Schaden, nicht als Hilfe für uns, bedachte, auf den harten und buchstäblich rauhen Boden ihrer Lebenswirklichkeit. Es ist jener steinige Boden des Berges Horeb, auf dem Gott erfahren wird, und mit ihm die Unbedingtheit seines Anspruchs auf das widerspruchslose Ja des Menschen, jetzt und hier zu tun, wie ihm geheißen. Gott ist immer der Größere. Es ist an ihm, uns in Beschlag zu nehmen.

Ob Sie nun an Franz von Assisi denken oder an Nikolaus von der Flüe, an die kleine Therese von Lisieux, an Johannes Bosco, an Maximilian Kolbe oder auch an unseren unvergessenen P. Rupert Mayer: Immer und überall geraten Sie an dieses Eigentliche, das den Heiligen ausmacht und ihn zum exemplarischen Christen werden läßt, an die Vorbehaltlosigkeit nämlich, mit der ein Mensch auf den an ihn und je nach seiner Weise nur an ihn ergangenen Anruf Gottes eingeht. Fraglos, widerspruchslos, rückhaltlos. Und zumeist auch schweigend wie Josef von Nazareth.

Ich gestehe Ihnen und mir selber zu, das macht uns den Heiligen gegenüber verlegen und macht sie uns zunächst auch fremd. Wir gehen auf Distanz oder

versuchen uns an ihnen vorbeizumogeln mit billigen, allzu billigen Ausreden, wie denen: „Ja, damals!" oder „Ich bin eben kein Heiliger!"
Nur merken wir dann auch, daß solche Ausflüchte zu dünn sind und die Heiligen uns dabei im Wege stehen. Man kann sich an ihnen eben nicht vorbeidrücken. Ja noch mehr, sie ziehen uns an. Denn im Grunde hätte jeder von uns gern jemanden, an dessen Größe er sich emporranken könnte. Nur damit zögern wir; denn es ist nun einmal leichter, beispielsweise für Franziskus zu schwärmen, als seine Schwester, die Armut, ins Haus zu nehmen. Es ist einfacher, einen Maximilian Kolbe zu bewundern, als seinen Schritt aus Reih und Glied, in dem wir mit den anderen stehen, aufzugreifen und zu wissen, in welches Risiko man sich dabei bringt. Es ist etwas anderes, in Flüeli staunend das Haus zu durchschreiten, das Nikolaus mit dem tapferen Ja seiner Frau Dorothe verlassen hat, als selber über die Schwelle seiner Behaglichkeit zu stapfen und, wenn Sie wollen, es ist viel problemloser, Josef, den schweigenden Partner göttlichen Heilsplanes, auch heute noch zum Namenspatron eines Kindes zu machen, als –falls uns Gottes Anruf morgen treffen würde wie ihn – sein stummes und rückhaltloses Ja zum Anspruch Gottes zu wiederholen.
Mittelmäßigkeit und wirkliche Heiligenverehrung vertragen sich schlecht. Was meinen Sie, ob es vielleicht deshalb still geworden ist um Sankt Josef und um viele unserer ehedem so nahen Heiligen? Daß das Schweigen um sie etwa doch tiefere Gründe hat als den, daß wir uns darauf berufen, wir müßten mehr Christozentrik in Liturgie und Frömmigkeit bringen? Könnte diese Stille nicht auch das Eingeständnis sein, wie sehr wir es wenigstens erahnen, daß ihr Leben den Lebensnerv unseres tatsächlichen Christseins berührt? Im Christsein geht es eben nicht darum, Theologie zu betreiben, sondern sich von ihr in die Hände Gottes treiben zu lassen, nicht darum, Lehrsätze zu diskutieren, sondern das Gesetz des Glaubens selbst zu bejahen, nicht in Aktivitäten zu flüchten, sondern die exemplarische Aktion der Heiligen zur Lebensrichtschnur zu machen. Und das ist die Aktion des heiligen Josef, der „aufsteht und tut, wie ihm geheißen".
Die Schrift berichtet von ihm über diese Tat, doch kein einziges Wort aus seinem Munde. Aber sie zeichnet uns damit sein Bild, und „ein Bild sagt mehr als tausend Worte", meint ein chinesisches Sprichwort. Wir sollten die Sprache dieses Bildes hören, gerade weil es nun stiller geworden ist um den schweigsamen Handwerker aus Nazareth und weil man in der Stille mehr vernimmt als im lauten Lobpreis. Amen.

Wir wollen beten:

Heiliger Josef, du Mann nach Gottes Willen!
Gott hat auf dich geschaut und dich gerufen zu großem Werk. Er hat auf dich gebaut, du hast ihn nicht enttäuscht. Er gab dir großen Auftrag, du hast gehandelt

nach seinem Wunsch, du wahrer Mann Gottes. Schweigend gingst du deinen Weg, treu in der tiefsten Seele. Du hast auf Gott gehört, unbeirrt von der Meinung der Mitmenschen, und tatest, was er von dir wollte. Du hast nicht viel gesagt, aber viel getan, gelitten und das Unbegreifliche in Bereitschaft angenommen. Gottes Wille war dein Gesetz, dem du dich fügtest. Schwer war dein Weg, aber reich dein Leben. Hilf auch uns, Gottes Willen anzunehmen und mit Jesus vereint zu bleiben. Bleibe unserem Leben nah, damit auch wir Menschen werden nach Gottes Plan und Willen.
Amen.

St. Josef

In Anspruch genommen

Heilige können froh machen. Sie können uns beunruhigen, provozieren, erbauen – aber sie können uns auch verlegen machen. Und ich meine, Sankt Josef ist ein solcher Heiliger. Wir wissen ihn ganz nahe bei unserem Herrn, mitten in der Frohbotschaft unseres Glaubens, und doch, wir wissen kaum um sein Leben. Ein paar Zeilen in der Schrift, einige Andeutungen nur seines Tuns und ein allereinziges Wort über sein Wesen, seine Haltung. Es ist das Wort „gerecht". Alles andere bleibt im Dunkel: die Stunde seiner Geburt, der Tag seines Todes, sein Alter und seine Gestalt. Und wieder nur ein einziges Wort verrät uns seinen Beruf, aber selbst da tappen wir womöglich daneben. Zimmermann, so deuten ihn die Schriftübersetzer. Aber man könnte genausogut sagen: Arbeiter, Gelegenheitswerkler, Hilfskraft oder sonst etwas.
Und er selber spricht in der Schrift kein Sterbenswörtlein. Auch dort nicht, wo man von einem Mann eine spontane Antwort erwartet. Maria, die Frau, reagiert auf den ersten überraschenden Anruf Gottes mit einer unverblümten Rückfrage: Wie soll das geschehen, da ich keinen Mann erkenne? Josef nimmt den nicht minder überraschenden Anruf schweigend entgegen. Maria macht in ihrer Sorge über den vermißten 12jährigen kein Hehl: „Kind, warum hast du uns das angetan? Drei Tage haben wir, dein Vater und ich, dich gesucht!" Josef steht stumm daneben. Maria meldet sich an der Hochzeitstafel zu Kana beinahe unangebracht zu Wort: „Sie haben keinen Wein mehr, sieh doch!" Josef – wenn er mit von der Partie war – bleibt in anonymer Schweigezone. Nie ergreift er das Wort, und wir erfahren nicht einmal, ob er dazu kam, den Auftrag Gottes auszuführen, dem Kind den Namen Jesu zu geben. Alles um ihn ist Schweigen.
Und angesichts solcher Verlegenheit, in die wir mit diesem Heiligen geraten können, und so spärlicher Daten, die uns kaum einen Zugang zu ihm vermitteln,

gibt uns die Kirche an seinem Festtag dieses Gebet vor: „Allmächtiger Gott! Du hast deinen eingeborenen Sohn und seine heilige Mutter der treuen Sorge des heiligen Josef anvertraut. Gewähre uns auf seine Fürsprache Mut und Kraft, damit wir wie Josef den Auftrag erfüllen, den du uns zugedacht hast!"
Eine kühne Bitte, finde ich; denn genau dies ist doch unsere Verlegenheit, daß wir eben aus der Schrift kaum ablesen können, *wie* Josef seinen Auftrag erfüllte, welcher Art sein Handeln war und welche Konturen seiner Vorbildhaftigkeit wir nachzeichnen und auf unser Tun übertragen können. Aber so beten wir mit der Kirche, und eben deshalb ist es wohl angebracht, wenn wir uns besinnen, worum wir seine Fürbitte erflehen.

Zwei Dinge sind es:

1. *Unser Wissen, daß auch wir im Auftrag Gottes stehen, und*

2. *unser Eingeständnis, daß wir dafür sein Vorbild nötig haben*

Das eine also zuerst: Auch wir haben unseren Auftrag Gottes zu erfüllen. Auch jeder von uns ist von Gott in Anspruch genommen wie Josef. Und dieser Auftrag, diese Inanspruchnahme zielt wie bei ihm nicht zuerst darauf ab, daß wir fromm sind, gute Menschen sein sollen, gerecht und – das heißt in der Sprache der Bibel eigentlich – heilig leben müssen. Nein, im Grunde ist das wie bei Josef eigentlich vorausgesetzt. Gerade weil er der Gerechte ist, der Gotthörige und Gottgehorsame, der fromme Beter und der gesetzestreue Fromme, nimmt Gott ihn in Anspruch für seinen Sohn und damit für das Heilswerk seiner Liebe, für die Sorge um den Menschen und für das Zeugnis seines Bundes mit ihnen. Er vertraut ihm Sohn und Mutter an wie einem Treuhänder seines ganzen Besitzes. Er liefert ihm geradezu das Heil, das durch den Sohn kommen soll, und die Liebe der Mutter, die als neue Eva das neue Geschlecht der Kinder Gottes heraufführt, an ihn aus. Noch provokativer gesagt: Gott riskiert auf Josef hin den Plan seiner Erlösung der Welt.
Das ist sein Auftrag. Damit nimmt er den einfachen, stummen Mann in Anspruch. Versagt dieser sich Gott, nimmt er seinen Auftrag nicht wahr, erfüllt er ihn nur halbherzig und lau, riskiert er das Heil, nicht nur das seine, sondern aller Heil.
Und nun beten wir um Josefs Fürsprache, daß auch wir, die nicht minder und anders in Anspruch genommen, unseren Auftrag erfüllen. Und auch dieser Auftrag – unser Papst erinnert in so vielen seiner Reden daran – zielt ebenfalls nicht zuerst oder einzig dahin ab, daß wir fromm sind, gerecht, gottgehorsam und treu. Das alles müßte sich eigentlich von selbst verstehen für einen, der in der Taufe Gottes Eigen geworden ist, Kind Gottes und Auserwählter seiner Gnade. Nein, eben weil

wir das sind, weil dies das Werk der Gnade Gottes an uns ist, gerade deshalb kann und will Gott uns wie Josef in Anspruch nehmen. Wofür? Zu keinem anderen Werk, zu keiner anderen Sorge; denn „seine Gedanken gehen von Geschlecht zu Geschlecht darauf, die Menschen vom Tode zum Leben zu erretten". Das ist unser Auftrag: Zu erkennen, Gott vertraut uns das Heil der Welt an, er erwartet von uns, seinem Heilstun den Weg zu bereiten, seiner Erlösung voranzuhelfen. Darum geht es, nicht *unsere* Seele zu retten, sondern Rettung *der* Seelen mitzutragen, mitzuverantworten, nicht *unser* Heil zu bewahren, sondern Heil der *vielen* mitvoranzubringen.
Sind wir uns immer und jederzeit solchen Auftrags, solcher Inanspruchnahme durch Gott bewußt? Der große Bernhard meinte: Wer ans Reich Gottes denkt, muß unruhig werden! Spüren wir solche Unruhe in uns? Bedrängt uns solche Sorge um Gottes Heil für Welt und Menschen, so wie sie ihn, den Mann der Erwählung, bedrängte, als ihm offenbar wurde, daß man dem heilbringenden Kind nach dem Leben trachte? Und weiß Gott, darüber kann es doch heute keine Täuschung und keinen Zweifel geben, wie man dem Kind nach dem Leben trachtet, d. h. mit welchem Aufgebot man am Werk ist, auszurotten und totzureden (oder auch totzuschweigen), was durch Jesus geschehen soll.
Erspart mir Beispiele und Belege! Das Wort Kardinal Newman ist noch nach 100 Jahren aktuell und wird es von Tag zu Tag mehr: „Die Sache Jesu liegt wie im Todeskampf." Uns aber ist das Kind, d. h. die Kirche, ihre Mission und ihr Zeugnis anvertraut. Auch mit uns riskiert Gott Erlösung!
Dies, das eine unserer Festtagsbitte am Josefitag, das Wissen um unseren Auftrag. Das andere kommt nun hinzu: Unser Eingeständnis, daß wir dazu Vorbild und Ausrichtung brauchen. „Laß uns *wie* Josef unseren Auftrag erfüllen", beten wir, und nun brauchen wir ihn wirklich, den Heiligen, über den wir so wenig wissen, aber von dem das Wenige, das uns von ihm gesagt wird, mehr als hinreicht, uns Maßstäbe zu setzen." Welche Maßstäbe? Ich möchte sie nur andeuten. Vorweg den Maßstab seiner geradezu selbstverständlichen Bereitschaft für Gott. „Und Josef tat, wie ihm gesagt wurde!" Das steht dreimal so in der Schrift und unterstreicht damit dreifach, worauf es über allem ankommt: Auf unsere Verfügbarkeit für Gott und unseren Gehorsam zu Gott! Das ist leicht gesagt; ihr wißt, wieviel Schweres darin liegt. Sein Wille und der unsere gehen wahrlich nicht konform. Wie viele Vorbehalte melden wir an, wie viele Wenn und Aber, auch dann noch, wo wir längst erkannt haben, was Gott von uns will, wie viele Seitenblicke auf die anderen, ob sie dabei den Kopf über uns schütteln oder Grimassen ziehen über unsere bigotte Frömmigkeit, wie sie es nennen, oder Dummheit, wo es um unser Engagement für Kirche und Evangelium geht.
Wie Josef . . . Er kannte diese Stimmen auch, und wohl auch die Anfechtung eigenen Herzens. Und doch „Josef stand auf und tat, wie ihm gesagt worden war".

Ohne Wenn und Aber, ohne Seitenblick und Menschenscheu. Einzig auf Gott hin ausgerichtet. Ein Gerechter . . .
Laß uns wie Josef unseren Auftrag erfüllen. Und er setzt den Maßstab der Treue. Das einmal ausgerichtete stumme Ja ist das für immer bewahrte Ja. Ist es auch das unsere? Wir haben unsere Stunden von Willigkeit und Bereitschaft, aber haben wir nicht ebenso – oder gar mehr – daneben auch die Gezeiten unserer Müdigkeit, unserer Ausflüchte und Ausreden, die vielen Alibis unserer Unansprechbarkeit und die stummen und lauten Entschuldigungen, daß wir unsere Ruhe haben möchten – auch von Gott?
Laß uns wie Josef den Auftrag erfüllen! So beten wir, meinen wir damit auch den Maßstab seiner unauffälligen Werktagsdienste? Gott hat mit Josef – wie auch mit Maria – nie etwas Besonderes getan. Er sandte sie weder zur Predigt aus, noch nahm er sie in seinen Apostelkreis. Aber er rief sie als erste Partner zu seinem Werk. Und für sie war es nichts als der normale Alltag, als die tägliche Arbeit, als das normale Milieu, in dem sie lebten. Also lebt das Voranbringen des Reiches Gottes eben nicht nur von großen Aktivitäten und großen Worten. Es wird mit werktäglicher Dienstbarkeit nicht minder vorangebracht als mit feiertäglichem Gepränge. Hier lag die kleine hl. Theresia in der Spur des hl. Josef, wenn sie so drastisch formulierte: „Wenn ich Gott mit Eimer und Putzlappen weniger verherrliche als mit einem Hochamt, so stimmt mein Glaube nicht!" Hammer und Hobel von Nazareth waren keine geringeren Heilszeichen als Brot und Fische aus den Händen der Apostel. Wir sollten es verstehen und umsetzen, wie es uns Papst Johannes XXIII. so eindringlich schrieb: „Die Gläubigen mögen begreifen, daß sie mit ihrer Alltagsarbeit nach Gottes Willen das Erlösungswerk Christi fortsetzen."
Also können wir unser Festgebet doch vollziehen? Also braucht uns St. Josef doch nicht verlegen zu machen? Gewiß nicht! Wir wollen es mit der Kirche herzhaft beten: Gott, gib auch uns Mut und Kraft, damit wir wie Josef den Auftrag erfüllen, den du uns zugedacht hast! Amen.

St. Josef

Sankt Josef und das Ja zum Leben
(zu Mt 2, 13–14)

In was für einer zwiespältigen Zeit leben wir doch! Da demonstrieren Tausende in unserer Oberpfalz wider den Plan der WAA im Schwandorfer Raum und machen sich zu lauthalsigen Anwälten für das Überleben der nächsten Generationen, aber dieselben Demonstranten sind ebenso zur Stelle mit Bussen und Transparenten, wenn es um die Preisgabe des ungeborenen Lebens geht. Da schwillt ein mächtiges

Lamento an im Bayerischen Wald, weil der Todeshauch über unseren Wäldern liegt und Tannen und Fichten in Massen sterben läßt, aber man nimmt es bereits fraglos und klaglos hin, wenn auch hierzulande schon die Zahl der Särge über die der Wiegen hinausgeht. Da flammt noch Entrüstung auf über Fernsehberichte von 50 000 Selbstschußanlagen an der Todeszone zwischen hüben und drüben unseres geteilten Landes, aber wer erregt sich noch darüber, daß Tag um Tag rund 500 ungeborene Kinder in den Todeskammern unserer Abtreibungskliniken verschwinden?

Wie soll man da an all die Proteste wider die Lebensbedrohung dieser Zeit glauben, wie will man letztlich da noch ehrlichen Herzens all den Sprüchen und Plaketten vertrauen, wie sie auf den Heckscheiben der Autos kleben: Ein Herz für Kinder! – Für das Leben! – Wir wollen überleben!, und was sonst noch alles propagiert, plakatiert und präsentiert wird an scheinbarer Entrüstung über die Zerstörung unserer Lebensbedingungen und an, meinetwegen auch noch so ehrlicher Sorge um unsere Kinder und das Leben der kommenden Generation? Was soll es, wenn eben daneben der Wille zum Leben lahm wird und der Überdruß an Kind und Lebensweitergabe grassiert? Wo das Nein zum Leben eher auf der Zunge liegt als das Ja zum Leben, da wird das Für und Wider solcher Manifeste und Manifestationen zur Frage, wenn nicht gar schon zur Farce.

Aber was soll das alles nun heute und hier in unserer Feier des heiligen Josef? Was hat diese Ablichtung unserer Zeit mit ihm zu tun, der vor 2000 Jahren nur stellvertretend Vater sein durfte und in seinen Psalmgebeten nicht die Klage über das Kind, sondern das Rühmen von Kindersegen und Kinderreichtum vor Gott trug? Wieso bringe ich solche Not und Gefahr dieser unserer Zeit mit ihm zusammen, der die Lilie in seiner Hand trägt und nicht die Passionsblume?

Dies ist meine Antwort: Wir nennen Sankt Josef so gern Patron der Sterbenden, wir rufen ihn an für die Beistandschaft in letzter Lebensnot, wir geben ihm unser Hinscheiden aus dieser Welt anheim. Aber ist Sankt Josef nicht ebenso Patron und Anwalt des Lebens? Ist nicht er der von Gott bestellte Hüter und Wächter über das wehrlose Leben des Kindes, das ihm anvertraut wird? Ist seine Mission nicht darauf abgestellt, dem Anschlag auf das Leben zuvorzukommen und das mörderische Planen eines Herodes zu durchkreuzen, wie wir es uns eben in der Botschaft der Schrift aufs neue sagen ließen?

1. Josef – Sorge um das Leben

Da geht es zunächst um Josefs Sorge *um* das Leben. Und Gott selber gibt sie ihm auf: „Steh auf, nimm das Kind und seine Mutter. Flieh nach Ägypten; denn Herodes ist daran, nach dem Kind zu fahnden, um es zu töten." Und ohne Wenn und Aber ist Josef dazu bereit. Auch wenn er weiß, daß sein Sorgegehorsam bedeutet, die Heimat und seine dortige Existenz aufzugeben, sicher auch unverstanden, wo nicht gar als Angsthase belächelt und bemitleidet zu werden. Asylantenschicksal auf sich zu nehmen und statt des politischen Drucks daheim womöglich die Ungewißheit im Exil einzutauschen. Aber ihm ist die Sorge um das Leben des ihm anvertrauten Kindes aufgegeben, und das wiegt alles andere auf: Risiko und Heimatlosigkeit, Gespött der Nachbarn und Desinteresse wohl auch der neuen Umgebung. Für das Leben dieses *einen* Kindes bedeutet ihm die Drohung der Gewalt und die Last des Exils soviel wie nichts. Es geht allein um dieses Leben, es zu erhalten, es in Sicherheit zu bringen, es in die Obhut seiner Sorge zu nehmen.

Also ist Sankt Josef doch Anwalt des Lebens, und seine Sorge darum mitgegebener Auftrag an all die, die sich an ihn wenden und von ihm zu lernen haben, was Gott denen zumutet, die von Leben und Lehre dieses Kindes ein für allemal in die Pflicht genommen sind.

Und ein Josefitag muß daran erinnern, muß zur Anfrage nach eben solcher Sorge um das Leben, das bedrohte und verfolgte Leben unserer Ungeborenen werden. Nur, wie bestehen wir diese Anfrage? Wir in diesem Land, in dem uns die letzte Statistik des Jahres 1981 berichtet, daß auf jede 4. Geburt eines Kindes eine Abtreibung – und Abtreibung heißt nun einmal im Klartext Kindermord! – kommt. Wie unmittelbar trifft uns diese Josefsorge um das werdende Leben angesichts der rund 160 000 Abtreibungen und Schwangerschaftsunterbrechungen des letzten Jahres. 160 000, das ist mehr als die Einwohnerschaft von ganz Regensburg, und das ist weiß Gott nicht nur für 1981 so ermittelt. Wir stehen mitten drinnen in dieser Herodesfahndung nach dem Kind, und, wenn wir ehrlich sind, sie ist uns beinahe schon so selbstverständlich geworden, daß wir eher über einen Autounfall mit vier Toten erschrecken als über 500 Embryos, die im eigenen Blut ersticken. Aber freilich, der Autounfall kommt in den Tagesnachrichten, davon gibt es Fotos in den Zeitungen. Von den 500 Ungeborenen spricht niemand, und die Praxisräume, in denen sie vernichtet werden, bleiben ohne Reporter.

Bloß, das ändert an der Tatsache nichts, und die Tatsache dieser tagtäglichen Lebensbedrohung und Lebensvernichtung bleibt die stumme Anfrage an die Gewissen, an unser Gewissen. Wie groß, wie opferbereit, wie wach ist unsere Sorge um das Leben?

Vor 14 Tagen haben wir die neuen Räume in der Schmetzerstraße für die §-218-Beratungsstelle für Frauen in Konfliktfällen eingeweiht. Räume, in denen Tag um Tag Dutzende Entscheidungshilfen in notvoller Bedrängnis von der Kirche her für das werdende Leben, das bedroht ist, gegeben werden. Beratungszimmer, in denen die Not, aber auch die Angst und zuweilen das Nein zum Leben Dauerquartier bezogen haben. Und niemand soll meinen, daß wir diese Nöte von

Frauen, ihre Ängste und ihre Bedrängnis in der Entscheidung für oder wider das Leben nicht ernst nehmen. Niemand soll glauben, unsere Mitarbeiterinnen in diesen Stellen der Kirche würden sich zu leichtfertigen Erfüllungsgehilfinnen für eine Freibriefaktion von Abtreibung hergeben, mag man selbst in Kirchenkreisen dies ihnen ungerecht und böswillig nachreden. Wer wirklich Sorge um das Leben empfindet – und die Kirche, meine ich, muß dabei die erste sein –, kann nicht nur auf die steinerne Gebotstafel zeigen und womöglich zugleich mit der anderen Hand den ersten Stein aufheben, um nach Schuldiggewordenen zu werfen. Nein, weil wir die Josefsorge um das bedrohte Leben ernst nehmen, darum leisten wir aus unserer Kirche auch diesen Dienst, auch auf die Gefahr hin, mißverstanden zu werden; denn wo andere leichthin ihre Persilscheine für Schwangerschaftsunterbrechung ausstellen, da stellen wir uns in ehrlicher Mitsorge um die Gewissensnot so vieler Frauen und Familien unter das Gesetz Gottes, und dieses Gesetz Gottes stellt keine Freibriefe wider das Leben aus, es bindet ein in die Sorge um das Leben, in der Sankt Josef Mutter und Kind in seine Obhut nahm.

2. *Josef – Sorge für das Leben*

Und in dieser Obhut für das ihm anvertraute Kind erfüllt sich das übrige Dasein des stillen, allzeit bereiten Mannes von Nazareth. Als die Gefahr des Herodes gebannt war, kehrt er zurück in die Heimat, baut dort wohl mühsam aufs neue seine Existenz auf und übernimmt – wer weiß wie lange? – die Fürsorge. Darüber findet sich kein weiteres Wort mehr in der Schrift. Es ist, als sei das so selbstverständlich, so sonnenklar, daß es keine Zeile eines Kommentars mehr bedürfe. Josef ist einfach da für das reifende Leben, und seine Tage gehen darin auf. Ohne allen Aufhebens, ohne einen Seufzer – nicht einmal in der schmerzlichen Suche nach dem 12jährigen Jesus wird von ihm ein einziges Wort der Klage vermerkt! –, ohne den auch nur leisesten Hinweis, wieviel an Opfer, Arbeit, Fürsorge in dieser stummen Selbstverständlichkeit eines ganzen Lebens beschlossen ist.

Wie anders nimmt sich da – auch unter Christen heute! – das Lamento aus über die Kinder, die so viel Sorge und Mühe machen, die man sich nicht leisten kann, weil das ja den Lebensstandard ins Wanken bringen könnte, Kinder, von denen man nicht weiß, ob sie einem das je anerkennen oder gar gutmachen werden, und deren Zukunft so ungewiß ist, daß man es sich eher dreimal überlegen sollte, sie in die Welt zu setzen, als sie sich aufzubürden.

Verstehen Sie mich recht: Es geht mir nicht um eine billige Anklage von Kinderscheu und Kinderverneinung. Die gibt es wohl auch, aber mehr noch die wirklich ernste Frage so vieler junger Ehepaare, ob und wie oft sie verantwortbar

Ja zum Leben, Ja zum Kind sagen dürfen. Und viele machen es sich da wahrhaftig nicht leicht, weil sie nicht leichtsinnig handeln können und wollen, sondern in wirklicher Verantwortung dem Leben gegenüber. Solche verantwortete Elternschaft hat nichts zu tun mit egoistischer Opferscheu und bequemer Selbstsucht. Wer gewissenhaft ja zu neuem Leben sagt, weiß, daß er auch das Blanko-Ja sprechen muß für eine lebenslange Sorge, die nicht endet, wenn Kinder, wie man so sagt, flügge werden. Und unsere Eltern haben ein Recht darauf, daß andere dieses Ja mit all seiner Last dann mittragen. Staat und Gesellschaft, aber auch die Kirche, die ihnen am Traualtar dieses grundsätzliche Ja, diese Grundbereitschaft zum Kind und zur Sorgebereitschaft für ein Leben lang abverlangt.

Nur, es bleibt nach wie vor die Frage gerade an die Christen, wie sie solche Grundbereitschaft, *für* das Leben da zu sein, durchtragen, wieviel Treue und Mut sie einbringen in eine morbide Gesellschaft, die sich so schnell und so billig dispensieren möchte von jedwedem Opfer, von aller Belastung und von jedwedem Risiko. Ein Kind ist nun einmal kein „Betriebsunfall der Liebe", es ist kein leidiger Rechenfehler, der trotz aller Aufklärung mal vorkommt, und es ist vor allem kein unzumutbarer Risikofaktor einer Ehe, die im Zeichen des Kreuzes geschlossen wurde. Und – das füge ich hinzu – ein Kind ist nicht nur denen aufgegeben, die ja zu ihm gesagt haben und sagen. Wir sind insgesamt mithineingenommen in die Pflicht *für* ihr Leben und mitbestellt, Sorge zu tragen, daß jene, die ein Kind annehmen, sich auch angenommen erfahren dürfen von ihrer Umgebung, von der Gesellschaft.

Josef konnte das Kind, für das ihm lebenslange Sorge aufgetragen wurde, im eigentlichen nicht *sein* Kind nennen, aber er nahm es als das seine an und auf in der sorgebereiten Liebe seines Herzens. Damit ist er uns zum Zeichen geworden, zum Wahrzeichen des Mitsorgens wie zum Mahnzeichen von Mitverantwortung am und für das Leben. Niemand von uns darf dieses Signal übersehen, das Gott uns in Josef gegeben hat und zumal in unser Heute hinein gibt, in dem – Gott sei's geklagt! – so viele, auch in unseren Reihen, zwar die sinkenden Geburtenraten lautstark bereden, aber den Familien, die noch immer die Last der Kindersorge tapfer übernehmen, das allein überlassen, so als ob das deren Privatsache wäre. Sie ist es nicht; denn jedes Ja der Eltern zu einem Kind ist auch ein Ja für uns alle, für die Gemeinschaft und die Zukunft aller. Geben wir ihnen also die Gewißheit, daß sie in ihrer Sorge nicht allein gelassen sind, machen wir den ratlosen und ratsuchenden jungen Ehen Mut, den Dienst am Leben zu übernehmen, schaffen wir Solidargemeinschaft der Sorge für das Leben!

Sankt Josef, so sagte ich eingangs, wird seit alters gern als Patron der Sterbenden angerufen. Darin steckt tiefe Erfahrung des Glaubens, die wir weitertragen wollen. Aber machen wir ihn nicht zum Patron eines sterbenden Volkes; denn er ist auch Anwalt des Lebens, Patron derer, die um des Gewissens willen Herodes widerstehen und die zur Sorge *um* das Leben die Sorge *für* das Leben zu tragen gewillt sind. Er möge uns bei Gott beides erbitten! Amen.

Josefi 1982

Auch seine Hände trugen Schwielen

Heilige haben zarte Hände. Zumindest wenn man den Malern glauben darf. Aber wer Tag für Tag mit rissigen Brettern umgeht und kantigen Hölzern, dem werden die Hände rauh, schwielig, rissig. Nicht anders als sie der Kumpel vor Ort bekommt oder der Eisendreher, der Mann im Steinbruch und das Mädchen in der Wäscherei. Manch einer schämt sich gar dafür, und die junge Arbeiterin am Fließband gäbe wohl was dafür, wären ihre Hände so wie die einer Filmdiva. Gott aber liebt sie, diese rissigen, spröden Hände, die man nicht mehr glatt bekommt und nur mit Mühe noch sauber. Gott hat solche Hände an der Wiege seines Sohnes haben wollen. Darum hat er sich einen aus der Werkstatt berufen, nicht den Mann aus dem Maniküreladen. Ja, noch mehr. Gott selbst wollte solche Hände haben. Deswegen stand er 30 Jahre im Gewirr der Hobelspäne und im öden Geruch von Holz und Leim. Und die Leute bezeugten es ihm: „Er ist doch des Zimmermanns Josef Sohn!" Frag Gott, wieso er ausgerechnet als Arbeiterssohn gelten wollte und mit schwieligen Händen seine Wunder wirken! Es bleibt dabei, *die Welt der Arbeit war seine Welt!*

Mögen die Ästheten sich darüber entsetzen und die Schöngeister daran Anstoß nehmen. Das Evangelium wird nicht mehr anders geschrieben als mit der Präambel von Werkstattlärm und Pechgeruch aus frischem Holz. Mag sein, daß darin wirklich ein Ärgernis beschlossen ist für alle jene, die Religion mit Weihrauchduft und Kerzenschimmer, Chorälen und Orgelfugen verwechseln. Mag sein, daß welche in dieser Tatsache die einseitige Bevorzugung eines Standes – und noch dazu den der Arbeiter! – erkennen wollen und ihren eigenen Beruf mißachtet sehen. Gott wollte es so. Die rußige Werkstatt von Nazareth sollte seine Sakristei sein und der Mann im groben Arbeiterkittel sein erster Gehilfe. „Selig, wer sich an mir nicht ärgert!" Vielleicht muß dieses Wort eben jetzt zum erstenmal gesagt sein, dem Pius XII. seine eigentliche Würde und seine schönste Krönung mit der Erhebung zum Festtag der Kirche schenkte. Nicht aus billiger Sympathiesucht und Opportunismus der sozialen Entwicklung gegenüber, sondern im Vollzug der Proklamation unserer Erlösung. Gott selber sprach sein Ja zur Arbeit und zum Stand der schwieligen Hände.

Und dreißig Jahre sind eine lange Zeit. Sie sollten ausreichen, all jenen Mut zu machen, die sich zu harter Arbeit „verdammt" sehen. Sie sollte genügen, denen die Augen zu öffnen, die an den Fabriktoren so gerne das of limits für Jesus Christus lesen möchten. Sie sollten auf alle Fälle lehren, daß jener Fromme des hohen Mittelalters die ersten Kapitel der Heiligen Schrift besser betrachtet hatte, als wir es gewöhnlich tun, wenn er schrieb: „Wenn ich Gott im Kuhstall weniger finde als im Hochamt, dann ist mein Glaube falsch." Gottes Welt endet nicht an der Kirchentür und allenfalls noch am Friedhofportal. Sie umspannt auch die Fabrikanlage und die Montagehalle, die Blockstraße und die Verladerampe. Allerorten, wo man schafft und werkelt, ist das Zuhause des „Zimmermannssohnes" aus Nazareth. Wo die Motoren summen und der Hammer dröhnt, hallt das Echo wider aus der Werkstatt des Handwerkers aus Palästina, den Gott selber sich zu seinem Ernährer bestimmte. Das Evangelium verträgt keinen Radiergummi, auch nicht in seinen ersten Kapiteln.

Der Mann der Arbeit war sein Mann

Wirklich, sein Mann! Es ist jammerschade, daß uns sein Bild dies stolze Wort so herzlich wenig erkennen läßt. Wer sieht da Sankt Josef schon an, wie hart sein Tagwerk war und wieviel härter der Anspruch, den Gott urplötzlich an ihn stellte? „Josef, scheue dich nicht, Maria zu dir zu nehmen. Was sie empfangen hat, stammt vom Heiligen Geist." Kein Kommentar weiter. „Und Josef stand auf und tat, wie ihm vom Herrn befohlen." Des Mannes Antwort ist die Tat. Aber ein harter Arbeitstag an der Werkbank ließ sich leichter noch mit einem frischen Pfiff beginnen als dieser Morgen. Gott schont seine Mannen nicht.
Auch nicht, wenn sie todmüde von der Arbeit und noch müder von der Undurchsichtigkeit der Pläne Gottes schlafen wollen. „Josef, steh auf! Nimm das Kind und seine Mutter und zieh nach Ägypten. Bleib dort, bis ich es dir sage." Der arbeitende Mensch ist immer Objekt der Politik. Ob der Mensch sie macht oder Gott selber. Den „Kleinen erwischt man immer". Ob er das damals dachte, der Mann aus Nazareth? Seine Antwort braucht keinen Satz. „Er stand auf, nahm das Kind und seine Mutter bei Nacht und zog fort." Sein Arbeitsplatz ist aufgegeben. Wer weiß, bis er wiederkommt, haben sich seine Kunden verloren. Arbeitslosigkeit ist eine Schwester des Hungers.
Aber Gott hatte sich in seinem Mann nicht getäuscht. Es gab keinen Streik, keinen Widerstand. Der Mann aus der Werkstatt stand zur Verfügung. Komme, was kommen wolle. Nein, das ist kein sturer Fatalismus. Das ist nicht der Rausch religiösen Opiums, in dem er sich fügt. Schon gar nicht eine schwache Vertröstung auf himmlischen Lohn. Hier handelt einer, der geradesteht, wo Glaube zur Entscheidung wird und Frömmigkeit zum nüchternen Gehorsam.
Der 1. Mai ist heuer ein Sonntag. Sie werden wie jeden Sonntag ihr Credo beten, die Männer der Arbeit und die Frauen aus den Büros und Fabriken. Und das Vaterunser dazu: Dein Reich komme! Dein Wille geschehe! Wahrscheinlich

sprechen sie es lauter als der stille Mann, der mitten in der Nacht das Maultier packte um ins Ausland zu ziehen – als Arbeitsloser um Gottes willen. Ob er sie am Montag dann, wenn sie am Fließband sitzen oder die Kohlen unter die Dampfkessel schippen, als seine Brüder und Schwestern erkennen wird? Das ist die Frage an so einem Feiertag der Arbeit unter denen, die ihr Gotteslob in den Händen zu ihm rufen: Sankt Josef, schweigend und getreu in Gottes großem Willen . . . stell aus ein Licht der Zuversicht, daß wir uns Gott ergeben"? Und ob sie selber wohl seinen Anruf verstehen, den er jenem Namensträger des Alten Bundes nachspricht:

Seht, ich bin Josef, euer Bruder!

Auch einer mit den Händen voller Schwielen und dem Kopf voller Sorgen und Gedanken, die in Wirklichkeit fast nur Fragen sind, Fragen um das, was morgen neue Last und neue Sorge sein wird, und um das, was er oben uns nicht sagt, sondern einfach mit uns tut. Auch einer wie du, der über der letzten Nachricht aus der Politik erschrickt und an das denkt, was so mühsam erspart und geplant und das dann übermorgen zerstieben kann wie Rauch; der manchmal weinen möchte oder gar fluchen, weil das alles so ist um den Kleinen; der es selbst im Hause Gottes nur zu einem Arme-Leute-Opfer bringt und den sie in der Nachbarschaft mitleidig belächeln, weil er das Fleisch nicht ißt, wenn Gott es verbietet, und der seiner Frau nicht den Scheidebrief gibt, obwohl er „nichts von ihr hat". Fromm sein und bloß ein armer Schlucker bleiben sein Lebtag, das ist halt nun mal eine eigene Sache, und gar noch seine Kraft hergeben für etwas, was „später mal" Segen bringen soll . . . Sie lachen einen immer aus. Dich und mich.

Du meinst, bei mir sei das doch etwas anders gewesen, weil ich ihn schließlich mit eigenen Augen sah. Leibhaftig sah? Was sah ich schon? Schwielen an seinen jungen Händen wie an den meinen. Noch nicht so groß und so hart; aber doch Schwielen. Und den Schatten von Sorge im Gesicht, genau wie bei mir. Später dann, als seine große Zeit begann, ich sah sie nicht mehr. Gott ist unsereinem immer Geheimnis. Man muß einfach glauben. Ja, glauben und da sein, weil er es will, wie er es will. Das ist alles. Und mir war es genug.

Arbeiten, jeden Tag wieder, jeden Tag dasselbe, zehn Jahre, zwanzig, ein Leben lang, bei Gott, das ist nicht leicht; aber wissen, warum und wofür, das ist etwas anderes. Ich wußte es, glaubte es, auch wenn er neben mir an der Hobelbank stumm war und ich oft genug das Gefühl hatte, als ließe er mich meine Balken doch ganz alleine schleppen und als rührte es ihn nicht, wenn ich abends meine paar Münzen zusammenzählte und seufzte, weil es nicht hinreichte, den Händler zu bezahlen und besseres Geschirr für die Küche zu kaufen. Man muß wissen, daß ER zusieht und um all das weiß, auch wenn er schweigt, in einem fort schweigt. Zu dem gemeinen Wort, das der eine hinwirft, zu den Steuern, die sie einem abnehmen,

zu dem Erdstoß, der einem das Haus auseinanderreißt, zum Wucher der Kaufleute und zum Fieber, das einen schüttelt wochenlang.
Aber er weiß es und er selbst hatte Schwielen an den Händen von der harten Arbeit wie ich. Wie du! Du solltest es nicht übersehen und danken dafür. Es ist 1. Mai.

St. Josef – Ärgernis und Erlösung

Man reicht heute das Wort herum wie einen Gag. Ich meine jenes Wort des Papstes Pius XI., das in der Synode von Würzburg scheinbar erst entdeckt wurde, obwohl es damals bereits älter als 40 Jahre war. 1931 nämlich schon schrieb der Papst: „Das ist der Skandal der Kirche des vorigen Jahrhunderts, daß sie die Arbeiterschaft verloren hat, und das ist der Skandal unseres Jahrhunderts, daß sie sie noch nicht wiedergewonnen hat." In Würzburg wurde es zur Formel „fortwirkender Skandal", und so wird es nun herumgereicht. Aber ich frage, wann eigentlich hat dieser Skandal, dieses Ärgernis denn wirklich angefangen? War das nicht schon 2000 Jahre früher, damals nämlich, als sich Gott zu Nazareth St. Josef erwählte und mit ihm Theologen und Tempelfromme provozierte? Ist St. Josef nicht bereits die fortwirkende Herausforderung, und – so frage ich – ist es vielleicht auch daran, daß mit der Verdrängung des Zimmermanns von Nazareth auch die Verdrängung der Arbeiterfrage in der Kirche Hand in Hand ging? Und umgekehrt, muß nicht, wo immer von St. Josef die Rede ist, das Wort darüber sich anmelden, wie sehr Gott die Welt der Arbeit zum Ausgangspunkt unserer Erlösung machte und wie sehr Gott eben den Menschen in der Arbeitswelt sich zum Gefährten erwählte? Ich denke, ja, und möchte in dieser Stunde, in der wir mit der Josefsfeier auch das Zeichen der KAB unserer Dompfarrei segnen, dies aufzeigen:

1. Welt der Arbeit – Ausgangspunkt unserer Erlösung

Wir sprechen von Josef, dem Arbeiter. Wir hören von dem Erstanruf, der ihn erreichte: Gib du dem Kind den Namen Jesus, denn er wird meinem Volk Erlösung bringen. Aber ist uns nicht schon dies viel zu selbstverständlich geworden, dieses Anheben in einer armseligen Werkstatt und dieses Anrufen eines Mannes mit Beil und Säge? Und doch liegt darin das eigentlich Erregendste und Revolutionärste, was je eine Religion verkündete: Gott setzt in der Arbeitswelt den Anfang seiner Frohbotschaft, mehr noch, sein Evangelium beginnt und erfüllt sich geradezu mit einer Liebeserklärung an eben diese Welt des kleinen Mannes mitsamt seiner Brotsorge und seinem politischen Niemandsstatus.

Als ob das nun selbstverständlich wäre! Als ob man dies überhören und darüber hinweglesen könnte: Gott wird inmitten dieser Welt Mensch, und zwar Mensch nicht im königlichen Gepränge, nicht als Sprosse feudaler Versorgung, nicht in Purpur und Seide, sondern Mensch als einer der Namenlosen, als Abkömmling eines Handarbeiters, über dem sie zu Nazareth ihre Nasen rümpfen werden: Was will der denn schon. Den kennen wir doch, den Habenichts und den Niemand, den Josefssohn! Und an dem sie sich folglich ärgern wie über eine Zumutung und einen Skandal.

Nun, eben dieses Ärgernis und diese Zumutung ist geblieben; denn die Hände auch des Sohnes Gottes sind über dreißig Jahre hin durch Handarbeit gezeichnet, und die beiden Menschen, die für ihn als Weggeleit bestellt sind, behalten ihren Arme-Leute-Geruch noch in ihrer himmlischen Glorie. Aber gerade in diesem skandalösen Beginn liegt unsere Frohbotschaft, ist unsere Erlösung; denn man kann nun nicht mehr zum Kreuz aufschauen und dann trotzdem fragen, ob Gott eigentlich an dieser Welt, ihrer Brot- und Lebenssorge, interessiert sei. Man kann kein Josefsbild auf den Altar stellen und dann immer noch zweifeln, ob wohl Gott auch zwischen Werkstatt und Fabrik zu Hause ist. Mit dem Anruf an Josef begibt sich Gott mitten in diese Welt der Sorge und des Schaffens hinein, fängt Erlösung der Welt der Arbeit an. Und wenn es jenen fortwirkenden Skandal von Kirche und Arbeiterschaft gibt, dann vielleicht auch deswegen, weil man St. Josef das Werkzeug aus der Hand genommen hat und ihm statt dessen nur die Lilie ließ, ich meine, weil wir über den heiligen Partner des Erlösers den Part zu kurz kommen ließ, den Josef inmitten seiner Welt zu ihrer Erlösung auf sich genommen hat.

2. *Menschen der Arbeit – Gefährten der Erlösung*

Josef ist eine Herausforderung, nicht eine Beschwichtigung. Seine Zeitgenossen spürten das. Deshalb der Krawall in der Synagoge von Nazareth, deswegen ihr Geschrei: „Was soll's? Eines Zimmermanns Sohn!" Wieviel Verachtung schwingt da mit, wieviel Aufregung, daß Gott sich Menschen aus diesem Milieu ruft. Aber was ändert es: Es bleibt dabei, er rief nicht den Mann der Universität, nicht die Dame der Hautevolee, er wandte sich an Josef, den Arbeiter, und an die Frau aus der Kaste der Ha'ares, der Proleten von damals. Gerade an sie und nur an sie zuerst. Mit ihrem Ja, dem lauten der Gottesmutter, dem stummen Tat-Ja des Josef fängt sein Evangelium an. Natürlich hätte er sich andere Gefährten wählen können, andere mit größerer Geisteskraft und hohem Einfluß. Er wollte diese beiden und nur das Ja ihres Herzens und die Kraft ihrer Hände. Keine Predigt, keine Propaganda, kein Geld und keine Protektion. Ihr Herz und ihre Arbeit, nichts sonst. Wann werden wir das begreifen und dann aber auch aufgreifen? Wir, die Kirche, und wir mitten in der Welt? Wann wird es zumal der werktätige Christ verstehen

und darüber stolz werden, daß Gott ihn haben will als Partner, ja als unentbehrlichen Partner, weil die Welt heil werden soll, frei und gerecht? Und daß er dazu eben nicht zuerst eine Akademie für Apostolat und Laienmündigkeit nötig hat, sondern die Bereitschaft, sich und seinen Alltag einzubringen. Daß, wie Johannes XXIII. es formulierte, seine tägliche Arbeit im Geist des Evangeliums getan, das Werk der Erlösung der Welt fortsetzt, und dies eben nicht nur mit der frommen Meinung (man hat sie früher gute Meinung genannt und tat wahrhaftig gut daran, uns dies zu lehren), nicht nur damit also, sondern auch und schon damit, daß der werktätige Christ mit seiner Arbeit sich einfügt in die Sendung des Werkmanns von Nazareth, d. h. im Einbringen seiner Berufs- und Familienpflicht ins große Ganze einer Welterlösung.
Wir werden an diesem Josefiabend ein Banner der Katholischen Arbeitnehmerbewegung segnen. Sein Zeichen ist das Kreuz, das aus dem Hammer emporwächst, und ein Hammer, der vom Kreuz abhängt. Wir sollten dieses Zeichen um Himmels willen nicht nur für eine geschickte Symbolik halten, es ist Aussage des Evangeliums und Auftrag des Evangeliums, das zu Nazareth beginnt und das im Osterlicht seine Erfüllung findet. Das ist unser Evangelium. Und Josef, der heilige Werkmann, ist sein Kommentar.

Ärgernis und Erlösung

„Das ist der Skandal der Kirche des vorigen Jahrhunderts, daß sie die Arbeiterschaft verloren hat, und das ist der Skandal der Kirche unseres Jahrhunderts, daß sie sie noch nicht wiedergewonnen hat." So hat es Pius XI. seinerzeit einmal gesagt, und was der Papst sagt, wissen wir selber nur zu gut. Längst sind die Fabrikschornsteine über unsere Kirchendächer hinausgewachsen, und unsere Kirchenglocken dringen kaum noch durch den Lärm der Industrie. Zwischen der Welt der Arbeit und der Welt der Kirche liegt Niemandsland, klafft ein Abgrund ohnegleichen. Und das ist das eigentliche Ärgernis; denn Gottes Botschaft, Christentum und Kirche beginnt gerade darin, daß Gott und Welt sich wiederfinden, daß die Erlösung gerade in der Welt der Arbeit anhebt; denn Gott sucht die Welt des arbeitenden Menschen, und Gott ruft den arbeitenden Menschen als Gefährten.

1. Gott und die Welt der Arbeit

Vielleicht ist uns das alles schon viel zu selbstverständlich geworden, die Krippe und das Kreuz, die Hütte von Nazareth und das Bild eines Mannes mit Beil und Säge. Und doch liegt darin eigentlich das Erregendste und Revolutionärste, was

je eine Religion den Menschen kündete. Das Evangelium Jesu Christi ist weltzugewandt. Mehr noch, es beginnt und erfüllt sich geradezu mit einer Liebeserklärung Gottes an diese Welt der Arbeit, der Nöte und Probleme; denn „so sehr hat Gott die Welt geliebt, daß er seinen eigenen Sohn dahingab für sie". Als ob das selbstverständlich wäre! Als ob man darüber einfach so hinweglesen könnte: Gott wird inmitten dieser Welt Mensch, und zwar Mensch nicht in königlichem Gepränge, nicht als Sproß adeligen Geschlechtes, nicht in Purpur und Seide, sondern als einer der vielen Namenlosen in irgendeinem armseligen Winkel, im rauhen Kittel eines Werktätigen, unter Leuten, die politisch ein Nichts sind. „Wer ist er denn schon?!" sagen sie in seiner eigenen Vaterstadt, und sie ärgern sich an ihm.
Das Ärgernis ist geblieben; denn die Hände des Gekreuzigten sind von dreißig Jahren Handarbeit gezeichnet, und die beiden Menschen, als deren Sohn er angesehen wird, behalten auch in ihrer himmlischen Glorie den Arme-Leute-Geruch. Aber gerade dieses Ärgernis ist uns Erlösung; denn man kann nicht zum Kreuz aufschauen und trotzdem fragen, ob Gott denn überhaupt an dieser Welt interessiert sei. Man kann nicht Josefsbilder auf die Altäre stellen und trotzdem zweifeln, ob Gott auch zwischen Hochöfen und Maschinenhallen zu Hause ist. Die Welt der Arbeit ist erlöst, weil die Erlösung aus der Welt der Arbeit ihren Anfang nahm. Die Last unserer Mühe ist erlöst, denn dreißig Jahre hat der Erlöser selber sie getragen. Der Stand der Werktätigen ist erlöst, ist er doch Stand des Gottessohnes gewesen und geblieben.

2. *Gott und der arbeitende Mensch*

Ja wirklich, es ist ein Jammer, wie selbstverständlich uns die „Ärgernisse" geworden sind, an denen sich die Landsleute des Herrn noch ereifern konnten! „Eines Zimmermanns Sohn ist er, und wir kennen doch seine Mutter!" Welche Verächtlichkeit gellt durch diesen Schrei in der Synagoge von Nazareth. Und doch war eben dies der Ruf Gottes, der nicht den Mann der Universität und nicht die Frau der Hautevolee sich als Gehilfen suchte, sondern den Mann der Arbeit und die Frau aus den Ha'ares, dem Proletenvolk von damals.
Und er hat sie gewollt und gerufen, gerade sie und nur sie. Und nur mit ihrem Ja und ihrer Partnerschaft fing er das Werk der Erlösung der ganzen Menschheit an. Ist das so selbstverständlich? Gott hätte anders handeln können und andere berufen, tausend andere mit größerer Geisteskraft und weit höherem Ansehen und Einfluß. Er tat es nicht. Gerade diesen beiden einfachen, arbeitenden Menschen wollte er neben und mit sich haben und er will nicht mehr von ihnen als das Ja ihrer Herzen und die Kraft ihrer Hände, keine Predigt, keine Propaganda,

kein Geld und keine Protektion. Lediglich ihr Herz und die Arbeit ihrer Hände. So sollte die Welt, sollten wir erlöst werden.
Wann werden wir das begreifen? Wann wird der werktätige Christ vor allem es verstehen, daß er wirklich und wahrhaftig Gottes Werkzeug und Partner der Forterlösung der Welt ist, auch wenn er nur arbeiten kann, Tag für Tag, und dabei kaum mehr Zeit findet zum Gebet. Auch wenn er von Montag bis Samstag im Betrieb steht und Gott nicht mehr anbieten kann als den Schraubstock und die Schreibmaschine oder die Scheuerlappen und den Kehrbesen daheim im Haushalt? Die Welt muß weitererlöst werden; denn „die ganze Schöpfung seufzt nach der Erlösung" (Paulus). Aber sie wird auch dann nur erlöst in der Partnerschaft von Gott und Mensch, und auch dann mit unsrer Hände Arbeit und der Bereitschaft unserer Herzen.
Der 1. Mai der Kirche spricht von der Erlösung der Welt. Aber auch von dem Ärgernis, das darin begriffen ist, daß der Werkmann Josef noch vor den zwölf Aposteln erwählt wurde und die Hausfrau und Mutter Maria noch bestellt, ehedem die Mutter-Kirche zur Seelsorge bestellt wurde. Nazareth kommt vor Jerusalem, und der Engel des Herrn tritt eher an die zwei werktätigen Menschen heran, als der Pfingstgeist über die Jünger niederfährt. Daran laßt uns am 1. Mai denken und laßt uns auch verstehen, daß für die Kirche des 20. Jahrhunderts kein Mai kommen kann und wird, wenn nicht zuerst aus der Welt der Arbeit Menschen ja sagen lernen, mit ihrer Arbeit zusammen mit Gott die Welt zu erlösen.

In der Schule des Meisters

Halten Sie mich um Himmels willen für keinen Propheten! Aber lassen Sie mich das erzählen, was mir vor einiger Zeit widerfuhr: Mein ehemaliger Heimatpfarrer hielt mir ein reichlich vergilbtes Papier vor die Nase. Ob ich das wohl noch kenne? Es war ein Feldpostbrief, den ich anno 44 als junger Soldat aus Rußland an ihn geschrieben hatte, und mit Verwunderung las ich nach Jahrzehnten, was ich mit unbekümmerter Kühnheit prophezeite:
„Wissen Sie, Herr Pfarrer, hier draußen reden wir viel davon, was da einmal werden wird, wenn Gott all dieses Grauen und diesen totalen Niederbruch zu Ende bringt und uns heimkehren läßt. Ich meine, daß wir dann nach diesem gewaltigen Umbruch auch in unserer Kirche ein großes Aufräumen haben werden. Wir werden nichts mehr an der Stelle lassen und auch da tüchtig Hand anlegen, bis fast nichts mehr an seiner Stelle bleibt. Ausräumen und Umräumen, und es wird leer werden, bis wir dann selber anfangen zu frieren. So leer wird es um uns sein . . ."

Das liegt nun, wie gesagt, vier Jahrzehnte zurück, und ich bilde mir weiß Gott nicht ein, daß ich recht gehabt habe im Ungestüm meines Herzens. Aber zuweilen frage ich mich doch, haben wir es nicht doch dahin gebracht? Geht nicht doch ein Frösteln um in unserer Kirche von heute, die, wie es scheint, mit soviel Kopf reformiert hat und reformiert und so wenig Herz mehr zu haben scheint, daß es wahrhaftig nicht nur Leuten vom Schlag Lefebvres zu ungemütlich geworden ist. Haben wir nicht tatsächlich ausgeräumt mit unseren Heiligen beispielsweise, die nicht nur an den nackten Betonwänden neuer Gotteshäuser keinen Platz mehr haben, sondern auch in Gebet und Feier zu displaced persons geworden sind? Geht durch unsere so wissenschaftlich-gründlich purgierte Liturgie nicht eher der kühle Sog müder Geschäftigkeit, den auch rhythmisch-aufgeplusterte neue Lieder nicht aufhalten, denn der Glutwind des Heiligen Geistes? Reden wir nicht eigentlich sehr theoretisch von dem Fest, das wir sonntags mit unserem Herrn feiern, indessen wir die Festigung selbst vermissen?

Fragen über Fragen, und ich gebe zu, sie könnten mich eher als einen Miesmacher eures Festtages statt als „Diener eurer Freude", als die wir Priester doch berufen sind, verdächtigen. Nichts liegt mir ferner als das, und am Tag eines Sankt Benedikts ist uns das benedicere aufgegeben, nicht das maledicere. Nur, gestern wie heute bleibt es uns auch aufgegeben, uns umzusehen und vor allem aufzusehen zu dem, was inmitten aller Veränderung, allen Umbruchs, aller Reform das Bleibend-Gültige und das stets neu Herausfordernde ist. Und das finde ich im Vorwort der Regel Sankt Benedikts, das mit seinem kräftigen „Ausculta fili" jeden von uns meint und mit seinem Schlußsatz genau dahin verweist, wo jedwedes Christsein beginnt und endet. Ich meine sein Wort, seinen Appell: „So wollen wir die Schule dieses Meisters nie verlassen, sondern bis zum Tod in seiner Lehre verharren und in Geduld am Leiden Christi teilnehmen!" Wen Benedikt mit diesem „Meister" meint, ist umstritten; unumstritten bleibt, daß es letztlich der ist, der von sich selber sagt: „Einer ist euer Meister, ihr alle aber seid Brüder" (Mt 23. 8). Darum also geht es, heute nicht anders als zu Benedikts Zeiten und hier bei uns nicht anders als auf Monte Cassino: In der Schule des Meisters Jesu zu bleiben, und dies damit, daß wir in seiner Lehre verharren und an seinem Leiden teilnehmen.

In der Lehre Jesu verharren

Wo immer Kirche sich auf sich selbst besinnt und den bleibenden an sie gestellten Anruf zur Umkehr und Erneuerung an- und aufnimmt, muß sie sich an ihrem Ursprung und Anfang orientieren. Auch das Reformkonzil des II. Vaticanums hat es getan und daran Maß genommen. An diesem Ursprung und Anfang aber steht

die kürzeste und prägnanteste Beschreibung der Kirche, und sie heißt: „Alle verharrten sie einmütig in der Lehre der Apostel." Benedikt nimmt diese Kurzformel auf und macht sie zur Norm für seine Gemeinschaft, zur Norm für die Kirche selbst. Nach ihr bemißt sich die Spiritualität seiner Mönche, nicht minder die Echtheit allen Glaubensgehorsams in unserer Kirche.
Was liegt näher, als uns von Benedikt her mit unserem Christsein heute in Frage stellen zu lassen und daraus neu in die Pflicht.
Die Frage aber ist ganz schlicht, ob und wie unbedingt wir in der Lehre des Meisters geblieben sind und zu bleiben gedenken. Sie zielt ganz konkret und unbedingt darauf ab, was wir etwa aus der Lehre Jesu machen oder zu machen uns anschicken? Die Lehre Jesu ist im Gleichniswort seiner selbst „junger Wein" mit Sprengkraft und Gärung. Kommt es uns nicht doch manchmal vor, wenn wir heutiges Theologisieren und derzeitiges Debattieren mustern, aus dem jungen Wein sei eine fade Mixtur von Humanitätsphrasen, Anpassungsversuchen und Übersetzungen geworden, um sich über einiges seiner „harten Rede" hinwegzusetzen? Die Bergpredigt ist eben nun einmal nicht revolutionäre Planierraupe vordergründiger Gesellschaftsreform, sondern Anspruch statt bloßes Angebot. Das Wort von der Nachfolge nicht unverbindliche Einladung, sondern Herausforderung zu wirklich alternativem Leben. Das Wort vom Kreuz Ärgernis für die einen und Torheit für die anderen, gleichviel, wann es gesprochen wird, und das Kreuz selbst bleibt Hartholz und ungeeignet, damit Süßholz zu raspeln.
Das Wort, wonach Jesus kein Jota vom Gesetz wegnehmen will, bleibt bestehen, auch wenn man es so lange dreht und wendet, bis selbst die Tötung ungeborenen Lebens für Christen aufhört, Verrat an Gott zu werden, der ein „Gott der Lebendigen" ist und Kain verflucht. Die Lehre des Meisters meint das Ja oder Nein, und alles andere darüber, das zum angepaßten „Jein" wird, bleibt von Übel, und wieviel solche „Jeins" gibt es unter uns bis von Lehrstühlen und Kanzeln herunter!
Der „Vater des Abendlandes", Benedikt, aber beschwört uns: „So wollen wir die Schule des Meisters nie verlassen und bis zum Tod in seiner Lehre verharren." Darum geht es und nur darum, wenn wir selber uns nach der Qualität unseres Christseins, unserer Berufung und Sendung fragen, und erst recht auch dann, wenn wir junge Menschen auf Christwerden und auf Berufung zur Nachfolge Jesu in Priester- und Ordensstand ansprechen. Treue zu Jesus Christus meint Wortgetreue, meint, sich von ihm in Anspruch nehmen zu lassen – auch auf das Risiko hin, damit in Widerspruch zur Zeit und zur Welt zu geraten. Erbitten wir uns durch Sankt Benedikt solche wortgetreue, lehrgetreue Nachfolge, damit Kirche echt und Berufung in dieser unserer Kirche glaubhaft bleibe!

In Geduld am Leiden Christi teilnehmen

Wir feiern unser Benediktusfest inmitten der Fastenzeit. Auf das Kreuz hin also, das wir an ihrem Ende neu enthüllen werden, damit es Weg- und Heilszeichen sei, auf das Kreuz hin, das wir am Karfreitag küssen, wie Liebende sich im Kuß annehmen und verbinden. Benedikt beschwört im Prolog seiner Regel seine Mönche – uns alle –, „in Geduld am Leiden Christi teilzunehmen", das heißt, für ihn ist, wie bereits für St. Kassian, das Kloster gleichsam „Schule und Sportanlage für unsere Ausbildung", in der die „Kräfte der Großmut" sich formen sollen. Kassian hatte das schon so gedeutet: „Die Geduld und die restlose Treue, mit der sie in der einmal angenommenen professio verharren, macht aus den Christen täglich solche, die für die Welt gekreuzigt sind, lebendige Märtyrer." Und der derzeitige Abt von Einsiedeln, der die Benediktregel als „Anleitung zu einem christlichen Leben" neu kommentiert, erklärt dazu: „Jesus hat das Leiden nicht bloß passiv hingenommen, sondern gehorsam bejaht. Dieses aktive, freiwillige Antreten zum Leidenskampf ist angedeutet im Begriff der Geduld, der positiv verstanden werden muß als vertrauendes ‚Ausharren' oder ‚Standhalten' im Sinn der neutestamentlichen ‚hypomone', der ‚Durchhaltekraft', wie sie den Märtyrern eigen war." (Holzherr: „Die Benediktusregel", S. 46)

Und wieder ist der Appell im Prolog der Mönchsregel eine nachhaltige Anfrage mitten in unsere Gemeinschaft, in die Kirche dieser Zeit hinein und geradewegs auf unsere urpersönliche Christusnachfolge hin. Sie ortet unser „Durchhaltevermögen" und lotet Maß und Kraft unserer Christusliebe aus, die immer noch damit glaubwürdig wird, daß wir mit Thomas sagen und aufbrechen: Gut, dann laßt uns mit ihm gehen – ans Kreuz gehen –, und sei es, mit ihm sterben! Meine Frage aber, die ich zuerst an mich selber, dann in unsere Kirche hinein stelle, ist die: Wieviel Kreuzestreue ist in mir, wie redlich meine ich es mit einem Christsein im Durchhaltevermögen für das, was Kreuz meint, und wider die Versuchung, dem Kreuz auszukommen oder es in der Utopie unserer Wohlstands- und Wissenschaftsgesellschaft für eine Zumutung bzw. für eine Sache zu halten, die es bald nicht mehr geben wird, sowie wir nur, wie der Schlager es vermeldet, „alles im Griff haben"? Wieviel Kraft bin ich bereit, mir abfordern zu lassen von meinem Herrn zur Hinnahme eines Opfers, das nicht ich mir selber, sondern er mir zumutet, und umgekehrt, wie weit ertappe ich mich im allgemeinen Trend der Verdrängung von Kreuz, Leid und Tod? Denn das tun wir doch auch, wir, nicht nur die anderen in unserer Anspruchsgesellschaft? Und ich frage mich und muß mich fragen lassen, wie echt und urpersönlich leide ich mit am Leid dieser Zeit und ihrer Menschen, und das eben nicht nur mit einem Seufzer der Entrüstung über den Libanon oder das Mordrennen auf unseren Straßen, sondern in der echten Annahme all der „Sorgenkinder", für die Aktionen gemacht

werden, nicht aber wirklich und „sonderlich viele Herzensaktionäre" zu finden sind?
Wir entsetzen uns über das Waldsterben. Wir bangen um die Zerstörung der Umwelt. Wir legen lauthals Protest ein wider Massenvernichtungswaffen und Atomtod. Geht es uns aber dabei nicht doch mehr um unser Leben als um ein echtes Erleiden, das uns niemand, auch Gott nicht, abnimmt, in einer „Schöpfung, die in Seufzern und Wehe liegt bis zum Tag ihrer Erlösung"? Wir haben den Tod nicht im Griff und nicht die Katastrophen der Erde; am wenigsten aber, so fürchte ich, unser eigenes Gewissen und unsere „Geduld", eine Geduld, die eben nicht passives Übersichergehenlassen meint, sondern aktive Entfaltung ist auf ein Kreuz hin, an dem es kein Vorbei gibt, bis es als das endzeitliche Siegeszeichen erscheint. Benedikt fleht seine Mönche geradezu an, im Kreuz und auf das Kreuz zu durchzuhalten und dabei aber auch die großen Hoffenden und Gewissen zu sein, daß es den Sieg des Kreuzes und damit die Teilnahme an seinem Reich der Wahrheit, des Friedens und der Gerechtigkeit gibt. Nehmen wir seinen Anruf an! Wagen wir das Wort vom Kreuz und den Weg des Kreuzes!
In wenigen Wochen sind wir zu den Europawahlen gerufen. Wie viele sind europamüde, wie wenige wagen überhaupt noch das Wort vom christlichen Abendland, dessen Patron Sankt Benedikt ist? Nur, wo überhaupt Sorge um Europa noch wach ist, da ist die erste der Fragen, was braucht es, um Europa Chance und Zukunft zu geben? Die Antwort ist keine andere als die, was Kirche auch heute und morgen erneuern kann, und die Antwort lautet dort wie hier: Geht in die Schule des Meisters, bleibt in seiner Lehre, habt Teil am Kreuz seiner Erlösung. Bevor wir diese Antwort anderen geben, laßt sie uns selber zur Antwort unseres Lebens machen!

Benediktus-Fest in Metten

Aufmachen!

Was war das damals in der Synode von Würzburg für ein Aufruhr! Mitten in die erregte Nachtdebatte um die heißen Fragen der Sakramentenzulassung von Geschiedenen und Wiederverheirateten warf ein Bischof das Wort: „Nur tote Fische schwimmen mit dem Strom!" Das Echo war ein Tumult im Dom, so als hätte einer die tiefste Beleidigung gegen die Synodalen ausgesprochen. Und dabei war der bischöfliche Spruch doch eigentlich eine Binsenwahrheit und nichts anderes als der Anstoß für Christen, darüber nachzudenken, daß sie eben „nicht von dieser Welt, wenn auch in ihr" sind und somit sich darauf einzurichten hätten, gegen den Strom zu schwimmen, d. h. aus Geist und Gebot des Evangeliums heraus, sich eben nicht einfach mittragen und -treiben zu lassen vom Sog eines total falsch verstandenen aggiornamento, sondern gegenzusteuern und für sich selbst eine Kurskorrektur anzugehen.

Kurskorrektur – damals also lauthalsiger Protest. Was aber nun, als Papst Johannes Paul das Heilige Jahr ausrief und seinen Sinn wie sein Ziel darin festschrieb, daß es zur Kurskorrektur, zur Umkehr und Neuorientierung bestimmt sei? War es etwas anderes als das, was damals in Würzburg gemeint war? Nur, bislang gab es darauf weder Tumult noch Protest. Von dem seltsamen Protest vielleicht abgesehen, der in Regensburg zu vernehmen war, daß ausgerechnet im Lutherjubiläum nun Rom den Umkehrwilligen einen Ablaß gewähre. Aber seine Losung lautet doch nicht: „Schlagt die Türen gegen Wittenberg zu!", sondern „Öffnet eure Türen dem Erlöser!" Nicht: Verschließt euch nicht vor einem Reformator, sondern drückt euch nicht vor der Reform, die der Kirche immerzu und immer neu aufgegeben ist. Macht euch auf, statt macht's euch bequem; denn wer Christus wählt, wählt – wir haben es eben in der Sonntagsbotschaft gehört – auch das Kreuz, und das Zeichen des Kreuzes steht nun einmal für eine Nachfolge Jesu und nicht für ein Nachlaufen irgendeines anderen Heilsbotschafters.

Wir haben gestern mit unserem Bischof die Wolfgangswoche dieses Heiligen Jahres eröffnet. Wer den Namen des heiligen Wolfgang nennt, wer an sein Leben und Werk erinnert und darin Orientierung ins Heute sucht, findet eben dieses Losungswort der Reform. War er es doch, den sie als jungen Laienlehrer in Trier als „Mönch" schimpften, weil er ihnen einen anderen Lebensstil zumutete als den passablen Kurs stromabwärts, fiel er doch denen zu Köln auf den Wecker, weil er zur Reform mahnte, und reizte er als Bischof unserer Stadt Kleriker und Laien zum Widerstand, weil er mit nachhaltender Strenge zur Kurskorrektur ihres Lebens drängte. War er nicht der Unverstandene, lange Zeit mit der Großzügigkeit, in der er der Reform wegen dem Kloster Sankt Emmeram die freie Abtwahl gab, die für ihn Verzicht auf Einkunft und Macht bedeutete, weil er Böhmen verschenkte aus seinem Bistum, damit jenseits des Bayerwaldes Kirche von Prag aufleben konnte? Ein Schwimmer gegen den Strom seiner Zeit, der sich aufmachte im Doppelsinn dieses Wortes: aufmachte in einem missionarischen Aufbruch gen Osten hin, mehr noch aber aufmachte in der inneren Öffnung für den Anruf seines Herrn und sein Evangelium, das damals wie heute Botschaft der Umkehr, Anruf zur Nachfolge Jesu und Einladung zur Aufnahme des Erlösungsangebots Gottes ist.

Es braucht wahrhaftig keines rhetorischen Winkelzuges, um von ihm, dem Reformbischof des ersten Endjahrtausends zum Heiligen Jahr an der zweiten Jahrtausendwende, in der wir stehen, zu kommen. Immer noch und nun im Heiligen Jahr 1983/84 von neuem ist er Schrittmacher und Wegweiser für uns, die wieder angerufen sind, die Türen dem Erlöser zu öffnen, sich aufzumachen also – und zwar nicht anders, als Sankt Wolfgang es verstand und lebte, nämlich in diesem Doppelsinn von innerer Offenheit auf das Wort des Herrn hin und von der Bereitschaft, aufzubrechen zu einem neuen Weg unserer Christusnachfolge. Um dies beides geht es. Laßt es mich mit ein paar Worten umreißen:

1. *Aufmachen – offen werden nach innen*

Das eine also zuerst: Es geht um ein Aufmachen nach innen. Johannes Paul II. hat mit seiner Ausrufung dieses Heiligen Jahres unmißverständlich darauf abgezielt. Ein anderes Heiliges Jahr, eines, bei dem es nicht zuerst und vor allem um eine Wallfahrt zu römischen Basiliken geht, nicht vorrangig um Feiern und Kundgebungen des Glaubens, sondern schlicht und daher um so eindringlicher darum, daß es in uns selber zu einer neuen Offenheit kommt, in der wir die bewußt oder unbewußt gebastelten Vorsichtsbarrieren gegen den Anspruch des Evangeliums abbauen und Gott hereinlassen in das Gehäuse unseres Innenlebens, als den Fordernden wie als den Erlösend-Beschenkenden. In einer neuen Offenheit, die nicht ängstlich aufpaßt, daß ihm Gott womöglich zu unbequem nahe kommt und zu ungelegener Zeit sagt: Kehr um!, die aber auch nicht überheblich ist, zu meinen, bei ihr sei ohnehin alles im Lot.
Und wer von uns allen möchte es nicht zugeben, daß beides da ist, die Angst vor dem Risiko, sich auf ihn einzulassen, wie die Überheblichkeit, als hätten nur immer die anderen, die noch viel Schlimmeren, die Außenseiter und Aussteiger Anlaß, Revision und Bilanz ihres tatsächlichen Lebens zu machen. Wer von uns nicht? Sind wir doch allesamt Kinder dieser Zeit, einer Zeit, die sich fortwährend neue Heilande und Messiasse erkürt, in der Christsein zwar, wie es scheint, wieder schick ist, aber eben à la Moderne und selbst fabrizierter Modelle, einer Zeit, die mit der Bergpredigt demonstriert, aber Berge von Vorbehalten hat gegen eine Predigt von Umkehr, Buße und neuer Heimfindung zum Kreuz.
Nein, nicht die anderen, wir selber sind gemeint. Uns ist es gesagt und aufgetragen: Macht euch auf! Habt den Mut, euch mit Christus selber einzulassen! Macht die Bilanz eures Christseins, wie ihr es wirklich lebt und alltäglich pflegt auf und nehmt dazu Maß an Christus selber, an der Unbedingtheit seines Wortes, an dem Gesetz seiner Gnade und am Maßstab seines Lebens! Alle wahre Umkehr – und sie ist Ziel des Heiligen Jahres – fängt hier an, an dieser mutigen wie auch demütigen Offenheit für ihn, der zugleich Störenfried und Friedensbringer für den Menschen ist. Aufmachen – darum geht es, dazu sind wir eingeladen.

2. *Aufmachen – Bereitschaft, aufzubrechen*

Und nicht anders und weniger dann um den anderen Sinn von Aufmachen, den nämlich, der die Bereitschaft beinhaltet, sich auf den Weg zu machen, auf- und damit auszubrechen aus aller Geruhsamkeit und in eine neue Richtung zu gehen. In welche Richtung? Der Herr hat sie uns heute, wie damals seinen erschrockenen Jüngern, unzweideutig gewiesen: „Wer mir nachfolgen will, muß sich selbst aufgeben, der muß tagtäglich sein Kreuz – und das ist auch der Widerspruch zu Welt und Eigenliebe – auf sich nehmen; denn wer sein Leben retten will, der wird es verlieren. Wer aber sein Leben meinetwegen zum Risiko, ja selbst zum Verlust macht, der wird es retten!"
Eine harte Rede, gewiß, und keiner von uns braucht verlegen zu werden, wenn er zunächst mit der Unverständlichkeit, ja mit dem inwendigen Schrecken reagiert, den seine Jünger damals genauso hatten. Gerade dieses Wort, das man drehen kann, wie man will, und das dann doch die Schärfe des „zweischneidigen Schwertes", wie es in der Schrift heißt, verrät, gerade dieses Wort ist es, das in der Zielgeraden des Heiligen Jahres jedweder Umkehr und Erneuerung der Kirche wie des einzelnen Christen liegt. Es gilt, sich aufzumachen, d. h. nun so verstanden, daß wir zumindest unruhig werden können über diese Zumutung. Liegt sie doch in der Tat wider den Strom unserer Zeit, einer Zeit, in der eher jeder darauf bedacht ist, das bißchen Eigenbesitz und Eigenleben noch zu retten, als es aufzugeben in einer Zeit, in der zumal an dem bedrückenden Priester- und Ordensfrauenmangel sich abzeichnet, wie verständnislos auch Christen schon geworden sind, das Wagnis des Evangeliums auf sich zu nehmen, auszusteigen aus aller vordergründigen Vorsicht und Sicherheitsträumen und umzusteigen in ein Leben, das von den Koordinaten des Kreuzes bestimmt wird. In ein Leben nicht der Eigenliebe, sondern der bedrängenden Pflicht zur Nächstenliebe, in ein Leben, nicht nervöser Bedachtsamkeit, sich ja abzusichern gegen alles und jedes, sondern Gott Regie führen zu lassen, wie er uns führen will in ein Leben, nicht engherziger Bewahrung, sondern freizügiger Verfügbarkeit für das Werk Gottes in unserer Welt, in diesem unseren Heute.
Darum geht es, dahin zielt der Anruf des Heiligen Vaters: Christus, dem Erlöser, die Türen zu öffnen, uns also aufzumachen, nicht nur nach innen hinein, sondern ebenso nach draußen hin, damit durch uns unser Zeugnis und Opfer unser Bekenntnis und unsere Liebe der Heilswille Gottes erfahren werde. Machen wir uns auf! So und so!

Eröffnung der Wolfgangswoche

Die Zumutung eines Heiligen

Damals war ich 19. Der Reichsarbeitsdienstführer riß mir eine Marienmedaille aus der Hand und warf sie mir vor die Füße: „Da seht euch das an! Mit so was wollen die Pfaffen junge Leute angeln." Ich lachte damals nur darüber. Heute aber bin ich Pfarrer und sage mit meinen Mitbrüdern jungen Menschen dieser Zeit: Kommt und laßt euch konfrontieren mit dem Totengebein eines Heiligen vor 1000 Jahren! Ist das nicht genauso lächerlich. Riskiere ich nicht denselben Spott: Seht, mit so was will man uns junge Leute angeln? Vielleicht hat man in Weiden so gesagt, als wir für diese Jugendfeier geworben haben. Mag sein, aber wir haben es getan und ihr seid gekommen, obwohl wir alle wissen, was Menschen der 70er Jahre noch ein Heiliger bedeutet. Obwohl wir Älteren es beinahe jeden Tag erfahren, wie kritisch die Generation nach uns ist, wie schonungslos ihr uns auseinandernehmt, wenn wir mit unseren Idealen daherkommen. Ihr habt eure eigenen Stars und Profis, und wenn in dieser Zeit etwas attraktiv ist, dann ist es das Leben, nicht ein Totengebein, und wäre es hundertmal in Gold und Silber gefaßt. Glaubt es uns also, uns selber kommt diese Wolfgangsfeier wie eine Zumutung vor. Aber damit sind wir schon mitten im Thema, denn ein Heiliger ist eine Zumutung Gottes an den Menschen, und dies im buchstäblichen Sinn: Es geht um den Mut zum Eigentlichen und den Mut zum Ganzen unseres Christseins.

1. Mut zum Eigentlichen

Da haben wir damals in einer Synodenpause uns die Köpfe heiß geredet um die Situation und Zukunft unserer Kirche. Wir brauchten uns nicht erst einig werden, wieviel da in Bewegung geraten ist, wieviel Ärger und auch Ärgernisse es unter Christen gibt, welche Konfrontationen und Kompromisse, aber auch wieviel leidenschaftliches Fragen und Suchen. Nur das eben war dann die Frage. Wie soll es weitergehen. Wer führt uns heraus aus dem Gerangel und wie findet Kirche neu zu ihrem Eigentlichen hin? – Darf ich euch sagen, was wir dann gefunden haben? Daß auf dem Höhepunkt der Krisen in der Kirche, die es immer gegeben hat, weil sie mit zum Leben der Kirche gehören, es zuletzt immer bei ein paar Leuten blieb, die den Mut zum Eigentlichen hatten. Und diese paar Menschen kamen dann gewöhnlich nicht aus dem, was man heute gern Etablissement nennt, und nicht aus den Schreibstuben und Seminaren. Es waren zumeist junge Menschen, die sich in einer Art heiligen Protestes zu Gemeinschaften verschworen und in einer neuen Christusleidenschaft die Dinge ins Lot brachten. Benedikt und seine Kameraden fiel uns dabei ein, der junge Franz von Assisi und seine Schwester

Klara, ein Norbert von Xanten und ein Bernhard, ja, und hierzu paßt auch der Name des Heiligen, vor dessen Schrein wir uns hier versammeln: Wolfgang. Auch er kam in turbulenter Krisenzeit nach St. Emmeram mit dem leidenschaftlichen Willen zur Reform. Zu einer Reform freilich, die nicht zuerst fragt, wie Kirche wieder attraktiv, sondern wie Kirche und Christsein endlich wieder echt werde. Das nämlich ist das Eigentliche, um das es auch heute geht. Insofern liegen zwischen Wolfgang und Weiden 1971 keine tausend Jahre, wohl aber tausend Anfragen Gottes an uns, wie echt wir sind und wieviel Mut wir haben, echt zu sein, echt nach dem Wort und Willen unseres Herrn. Um dieses Echtsein geht doch heute die Diskussion, und das ist die Kernfrage aller unserer Fragen, worin das Eigentliche besteht, wozu wir Christen sind.

Wozu denn? Daß es in dieser Welt gerechter zugehe, daß Schluß gemacht wird mit dem Skandalgefälle von Prassertum und Hunger in der Welt, daß wir mondäne Kirche sind, offen für die Gesellschaft, in der wir leben, daß wir Tabus abbauen und die Botschaft Jesu entmythologisieren, daß wir Konfessionsschranken auseinanderbrechen und neue Strukturen für die Kirche finden . . .?

Erspart mir alles aufzuzählen, was heute als das Eigentliche angesehen wird. Laßt es mich aber angesichts dieses Reliquienschreines ganz einfach sagen, meinetwegen provokativ für viele Ohren: Das Eigentliche ist die Heiligkeit, zu der alle Glieder der Kirche berufen sind. Das Eigentliche besteht in einer neuen Christusleidenschaft des einzelnen wie aller zusammen. Das Eigentliche geht dahin, daß wir nicht trachten, Gemeinde zu werden, sondern *Gemeinde des Herrn* zu sein. Das schließt das rückhaltlose Engagement für die Welt nicht aus, sondern ein, weil nur der die Sorge um die Welt erfaßt, der selber erfaßt ist von Christus. Die Zumutung dieses Heiligen lautet daher: Habt Mut zu diesem Eigentlichen, Mut, euch zum Herrn zu bekehren. Habt den Mut zur Torheit des Kreuzes und den Mut zur Hingabe an den Herrgott! Um diesen Mut sollen und wollen wir in dieser Stunde füreinander beten, denn ohne den ganz entschiedenen Durchstoß zur Christusnachfolge bleiben wir Karikaturen Jesu. Mit Karikaturen aber zeichnet man nicht die Konturen Christi in die Zeit.

2. *Mut zum Ganzen*

Heilige sind Zumutungen Gottes an die Zeit. Ein Heiliger wie Wolfgang beschwört uns, Mut zu haben zur eigenen Verwesentlichung, aber auch zur Bereitschaft für das Ganze. Das Ganze aber ist die Welt. Wir alle wissen, welch tiefe – und ich möchte sagen heilige – Unruhe unsere Kirche heute um die Welt ergriffen hat. Wieviel Umbruch von privater Heilssorge zur Sorge um alle im Anruf des Konzils in Gang gekommen ist, und ich mache euch kein Kompliment, sondern spreche

nur eine unserer Hoffnungen aus, wenn ich sage, daß junge Menschen von unserer Kirche davon mehr als andere ergriffen sind. Ihr vertragt es noch weniger als wir, nur den eigenen Himmel zu erobern. Euer Protest geht gegen eine Frömmigkeit, die noch Choräle singt, während in My Lai Mütter mit ihren Kindern Todesschreie hinausgellen. Ihr stürmt gegen Barrieren von Vorurteilen und Enge an und versteht kaum mehr, daß es in der eigenen Kirche Konfessionen gibt. Ist das das Ganze, das wir meinen? Sicher, Christus meinte das Ganze, als er sagte: „Wenn ich erhöht bin, will ich alles an mich ziehen" (Joh 12. 32).
Und Wille und Werk dieses Heiligen war das Ganze, wenn wir hören, welche Räume er durchzogen hat und wie er sein eigenes Bistum teilte, damit das Werk des Glaubens im Osten fruchtbarer werde. Davon wird in diesen Tagen ja oft gepredigt worden sein. Und ich mache wiederum kein billiges, anbiederisches Kompliment für euch, wenn ich sage, daß ich mich freute, daß gerade in diesen Tagen CAJler in Weiden ihre Aktion gestartet haben für Portugal, um „Ketten der Knechtschaft zu brechen und Ketten der Freundschaft zu schmieden". Um diesen Mut, um diesen Willen zur weiten Freundschaft und Sorge geht es und damit um den Mut, aus der eigenen Sattheit – auch der religiösen – auszubrechen, sein Christsein nicht als Verschlußsache Jesu zu bewahren, sondern für die Sache Jesu aufzumachen. Frage an uns alle im Angesicht des Wolfgangsschreins: Haben wir diesen Mut?
Und fängt dieser Mut nicht erst an, wo es um Vietnam und Brasilien geht, sondern dort, wo das Ganze, die Welt, vor unserer Haustür beginnt? Ein Mut zur Nächstenliebe also, nicht nur zur Fernstenliebe, und ein Aufbruch auf den anderen hin mitten in der Gemeinde, in der wir leben, in eurer Schule, euren Arbeitsstätten, eurer Bar und eurem Sportplatz. Ist dieser Wille zum Engagement als Christen unmittelbar genug? Das Ganze beginnt hier, in dieser Gemeinde, in dieser Stadt, in dieser unserer Diözese. Und darum meine ich, es ist die Zumutung dieses unseres Heiligen, uns klarzumachen: Wir brauchen den jungen Menschen, der als Entwicklungshelfer an den Kongo geht, Gott aber braucht auch den jungen Mann, der in der Diözese Regensburg Priester wird, und das Mädchen, das als Schwester im Weidener Krankenhaus dient. Wir brauchen deinen Informationshunger über das Weltgeschehen, Gott aber braucht dein Interesse an der Pfarrgemeinde und der Synode in der Bundesrepublik. Wir brauchen den Elan einer olympischen Jugend, Gott aber braucht dazu den kämpferischen Geist junger Christen inmitten einer verhaschten Wohlstandsgesellschaft. Wir brauchen den Protest gegen Diktatur und Manipulation, Gott aber braucht auch euer Zeugnis wider die geheimen Verführer einer Konsumgesellschaft und die falschen Propheten im eigenen Land. Kurzum: Gott braucht dich in deiner Welt und deinen Mut, dich für sie einzusetzen.
Es gibt ein Wort, das euch beinahe verrückt vorkommen muß. Es heißt: Nichts

ist lebendiger als ein toter Heiliger. Aber dieses Wort, mit dem ich schließe, streift seine scheinbare Narrenkappe ab, wenn ihr es so versteht wie ich: Daß ein Heiliger auch noch nach tausend Jahren unruhig machen kann. Und gebe Gott, daß euch und mir dies hier geschieht!

Wolfgangsfest

Anrufe aus der Ranft

„Nichts ist lebendiger als ein toter Heiliger." Das ist ein altes Wort. Ist es auch ein wahres? Wer die letzten eineinhalb Jahrzehnte in unserer Kirche mitgelebt hat, mag dieses Fragezeichen kräftig ziehen; denn weithin hat es doch tatsächlich so ausgesehen, als sei die Stimme unserer Heiligen verstummt, untergegangen in dem großen Stimmengewirr, das nach dem Konzil angefangen hat und das allzu viele Dialog nannten, obwohl es nicht selten eher einem lauthalsigen Palaver um alles mögliche in unserer Kirche gleichkam, nur nicht dem ernsthaften und meinetwegen auch leidenschaftlichen Gespräch unter Brüdern über den Weg der Kirche, den Gott ihr durch das Konzil neu weisen wollte. Und wir haben uns die Köpfe heiß geredet über Strukturen und Statistiken, über neue Formeln des Glaubens und andere Riten unseres Kultes. Nur über die konkrete Ausformung des Christen – und sie meine ich – sind unsere Heiligen, haben wir schier verlegen geschwiegen. Wir haben christliches Leben heute explifiziert, nur den exemplarischen Christen – und das ist für mich der Heilige –, ihn haben wir aus unseren Kalendern und Kirchen weithin verbannt.

Also doch ein Fragezeichen hinter dem Satz: Nichts ist lebendiger als ein toter Heiliger? Ihr hier macht ein Ausrufezeichen dahinter; denn ungebrochen über mehr als 500 Jahre ist Bruder Klaus für euch lebendig geblieben und ungeschmälert tragt ihr euer Vertrauen in die Ranft. Noch immer ist Fluelen die Fluchtburg geblieben für eure Kantone und über sie hinaus für ungezählte Menschen jenseits eurer Grenzen. Leben und Wort des Bruders Klaus waren und sind für sie keine schwärmerische, religiöse Nostalgie, sondern Realitäten über die Jahrhunderte hinweg mitten ins Heute herein. Der tote Heilige ist lebendig geblieben, und darum, glaube ich, sollte in diese Stunde hier er selbst es sein, der zu uns spricht, auf den wir ratsuchend hören und unter dessen Anruf wir uns stellen. Anrufe aus der Ranft – darf ich euch drei davon weitergeben und übersetzen, d. h. aus der Stille des Melchachtals herübersetzen an den Wegrand unserer lauten Gegenwart?

1. Anruf an uns selbst

Der erste Anruf des Beters Klaus aus der Ranft meint uns selbst, uns einzeln und urpersönlich. Ich meine sein, gottlob, noch von so vielen aufgegriffenes Gebet: „O du mein Herr und mein Gott, nimm mich mir und gib mich ganz zu eigen dir! O du mein Herr und mein Gott, nimm alles von mir, das mich hindert zu dir! O du mein Gott, gib alles mir, was mich fördert zu dir!" Wer diesen Anruf aus der Ranft ohne jedes Wenn und Aber annimmt, dem müßte eigentlich zumute sein, als sei er aus dem seichten Geplätscher heutigen Kommodechristseins in das Wildwasser der Melchach eines realen, anderen Christentums geraten, das ihm schier den Boden unter den Füßen wegschwemmt.

Oder meint ihr nicht auch, daß wir uns nicht weithin – und das noch im Vollgefühl eines Reformeifers – von den harten Kieselbänken wirklicher Umkehr und bedingungsloser Bereitschaft Gott gegenüber auf die weichen Saumpfade einer bequemeren Pilgerschaft begeben haben, deren Steine möglichen Anstoßes wir säuberlich weggeschafft haben und die wir sozusagen in den Lackschuhen der Moderne begehen können, ohne daß uns etwas drückt oder Atemnot schafft? Laßt es mich im Klartext sagen: Ich klage nicht jene an, die heute aus Econe und anderen Ecken herüberrufen: „Ihr seid nicht mehr echt, ihr verkündet ein Christentum zu herabgesetzten Preisen!" Aber ich nehme sie ernst und frage mich in der Tat, ob wir noch die Atemlänge eines Bruders Klaus haben, der da beten konnte: Nimm alles von mir, was mich hindert zur dir und nimm mich mir und gib mich ganz zu eigen dir!

Sind wir nicht wirklich kurzatmige Zeitgenossen christlicher Erneuerung geworden, die hinter jedem Gebot des Herrn einen Gedankenstrich machen, um Zeit zu haben zu überlegen, ob dies denn Jesus wirklich gewollt haben kann, ob man das bei gründlicher, moderner Exegese nicht als Zielgebot denn als buchstäbliche Weisung Gottes auslegen kann und ob die Kirche nicht zuerst hinterfragen solle, inwieweit sie dies und jenes noch Menschen von heute vorschreiben darf? Kurzatmige Nachzügler im pilgernden Gottesvolk von Heiligen aus dem Format des Bruders Klaus, denen das Aufbegehren näher liegt als das wirkliche Umkehren auf die Spur radikaler Nachfolge Jesu?

Kurzatmige Hinterdreintapper der Heiligen, die den Aufstieg zu Gott und damit wider die Welt und den Geist der Welt verlegen möchten? Ich klage nicht an, aber ich frage mich selbst und ich frage euch, wie es um die Grundbereitschaft unseres Herzens steht, tatsächlich sich, wo nicht alles, so doch wenigstens eine Menge von dem nehmen zu lassen, was man im Zeichen des Kreuzes einfach lassen muß, um die Hände freizubekommen, das Kreuz selbst zu ergreifen? Ich frage mich und frage euch, ob uns denn tatsächlich der Sinn danach steht, daß Gott uns total in Beschlag nehme? Wäre dem so, warum dann das Aufbegehren eines Professors

wider das Wort des Papstes neulich zum Radikalismus des zölibatären Verfügbarseins der Priester? Wieso sonst der Versuch, sich am Beichtstuhl vorbeizudrücken und an dem bindenden Ja lebenslanger Ehegemeinschaft? Weshalb dann die Vorsicht einer Kalkulation, ob es sich noch auszahlt, ein Kind freizugeben für den ungeteilten Dienst für Gott im Priester- und Ordensstand, und ob man das Risiko eines Kindes überhaupt eingehen soll?
Bruder Klaus und seine Frau Dorothee kannten diese Vorsicht nicht und nicht den Rechenschieber der Zumutbarkeit. Er wollte Gottes Eigen sein, ohne Vorbehalt, ohne Abstrich, ohne Wenn und Aber. Und damit wird sein Gebet Maßstab unserer wirklichen Jüngerschaft Jesu. Hören wir seinen Anruf!

2. *Anruf an uns in der Kirche*

Den anderen Anruf hat Bruder Klaus selbst in seiner frühen Jugend empfangen. Beim Mähen im Melchi, als der stämmige Bauernbursche mit sich rang, welchen Weg er endgültig zu gehen habe, fängt über ihm eine Wolke zu reden an. Sie sagt ihm: „Was Gott mit dir vorhat, daran bleibe willig!" Bruder Klaus hat diesen Anruf von oben mit in die Ranft genommen, und dies in einer Zeit, in der es um die Kirche nicht sonderlich anders bestellt war als heute. Darum gilt sein Anruf uns, die wir diese Kirche sind und die wir es miteinander in unserem Tauflied bekennen: „Ich will die Kirche hören. Sie soll mich allzeit gläubig sehn und folgsam ihren Lehren."
Es ist das Bekenntnis eben dieser Willigkeit, in der wir nicht Menschen, sondern unserem Gott und dem Herrn der Kirche gegenüber uns zu bewähren und als Glieder der Kirche zu erweisen haben.
Ich komme aus einer Diözese, in der aus ihrem Lande her sich die uns alles bedrückende Bewegung von Econe etabliert hat, eine Bewegung, in der sich weiß Gott nicht nur blindwütige Traditionalisten zusammenfinden, sondern gewiß auch eine große Zahl solcher, die ehrlich an der Kirche leiden und auf der letzten Wegphase der nachkonziliaren Kirche außer Tritt geraten sind. Wer aber an der Kirche leidet, liebt sie, und deswegen erinnere ich an den Klausenruf: „Was Gott mit dir vorhat, darin bleibe willig!" Gott aber hat mit seiner Kirche immer etwas vor. Er hat sie nicht wie einen abgeschlossenen Bau übergeben, sondern wie eine Baustelle, an der unter der Regie seines Heiligen Geistes weitergebaut wird, oft anders, als wir es uns denken und entwerfen, denn immer noch weht der Geist, wo und auch wie er will!
Der Test auf unsere lebendige Gliedschaft in der Kirche Jesu ist daher unsere Willigkeit, auf diese Pläne Gottes einzugehen und mitzugehen, wohin er seine Kirche auf ihrer Pilgerschaft durch die Zeit weist. Das hat zu jeder Zeit gegolten, damals als Gott wollte, daß sein Evangelium in die Heidenwelt und damit über

die Grenzen des auserwählten Volkes getragen würde, und heute, wenn er durch das Konzil seine Kirche in das auslaufende zweite Jahrtausend bestellt. Willig in dem bleiben, was Gott vorgibt, das ist es. Die leidenschaftliche Bereitschaft mitzugehen, auch wenn dies in mancher Hinsicht den Aufbruch aus dem gewohnten Zuhause bedeutet, halte ich für überzeugender als die leidenschaftliche Berufung und Verteidigung von Positionen, die wir einmal inne- und liebgehabt haben.

Darf ich einmal ganz einfach so fragen: Soll ich an meiner Mutter irre werden, weil sie gestern Gartenlaubenlieder geträllert hat und heute ein rhythmisches Lied singt? Soll ich deswegen an meiner Mutter Kirche irre werden, weil sie nicht mehr nur das Gloria in Latein anstimmt, sondern auch in der Sprache Gott verherrlicht, die Gott jedem Volk gegeben hat? Soll ich alle meine Geschwister des Verrats an der Mutter bezichtigen, weil sie sie mitgenommen haben in ihre Nöte und Fragen, und soll ich es meiner Mutter ankreiden, daß sie, statt zu verfluchen und zu verbannen, versucht, im Gespräch zu bleiben auch mit den Söhnen, die scheinbar aus der Art geschlagen sind?

Immer und für jeden von uns ist die Pflicht der Liebe und der Gefolgschaft aufgegeben und im wahren Geist des jungen Klaus von der Flüe hinzuhören, was Gott will, und willig in dem zu bleiben, wohin er führt. Nur darin bezeugt sich die wirkliche Liebe zur Kirche und ihrem Herrn. Laßt uns daher auch darin wetteifern, ohne daß wir dabei gegeneinander eifern!

3. *Anruf an uns in der Gesellschaft*

Damit spreche ich schon das eigentliche Lebensanliegen und Lebenswerk des Klausners in der Ranft an, den Frieden und das Miteinander in Gerechtigkeit und religiöser Verbindlichkeit. Er hat uns sozusagen ein politisches Testament hinterlassen, einen zeitlosen Appell an alle, die in ihrer Zeit eingespannt sind in Konflikt und Terror, in soziale Kämpfe und politische Fehden, und die zugleich als Christen gerufen sind, nicht mit verschränkten Armen an der Zuschauerrampe des politische Geschehens zu bleiben, sondern sich mitzusorgen, daß die Fundamente des Friedens und der menschlichen Ordnung nicht abbröckeln.

In der 5. Maxime dieses Testamentes heißt es: „Was die Seele für den Leib, das ist Gott für den Staat. Wenn die Seele aus dem Körper weicht, dann zerfällt er, wenn Gott aus dem Staat vertrieben wird, so ist er dem Untergang geweiht." Ich frage euch, ist es nicht an der Zeit, uns dieses Appells zu erinnern? Sind wir in unserem politischen und gesellschaftlichen Leben nicht schon daran, in einen solchen Ruin hineinzuschlittern? Gibt es derer in den Ländern des sog. christlichen Abendlandes nicht schon genug, die nicht nur das Wort Gott aus den Präambeln ihrer Verfassung tilgen, sondern es auch dort, wo es noch auf dem Papier steht, in der Praxis ausradieren?

Oder ist es etwas anderes, wenn – und ich glaube nicht nur in dem Land, aus dem ich komme – die Kirchen scheinbar unbehelligt sind, in Wahrheit aber ein Kirchenkampf neuen Stils sich vorbereitet? Wenn sog. Sozialgesetze die Kirchen und mit ihnen die Mitbestimmung Gottes im Staat durch eine stille, aber zähe Sozialisierung Stück um Stück verdrängen? Natürlich läßt man unsere Bischöfe reden von der Achtung des Menschenlebens, vom Schutz des ungeborenen Lebens, von der Menschenwürde und der Humanisierung der Arbeitswelt, vom Gesetz ehelicher Treue und den unverzichtbaren Werten sittlicher Ordnungsmaßstäbe, aber kommt denn ihr Wort noch an, wird es nicht kaum gesprochen, im Massengrab des Pluralismus begraben? Es gab eine Zeit, in der man Bischöfe wegen solcher Worte und Mahnungen einsperrte oder köpfte. Heute schweigt man sie tot, und totschweigen ist schlimmer als Knast und Henkerseil.

Es geht mir wahrlich nicht darum, zu politisieren, aber Gott hat uns in die Polis, in die Gesellschaft dieser Welt gestellt und nicht ins Wolkenkuckucksheim von Weihrauch und Weihwasser, und darum haben wir nicht nur das Recht, sondern die Pflicht, es uns selbst und allen, die politische Verantwortung tragen, in Herz und Ohren zu rufen: Wenn Gott aus dem Staat vertrieben wird, so ist er dem Untergang geweiht! Und unser Ruf – der Ruf des heiligen Klaus – ist kein Unkenruf von Unheilspropheten, sondern der Wächterruf derer, die zu Treuhändern des Erdreiches bestellt sind, das ein für allemal durch Christi Blut Gottes Erdreich geworden ist. Auch Demokratie kann zur Dämonokratie werden, wenn die Zeugen Gottes verstummen und die Ideologen das Wort haben.

In diesen Wochen wollen neun Länder den Grund legen zu einem neuen Europa. Noch ist Ihr Vaterland bei diesem Grundriß eines neuen Europas der Vaterländer nicht dabei, aber auch Ihnen darf ich sagen, was ich unlängst meinen Landsleuten gesagt habe: „Wenn dieses Europa kein Eiskeller bloßer Vernunft und Rechenkunst werden soll, dann laßt uns hier und heute vorleben, was über Sprache, Rasse und Farbe hinweg Brüderlichkeit und wahre Mitmenschlichkeit heißt. Wenn Europa keine technokratisch verwaltete Wohnmaschine werden soll, dann laßt uns noch heute damit beginnen, daß wir als Kirche Heimat schaffen und Heimat bewahren! Wenn Europa von morgen mehr sein soll als ein mühsam durch Pakte und Verträge zusammengeleimtes Bündel von Nationalstaaten, dann laßt uns danach leben, daß – wie der Apostel sagt – Christus die Scheidewände niedergerissen und in seinem Blut Frieden gestiftet hat, damit die Fernen einander nahe seien. Und all das laßt uns eben nicht nur in Gebeten proklamieren, sondern in der Tat des Alltags demonstrieren!"

Wir lösen so das Vermächtnis des Bruder Klaus ein, der am Benediktustag, jenes Benedikt, den wir Vater des Abendlandes nennen, heimgegangen ist.

„Nichts ist lebendiger als ein toter Heiliger!" So sagte ich eingangs. Laßt mich nun zum Schluß hinzufügen: „Und nichts ist für unser Leben hilfreicher, als den Anruf der Heiligen an- und aufzunehmen, ihn neu zu verwirklichen und im tiefen Vertrauen auf ihre Freundschaftshilfe vor Gott ihn zum Programm für unser persönliches Leben, aber auch für unser Sein in Kirche, Gesellschaft und Zeit zu machen. Bruder Klaus ist dieser lebendige Heilige. Lassen wir uns anrufen von ihm und geben wir Antwort in unserer Tat!
Amen!

Bruder Klaus von Flüe

Im Anruf eines Festes

Darin, meine ich, stimmen Sie mir zu: Es gibt Feste in unserer Kirche, die wir nur noch in Verlegenheit, um nicht zu sagen mit schlechtem Gewissen feiern können. Ihre Freude ist uns fremd und ihr Anruf kommt nicht mehr an. Ich rechne Allerheiligen zu diesen Festen, und dies nicht nur, weil seit langem dieser Tag nach Brauch und Herkommen uns eher auf die Friedhöfe führt, zu Menschen, die wir kannten, die wir liebten, deren wir uns noch dankbar verbunden wissen, als die Wegstrecke hinüber zu Menschen, deren Leben wir nur vom Hörensagen erfahren haben und deren Bild uns noch fremder geworden ist, seit neuer, nachkonziliarer Reformeifer sie mit dem strengen Maß der Geschichte nachgemessen, vielfach zu leicht befunden und für das Hier und Heute oft als unangemessen erklärt hat. Sie wissen, wie still es um die Heiligen in unserer Kirche geworden ist und wie schwer wir uns tun, sie Menschen dieser Zeit nahezubringen, die zwar Stars und Starletts mit heißem Atem vergöttern, aber den Atem der Ewigkeit verloren haben.
Allerheiligen ist ein Fest, das uns Mut abfordert; denn es verlangt von uns nichts weniger als dies, unseren Alltag mit seinen berückenden und bedrückenden Ereignissen hinter uns zu lassen, die Geschichte, an der wir selbst noch schreiben, beiseite zu schieben und uns hineinbeordern zu lassen in die Vision eines ewigen, immerwährenden Tages, in dem alles klein wird, was uns hier bewegt, und zugleich alles erfüllt wird, woran wir nur zag zu glauben bereit sind. Allerheiligen heißt uns auf Menschen sehen, um die nichts mehr von dem ist, was uns bedrängt, bewegt und belastet und dennoch anzuerkennen, daß sie für unsere Bedrängnis und Wegsuche eine Menge zu sagen haben. Allerheiligen ist in der Botschaft, die wir an diesem Tag empfangen, Herausforderung und Anfrage, mehr *dies* noch als Zeichen der Tröstung und betulicher Lobpreisung. Insofern halte ich es mit der Allerheiligenformel, wie sie der vormalige Kardinal von Paris, Saliège, geprägt hat: „Allerheiligen ist der Triumph der acht Seligkeiten. In unse-

ren Herzen ist es das Fest der Zeugenschaft und der Ermutigung zum geistigen Kampf!"
Liebe Hörerinnen und Hörer, was der Kardinal meinte, wird uns klar, wenn wir uns die Vision der Geheimen Offenbarung zu eigen machen. Alle Völker und Nationen versammeln sich um den Thron des Lammes, und mit lauter Stimme bezeugen sie es über Raum und Zeit hin: „Die Rettung kommt von Gott, der auf dem Thron sitzt, und dem Lamm!" Mit diesem letzten und endgültigen Zeugnisruf geht ihr Leben auf in der Vollendung bei Gott und erfassen sie unser Leben inmitten der Zeit, vorweg das Leben einer Kirche, die als pilgerndes Gottesvolk unterwegs ist und Schritt um Schritt wider das überhebliche Gelächter machtbesessener Toren und das mutlose Gestammel resignierter Zeitgenossen zu bekennen hat, daß es Heil und Rettung für alle gibt, und damit Zuversicht, Hilfe, Zukunft und Sinn ihres Daseins und, daß all dies nur von Gott kommen kann. Sie ahnen, was das bedeutet, denn warten nicht eben die Menschen, die jetzt mit uns unterwegs sind, auf solche Bezeugung? Und sind derer nicht genug, die an der Kirche und ihrem Hoffnungszeugnis vorbei sich dem utopischen Glauben an die Machbarkeit einer wahren mondo megliore, einer wahrhaft besseren Welt, verpfänden? Aber Heil, wirkliches Heil ist nicht machbar. Erlösung, Befreiung des Menschen ist kein Münchhausenakt, in dem sich der Mensch selber beim Schopf nimmt, um sich aus Sumpf und Verderbnis zu ziehen. Heil wird geschenkt! Erlösung ist Gottes Tat, auch und wie sehr der Mensch – dies lehren uns die Heiligen – darin einbezogen ist und gerufen, eigenes Heil mitzuwirken.
Immer muß der Mensch seine Geschichte selber schreiben, aber die Zeilen, auf denen er das tut, sind von Gott gezogen. Durch seine Gnade sind wir, was wir sind, und in der Annahme seines Heilsangebotes werden wir, was wir sein können und sein werden. Das will Allerheiligen bezeugen und damit Hoffnung geben; denn sie, die wir Heilige, Vollendete bei Gott nennen, sind Bürgen dafür, daß „die Gedanken Gottes sich von Geschlecht zu Geschlecht darauf richten, Menschen das Heil zu erwirken". Sie stehen dafür ein, daß sein Werk zu jeder Frist weitergeht und auch gelingt, gleichviel in welche Furche – sei sie von Übermut oder Mutlosigkeit gezeichnet – seine Saat fällt. Noch unter dem Geröll von Schuld und Versagen kann aus dem winzigen Senfkorn der Baum werden, in dessen Geäst sich zuletzt das Licht des ewigen Tages bricht, wo immer nur im Werden und Wachsen das Licht seiner Gnade angenommen und zur Energie gelebten Glaubens verwandelt wurde.
Um dieses Zeugnisses willen feiern wir Allerheiligen, und wir wissen dabei, daß unsere Zeugenschaft nicht nur in der Sprache der Kirche Martyrium heißt, sondern jenen anderen Sinn des geistigen Kampfes einschließt. Wer Zeugnis gibt, erleidet Zeugenschaft; denn immer kommt beides zusammen: Die Kundgabe eigener dankbarer Erfahrung mit Gott und die Verwundbarkeit durch die

Auseinandersetzung, den Konflikt und die Krise, in die der gerät, der dies unter seinesgleichen bekennt. Ihre eigene Erfahrung als Christ bestätigt es, ob Sie inmitten Ihrer Hausgemeinschaft, an Ihrem Arbeitsplatz oder in der Arena gesellschaftlicher Auseinandersetzung Wirken und Anspruch Gottes bezeugen, es bricht die Stunde des Martyriums an; es ereignet sich jene Konfrontation, die mit der Bergpredigt und ihren acht Seligpreisungen ein für allemal dem Christen Auftrag und Schicksal geworden ist. Allerheiligen will zu diesem geistigen Kampf Mut machen durch das exemplarische Beispiel all derer, die diesen Kampf bestanden haben, den Kampf zwischen dem Geist Jesu und dem Geist einer Welt, in der die Irrlichter vordergründiger Seligkeiten zuweilen gleißender sind als der Widerschein des wahrhaft Gültigen, Befreienden und Großen.

Wir kennen diese Konfrontation, sie macht uns im immer neuen Hören der acht Seligkeitsrufe der Bergpredigt betroffen und im Blick auf die Heiligen zuversichtlich, es trotz allem und für uns und unsere Zeit neu zu wagen: angefangen von der Entscheidung, wider die Sattheit des Herzens den Mut zur Armut im Geiste zu setzen – wahrhaftig gerade jetzt wieder in unserer Konsumbesessenheit und der Angst vor den „Grenzen unseres Wachstums" ein Thema höchster Brisanz! –, bis hin zur Entschiedenheit für eine Gerechtigkeitsliebe, die so intensiv ist wie Hunger und Durst, den ein Mensch erleidet. Darüber hinaus umschreiben diese Seligkeitsrufe das ganze Terrain der Auseinandersetzungen unserer Zeit, wenn nicht überhaupt unserer menschlichen Existenz, in dem der Christ gerufen ist, nicht nur um seines eigenen Heiles willen, sondern um der Rettung der Menschenwürde, sein Andersdenken und Anderssein zu bezeugen: Die Lauterkeit seines Herzens wider die Anmaßung und Großmannssucht, die Ergriffenheit im Mitleiden mit den Leidenden entgegen der Blasiertheit gespielter Unempfindlichkeit und allzu dünner konventioneller Anteilnahme am Los der anderen, das tiefe Erbarmen angesichts von Tragik und Not anstatt einer sich selbstbemitleidenden Trägheit des Herzens, und nicht zuletzt die beherzte Tat des Friedens anstelle einer bloßen Nichteinmischungspolitik.

Das alles ist schwer, und der letzte aller Dialoge der Ewigkeit bestätigt es, wenn wir heute hören: „Da sagte einer: Wer sind diese, die weiße Gewänder tragen, woher sind sie gekommen? Und der Seher stammelt: ‚Herr, Du weißt es.' Darauf bestätigend dieser: ‚Ja, es sind jene, die aus der großen Drangsal kommen.' Wo dieser Dialog am Allerheiligentag zum je neuen Prolog unserer Gegebenheit als Christen wird, da braucht es wahrlich Mut, den Mut, ein solches Fest zu feiern, und noch mehr den Mut, von einem solchen Fest her sich festigen zu lassen in der Zuversicht und Bereitschaft, ein Leben nach gelebten Vorbildern zu leben. Aber gerade dies ist Gabe und Gnade des Allerheiligenfestes, in dem noch unter der Glorie der Vollendung die Konturen durchlittener Drangsal sichtbar werden und noch im Jubel der Erlösten der Ausklang notvoller Bedrängnis zu erlauschen

ist. In den Heiligen bezeugt sich Kraft, Liebe und Erbarmen unseres Gottes und verpfändet sich die Kirche Jesu als Hoffnungsgemeinschaft im Heute und Morgen; denn sie verkündet in ihrem Allerheiligenfest, was der Franzose Joubert zum Resümee seiner Geschichtsbetrachtung gemacht hat: „Gott nimmt Rücksicht auf die Zeitalter. Er verzeiht den einen ihre Roheit, den anderen ihre Verfeinerung. Schlecht gekannt von den einen, verkannt von den anderen, entlastet er uns auf gerechter Waage von den Vorurteilen und dem Unglauben eines Zeitalters, in dem wir leben. Wir leben in einer kranken Zeit. Gott sieht es. – Unser Verstand ist wund. Gott wird uns verzeihen, wenn wir ihm ganz das geben, was an uns gesund geblieben ist."
Amen.

Allerheiligen

Kirchenjahr

Und trotzdem: Gaudete!
(Phil 4, 4 ff)

In einer kirchlichen Jugendzeitschrift habe ich vor kurzem diese Verse gelesen. Sie stammen von einer 18jährigen Gymnasiastin und sind mit einem großen „Vielleicht" überschrieben. Ihr Text geht so: „Vielleicht stirbt in dieser Sekunde ein Soldat durch eine Kugel. / Vielleicht sucht in dieser Sekunde ein Kind nach Wasser. / Vielleicht wird in dieser Sekunde eine Frau vergewaltigt. / Vielleicht wird in dieser Sekunde ein Kind zu Tode geprügelt. / Vielleicht weint in dieser Sekunde ein Mann um seinen Vater. / Vielleicht sitzt in dieser Sekunde eine alte Frau alleine am Fenster. / Vielleicht planen in dieser Sekunde einige Menschen einen Krieg. / Vielleicht hat Gott diese Welt nicht so gewollt."
So meditiert heute ein junger Mensch über unsere Welt. Erschrocken, bekümmert, ratlos und – man erschrickt wohl davor – hoffnungslos. Und ich habe mich gefragt, was in diesem Mädchen vorgegangen sein mag. Woher überfallen es diese düsteren Bilder, warum allein diese Angst, solche wehrlos anmutende Resignation? Wußte oder weiß es nicht, daß in jeder Sekunde irgendwo auf der Welt auch zwei Menschen sich in den Armen liegen und sich küssen in unbeschwerter Liebe? Daß jede Sekunde auch eine Mutter ihr neugeborenes Kind in glückseliger Freude an ihr Herz drückt? Wieso fiel ihr nicht ein, daß auch jede Sekunde sich ein Arzt, eine Krankenschwester in hingebender Sorge über einen kranken Menschen beugt? Daß sich ebenso in jeder Sekunde irgendein Mensch dankbare Tränen des Glücks aus dem Auge wischt? Daß in derselben Sekunde mehr als einige Menschen freiwillig für den Frieden fasten und andere in fröhlicher Gemeinschaft beisammensitzen? Daß es die Freude gibt, das Glück, die Hoffnung und die Liebe? Immer noch und nicht viel seltener als das Leid.
Verstehen Sie mich, bitte, nicht falsch! Nichts liegt mir ferner als mit einem jungen Menschen abzurechnen und ihn so billig abzutun wie mit einem blasiert-hochnäsigen: Deine Sorgen möchte ich haben! und „Was weißt du schon vom Leben? Du mußt erst mal deine Nase weit genug in die Welt gesteckt und das mitgemacht haben, was unsereiner hinter sich hat!" Nein, alles andere als das; denn die Tränen eines Kindes wiegen schwerer als die meinen, und die Ängste eines Jugendlichen quälen mehr als die im Alter. Und sind wir Älteren und Alten nicht auch eher angefochten von dem, was wir an Schlimmem tagtäglich sehen, hören,

erleben, als ermutigt und getragen von den froh- und dankbarmachenden Erlebnissen unseres Lebensalltags? Auch wir addieren doch die Bosheiten, Unglücksfälle und Enttäuschungen weit mehr als unsere glücklichen Tage und unsere positiven Erfahrungen. Wo wir ins Morgen schauen, sehen doch auch wir schneller grau und schwarz; denn in abgeklärter Lebensreife und erst recht in christlicher Zuversicht und adventlicher Hochgemutheit nach jenem bekannten Silberstreifen am Horizont.

Ich für meine Person gestehe es ohne Vorbehalte: Wenn ich in diesen kirchlichen Adventtagen das 24. Kapitel des Evangelisten Matthäus höre oder lese mit seinen dramatischen Schilderungen der Endzeittage und das Wort, das Lukas hier hinzufügt: „Wenn das alles zu geschehen anfängt, so richtet euch auf und erhebt euer Haupt; denn es naht eure Erlösung!", so ist mir eher nach allem anderen zumute als nach Tröstung oder nach einer Art Erwachen aus einem Alptraum, bei dem man sich hernach selber belächelt. Und unsere Tage sind nun einmal so, daß man kein Chiliast oder sektierischer Zukunftsdeuter sein muß, um an solche biblischen Endzeitbilder zu denken. Die Apokalypse geht um. Wieder einmal und noch immer. Dagegen gibt es nichts.

Oder doch? Der heutige Sonntag hat einen eigenen Namen. In manchen Kalendern ist er noch abgedruckt: Gaudete! Zu deutsch: Freuet euch! Ob wir ihn noch registrieren? Zu weit sind wir schon der Zeit entrückt, in der solche Sonntagsnamen aus der gottesdienstlichen Liturgie gängig waren und zum selbstverständlichen Vokabular gehörten. Auch für viele unserer kirchlichen Insider. Vor Jahren haben wir noch vom drittoffenen Verkaufssonntag vor Weihnachten gesprochen. Davon redet keiner mehr. Gaudete – ein Sonntag im Advent, an dem man wohl noch in vielen Familien ein drittes Licht am Adventkranz anzündet, der da und dort im wiederauflebenden Brauchtum Errinnerungen wachruft und so vorweihnachtlich erlebt und gefeiert wird. Aber sein Gaudete ist zum Fremdwort geworden, und wo es als Anruf noch verstanden wird, eher zur Provokation als zur Protektion unserer Angefochtenheit. Wo es noch verstanden und angenommen wird, müßte wohl eher ein Trotzdem hinzukommen. „Und trotzdem Gaudete!"

Das – meine ich – ist unsere wirkliche Situation, auch die des Christen, der in der Nähe des Weihnachtsfestes doch die Nähe des kommenden Herrn bekennt und für den das Kommen seines Herrn neue Hochgemutheit, ja, heiliges Fieber der Erwartung, Vorfreude ohnegleichen bedeuten müßte. Mehr als ein „Trotzdem-Gaudete" bleibt auch ihm nicht angesichts dessen, was ihn an diesem Kommen des Herrn verunsichert und beklommen macht, statt ihn das Haupt heben zu lassen und sich aufzurichten.

Nur, er müßte sich auch daran erinnern, daß dieser Anruf Gaudete des Philipperbriefes des Apostels Paulus von Anfang an nicht gemeint war als ein Appell zu einem seelischen Salto über alle realen Bedrängnisse und Sorgen hinweg, zu einer Art hymnischen Verstiegenheit, die in Ekstase aussteigt oder auszusteigen versucht aus dem „Tal der Tränen". Wer das Gaudete in der Bibel nachschlägt, entdeckt es dort nämlich bereits als ein „Gaudete trotzdem". Der es an die Gemeinde zu Philippi schrieb, schrieb es mit gefesselten Händen und in der bangen Ungewißheit, wie es denn mit ihm und seiner Gefangenschaft zu Rom ausgehen würde. Und der Brief selbst richtet sich an Menschen, die das Joch der Sklaverei tragen, unter denen es Streit und Zwietracht gibt, an Menschen in einer Gemeinde, über die – nur wenige Zeiten vor dem der Freudenruf – der Apostel klagt: „Es wandeln doch *viele* – von denen sagte ich euch schon oft, jetzt aber sage ich es mit Tränen – als Feinde des Kreuzes Christi. Ihr Ende ist Verderben, ihr Gott ist der Bauch."

Und dann trotzdem Gaudete: „Freuet euch allezeit im Herrn, noch einmal sage ich: Freuet euch. Der Herr ist nahe. Macht euch keine Sorgen, sondern bringt eure Nöte mit Danksagung vor Gott!" Ein Anruf zur Freude also, immer schon und daher immer noch, gerade an jene, die eben nicht unbeschwert dahinleben können, die ihre Ängste haben und auch ihre Konflikte, ihre Ratlosigkeiten und ihre Resignation. Soweit sind wir nicht weg von denen in Philippi; die Frage ist lediglich die, wie nahe wir trotzdem der Freude sind, die uns eigen sein sollte und für die der Christ immer und überall einen Zündfunken besitzt. Ich meine, sein Wissen und seine Erwartung zur Nähe seines Herrn, auf sein Kommen hin und damit auch die Stunde seiner endgültigen und bleibenden Erlösung. Ist er doch zur Hoffnung berufen, und zwar zu einer „Hoffnung wider alle Hoffnung".

Der dritte Adventsonntag will dies beschwören und neu erwecken. Für uns heute noch mehr als in den Zeiten, die in ihren gotischen Domen das unbesiegliche Licht in den bunten Fenstern einfingen und sich davon bannen ließen, daß ein stummer Jubel um sie sei inmitten ihrer tagdunklen Gebete. Wir Heutigen haben uns hinter Betonwänden eingenistet – auch in unseren Kirchen –, und der künstliche Schein, den wir selber hineinzaubern, ist ein kaltes Licht, nicht einmal der Wärme der Kerze gleich, die an unserem Adventkranz brennt. Um so mehr tut uns diese not und um so dringlicher steht es uns an, was im Kalender zum unverstandenen Adventsnamen geworden ist. Ich meine dieses Gaudete trotzdem; denn daran hat sich nun wirklich nichts geändert, daß es die Ankunft des Herrn gibt und auch daß sie nahe ist. Ein Gehen auf die Weihnacht zu, es würde sonst zu einem lustlosen Weitertappen in die bleierne Fragwürdigkeit hinein, von der ich eingangs jenes junge Mädchen sprechen ließ. „Vielleicht hat Gott diese Welt nicht so gewollt." Nein, er hat sie nicht so gewollt und er will sie nicht so. Dies anzuzeigen feiern wir Weihnachten und dafür zünden wir auf das Fest zu mehr und mehr die Lichter an. Auch Sie, liebe Hörer, sollten es tun, nicht um das Dunkle um Sie zu vergessen, sondern es zu brechen. Der Herr ist nahe! Gaudete – und Gaudete trotzdem!

In einem seiner letzten Gedichte – er nannte es „Frage und Antwort" – faßt Werner

Bergengruen Not und Erlösung so zusammen: „Der die Welt erfuhr, faltig und ergraut, Narb an Narbenspur auf gefurchter Haut, den die Not gehetzt, den der Dämon trieb, sage, was zuletzt dir verblieb!" Seine Antwort: „Was aus Schmerzen kam, war Vorübergang. Und mein Ohr vernahm nichts als Lobgesang."
Man muß wohl tief in die Heillosigkeit so einer zerfurchten Welt gesehen haben und man muß noch mehr durch sie hindurch wach geblieben sein für das Wahre und Eigentliche, um jenen Lobgesang noch aufzufangen; aber wem dies gelingt, dem ist der Herr nahe und damit auch die Freude, die das Heute trotzdem schon erfaßt hat und die sich morgen erfüllt.
Werden wir das schaffen? Und zumal in einem Advent wie dem, der nun zu Ende geht, der uns und die Menschen in der Welt, wie kaum sonst eher alle Lichter der Zuversicht und weihnachtlicher Vorfreude auszublasen scheint, als unsere Tage zu erhellen. Ich weiß es nicht. Nur, es bleibt mir trotzdem aufgegeben, Ihnen Frohbotschaft des Advents auszurichten und auch Ihnen allen es weiterzugeben, was vor fast 2000 Jahren aus dem Gefängnis zu Rom erstmals in die Bedrängnis und Verzagtheit der Menschen hineingerufen wurde: „Freuet euch, und noch einmal sage ich es freuet euch! Macht euch keine Sorge, sondern geht mit eurer Angefochtenheit vor Gott! Und dies nicht mit einem mutlos – allzu vorsichtigen Vielleicht, sondern in der Unbefangenheit, mit der unsere Kinder sich auch auf dieses Weihnachten 1983 freuen und unbeirrbar an das Gute glauben, das sie zum Fest erwartet. Lassen Sie sich nicht aus der Fassung bringen ob dessen, was sich rings um Sie anstaut an Grauen, Sorge und Unsicherheit, sondern fassen Sie Schritt mit denen, die auf den Herrn zugehen! Freuen Sie sich trotzdem, und glauben Sie daran, daß Ihnen das am ehesten gelingt, wenn Sie Freude bereiten. In jeder Sekunde gibt es nämlich nicht nur die Möglichkeit des Bösen, sondern auch die Gelegenheit des Guten, nicht nur das Risiko von Unfrieden und Gewalttat, sondern genauso die Chance zu Versöhnung, Liebe und Erlösung. Lassen Sie den Herrn in Ihrer Freude einem anderen Menschen nahekommen, damit Advent neuer Zuversicht wachse unter uns und mit ihm eine Hoffnungslosigkeit in unserer Welt weniger! Ich wünsche es Ihnen von Herzen!

(Rundfunkansprache)

Heilige Nacht?!

Es ist Heilige Nacht, und Sie haben Ihren Heiligen Abend gefeiert. Ich freue mich für Sie, wenn Sie in den letzten Stunden Freude gefunden haben und Gemeinschaft der Liebe, wenn es Ihnen gelang, Ihre Alltagslast loszuwerden und frei zu sein für das gute Miteinander in der Familie oder mit Freunden. Ich bin mit Ihnen dankbar, wenn Sie, selbst noch in Ihrer Einsamkeit oder in der Not Ihres Alters und Krankseins, etwas erfahren und erspüren durften von jener Güte, die im Grunde jedem Menschen im Herzen steckt, auch wenn sie zuweilen verschüttet ist oder zu scheu, sich kundzutun. Und ich bin Ihnen nicht gram, die Sie sich etwa auf die Flucht vor dem Heiligen Abend begeben haben, weil etwas in Ihnen sich dagegen wehrte, diesen Abend einen heiligen zu nennen und diese Nacht in ihrer frommen Prägung anzunehmen.

Wem von uns bleibt es in diesen Stunden schon erspart, der Anfechtung unausgesprochener Zweifel zu widerstehen, daß auch diese Nacht, die wir die Heilige nennen und in der wir Botschaft von Friede, Liebe und Freude vermelden, einzureihen in die schier unabreißbare Folge unserer Tage und Nächte, die eben alles andere einbringen als genau das, wonach wir uns heimlich sehnen, aber immer neu enttäuscht wissen. Auch der Kerzenflimmer dieser Heiligen Nacht schafft die Schatten des Lebens nicht einfach hinweg. Nein, auch durch den Heiligen Abend wandert die Not, geistert der Haß, schwelt der Unfriede und tobt sich die Jagd auf den Menschen aus. Auch in die Heilige Nacht hinein wachsen die Konturen von Leid und Gram, von Qual und Tod, noch in ihrer Mitte verschwistern sich Heil und Unheil, Friede und Frivolität, Gnade und Grausamkeit. Und ich möchte wissen, wessen Herz dagegen gefeit wäre, sich nicht daran zu erinnern, daß über die 2000 Jahre seit der ersten Heiligen Nacht zu Bethlehem es eben kaum den Frieden auf Erden gab und den Menschen wahrhaft ein Wohlgefallen geschehen sei von einem Gott der Liebe her. Auch in mir ist jener Aufschrei eines Kriegsgefangenen von anno 46 noch gegenwärtig, der mit klammen Fingern in seinem sibirischen Lager es hinkritzelte: „Hört mir auf mit der Heiligen Nacht! Diese *eine* ist doch viel zu wenig, wenn dahinter 364 andere kommen, in denen es keinen Frieden gibt, und keine Freude und keine Erlösung!"

Ich gebe ihm recht, diese *eine* Nacht ist tatsächlich zu wenig. Aber ich füge hinzu, diese *eine* Heilige Nacht von Bethlehem ist genug, daß sie 364 Tage danach und 2000 Jahre hinterher der Welt Hoffnung gab, Licht der Zuversicht, der Freude, der Liebe; denn dies ist Botschaft und Gabe der Heiligen Nacht:

„Ich verkünde euch eine große Freude, euch – euch allen! – ist heute der Retter geboren, Christus der Herr!" Und dies ist ihr Signal: „Ein Kind ist uns geboren, auf seinen Schultern ruht die Macht und Herrschaft!" Und dies ist ihre Realität: „Das Wort ist Fleisch geworden und hat unter uns gewohnt!"

Davon sprechen wir Christen in dieser Nacht, darüber legen wir Zeugnis ab, dafür stehen wir ein in unserer Freude: Es gibt das Heil, und zwar für jeden Menschen dieser Welt. Friede auf Erden ist keine Illusion, unsere Erde ist keine gottverlassene Hölle, denn ER ist in sie eingebrochen!

Auch wir Christen sind Realisten genug zu wissen, daß unsere Erde an die Grenzen ihres Wachstums angekommen ist, aber wir fügen hinzu, nicht an das Ende ihrer

Bestimmung; denn Gottes Ewigkeit hat sie in der Weihnacht neu erfaßt. Auch uns Christen gellt der Aufschrei der Entrechteten, der Verfolgten und Gehetzten in Ohren und Herzen, aber wir sind sicher, daß das Wort vom Frieden, den die Engel dieser Nacht vermeldeten, lauter ist und nicht totgelärmt werden kann. Auch wir Christen sind nicht so blind, daß wir nicht zutiefst betroffen sein könnten mitzuerleben, wie der Würgegriff der Despoten und Terroristen immer bedrohlicher wird, aber wir wissen, daß die Welt Gott in den Griff genommen hat, als er in seinem Sohn zur Welt kam, und über allem brütenden Grauen unserer Tage schauen wir in den neuen Tag der Menschheit. Sein Licht heißt Jesus Christus, gestern, heute und in Ewigkeit.

Dies bekennen wir in der Heiligen Nacht, daher kommt uns die Freude des Christfestes, dafür stehen wir in unbeschwerter Fröhlichkeit des Herzens ein. Natürlich provozieren wir damit eine desperate Gesellschaft. Selbstverständlich erscheinen wir damit wie Toren und Illusionisten vor einer hoffnungslosen Menschheit, aber wir reihen uns gern ein in die Schar der unterprivilegierten und harmlos erscheinenden Fellachen und Hirten, die in jener Nacht vor 2000 Jahren den Satten, den Übermütigen, den Skeptikern und Potenten die Kunde ausrichteten: Christ ist geboren, euch ist Heil widerfahren. Ja, Christus ist geboren! Das bedeutet, wir sind nicht mehr allein. Gott selbst ist Partner unseres Lebens geworden. Was uns bedrängt und was uns beglückt, ist ihm nicht fremd. Er lebt unseren Tag mit und ist bei uns in unseren dunklen Nächten.

Christus ist geboren. Das bedeutet für uns, wir sind nicht mehr nur auf uns selbst angewiesen. Gott kommt uns zu Hilfe, und zwar ein Gott, den wir „Abba! Vater!" nennen dürfen und Bruder in seinem menschgewordenen Sohn, dem die „Kraft ist und die Macht und die Herrlichkeit" und der bei uns ist „bis an das Ende der Tage".

Christus ist geboren. Das bedeutet für uns, wir haben einen Weg gefunden; denn „Er selbst ist der Weg, die Wahrheit und damit das Leben". Sein Wort und seine Botschaft zerbricht unsere Ratlosigkeit und den Unsinn aller ideologischen Hilfskonstrukteure. In seiner Weisung wissen wir, woran wir sind und was uns in Wahrheit weiterhilft, und das ist nicht der Rechenschieber und die Retorte, sondern seine Nachfolge und sein Beispiel.

Christus ist geboren. Das bedeutet für uns, wir haben die Chance wahrhaften Friedens erhalten. Er hat die Welt mit sich versöhnt und uns, wie der unvergessene Papst Johannes Paul I. es in einer seiner ersten Ansprachen betont hat, damit auch „die wahren Grundlagen für Zivilisation und Brüderlichkeit gegeben, nämlich die Achtung vor dem Nächsten, vor seinem Leben und seiner Würde, den Einsatz für seinen geistigen und sozialen Fortschritt, die Geduld und Bereitschaft zur Versöhnung bei der so delikaten Aufgabe, den Frieden zu verwirklichen" (Rede an das Dipl. Corps).

Christus ist geboren. Das bedeutet für uns: Wir haben Zukunft und Hoffnung; denn er hat für uns gelitten, er ist gestorben und auferstanden – und er stirbt nicht mehr. Er ist uns vorausgegangen zum Vater, und wo er ist, werden wir sein. Das alles bekennen wir vor uns selbst und vor allen Menschen in dieser Nacht, und wir nennen sie die Heilige Nacht. Wir öffnen uns ihrer Freude und bitten füreinander, daß sie alle erreiche in diesen Stunden. Daß keiner in seiner Friedlosigkeit verbleibe und jeder es erfahre: Auch dir ist der Heiland geboren, auch an dir ist Gottes Wohlgefallen, auch du bist in seiner Liebe!

(Rundfunkansprache)

Bedrängnis um Gott
(zu Mt 2, 13–15)

Noch stehen wir im Licht der Weihnacht. Jeder von uns hat sie wohl in seiner Weise gefeiert, aber keiner sicherlich ohne wenigstens den kurzen Aufschlag des Gefühls. Zu mächtig sind die Bilder der Krippe, zu eindringlich die alten weihnachtlichen Lieder, zu nahe noch immer und Gott sei Dank für viele unter uns die Erinnerungen und Prägungen, die wir aus Kindheit und Tradition als Lebensfracht mit uns führen. Wir sollten uns darüber freuen können und alles andere als verlegen werden. Beweist uns doch gerade das Weihnachtsfest, wie wenig ein Mensch letztlich auskommt mit seinem bloßen rechnenden Verstand und auch mit seiner noch so zur Schau getragenen Selbständigkeit. Irgendwie bricht zumindest die Ahnung in diesen Tagen durch, daß wir nicht zu Eremiten geboren sind, sondern zu Nachbarn, nicht auf uns selbst gestellt, sondern zugeordnet auf Gemeinschaft, Angewiesenheit aufeinander und Liebe zueinander.

In dieser Stunde unseres Gottesdienstes wollen wir uns dafür um so mehr öffnen, als wir in Altargemeinschaft stehen mit so vielen, die wir Behinderte nennen und die in Wahrheit – Gott sei's geklagt – eher Verhinderte sind, verhindert nämlich daran, uns so selbstverständlich nahe zu sein wie die guten Freunde und nahen Bekannten, zu denen es uns eben in diesen weihnachtlichen Tagen zieht. Mit ihnen treten wir nun vor die Krippe, mit ihnen zusammen wollen wir in dieser Stunde, die die Liturgie der Kirche unter das Leitwort Familie, der Heiligen Familie, stellt, dem Geschehen und Geschenk der Heiligen Nacht nahetreten, auch wenn diese selbst nun schon wieder im Gestern liegt. Aber haben wir nicht alle das Gespür und die Erfahrung, daß man oft erst sozusagen im nachhinein Dinge und Geschehnisse eher und tiefer erspürt als unmittelbar in ihrem Ereignis? Daß wir im Abstand der Zeit deutlicher gewahr werden, was da im Grunde als Botschaft an uns ergangen ist und als Gabe uns zuteil wurde?

Weihnachten, wenn wir es so im Nachtrag erfassen, entbehrt nämlich aller Romantik. Es wird uns eher zu einer erregenden Anfrage als zu einer harmlosen Ansage von Freude und Frieden. Statt kindlicher Unbeschwertheit entdecken wir Bedrängnis um das Kind, in dem Gott einer der unseren geworden ist. Bedrängnis um Gott also anstatt Empfängnis von Frieden, Friedlosigkeit, statt von Freude sorgenvolle Not, statt von Geborgenheit Unrast und Fremdheit.

1. *Das bedrängte Gotteskind*

Solche Friedlosigkeit, Not der Sorge und Fremdheit haben wir eben aus der Botschaft des Evangeliums entnommen. Kaum ist der Jubel der Hirten verhallt, kaum sind die Magier wieder unterwegs nach Hause, brechen alle Angst, aller Unfriede und alle Ungeborgenheit um das Kind in der Krippe auf: Da reckt sich die hinterhältige Gewalt des Herodes, da mahnt ein Engel, auf- und auszubrechen aus der weihnachtlichen Bleibe, da weist der Engel hinaus in die Fremde nach Ägypten, da beginnt unstete Wanderschaft in die Fremde, da klingt das Wort von der Furcht auf, in der Maria und Josef leben, da ist Ratlosigkeit des Wohins und ratlose Heimkehr nach Israel mit der offenen Frage, ob man dort angenommen werden wird oder von neuem Außenseiter von Menschen sein muß, die sich Jahre später in Nazareth gegen den eigenen Mitbürger empören werden und ihn an den Rand ihrer Stadt drängen, ja, mehr noch, seiner loswerden wollen.
Auch das ist Geschichte der Weihnacht: Bedrängnis um Gott, Verdrängen des Gottzugesandten, Distanz der Fremde und kalter Unnachbarlichkeit, wie sie schon im Schatten der Heiligen Nacht zu Bethlehem angefangen hat, als man keinen Platz in der Herberge hatte für das heilige Paar und sie hinausverwies in den Stall. Abgeschobene also, für die sich keine Tür öffnete, und Verdrängte, mit denen man nichts zu schaffen haben wollte. Unsere Lieder der Herbergssuche mögen uns das Gefühl gekommen sein, meine Frage und Sorge ist, ob sie uns auch ohne jeden Hauch von Sentimentalität und kurzatmiger Ergriffenheit ins Fleisch, d. h. unter die Haut gegangen sind, denn dies täte uns not: Zu begreifen, was das bedeutet, daß Gott eben in solcher Bedrängnis unser Bruder werden wollte und daß sein Kommen zu uns genau damit anfängt, daß er selber der Nicht-Angenommene sein wollte und sich aus der Gemeinschaft der Menschen verdrängen ließ.
Sollte es uns also nicht aufgehen, was das bedeutet: Gott auf der Seite derer, für die man keinen Platz hat, Gott Teilhaber jener Isolierung und Fremdheit, die wir so leichthin übersehen? Ich denke an all die vielen, die wir mit dem fulminanten Getue eines Sozialstaates und all seinen Einrichtungen und Versorgungsapparaturen ganz unbeschwert vom Leibe halten, weil wir ja doch ein so großartiges Netz

sozialer Sicherheit haben, daß uns die Angel des Herzens erspart bleibt, mit der wir sonst in den Gewässern der Not fischen müßten. Ich denke an Sie, die hier mitten unter uns sind, die Behinderten, wie wir sie nennen und zu denen der Weg uns oft genug weiter vorkommt als zu denen, denen wir mit Schecks und Wohltätigkeitsgeschenken über Kontinente hinweg zu Hilfe kommen. Ich denke an sie alle, die ihre Heime und Sozialstationen haben, aber nicht die Türen des Nachbarn und die Herberge unseres unmittelbaren Mitbürgertums.
Man kann unserer Zeit alles nachsagen und den Christen dieser Tage vieles anlasten, dies sicher nicht, daß unsere Zeit und die Christen unserer Tage nichts getan hätten für Sorgenkinder und Arme, für die Hungernden und die Flüchtlinge, für die Opfer von Gewalt und Wohlstand. Unsere Hilfswerke können sich sehen lassen, die Millionen an Gaben und Hilfsgütern verdienen Dank und Beachtung, aber sie entlassen uns nicht aus der Anfrage der Bedrängnis des Gotteskindes und seiner Verschwisterung mit den Ungezählten, die die Geschichte seiner Ungeborgenheit, seines Ausgewiesenseins und seiner Verdrängung leidvoll weiterleben mitten unter uns und immer als Test darauf, wie sehr oder wie wenig wir die wahre Botschaft der Weihnacht auf- und angenommen haben, und sie bleibt die Botschaft einer Bedrängnis Gottes im Menschen und unter den Menschen, sie bleibt auch die Anfrage des Kindes von Bethlehem über die Zeiten hinweg.

2. *Das bedrängende Gotteskind*

Diese von der Krippe herkommende bedrängende Frage des göttlichen Kindes aber zielt genau dahin, wo wir uns in unserem Jetzt und Heute befinden: Gott ist zu uns gekommen, er wollte von uns aufgenommen werden, in unserer Mitte sein wie einer, der dient, aber auch wie einer, der unseren Dienst erwartet, und dies eben dort, wo er weiter in seinen Brüdern auf Herbergssuche ist, wo er als der Abgeschobene und Weiterverwiesene auf Heimatsuche verbleibt, wo er die Tür seines Stalles offenläßt, damit wir eintreten und ihm begegnen in all seiner Angewiesenheit auf Verstehen und Annehmen.
Gerade dieses Weihnachten ist dazu angetan, uns dies insonderheit zu verdeutlichen und uns mehr als sonst mit der stummen Erwartung des Kindes in der Krippe wie des Kindes auf der Flucht zu bedrängen, führt doch Weihnachten 1980 hinüber in das Jahr 1981, das weltweit zum Jahr der Behinderten erklärt wurde und für das die weihnachtliche Jahresweisung proklamiert ist: „Einander verstehen – miteinander leben!" Ich weiß, daß solche internationalen Jahre ihre Fragwürdigkeiten haben, und wir alle haben es oft genug erlebt in den letzten Jahren, den Jahren der Frau, des Kindes, und wie man sie alle ausgerufen hat, daß sie oft genug

versandeten in einigen Aktionen und Appellen, die sich wie Pflichtübungen ausnahmen, die man persolvierte und dann abhakte im Kalender wie erledigte Humanitätsposten. Verstehen Sie mich nicht falsch, ich möchte den guten Willen, der hinter solchen Jahresakzenten steht, nicht in Frage stellen, ja, ich halte es für nötig, daß dies in unserer gedankenlosen Hektik unseres Lebens geschieht, nur wozu Gott uns drängt, das ist mehr als eine Aktion von Zeit zu Zeit, und wonach Gott uns aus seiner Bedrängnis der Weihnacht heraus fragt, das gilt nicht für ein internationales Jahr, das schreibt er uns in den Lebenskalender unseres Christseins: Es ist die Anfrage nach unserem Miteinander zu allen, auch zu denen, die in ihrer Gebrechlichkeit nicht alles mit uns teilen können, und die Anfrage nach unserer Offenheit in Liebe für jedermann, auch für jene, die in ihrer Behinderung erst gar nicht auf uns zukommen können. Es ist die Anfrage des menschgewordenen Gottes an unsere konkrete Liebe und Mitmenschlichkeit, die keinen Aufruf von irgendeiner Institution braucht, weil sie sich unmittelbar angerufen weiß, sooft sie dem begegnet, für den ‚in der Herberge kein Platz ist' und wo immer sie ‚ein Kind in Windeln gehüllt' auffindet, d. h. den Mitmenschen, der darauf angewiesen ist, daß eine Hand sich um ihn bemüht, ein Auge, das ihm zulächelt, ein Mund, der ein gutes Wort findet, und ein Herz, das Einlaß gibt.

Einander verstehen – miteinander leben! Ich finde, dieses Geleitwort in das kommende Jahr ist die Fortschreibung aller unserer Weihnachtslieder und -spiele, an denen wir uns in diesen Tagen freuten, und die nachweihnachtliche Bedrängnis, die von der Krippe her zumal uns Christen erreichen muß. Bethlehem ist immer nur eine Haustür weiter, Ägypten immer nur Schamröte von gestern.

Es ist Nachweihnachten. Noch haben wir die Erfahrung des verdrängten heiligen Paares um uns, noch die Angewiesenheit des hilflosen Kindes in der Krippe. Löschen wir sie nicht aus mit den Lichtern, die wir in diesen Tagen entzündet haben, lassen wir sie nicht untergehen in der Werktäglichkeit eigener Sorgen und Betriebsamkeit! Die Ankunft des Sohnes Gottes unter uns war kein Besuch, sie ist unsere neue und bleibende Gabe und Aufgabe, und Gott stellt sie uns in jedem Mitmenschen, gesund oder krank, lebensmächtig oder lebensohnmächtig, jeden Tag neu.

Weihnachtlicher Behindertengottesdienst

Zeit ist Gnade
(zu Lk 13, 6–9)

„Wieder ein Jahr vorbei . . .!" Der eine sagt es heute mit Erleichterung, ein anderer mit schwerem Herzen. So hängt der eine wohl ein „Gott sei Dank!" daran, der andere aber schickt einen Seufzer hinterher: „Leider Gottes!" Aber beide ziehen damit schon Bilanz: Ein gutes Jahr? Ein schlechtes Jahr? Was ist selbstverständlicher und was liegt einem schon näher am Silvesterabend als so eine Frage! Und jeder gibt die Antwort – wie sollte es auch anders sein? – aus seiner ganz persönlichen Perspektive: Es war ein gutes Jahr, so sagt der eine und er denkt daran, was er beruflich voranbrachte, wie viele Wünsche sich ihm erfüllten, daß er seinen Arbeitsplatz behielt und die Krise seiner Gesundheit überstand. Es war ein schlechtes Jahr, so lautet die Bilanz des anderen, und er zählt seine Mißerfolge zusammen, die bitteren Stunden und Enttäuschungen und auch, daß er wieder ein Stück älter geworden ist. Das alles ist doch so urmenschlich und natürlich . . .
Aber ist es genug für uns, die wir uns in letzter Jahresstunde hier bei Gott eingefunden haben? Gott – so glauben wir es doch – stand und steht nicht außerhalb unserer Zeit. „In ihm leben wir, sind wir und bewegen wir uns" (Paulus), und alle Zeit, die wir besitzen, ob wir sie erfüllen oder vertreiben, ist aus seiner Gnade geschenkt. Silvesterbilanz ist daher für uns mehr als eine Addition von menschlichem Erfolg und Mißerfolg. Sie ist eine Frage, die er uns stellt, und eine Hoffnung, die er uns gibt.

1. Eine Frage, von Gott gestellt

Da haben wir uns ein Gleichnis Jesu ins Gedächtnis gerufen, eines von den Bildern, die so unmittelbar auf unser Leben abzielen, daß man es unwillkürlich verspürt: Da bist du selbst gemeint! Daran ändert sich nichts, auch wenn wir uns von den Schrifterklärern sagen lassen, hier klage der Herr sein Volk an, den Feigenbaum Israel, den er in den weiten Weinberg seiner Völker pflanzte und um den er sich drei Jahre seines Wirkens und Redens bereits gemüht hat, ohne Frucht des Glaubens zu finden. Damit können wir sein Wort nicht von uns abschieben; denn wir sind Israel. Wir alle sind das Gottesvolk, dem seine Liebe, seine Sorge und seine Erwartung galt, auch dieses Jahr hindurch, das heute zu Ende geht.
„Da kam er und suchte Frucht an ihm, fand aber keine . . ."
In diesem knappen Satz liegt mehr als eine enttäuschende Feststellung. Es ist eine beharrliche Frage, die Gott seinem Volk und jedem, der sich zu diesem Volk zählt, stellt: „Ich gab dir Zeit, reichlich Zeit. Was hast du aus ihr gemacht? Warum blieb sie so leer? Was hast du in all der Zeit angesetzt und vorangebracht? Wo ist die Frucht dieser Jahre?"

Genau diese Frage kann und wird Gott auch an uns, das neue Gottesvolk, in dieser Stunde stellen. Wir gehen ins dritte Jahr nach dem Konzil. Er hat es uns gegeben, um erneuerte Kirche zu pflanzen inmitten der Völker unserer Tage. Und wir wußten es, daß wir alle gemeint waren, nicht nur die 2000–3000 Bischöfe, die sich in Rom versammelten. Wir hatten uns die Parole gegeben, „das Konzil einzudeutschen", d. h. es auf dem Boden unserer eigenen Heimat reifen zu lassen. Ist es geschehen?
Gewiß, es ist vieles Neue gewachsen seither. Wir feiern eine neue Liturgie, und unser Gottesdienst ist in vielem lebendiger geworden. Wir haben neu die Frage nach dem Glauben gestellt, sind in neuer Weise dem Wort Gottes nahegekommen und haben versucht, neues Bewußtsein im Laien zu wecken. Das alles, ja. Aber keiner von uns täuscht sich darüber, daß auch neue Unruhe unter uns entstanden ist, daß neue Gefahren im Raum der Kirche sich abzeichnen, daß im Umbruch der ersten Nachkonzilszeit manches zu Bruch gegangen ist . . .
Also bleibt die Frage, was Gott an uns findet, nachdem wir ein Jahr mehr Zeit gehabt haben, voranzubringen, was er in uns grundlegen wollte. Wir müssen uns von ihm fragen lassen, nach dem Mehr unserer Liebe und unserer Dienstbereitschaft an der Welt; denn dahin wollte er uns im Anruf des Konzils führen. Wir werden uns fragen lassen müssen, nach dem Mehr unseres persönlichen Glaubens und unserer Gewissenstiefe; denn eben dazu rief er uns an, als er uns sagen ließ „wandelt euch in einem neuen Denken!" (Stuttgarter Katholikentag). Wir sind gefragt von Gott, nach unserer größeren Bereitschaft, Gottes Wort zu hören und aus ihm zu leben; denn das hatten wir ihm vor Jahresfrist beteuert: „Auf dein Wort hin!" (Bamberger Katholikentag).
Welche Antwort können wir ihm geben heute abend? Wie lautet sein Urteil? Ist es dasselbe, wie er es im Gleichnis ausspricht: „Nun geht es schon ins dritte Jahr, seit ich komme, Frucht an diesem Feigenbaum zu suchen, und ich finde keine. Hau ihn um. Wozu saugt er den Boden aus!"?

2. *Eine Hoffnung, die Gott uns gibt*

Unser Gleichnis aber endet nicht mit einem zornigen Axthieb. Es endet mit einem herzhaften Gebet: „Herr, laß ihn noch dieses Jahr. Ich will ihn ringsum aufhacken und Dünger einlegen. Vielleicht bringt er künftig Frucht." Und es endet mit einer neuen großen Hoffnung, die stillschweigend gegeben wird; denn auf das Gebet folgt kein resolutes „Nein, nun ist Schluß, Schluß ein für allemal." Es bleibt die Chance eines neuen Jahres und das Geschenk eines neuen Versuchs.
Zeit ist Gnade. „Seine Gnade aber währt von Geschlecht zu Geschlecht für die, die ihn fürchten." (Magnificat). Also auch für uns und auch für neue 365 Tage,

die in dieser Silvesternacht anbrechen. Noch ist es nicht zu spät. Noch haben wir Zeit. Noch ist die Nacht nicht hereingebrochen, in der niemand mehr wirken kann. Was werden wir tun? Was wollen wir neu beginnen?
Der Weinbergarbeiter verspricht es im Gleichnis: „Ich werde ringsherum umgraben und Dünger einlegen." Es ist nicht schwer, dies Bild in einen Plan zu übersetzen, den wir uns zeichnen wollen: Umgraben, das heißt: In die Tiefe gehen und von Grund auf umbesinnen. Nicht nur so oben hin an uns arbeiten oder lediglich abwarten, daß von oben her der Tau der Gnade die Frucht zeitigt, die Gott von uns erwartet. Gott tut nichts ohne uns, und wenn wir eben fragten, wie weit Gottes Gedanken und Absichten des Konzils in uns angekommen sind und sich eingewurzelt haben, so wollen wir es uns nun in aller Schlichtheit sagen: Das Konzil verlangt von uns Bekehrung! Von uns gemeinsam, als Gemeinde Gottes, und von jedem einzelnen von uns als Glied dieser Gemeinde. Es geht ja nicht um neue Formen, es geht um eine Erneuerung von innen her, um ein tieferes Glauben, ein kraftvolleres Hoffen und ein lebendigeres Lieben. Dazu wollen und müssen wir in uns umgraben. Dazu uns bekehren.
Allerdings, solche Bekehrung ist so wenig alleinige Garantie von Fruchtbarkeit wie bloßes Umgraben im Erdreich. „Ich werde umgraben und Dünger einlegen." Es braucht also auch die Mittel, die zusätzliche Wachstumskraft bringen. Es braucht unser eigenes ernsthaftes Tun, und es braucht nicht weniger die Gnade Gottes. Sagt er es uns doch selbst, klar und entschieden: „Ohne mich könnt ihr nichts tun. – Bleibt in mir und ich in euch, dann bringt ihr viele Frucht." Es gilt also die Gnade neuer Zeit, die Gott uns schenkt, zu einer Gnadenzeit zu machen, uns zu öffnen für sein heilbringendes Wort, uns erfüllen zu lassen mit der Heilkraft seiner Sakramente und uns enger und lebendiger zu verbünden mit dem lebendigen Ganzen seiner Kirche. Ja, jetzt erst recht mit seiner Kirche; denn das sollten wir auf jeden Fall erkannt und erfaßt haben: Kirche, das ist nicht ein Nebeneinander einzelner Gläubiger, das ist ein Ineinanderverbundensein in gemeinsamer Berufung und zu gemeinsamem Wachstum.
Gott schenkt Hoffnung. Leben wir aus ihr!
Übers Jahr wird er uns wieder fragen . . .
(Silvesteransprache)

Worte zur Fastenzeit:

„Wenn wir Kreuz sagen . . .“

1. *Deine Sprache verrät dich ja!*

Wir haben die lauten, tollen Tage begraben, und nun hat nach unserem Kalender die Fastenzeit begonnen. Nach *unserem* Kalender? Vielleicht ist das mein erster Irrtum heute morgen; denn womöglich haben wir beide gar nicht denselben Kalender.

Ich meine das natürlich nicht drucktechnisch, sondern so, daß ich mir vorstelle, für Sie könnte das Wort Fastenzeit ziemlich unerheblich sein, indessen es für mich geradezu ein Reizwort ist. Es fordert mich heraus, es macht mich verlegen, und auf jeden Fall zeigt es uns beiden an, wie sehr der Rhythmus eines Kirchenjahres mit dem Termin- und Zeittakt unseres wirklichen Alltags übers Kreuz gekommen ist.

Apropos, übers Kreuz. Ist Ihnen schon einmal aufgefallen, daß wir in unserer Sprache wohl noch eine ganze Menge Wortanleihen aus christlicher Botschaft und Lebensart mitschleppen, obschon wir uns längst daraus fortgestohlen, wenn nicht glatt damit gebrochen haben? Denken Sie an Wörter wie Kreuz, Segen, Heil, Sünde, Gnade oder was sonst alles! Ich finde, sprachlich verhalten wir uns weithin wie Maskierte, die den Aschermittwoch übersehen haben und mit ihm den Termin, sich zu demaskieren, und das Seltsame ist, daß uns nicht einmal jemand entlarvt. Das ist in der Bibel anders. In der Passionsgeschichte Jesu zum Beispiel geschieht so eine Entlarvung und Demaskierung. Erinnern Sie sich: Da stiehlt sich ein Jünger klammheimlich in den Vorhof des Hohenpriesters, kauert vermummt am Feuer der Andersdenkenden, mischt sich in ihre Debatten ein und muß es sich plötzlich gefallen lassen, daß man mit dem Finger auf ihn zeigt: „He, du gehörst ja gar nicht da her, du bist keiner von uns! Deine Sprache verrät dich ja!“

In solche Verlegenheit geraten wir kaum. Christ oder Nichtchrist, wir sprechen so ziemlich dieselbe Sprache, und was der eine oft reichlich gedankenlos aus dem angestammten Wortschatz seines Glaubens einbringt, übernimmt der andere nicht minder gedankenlos in seinen Jargon; so etwa das Leitwort der Fastenzeit, das Wort Kreuz. Ich habe vor, Ihnen in den nächsten Tagen ein paar solcher Kreuzwörter zur Besinnung anzubieten.

In diesen heutigen Tag hinein zunächst nur dies: Ich halte es mit dem zwielichtigen

Satz, den ich einmal aufgefangen habe. Er heißt: Die Kirche verrät in einem fort ihren Herrn, aber sie verrät ihn auch. Tatsächlich, wo immer Christen leben und reden, geschieht Verrat an Jesus, weil weder ihr Leben noch ihr Reden Zeugnis für ihn ist, eher das Gegenteil. Aber selbst nach im Ärgernis, das Christen (leider Gottes) wohl auch an diesem Tag wieder geben werden, verraten sie, daß es eine Botschaft Jesu gibt, nach der es zu leben gälte, eine Kirche Jesu, in der es anders sein sollte, und ein Christsein, das überzeugen müßte.
Würden Sie und ich es heute versuchen wollen, weniger Verrat zu üben, als es, und sei es nur in Ihren Gesprächen, zu verraten, daß es dennoch den Herrn gibt, der zur Nachfolge ruft. Darauf nämlich ist Fastenzeit angelegt, und ich wünsche Ihnen und mir, daß sie uns gelingt.

2. *Und immer kreuzfidel*

In meiner Morgenpost fand ich vor einiger Zeit den Brief eines afrikanischen Bischofs. Er berichtet mir – wie könnte es anders sein – von seinen Sorgen, Problemen und Nöten, mit denen er sich herumschlagen muß. Aber dann zum Schluß seines Briefes schreibt er: „Wissen Sie, unsere Situation hier ist wie die auf jenem Schiff, das in schwerste Seenot geriet. Die Lage ist aussichtslos, und der Kapitän ruft Passagiere und Mannschaft aufs Deck und erklärt ihnen: ‚Herrschaften, jetzt ist es aus, nun sind wir nur noch in Gottes Hand!' Da meldet sich aus dem Hintergrund eine Stimme und fragt: Ist das so schlimm?"
Bitte, sagen Sie jetzt nicht gleich, das sei schwarzer Humor. Ich halte den Bischof nämlich eher für einen kreuzfidelen Menschen, und sehen Sie, das ist nun auch wieder so ein Wort in unserer Sprache, das wir gerade jetzt in die Fastenzeit hinein einmal bedenken sollten.
Kreuzfidel, so haben Sie vielleicht letzte Woche beim Faschingskehraus die Stimmung genannt, in der es bombig hoch herging. Kreuzfidele Leute, Kollegen und Nachbarn, die ihre Sorgen in mehr als ein Gläschen Wein geschüttet hatten und in unbeschwerter Lustigkeit den letzten Walzer aufs Parkett legten. Nur dann, „am Aschermittwoch war alles vorbei", und der kreuzfidele Kollege mag Ihnen heute in der Tram als Griesgram begegnen und Ihnen längst wieder auf den Wecker gehen mit seinem Genörgel, seinem Lamentieren und seiner Empfindlichkeit.
Kreuzfidel meint eigentlich etwas ganz anderes. Es meint eine Heiterkeit des Herzens, die es trotz Kreuz und Alltagskram gibt, ja, die das Kreuz – ich meine das Kreuz Jesu Christi – geradezu nötig hat, um sich zu entfalten und zu einer Kraft zu werden, ja auch noch auf dem Krankenbett und im Würgegriff von Angst und Todesnot leben läßt. Ich sage damit weiß Gott nicht, daß der Christ, der zum Kreuz steht, immer auch schon ein froher Lebenskünstler sein muß, aber ich halte

es wirklich damit, daß es zum Ausweis eines Christen gehört, kreuzfidel zu sein, das heißt, im Schatten des Kreuzes zu stehen und dennoch nicht schwarzseherisch, sondern eher hellseherisch aus der Hoffnung zu leben. Diesen Anspruch meinte wohl Nietzsche, als er das aufreizende Wort formulierte: „Ihr Christen müßtet mir erlöster aussehen, wenn ich an eure Erlösung glauben soll!"
Und ich meinte hinzu, daß Christus deswegen seinen Jüngern ein für allemal das Motto für die Fastenzeit gab: „Wenn ihr fastet, dann macht kein verdrießliches Gesicht wie die Heuchler! Du salbe dein Haupt, wenn du fastest, und wasche dein Gesicht!" Ein Motto, an das ich Sie an diesem Fastenmorgen erinnern will und Ihnen als kreuzfideles Pausebrot in die Mappe stecken möchte; denn auch Sie braucht der Herr heute irgendwann einmal, um einem anderen Mut zu geben, sein Alltagskreuz erträglicher zu machen und vor allem Sie als Christ in Ihrer eigenen Hoffnung zu testen. Fidel heißt nämlich nicht bloß fröhlich sein, sondern auch gläubig.

3. *Nur nicht kreuzlahm werden*

Vielleicht führt Sie heute morgen auf Ihrem Weg zur Arbeit oder nachmittags beim Einkaufsbummel Gott an einer Baustelle vorbei. Dann würde ich Ihnen raten, einen Moment stehen zu bleiben und zuzusehen, wie dort gepredigt wird. Sie haben recht gehört, ich sagte predigen. Unlängst nämlich stand ich an so einer Baustelle und guckte zu, wie ein paar sehnige Arbeiter eine mordslange Eisenschiene transportieren mußten. Mit kräftigem Griff packten sie zu fünfen das Eisen an, dann gab einer das Kommando: „Raus aus dem Kreuz!" Und die fünf Rücken spannten sich, streckten sich, und schon hatten sie das zentnerschwere Ding auf ihren Schultern, trugen es den Bau entlang, als wäre es auf einmal ein Pappenstiel.
Ja, und das war mir beinahe wie eine Kurzpredigt. „Raus aus dem Kreuz!" Natürlich meinten sie mit dem Kreuz ihre Rückenpartie, und keinem wäre es wohl eingefallen, an das andere Kreuz zu denken. Man redet eben so auf dem Bau, und zwischen Beton und Stahl spielt man normalerweise nicht eben fromm. Aber mir fuhr ihr Kreuzkommando doch irgendwie in den Sinn, und es tappte eine Weile neben mir den Weg entlang mit; denn just an diesem Morgen – ich gestehe es – war mir ziemlich flau im Gemüt, und ich fühlte mich, wie man auch so sagt, kreuzlahm an diesem Morgen.
Es wird Ihnen, liebe Hörer, nicht anders ergehen. Da steht man früh auf und spürt noch das Blei von gestern in den Knien, da hat man einen Tag vor sich und man muß sich förmlich in ihn hineinzwingen. Am liebsten würde man alle Viere von sich strecken und Gott einen lieben Mann sein lassen. So kreuzlahm kommt man

sich vor, völlig überfordert, ganz und gar ausgepowert und restlos ausgenommen. Und sollten Sie mir jetzt gar von einem Krankenbett her zuhören, dann verstehen Sie mich doppelt; denn für Sie fängt der Tag ja nun wirklich kreuzlahm an.
Da wirkt auch ein Gebet nicht gleich Wunder und ein frommer Spruch noch weniger. Es ist eben ein Kreuz, wie wir sagen, und ich denke nicht daran, Sie mit einem salbungsvollen Morgenspruch an die Fastenzeit zu erinnern und Ihnen betulich zu bedeuten, daß wir doch gerade in diesen Tagen und Wochen auch mal ein Opfer bringen könnten. Nein, ich bin so frei und gebe Ihnen das Kommando von jenem Bauplatz weiter: „Raus aus dem Kreuz!" Nur meine ich jetzt eben nicht die Rückenpartie, sondern wirklich das Kreuz von Golgotha, von dem wir in unseren Kirchen singen: „Oh, du hochheilig Kreuze . . . du bist die sichre Leiter, du bist die starke Brücke, du bist das Siegeszeichen" und auch „Zeig deine Kraft und Stärke!" Ich glaube nämlich daran, daß einer, der aus diesem Kreuz her kommt, nicht kreuzlahm bleiben muß, sondern so etwas wie den kraftvollen Ruck erfährt, mit dem meine Bauarbeiter ihre Zentnerlast aufgehoben haben. Wollen Sie es heute morgen zumindest einmal versuchen? Wenn ja, dann machen Sie, bitte, jetzt mit mir das Kreuzzeichen über sich und sagen Sie „In Gottes Namen!" und er geb's, daß Sie seine Kraft erfahren!

4. *Ein kreuzbraver Mensch*

Er war ein einfacher Mann, und sein Name hat nie Schlagzeilen gemacht. Aber noch nach Jahren, wenn sie von ihm sprachen, nannten sie ihn einen kreuzbraven Mann. Das hieß dann in unserer Redensweise soviel wie er war in jeder Hinsicht in Ordnung. Man konnte sich auf ihn verlassen, er war zugänglich und konnte was einstecken. Von sich selber machte er kein Aufhebens, und wenn man von ihm etwas haben wollte, so war er einfach da. Das Aufbegehren war ihm so fremd wie alle Angeberei. Eben – ein kreuzbraver Mann.
Ich bin mir nun freilich nicht sicher, ob Sie sich für so einen kreuzbraven Menschen halten, ja, ob es Ihnen überhaupt recht wäre, wüßten Sie, daß man in Ihrer Umgebung so von Ihnen spricht. Schließlich spricht uns heute ein anderer Typ mehr an: der selbstbewußte Könner und clevere Zeitgenosse, der es zu etwas bringt, der nicht einfach Ja und Amen sagt, sondern kritisch ist und aufmuckt, der eher demonstriert als resigniert, der sein Image pflegt und eben nicht brav ist, d. h. mit dem man nicht so umspringen kann, wie man will, und der womöglich noch die linke Wange hinhält, wenn man ihm auf die rechte schlägt.
Nur fürchte ich, daß wir damit – als Christen jedenfalls – allzuleicht in Konflikt mit dem Kreuz geraten können, also genau dem Wahrzeichen, auf das wir uns berufen und mit dem wir uns schmücken. Immerhin beschreibt Petrus in seinem

Brief an die Gemeinde in Kleinasien den Mann am Kreuz als Leitbild für die Christen seiner Zeit so: „Er hat euch ein Beispiel gegeben, damit ihr seinen Spuren folgt. Er hat keine Sünde begangen und kein Falsch war in seinem Mund. Da man ihn schmähte, schmähte er nicht wieder, im Erleiden stieß er keine Drohung aus, sondern überließ sich dem rechtmäßig gesetzten Richter. Er trug unsere Sünden an seinem Leib zu Kreuze, damit wir der Sünde sterben und der Gerechtigkeit leben."
Ich meine, wir sollten uns ruhig eingestehen, daß uns das eher aufregt als beunruhigt und wir uns wahrhaftig einigermaßen schwertun, auf einen solchen Kurs von Kreuzbravheit einzuschwenken; denn wo kämen wir damit hin? Heute zum Beispiel, in dem Gerangel um Position und Beruf, in dem barbarischen Konkurrenzkampf aller gegen alle und inmitten von Menschen, die einem das Leben weiß Gott sauer machen können. Sollen wir denn einfach den Ellbogenstrategen das Feld überlassen und womöglich noch Dankeschön sagen, wenn wir hintendran bleiben? Sie wissen, daß Nietzsche gerade dagegen sich leidenschaftlich auflehnte und den „bleichen Hebräer" am Kreuz, wie er Jesus nannte, als Lebensverneiner und -verführer beschimpfte.
Aber um willenlose Schwachheit geht es ja gar nicht. Es geht um die Kraft, ja zu sagen zum Lebensplan, den Gott uns aufsetzt, und um den Mut zum Kreuz überhaupt. Darum, ob wir es mit dem Herzen statt mit der Faust halten und es zuwege bringen, uns selbst und den Menschen neben uns anzunehmen. Letztlich, weil er uns angenommen und ertragen hat, der Kreuzbrave von Golgotha.
Einen Versuch heute wäre das ja wohl wert. Immerhin, wir sind in der Fastenzeit und gehen dem Kreuz entgegen.

5. Sagten Sie „kreuzunglücklich"?

Erlauben Sie mir in dieser frühen Morgenstunde, in der wir uns einen guten Tag und einen guten Morgen wünschen, die forsche Frage: Waren Sie schon einmal kreuzunglücklich? Sie brauchen jetzt nicht darüber nachzudenken; denn ich möchte Ihnen weiß Gott nicht durch eine bittere Erinnerung an eine schwere Stunde oder an ein bitteres Ereignis in Ihrem Leben den neuen Tag verderben. Nur wenn es irgendwann einmal so gewesen wäre oder Sie fühlten sich just an diesem Morgen kreuzunglücklich, weil Sie etwa als Kranker gerade heute mit einer abgrundtiefen Angst aufgewacht sind oder als Gesunder eben für diesen Tag eine große Belastungsprobe auf sich zukommen sehen, dann möchte ich Sie einladen, mit mir ein wenig über dieses Alltagswort unserer Sprache nachzudenken.
Kreuzunglücklich sagen wir, und wir meinen damit einen Zustand, in dem wir uns ausweglos vor einem Leid, einem Lebensproblem oder einer Zerreißprobe des

Alltags wissen und uns hoffnungslos überfordert und allein vorkommen. Was immer das sein kann, das wissen Sie selbst, und wie pechschwarz eine solche Nacht von Leid, Unheil oder Enttäuschung über einem zusammenschlagen kann, darüber bedarf es keines Wortes. Jeder von uns hat das irgendwann und – wie schon erfahren, und wo noch nicht, so mag er sich dafür bereithalten; denn seit das Kreuz des Gottessohnes aufgerichtet wurde, führt kein Menschenweg mehr daran vorbei. Darum sind wir Christen neben allem Optimismus des Lebens, der uns ziemt, weil wir auf Hoffnung hin berufen und angelegt sind, zugleich trotzdem stets Realisten des Kreuzes.

Die Berichterstatter der Passion erinnern uns an diese Mitverflochtenheit in die Kreuzeswirklichkeit, wenn sie uns von jenen zwei – nun wirklich – kreuzunglücklichen Menschen erzählen, die zugleich mit Jesus gekreuzigt wurden. Ihre Namen mögen der Legende angehören, ihre Stunde nicht. Und auch nicht, wie grundverschieden sie diese auf sich nahmen. Sie entsinnen sich: Da ist der eine, der im Zusammenbruch sein Leben überschlägt und am letzten Grund seines Fiaskos noch einen Schimmer der Zuversicht entdeckt, der zu einem Gebet wird: „Herr, denke an mich, wenn du heimkommst!" Und da der andere, der im tiefen Morast dieses Lebensgrundes nur noch das letzte Häuflein Bitterkeit zusammenschart, aus dem Spott wird Verzweiflung: „He, wenn du schon der Messias bist, dann tu etwas für dich und für uns!"

Nun frage ich Sie, liebe Hörer, wer von den beiden war nun wirklich kreuzunglücklich? Ich höre Ihre Antwort; denn ich bin mir sicher, daß auch für Sie das restlose Unglück dort beginnt, wo es keine Hoffnung mehr gibt und die Verzweiflung allein regiert. Ich kann Ihnen keine Bürgschaft leisten, daß Sie nicht – womöglich heute – mit so einer verzweifelten Anfechtung zu tun haben, aber ich kann mich dafür verbürgen, daß, was immer mit und an Ihnen geschieht, auch für Sie ein Grund der Hoffnung da ist; denn das Kreuz ist Hoffnung.

Falls Sie ein Kreuz in Ihrem Zimmer hängen haben, so lade ich Sie ein, schauen Sie jetzt darauf und vertrauen Sie ihm!

6. In der Sprache des Kreuzes

Die erste Fastenwoche geht zu Ende. Wir haben versucht, uns in den letzten Tagen über ein paar Wörter Gedanken zu machen, die wir oft gedankenlos genug mit dem Wort vom Kreuz verbinden. Vielleicht ist Ihnen dabei noch eine ganze Menge anderer Ausdrücke eingefallen, in denen wir uns auf das Kreuz beziehen, ohne uns bewußt zu werden, was wir im Grunde damit aussagen. Oder denken Sie etwa daran, wenn hernach auf Ihrem Weg zur Arbeit oder ins Geschäft ein anderer Ihren Weg „kreuzt", daß Sie mit ihm hastenden Schritts ein Kreuzzeichen auf den

Asphalt ziehen? Oder fiel Ihnen vorhin, als Sie in Ihrem Taschenkalender eine wichtige Stunde, einen besonderen Termin oder ein bevorstehendes Gespräch „ankreuzten", ein, daß Sie damit irgendwie diese Stunde, diesen Termin und dieses Gespräch unter das Signum des Kreuzes stellten? Möglicherweise haben Sie sich für heute vorgenommen, bei Ihren Verwandten oder in einer Party „aufzukreuzen". Ob Sie wohl dann auch etwas von dem einbringen werden, was das Kreuz meint, nämlich Geduld, Verstehen, Verzeihen, Befriedung und Freude?

Ich könnte noch eine Weile mit solchen „Kreuzslogans" fortfahren, aber ich fürchte, ich könnte Sie nervös oder unwillig machen. Wer nimmt schon jedes Wort gleich auf die Waagschale und wer überhaupt kann so bewußt in seiner Sprache leben? Sie haben recht, nur ändert das nichts daran, daß wir uns tatsächlich solche Anleihen aus der Urbotschaft des Christentums nehmen und es uns gefallen lassen müssen, daran gemessen zu werden. Entweder nämlich verraten wir, wie ich vor einigen Tagen meinte, damit Wort und Weisung des Gekreuzigten, oder wir verraten, das heißt, wir lassen, wie unbewußt auch immer, noch in der Oberflächlichkeit unseres Redens erkennen, wie tief wir letztlich in ihr zu Hause sind.

Genau das aber sollten wir in der Fastenzeit entdecken. Sie und ich; denn fasten meint ja nicht zuerst, eine kirchlich-motivierte Joulekur zu machen oder auf Konsumaszesekurs zu gehen (wie wohl das jedem von uns recht gut bekäme), sondern wieder auf Grund zu gehen und festen Standort zu gewinnen. Das Wort Fasten selbst sagt dies aus. Es bedeutet nämlich festmachen. Wenn Sie einmal in einem Düsenjet mitgestartet sind, haben Sie dieses Wort in Leuchtschrift auf der Rücklehne Ihres Vordermanns gelesen. Fasten – festmachen! Für uns heißt dies im geistigen Sinn, daß wir gewillt sind, einmal ein paar Wochen im Jahr nicht so sehr darauf aus zu sein, daß wieder was „los" ist, sondern daß wir selber fester werden, indem wir Halt suchen.

Halt, woran und an wem? Als Christen haben wir darauf nur eine Antwort: Am Kreuz des Herrn; denn das Kreuz ist der stabilste Ort auf Erden, und der an ihm hängt, der zuverlässigste Bürge für unseren Stand und Bestand im Leben. Gewiß, man muß im Leben auf eigenen Füßen stehen. Die Frage aber ist dann immer noch, worauf unsere Füße Halt finden. Ich stehe zu dem Wort der Bibel, wonach kein anderer Grund wirklich trägt als der, der gelegt ist in Christus Jesus, und ich lade Sie ein, in dieser Fastenzeit neu auf diesen Grund zu gehen!

Rundfunkansprachen

Die anderen Augen
(Joh 10, 11–16)

Weiß Gott, wie sind wir stolz, wenn wir über uns selbst im klaren sind. Selbsterkenntnis – so sagen wir's, so leben wir's – ist doch nun einmal der erste Schritt zur Besserung, der entscheidende Schritt, um mit dem Leben fertig zu werden. Mensch, erkenne dich selbst, und du wirst dein Leben meistern!
Schön und gut, aber wissen wir eigentlich noch, daß diese goldene Lebensregel über der Konsole eines Tempeltores eingegraben war. Eines *Heiden*tempels im griechischen Altertum! Daß diese großartige Lebenskunst nicht aus dem Munde Christi, sondern aus den Köpfen von Philosophen stammt? Erkenne dich! ist nicht der letzte Schrei moderner Persönlichkeitsbildung, sondern der letzte Schrei vorchristlicher Lebensgestaltung. Christi Ruf aber lautet anders. Nicht so: Erkenne dich!, sondern so: Erkenne mich! Denn „ich bin der gute Hirt und kenne die Meinen", und die Meinen werden mein, indem sie mich erkennen! Christsein braucht andere Augen als solche, die sich in sich selbst versenken. Augen nämlich, die auf Jesus schauen und durch ihn auf sich und auf die Welt.

1. *Auf Jesus sehen*

In den Abschiedsreden des Herrn steht ein merkwürdiger Satz. „Das ist das wahre Leben, daß sie dich erkennen, Vater, und den du gesandt hast!" Bitte, sprich das einmal so ganz ruhig vor dich hin und du wirst spüren, wie dir dein ganzes Lebenskonzept durcheinandergerät. Das wahre Leben . . . Mein Gott, wie sind wir darauf aus, was stellen wir nicht alles an, gerade weil wir so lebenshungrig sind. Was erfinden wir nicht alles, wonach spähen wir nicht fortwährend aus, wie betrachten wir nicht uns selbst, um mit dem Leben besser fertig zu werden. Aber an diesem Satz gemessen scheint das nun alles total verkehrt zu sein.
Und es ist auch verkehrt; denn ein Vogel kann nur leben, wenn er nach Futter späht und nicht nach Backsteinen. Ein Fisch kann nur existieren, solange er in seinem Element sich umsieht und bleibt. Wir sind Christen und durch die Taufe „neue Kreatur" geworden. Unser Element ist Christus! Gewiß, wir können ohne ihn vegetieren, aber existieren können wir nur durch ihn und mit ihm.
Christsein muß andere Augen haben als das bloße Menschsein, weil sein Lebensziel weiter und tiefer liegt. Nur wenn die Seinen, die er in seinem Blut gezeugt und mit seinem Fleisch und Blut ernährt, auf ihn hin leben und ihn erkennen als Inhalt und Ziel, als Ursprung und Mitte ihres Lebens, können sie in Wahrheit leben; denn er ist selber *das* Leben! Solange wir das nicht erkennen, werden wir vielleicht seinen Namen tragen, aber niemals sein eigen sein. „Die Meinen erkennen mich", und wer mich nicht kennt, ist auch nicht mein.

2. Durch Jesus sehen

Natürlich reizt eine solche Behauptung zum Widerspruch. Schließlich kennen wir mehr als hundert Leute, die auch ohne ihn leben, die nicht nach ihm fragen und trotzdem so prächtig leben, daß unsereiner als Christ sie womöglich noch beneidet. Die haben keine Probleme. Bei denen ist alles sonnenklar. Wir aber . . .
Jeder von uns weiß das, aber jeder von uns weiß auch, daß ein Kind nur deswegen noch so unbeschwert spielen kann, weil es vom Leben noch nichts weiß. Wir aber haben dieses Leben kennengelernt als eine Summe von Fragen und Problemen, eine Rechnung, die einfach nicht aufgeht, gleichviel, was wir alles hineinschreiben an Anstrengung und Raffinesse, an Oberflächlichkeit oder Tiefsinnigkeit. Immer bleibt zuletzt das Fragezeichen: Warum? Wieso? Was dann?
Aber es gibt eine Einsicht, die zugleich Durchsicht ist durch diesen Verhau der Fragwürdigkeit unseres Lebens: Die Sicht mit den Augen des Herrn. Wer die Welt und das Leben per dominum nostrum Jesum Christum betrachtet, durchschaut sie ganz. Wo der Laie nur einen Wassertropfen sieht, erkennt der Gelehrte unterm Mikroskop eine ganze Welt voll Leben. Wo wir mit einem Sandkorn spielen, rechnet der Wissenschaftler mit Welten von Atomen. Mit dem Leben ist es nicht anders: Wo der bloße Mensch ein Sammelsurium nur von Freud und Leid erkennt, erkennt der Christ Plan und Liebe seines Schöpfers und Erlösers.
Deswegen braucht es andere Augen für den Christen. Und deswegen schreiben wir beim Kreuzzeichen zuerst das Signum Jesu über unsre beiden Augen wie ein Koordinatenkreuz, damit wir die Dinge unseres Lebens richtig orten und ordnen können; denn „Ohne Christus ist die Welt wie eine Uhr ohne Zifferblatt. Sie geht zwar, aber sie ist zu nichts nutze" (Langbehn).
Erkenne dich – Erkenne mich! Zwischen diesen beiden Lebensregeln liegt ein wesentliches Stück unserer wahren Lebensfülle. Wer bei sich nur bleibt, dem bleibt die Welt verschlossen. Wer Christus erkennt, erkennt Gottes Werk. Selbsterkenntnis ist der Weg zur Besserung. Christuskenntnis aber ist der Weg zur Erlösung und zum Leben ohne Ende.

Nur nicht nervös werden!
(Joh 16, 16–22)

Geht es euch auch so? Dieses fast unerträgliche Wiederholen von der „kleinen Weile" eben macht einen fast nervös. Siebenmal steht es in der kurzen Sonntagsbotschaft und es kommt einem fast vor wie ein Jongleurspiel mit Worten. Siebenmal . . . Vielleicht fällt einem noch dabei ein, daß es mit der Siebenerzahl sein eigenes Bewenden hat, daß Sieben die Zahl der Fülle war für die Orientalen. Sieben Jahreswochen, siebenarmiger Leuchter, sieben fette und magere Jahre, sieben . . . Doch, wenn auch, das hier ist tatsächlich zum nervös werden. Nun, was meinst du, wenn der Herr uns tatsächlich nervös machen wollte? Schließlich ist eine kleine Weile tatsächlich nicht viel Zeit, und er sagt es ja, daß er dann kommen wird, und wir wissen, daß dann alle Zeit um ist, die Zeit des Wirkens und die Zeit des Wartens.

1. Noch kurze Zeit des Wirkens

Jakobus hat es einst seinen Christen in der Diaspora exegetiert, was es mit dieser nervösmachenden „kleinen Weile" auf sich hat. Hört, was er ihnen schrieb: „Ihr sagt: Heute oder morgen werden wir in die Stadt reisen und dann ein Jahr dort bleiben, Geschäfte machen und Gewinne einheimsen. Ihr wißt doch gar nicht, was der morgige Tag bringt! Was ist denn euer Leben? Ein Dunst seid ihr, der eine kleine Weile sichtbar ist und dann verschwindet!"
Doch, das ist zum nervös werden, in einem zu wissen, daß unter den 24 Stunden auf unserer Uhr eine die letzte sein wird, daß irgendein Kalenderblatt bereits in Schwarz unseren Abgang vermeldet. Daß man sich im Grunde gar nichts vornehmen kann, weil die Nordseedeiche trotz aller Radarstationen plötzlich auseinanderbrechen können und das Grubenlicht im Bergwerk auslöschen kann, noch ehe es die Beobachtungsstation festgestellt hat, wo das Erdgas ausgebrochen ist. Komisch, daß wir trotzdem nicht nervös werden!
Oder sind wir nicht alle so seelenruhig. Ach ja, wir haben Zeit! Und wie wir Zeit haben! Mit allem! Mit unserer Aussöhnung mit Gott, mit unserer Aussöhnung mit den Nachbarn! Mit unserem Besserwerden und mit unserem Nachgeben. Das wird sich schon noch geben. Das werden wir schon noch hinkriegen. Es hat Zeit. Nein, es hat keine Zeit! Und deswegen dieser siebenfache Gongschlag heute morgen: Nur eine kleine Weile, nur eine kleine Weile . . . Bald ist es um. Bald komme ich wieder. Bald ist es Nacht, in der keiner mehr wirken kann.

2. Noch kurze Zeit des Wartens

Aber die Stimmung des Evangeliums von der kleinen Weile ist doch eine ganz andere, meinst du? Wo steht da ein Wort von solcher Drohung, wo ist da die Rede von Verantwortung und Gericht!? Es ist doch umgekehrt: Christus tröstet mit dieser kleinen Weile. Christus verspricht Freude, wo Traurigkeit einfallen möchte. Frohbotschaft ist das, mein Herr, nicht Drohbotschaft!

Richtig! Frohbotschaft, aber für Menschen, die bei dieser Rede zutiefst bewegt sind und in Sorge, weil er von ihnen geht und weil sie sich dann allein wissen, gottverlassen. Frohbotschaft des Freundes an die Freunde, nicht an die Leichtfertigen und Überheblichen: Ihr meine Freunde aber, ihr sollt mir nicht nervös werden; denn nun sage ich es euch siebenmal: Es dauert nicht lange, dann ist alles zu Ende und ich komme wieder und ihr seid nicht mehr allein. Wohl dem, dem es der Herr als solche Frohbotschaft auch heute morgen sagen kann! Dem es in seiner Enttäuschung, in seiner Einsamkeit, in seiner Sehnsucht nach Gott und Ewigkeit siebenfach versichert wird, daß bald alles vorüber ist und ein Tag anbricht, der keinen Abend und keine Nacht mehr hat. Sind wir solche Menschen? Packt uns diese Stimmung von Heimweh und Sehnsucht, wenn wir jetzt um den Altar versammelt sind? Denn damals waren sie zur Eucharistie beisammen, als dieser siebenfache Trost der kleinen Weile geschenkt wurde.
Die Botschaft von der kleinen Weile birgt allen Trost. Sie enthält aber auch alle Drohung. Und es ist an uns, was sie uns ist und wird.

Und keiner fragt: Wohin?
(Joh 16, 5–14)

Bitte, versucht euch das einmal so ganz schlicht und einfach vorzustellen! Da sitzen zwölf Männer mit ihrem Meister und Freund beisammen. Jahre sind sie nun miteinander gewandert, jahrelang haben sie Brot und Schlafdecke untereinander geteilt, und eben noch hat er ihnen das Letzte gegeben, was überhaupt noch zu geben war: Sich selbst! Sie sind ergriffen, ja, aber wenn er ihnen nun bewegten Herzens vermeldet, daß er gehen wird, daß die Stunde des Abschieds gekommen ist, da bleiben sie stumm. Da ist nur ein Gedanke: Mein Gott, was wird dann aus mir? Was wird aus uns? Und keiner fragt: Was wird mit ihm! Keiner fragt: Wohin gehst du und wer ist jener, zu dem du dich dann gesellen wirst. Keiner, so daß der Herr selber es ihnen mit unüberhörbarer Bitterkeit vorhält: Und ihr fragt mich nicht. – Es ist sein letzter Appell an eine Liebe, die nicht das Ihre sucht, an eine Sorge, die nicht irdisch ist.

1. *Appell an eine wahre Liebe*

„Die Liebe sucht nicht das Ihre“, so prägt später Paulus im 13. Kapitel seines Briefs an die Gemeinde von Korinth das Gesetz jeglicher Liebe. Nicht anders klingt es durch diese Abschiedsklage und Abschiedsfrage des Herrn. „Ihr fragt nicht nach mir und meinem Wohin! Und doch müßte dies jetzt alles andre Fragen übersteigen; denn wenn euch mein Heimgang nicht packt, wenn ihr jetzt in eurer kleinen Besorgtheit um euch selber bleibt, wie wollt ihr dann je frei werden für die Liebe?"

Vielleicht sind wir versucht, den Kopf zu schütteln über diese seltsamen Jünger, und doch sollten wir viel eher mit Bestürzung heute morgen erkennen, daß sich die Runde um den eucharistischen Tisch bis zur Stunde kaum verändert hat. Wir selber sind es, an die Jesus appelliert; denn wer von uns geht schon zur Kirche, wahre Eucharistie zu feiern – und Eucharistie im Ursinn, das bedeutet Lobpreis und Dank, weil Gott so groß und Christus in der Glorie ist? Kommen nicht auch wir weit eher zum Altar, um ihm es vorzuklagen, wie gottverlassen wir uns vorkommen die Woche über, ihn zu fragen, was er denn gedacht habe, als die letzten Tage dies und jenes über uns kam? Kommen wir nicht eher, ihn anzuklagen, weil er uns nicht zuvor gefragt hat, ehe er diesen Mißerfolg schickte neulich und jene Versuchung, die wir dann eben nicht bestanden haben?

„Keiner fragt mich, wie ist es mit dir, Herr?!" Die Klage des Herrn ist Anklage gegen eine Liebe, die bei sich selber steckenbleibt, und sie ist Anklage gegen eine Frömmigkeit von Bettlern, statt von Freunden. Bitte, versteht recht: Natürlich ist hier der Ort, Gott zu bitten. Selbstverständlich ist das heilige Opfer auch ein großes Rufen um Erbarmung, Schutz und Hilfe. Aber es ist auch der Prüfstein, wieweit wir reif geworden sind in der Gottesliebe. Auch für sie gilt nämlich: Die Liebe sucht nicht das Ihre. Darum bleibt der Tabernakel, bleibt die heilige Messe immer eine Frage an unser Herz, ob es schon über sich selbst hinausgewachsen ist und frei wurde für das ewige Du.

2. *Appell an eine echte Sorge*

Wahre Liebe denkt nicht an sich und erfüllt sich in der Sorge um den anderen. Wahre Gottesliebe ist Sorge, die sich vom Irdischen losreißt, um frei zu werden für die Mitsorge Gottes um die Welt und um die Menschen. Das hätten auch die Apostel wissen müssen. Hatten sie ihren Meister nicht predigen gehört: Schaut euch die Spatzen an. Sie säen nicht und ernten nicht, der Vater sorgt für sie. Und betrachtet die Lilien des Feldes. Also tut auch ihr euch nicht weiter ab. Der Vater weiß um euer Wohl und Wehe und trägt euer Leben! Doch, das hätte jetzt gegenwärtig sein müssen und wenn sie sich schon sorgten, so hätte dies ihre Sorge sein sollen: Du gehst! Dürfen wir sicher sein, daß du zum Vater gehst, denn dann haben wir gar keine Sorge mehr. Dich beim Vater wissen, das fegt auch den letzten Kummer hinweg.

Aber eben dies fragen sie ihn nicht. „Keiner fragt mich: Wohin gehst du?" Und wieder sollten wir uns hüten, uns zum Richter über jene im Abendmahlssaal

aufzuspielen; denn Abendmahlssaal, das ist hier in unserem Gotteshaus und Nacht vor seinem Tod, das ist jetzt im Opfer des Sohnes. Wir sind gefragt! An uns geht sein Appell, loszukommen von aller irdischen und aller allzuirdischen Sorge, um mit ihm die größere Sorge zu teilen: Die um sein Reich, um seine Kirche, um seine Brüder und Schwestern. Um eine Welt, die sündig wird, weil sie nicht an ihn glaubt, um eine Welt, die das Gericht Gottes erfährt, weil sie ihn nicht mehr sehen wird, bis er kommen wird zu richten die Lebendigen und die Toten.
Keiner fragt nach mir?! Die Abschiedsklage des Herrn geht jetzt durch unsere Reihen, zu jedem einzelnen und wird mit dem Ite missa est mithinausgehen in unseren Alltag und in unsere Welt; denn Christus ist es, der inmitten dieser Welt und mitten in unserem Alltag Drangsal leidet und auf seine Freunde wartet. Auf dich und mich. Laßt uns getrost unsere Sorgen am Altar niederlegen, aber laßt uns nicht vom Altar Abschied nehmen, ohne seine Sorge als Zeichen unserer echten Liebe zu ihm mitzunehmen, ein jeder in seinen Tag und in sein Haus.
„Suchet zuerst das Reich Gottes, alles andere wird euch hinzugegeben werden!"

Die größere Macht
(Joh 16, 23–30)

Es war nur eine Postwurfsendung, die vor einigen Monaten in Tausende von Briefkästen bei uns geworfen wurde. Postwurfsendung? Mein Gott, wer studiert das schon lange. Es gibt derer viel zu viele in unserer Hochkonjunktur. Aber diese da schien mehr als anzüglich zu sein: Titelseite – ein Atompilz, der zum Himmel steigt, überdruckt mit der herausfordernden Feststellung: Sie haben die Wahl: Gebet oder Vernichtung. Und wer sie studierte diese Postwurfsendung, schüttelte vielleicht den Kopf! Da wurde ohne Umschweife erklärt: Entweder Atombombe oder – man höre und staune – Rosenkranzgebet! Kann man das denn tatsächlich so sagen? Nun, ich meine, man muß es so sagen, zumindest wenn man heute morgen aus der Kirche kommt; denn Christus selbst steht als Bürge für die größere Macht der Beter.

1. Bittet, ihr werdet empfangen

„Wahrlich, wahrlich, ich sage euch: Wenn ihr den Vater in meinem Namen um etwas bittet, so wird er es euch geben." Eindeutiger läßt sich das nicht aussprechen. Klarer kann keine Garantie gegeben werden als diese Abschiedsgarantie des Herrn an seine Jünger. Eigens noch bekräftigt mit einem zweifachen Wahrlich! Christus will jeden Zweifel ausschließen.

Aber nicht wahr, wir zweifeln trotzdem. Schließlich haben wir es reichlich oft probiert mit dem Gebet und ebenso reichlich erfahren, daß wir leer ausgegangen sind. Wir haben gebettelt und geklagt, aber der Himmel blieb stumm. Jedenfalls glaubten wir es und zuletzt haben wir das Gebet zwar nicht ganz aufgegeben, aber wir sind vorsichtiger geworden, wenn wir unser Vaterunser angefangen haben, nicht wahr? Und heute morgen schwört er es uns trotzdem wieder zu: Ihr habt es in eurer Macht! Ihr könnt es euch erbitten, was immer es auch sei. Ich gebe zu, daß es wirklich nicht so einfach ist, ihm das abzunehmen, eben wegen unserer Erfahrungen. Aber sind unsere Erfahrungen denn hieb- und stichfest? Stimmt es denn tatsächlich, daß Gottes Antwort ein Njet gewesen ist? Oder haben wir sie nur falsch verstanden? Er ist nämlich wirklich der Allmächtige, auch heute noch und auch über einer Welt der Atompilze. Die Frage ist, ob wir das glauben, radikal glauben! Ob wir hinter seine Allmacht nicht vorsorglich ein Fragezeichen setzen, ehe wir anfangen zu beten.

2. *Glaubt, daß ich vom Vater ausgegangen bin*

Und hier liegt der entscheidende Punkt. Hier geht es um Erfolg und Mißerfolg; denn der Glaube ist die Macht des Beters. Christus, der vom Vater ausgegangen und in die Welt gekommen ist, ist es ja, der die ungeheure Bürgschaft leistet, daß kein Flehruf umsonst sei, sofern er in seinem Namen zum Vater geschickt werde. In seinem Namen – das darf man nicht überhören. In seinem Namen, das bedeutet Gebet aus seinem Geiste, aus seiner Liebe und seinem Gehorsam dem Vater gegenüber, das ist Gebet aus der Reinheit und der Glut seines Herzens und unter Berufung auf seine Jüngergemeinschaft.

Die Frage nach Erfolg oder Mißerfolg unseres Betens wird damit vorweg zur Frage nach unserer Christusnähe, unserer Christusgefolgschaft, nicht aber zuerst die Frage nach der Wucht unsrer Bedrängnis und dem Grad unserer Bedürftigkeit. Für den Ertrinkenden hängt Leben oder Tod nicht an der Lautstärke seines Hilfeschreies, sondern an der Nähe eines hilfsbereiten und hilfefähigen Menschen. Für den Menschen im brennenden Hochhaus entscheidet sich Rettung oder Untergang nicht an seinem Mut, zu springen, sondern doch viel mehr an dem Vorhandensein eines Sprungtuchs und von Menschen, die bereit und fähig sind, ihn aufzufangen. Für den Beter hängt der Erfolg ab von seiner Christusnähe und dem unbeirrbaren Glauben an die Christustreue.

„Bleibt in mir, und ich bleibe in euch, so bringt ihr viele Frucht! – Ich sage euch, wer an mich glaubt, wird auch selbst die Werke vollbringen, die ich vollbringe. Und ich werde tun, um was immer ihr den Vater in meinem Namen bitten werdet."
Immer wieder kehren solche Beteuerungen und Bedingungen in den Abschieds-

reden des Herrn wieder, unüberhörbar für jeden, der sich auch nur ein ganz klein wenig in den Bericht des Gründonnerstags versenkt.
Weil wir wissen, wie groß dieser Anspruch des Glaubens an den Beter ist, sollten wir uns nicht wundern, daß wir Kleingläubigen, wir Hasardspieler mit Rosenkranz und Vaterunser so manchmal leer ausgehen, und wir sollten uns schon gar nicht beklagen, wenn wir erst dann zu Gott kommen, wenn wir sonst keinen Ausweg mehr wissen. Wo das Vaterunser zum bloßen Notventil wird, haben wir kein Recht, Gottes Vaterschaft zu ventilieren, als wäre er uns ein Stiefvater, während wir uns selber wie Stiefkinder gebärden.
Die größere Macht liegt immer noch bei den Betern; aber nur dann und soweit, als die Beter den größeren Glauben haben an ihren Herrn, „dem alle Gewalt gegeben ist im Himmel und auf Erden".

Worauf es ankommt
(Joh 16, 5–14)

Es war schon Jahre vor dem Konzil, als Pius XII. warnte vor einer Häresie der Aktion. Er meinte damals einen falschen Eifer, der vor lauter Aktion das eigentliche innere Wachstum der Kirche übersieht. Angesichts mancher Erscheinung der nachkonziliaren Kirche ist die Frage wohl erlaubt, was Pius heute sagen würde? Haben wir nicht alle zuweilen das Gefühl, daß wir mit einer geradezu fieberhaften Aktivität reformieren? In der Liturgie, in den Strukturen der Kirche, in einem Demokratisierungsprozeß, wie wir es nennen, und weiß Gott wo noch immer? Ja, daß es uns bei all dieser Geschäftigkeit eher noch zu langsam geht als zu rasch?
Ich weiß, das aussprechen, heißt sich beinahe verdächtig machen als erzkonservativer Reaktionär. Auch den gibt es heute in der Kirche. Aber um der Wahrheit des Evangeliums willen muß die Frage wohl gestellt werden, worauf es denn wirklich ankommt. Die Antwort des Herrn in der Gleichnisrede vom Weinstock ist ziemlich eindeutig: Es kommt auf das wahre Leben an, das aus der Christusgemeinschaft kommt und in der Christusgemeinschaft fruchtbar wird.

1. *Leben aus der Christusgemeinschaft*

Auch wenn das Bild, in dem der Herr uns anspricht, uns aus unserer eigenen Anschauung nicht unmittelbar eingängig wäre. Soviel wissen auch wir, daß es der organischen Einheit von Weinstock und Rebe bedarf, wenn Leben, und vor allem

fruchtbares Leben, sein soll. Der Zweig kann ohne Ast und Stamm nicht gedeihen, das Blatt, das vom Zweig fällt oder gerissen wird, ist dem Verwelken anheimgegeben. Nur was der Lebenssaft durchpulst, ist auch lebendig. So ist es ehernes Gesetz allen Werdens und Vergehens.
Genauso ehern aber ist nach dem Wort des Herrn das Gesetz des gnadenhaften Lebens eines Christen. Auch hier gilt: Was nicht erfaßt wird von seinem Lebensstrom, ist reif für den Untergang. Wer außerhalb der Lebensgemeinschaft mit Christus bleibt, obwohl er einmal durch die Taufe in diesen übernatürlichen Organismus einbezogen wurde, ist in Wahrheit wie ein totes Reis.
Lebendige Kirche ist daher nicht zuerst dort, wo Aktivismus ist, sondern da, wo durch jedes Glied der Kirche der Lebensimpuls der Gnade geht. Sagen wir es noch einfacher oder auch noch herausfordernder: Der eigentliche Lebenserweis der Christenheit ist nicht sein soziales, sein karitatives, sein kulturelles Engagement. Er besteht in ihrer Heiligkeit. Darin also, daß jeder von uns aus der Gnade lebt. Denn darauf kommt es zuerst an. Das andere ist erst die Folge. Daran hat übrigens auch das Konzil keinen Zweifel gelassen. In der großen Konstitution über die Kirche, ist das 5. Kapitel überschrieben mit dem Wort: Die allgemeine Berufung zur Heiligkeit in der Kirche. Freilich ein Kapitel, das – wie es scheint – weniger attraktiv ist für viele als etwa die Konzilsaussagen über die Reform der Strukturen und des Weltdienstes aller. Nur darf es nicht unterschlagen werden, weil wir auch die Seite des Johannes-Evangeliums nicht einfach überschlagen können, in dem das steht: „Wie die Rebe keine Frucht bringen kann, wenn sie nicht am Weinstock bleibt, so auch ihr nicht, wenn ihr nicht in mir bleibt."

2. *Fruchtbarkeit aus der Christusgemeinschaft*

Natürlich wäre es aber auch ebenso widersinnig, nun einen Gegensatz von Heiligkeitsberufung und aktiver Lebendigkeit zu konstruieren. Denn wo immer wirkliches Leben ist, gibt es diesen Gegensatz nicht. Der vom Saft des Stammes durchflutete Zweig treibt eben auch Blatt und Blüte und schließlich die Frucht aus. Umgekehrt ist Unfruchtbarkeit sicherstes Zeichen, daß ein Organismus gestört, vergiftet oder krank ist.
Lebendige Kirche, wie wir sie doch alle sein wollen und herbeisehnen, ist also auch Kirche der Aktivität. Nur muß diese Aktivität unmittelbarer Prozeß des inneren Lebens sein und nicht Aktivismus aus anderen Motiven, Impulsen und Absichten. Sagen wir es konkret: Wenn Kirche heute beispielsweise eine sichtliche Aktivität für die Entwicklungsländer entfaltet, wenn sie sich sozial engagiert oder für den Frieden in der Welt Kräfte mobilisiert, dann bleibt es immer noch die Frage, warum und aus welchem Antrieb sie das tut. Wäre es nur etwa aus dem Bestreben, auf

dem weltpolitischen Parkett mit von der Partie zu sein, wollte sie wirklich nur so etwas sein wie ein dritter Sozialpartner oder sich über Entwicklungshilfe den Nachwuchs an Kirchenmitgliedern absichern, dann wäre solche Aktivität kaum Fruchtbarkeit einer Lebensgemeinschaft mit Christus, wie sie in unserem Gleichnis an- und ausgesprochen ist.

Für solche Aktivität der Kirche kann und darf es letztlich nur ein Motiv geben. „Die Christusliebe treibt mich dazu." So hat Paulus es formuliert. Oder weil ich „hungere und dürste nach der Gerechtigkeit". So steht es in der Bergpredigt. Oder auch der Impuls aus dem Mund des Herrn selbst: „Misereor" – weil mich das Volk erbarmt.

Kirche – und das sind wir alle – die so aus der Lebensgemeinschaft mit Christus gnadenhaft erfüllt ist, die also von seiner Liebe ergriffen, von seinem Erbarmen erfaßt und von ihm her nach Gerechtigkeit geradezu hungrig geworden ist, sie *muß* dann freilich auch in Aktion treten. Für sie kann es dann keine Frage mehr sein, ob sie dem Hunger der Welt ins Gesicht sehen will oder im Gleichgewicht des Schreckens sich unbeteiligt in einen frommen Winkel zurückziehen soll. Sie kann nicht abseits bleiben, wenn sie im Innersten dem Herrn nahe ist.

Aber auf diese innere Nähe, ja, ganz originäre Lebensgemeinschaft kommt es an.

Auf Himmelfahrtskommando

Fest Christi Himmelfahrt

Das weiß jeder, der die Kriegsjahre mitgemacht hat: Landser und Soldaten haben eine rauhe Sprache, zuweilen eine fast grausam harte Sprache. So hieß es seinerzeit, wenn ein Trupp auf einen gefährlichen Einsatz geschickt wurde, es gehe auf „Himmelfahrtskommando!" Ein gotteslästerliches Wort, so kommt es uns vor, wenn wir es hier angesichts des Altares aussprechen, und ausgerechnet am Fest der Himmelfahrt unseres Herrn. Und trotzdem will mir scheinen, wir besser daran tun, uns das Himmelfahrtskommando Jesu zu überlegen als nur in frommer Schau nach dem Himmel zu spähen. Läßt uns doch die Kirche selber schon gleich am Eingang dieser Meßfeier dazu weder Zeit noch Platz: „Was steht ihr da und schaut?" Tatsächlich ist das letzte Wort des Herrn ein „Himmelfahrtskommando", und es lautet so:

Bleibt in Jerusalem!

Wartet auf Gottes Geist!

1. *Bleibt in Jerusalem!*

Ausdrücklich vermeldet es uns Lukas in seiner Apostelgeschichte: „Dann *befahl* er ihnen, sie sollten nicht von Jerusalem weggehen." Und fast so, als fürchte der Herr, daß seine Jünger diesen letzten Auftrag etwa doch nicht halten könnten, so schickt er unmittelbar nach seinem Heimgang den Engel, der den unschlüssigen, staunenden Männern den Blick wieder nach unten kommandiert: „Was schaut ihr zum Himmel? Geht!"
Nun, sie gingen, und ich meine, es muß ihnen wirklich vorgekommen sein wie ein Himmelfahrtskommando; denn was bedeutet das schon: Hinab und zurück nach Jerusalem!? Das heißt doch nichts anderes als: Geht in eine Stadt zurück, in der sie eben euren Herrn und Meister wie einen Verbrecher hingerichtet haben! Geht hinunter, aber wißt, dort warten Menschen, die nächstens den ersten aus eurer Mitte mit Pflastersteinen totwerfen. Dort schnaubt ein Saulus vor Wut und blindem Haß, euch auszuliefern. Dort werden Menschen sein, die euch hohnlachend fragen nach eurem Meister und ihr habt ihn nicht mehr unter euch! Dort seid ihr allein, ja schier gottverlassen allein. Seht zu, wie ihr damit fertig werdet!
Doch, man muß sich das einmal ganz realistisch ausmalen, um zu begreifen, was es mit einem solchen „Himmelfahrtskommando" auf sich hatte – und hat! Denn das Kommando ist bis zur Stunde nicht aufgehoben und zurückgenommen worden. Auch wir können nicht in der frommen Stimmung eines Hochamtes für immer bleiben. Auch auf uns wartet „Jerusalem", ein Alltag und Werktag, der hart ist, an dem wir uns so oft gottverlassen einsam vorkommen, in dem wir Menschen um uns haben, die uns in Büro und Werkstatt „fertigmachen", verspotten und schmähen.
Aber genau das ist der Beweis unseres wahren Himmelfahrtglaubens. In einem solchen Werktag, mitten unter solchen Menschen zu leben und dennoch treu zu bleiben, trotzdem sich Gott nahe zu wissen, durchzuhalten und auszustehen, was immer auch auf uns zukommt und uns mutlos oder irre machen möchte. Die Bewährung des Glaubens ist der Gehorsam, dort zu sein und da zu bleiben, wo Gott uns hingestellt hat. Beruf ist Berufung und Alltag ist Tag des Herrn.

2. *Wartet auf Gottes Geist!*

Das andere „Himmelfahrtskommando" ist nicht viel leichter. Warten auf die Ankunft des Gottesgeistes. Warten ist eine harte Sache. Warten auf jemand und etwas, das man selbst noch nie gesehen hat, von dem man noch gar nicht weiß, was er tun wird und mit einem anfangen wird, ist Wagnis und für die meisten fast wie Verrücktheit. Die Apostel aber stehen unter diesem Kommando.

Sie beten neun Tage lang, daß es endlich geschehen möchte, dieses ganz Neue, dieses Unbekannte, dieses Risiko. Neun Tage so zu warten, das ist wahrhaftig nicht leicht, noch dazu inmitten einer Stadt, die so ist wie dieses Jerusalem, umgeben von Menschen, die höchstens ein billiges Lachen übrighaben für die elf Beter in ihrem Hause. Ja, wenn sie wüßten, daß dann aber morgen oder übermorgen wirklich ihr Gebet aufgeht in einem großen, befreienden Geschehnis! Wenn irgendein Zeichen zwischendurch käme, daß es überhaupt dazu kommt! „Himmelfahrtskommando" – man muß unwillkürlich an den Sarkasmus jenes Landserwortes denken . . .
Unsere Lage ist nicht anders an diesem Morgen. Das Risiko des Gläubigen und des Beters unserer Tage ist nicht kleiner geworden. Aber das Kommando ist das gleiche: Auch unsereiner wird mit dieser Unbeirrbarkeit des Wartens auf Gottes Geist und auf den Tröster von oben seine wahre Jüngerschaft unter Beweis stellen müssen, heute, morgen, tagtäglich. Sind wir dazu bereit? Frömmigkeit ist nicht Gefühl, sondern Gefolgschaft! Religion ist nicht Vertröstung, sondern Verpflichtung. Heute, am Himmelfahrtsmorgen, nimmt uns Gott alle unter dieses Kommando.

Ich suche dein Antlitz

(Joh 15, 26–27; 16, 1–4 zum Fest Christi Himmelfahrt)

Es ist wirklich eigenartig. Dieselbe Kirche, die noch vor vier Tagen den Abschied ihres Herrn bejubelt hat, die sich so sicher gab über seine Ankunft beim Vater im Licht, sie fängt wenige Tage danach ihre Liturgie an wie in tiefster Einsamkeit und restloser Unsicherheit: Höre mich, mein Herr! Ich rufe zu dir. Ich suche dein Antlitz. Ja, ich suche es. Halte es doch nicht verborgen vor mir!
Aber dieser sehnsuchtsvolle Aufschrei ist alles andere als trostlose Ungewißheit und angstvolles Tappen im Finstern. Es ist das Gebet derer, die in der Nachfolge Christi wissen um die innerste Not, die darin besteht, daß es ihr Auftrag ist, selbst das Antlitz Christi aufleuchten zu lassen durch ihr Sein und Leben und mitten unter den Menschen immer von neuem das Gesicht des Herrn zu entdecken. Christsein ist ja niemals eine theoretische Angelegenheit. Es geht um das Wahrmachen all dessen, was er als Wahrheit gelehrt hat. Dazu aber gehört wesentlich, Christus im Mitmenschen zu entdecken und Christus für den Mitmenschen auffindbar zu machen.

1. Christus im Mitmenschen entdecken

Wer das Antlitz Christi sucht, darf nicht bei Ikonen und Bildern stehen bleiben. Es wird nicht gefunden in Kunstausstellungen und Gemäldegalerien. Das Antlitz des lebendigen Herrn ist unter den Lebendigen. Darum ist es nicht von ungefähr, wenn dem sehnsüchtigen Ruf aus dem Eingangslied unserer Meßfeier die höchst reale und nüchterne Epistel aus dem 1. Petrusbrief folgt mit einem handfesten Verzeichnis mitmenschlicher Verhaltungsweisen: Liebet einander jederzeit! Seid gastfreundlich ohne inneres Aufbegehren! Dient einander als gute Austeiler eurer Gnadengaben!

Das alles sind auf den ersten Blick recht humane Anweisungen. Aber was sie wirklich meinen, ist keine billige Humanität nach dem Motto: Seid nett zueinander! Die Hauptsache ist für den Christen nämlich nicht, ein guter Mensch, ein liebenswürdiger Nachbar und Kollege und ein anständiger Kerl zu sein, sondern das Motiv, warum er so nett, so liebenswürdig, so zuvorkommend ist. Dieses Motiv aber ist der Herr selbst! „Was immer ihr dem anderen tut, das tut ihr mir!“

Sigrid Undset meinte einmal: Den Menschen bloß und lediglich des Menschen willen lieben, das halte ich für eine abgeschmackte Idee. Damit ist nicht gesagt, wahre Humanität und echte Mitmenschlichkeit müsse erst getauft werden, wenn sie etwas wert sein soll. Aber für den Getauften wird mitmenschliche Liebe erst darin wahr und wertvoll, weil sie im Gesicht des Bruders das Antlitz Christi selbst erkennt. Weil ich Christus im anderen gegenwärtig weiß, und zwar auch dann noch, wenn der Widerschein Jesu in nichts erkennbar wird, weiß ich meine Verpflichtung zur Liebe so unbedingt. Weil Christus im Mitmenschen der Nehmende ist, weiß ich meine Gabe gut aufgehoben, selbst dort, wo sie mir vor die Füße geworfen wird. Natürlich ist das in der Praxis schwer. Wir wissen es alle und werden nur allzuleicht der Liebe müde. Aber wird nicht eben dann das Gebet dieses Tages echt und herzensnah: Ich suche dein Antlitz, Herr! Halt es mir nicht verborgen!?

2. Christus auffindbar machen in unserem Leben

Diese Bitte freilich könnte durchaus auch so heißen: Herr, halte dein Antlitz in mir selber nicht verborgen. Mach, daß es dem andern neben mir erkennbar wird, daß er dich findet, weil er mich gefunden hat; denn es ist ja in Wahrheit so, daß Christus den Menschen um uns nicht anders erscheint als eben durch den Menschen, der von ihm spricht, der aus ihm lebt und von ihm Zeugnis gibt. „Auch ihr werdet von mir Zeugnis ablegen, weil ihr von Anfang an bei mir gewesen seid!“, so lautet der bleibende Auftrag des Herrn an die Seinen. Er wird für keine Zeit zurückgenommen.

Petrus umschreibt ihn uns in der Epistel so: „Wer redet, der spreche gleichsam mit Gottes Wort. Wer ein Amt hat, der verwalte es mit der Kraft, die Gott gibt!" Was bedeutet das anderes als ganz schlicht und einfach dies: Sprecht so, daß der Mensch neben euch Christus selber zu reden meint! Steht so in eurem Beruf, daß der andere neben euch spürt, Gott selber kommt mir entgegen! Es geht nicht nur darum, daß wir im andern den Herrn entdecken, dessen Augen erwartungsvoll auf uns gerichtet sind, sondern auch darum, daß der geheime christussuchende Mitmensch durch uns eine Spur findet, auf der er zu ihm selber gelangen kann.

Machen wir also Christus auffindbar in uns und unserer Lebenshaltung! Wie das geschehen kann? Es sollte wirklich nicht so schwer sein, darauf zu kommen. Vom Zeugnis unseres Glaubens angefangen und unserer überzeugenden Hoffnung mitten in der menschlichen Drangsal, die wir mit allen anderen teilen, bis hin zur frohen Liebenswürdigkeit gibt es tausend Weisen, in denen wir unserem Mitmenschen Anlaß werden, zu fragen, woher wir denn unsere Lebensauffassung und Lebenshaltung beziehen, und zu erahnen, was er gewinnen kann, wenn er Christus begegnet. Im Grunde ist es nämlich auch sein Gebet, selbst wenn er es noch gar nicht in sich vernommen hat, was wir beten: Herr, ich suche dein Antlitz. Zeige es mir!

Zum Fest Christi Himmelfahrt
(Mk 16, 14–20)

Da feiern wir das Fest Christi Himmelfahrt. Aber schon diese simple Feststellung könnte Sie und mich und mit uns noch eine ganze Menge anderer Leute, auch solche, die jetzt nicht das Radio anstellen, sondern sich in einer Kirche eingefunden haben, verlegen machen, wenn nicht gar ein wenig schamrot; denn Hand aufs Herz, ist uns tatsächlich zum Feiern zumute? Werden wir nicht schon einigermaßen unsicher, überhaupt das Wort Himmel auszusprechen?

Man hat Christi Himmelfahrt das Fest des Kirchenjahres genannt, das am meisten von allen anderen säkularisiert wurde, abgeschoben in eine sehr irdische Arbeitspause mit einer Landpartie und einer zünftigen Biergarteneinkehr. Vatertag haben es andere umgetauft, wo nicht gar Krawattentag. Wir sollten uns darüber nicht künstlich aufregen und denen die gute Laune verderben, die es statt zum Credo zum Krug treibt, um dort in feucht-fröhlicher Runde nostalgische Junggesellenträume wachzutrinken. Immerhin müßten wir uns ja fragen lassen, wie es dazu kommen konnte, und statt pharisäerhafter Entrüstung uns selber testen, wieviel die Botschaft dieses Festes uns noch unter die Haut geht. Und sie sollte es tatsächlich; denn ich finde sie aufregend genug.

Liebe Hörerinnen und Hörer, wie ist es nun? Ist Ihnen über diesem Text auch unbehaglich geworden? Man fragt sich doch unwillkürlich, wann und wo hat der, der da in den Himmel aufgestiegen ist und inthronisiert wurde, wie es in einer anderen Lesung des heutigen Gottesdienstes beinahe noch provokativer heißt, „hoch über alle Fürsten und Gewalten, die Mächte und Herrschaften" und „dem alles zu Füßen gelegt wurde", wann hat er diese Himmelfahrtsverheißung eingelöst? War denn der Gang der Christenheit, seiner Jüngerschar also, dieser triumphale Weg durch Geschichte und Welt, an dessen Rändern die Dämonen die Flucht ergriffen, die tödlichen Gifte und Giftgase ihre Wirkung verloren und die Kranken von ihren Betten aufsprangen, um sich der Kolonne einer kraftvoll pilgernden Kirche anzuschließen?

Wann und wo ist dies je geschehen? War es nicht eher umgekehrt so, daß der Heerbann derer, die da unter ihrem erhöhten Herrn seiner und ihrer Vollendung entgegenzogen, streckenweise einer recht unheiligen Geisterarmee glich, in der es von Dämonen wimmelte und die auf ihre Art mit den Schlangen umging, die den Pesthauch jener bösen Gifte ihrer Umwelt förmlich einzog und nicht minder hilflos den apokalyptischen Reitern von Krankheit, Hunger, Krieg und Pest zu entkommen trachtete, statt solchen Unheils Herr zu werden?

Es liegt mir fern, Ihnen jetzt damit einen frohen Vormittag zu verderben und mich gar noch als Pfarrer so aufzuspielen, als redete auch ich nur mit gespaltener Zunge: hier die pflichtgemäß ausgerichtete Botschaft des Herrn und dort die frivolisierende Skepsis wider seine Kirche. Ich stehe zum Evangelium, aber ich gestehe auch, daß es einen ungeheuren Anspruch bedeutet, dem ich in Fülle noch nicht gerecht werde. Darüber gibt es kein Erröten, dies um so weniger, als Markus, der älteste Zeuge solcher Frohbotschaft vor dem Text, den wir gehört haben, noch den bedeutsamen Satz stellte: „Als sie um den Tisch saßen, erschien er ihnen und verwies ihnen ihren Unglauben und ihre Herzenshärte, weil sie denen nicht geglaubt, die ihn nach seiner Auferstehung gesehen hatten."

Unmittelbar also vor der Verheißung steht die Geißelung einer Halbherzigkeit und eines inneren Widerstandes gegen die Osterrealität, aus der heraus einzig und allein Jüngerschaft und Glaube möglich und überzeugend wird. Beides gehört nämlich ein für allemal zusammen: Wo Ostern und Auferstehungsglaube fraglich bleiben, macht Himmelfahrt verlegen und unsicher. Nur wer vorbehaltlos die Kunde annimmt, daß Christus wahrhaft von den Toten auferstanden ist und nicht mehr stirbt, der ist fähig, die andere Botschaft, nämlich die seines Heimgangs zum Vater und seiner herrscherlichen Erhöhung in den Himmel, an- und aufzunehmen. Das Wagnis des einen Glaubens schließt das andere ein, und hier wie dort geht es tatsächlich um die harte Alternative: Glauben und damit Rettung zu finden oder die Botschaft im Unglauben zu verwerfen und damit verloren zu sein, ja, hoffnungslos verloren zu sein; denn ohne den Himmel bleibt die Erde, auf der wir leben, eine hoffnungslose Angelegenheit. Sie wird „verdammte Erde", auf der es keine Erlösung gibt, sondern nur die triste Gefangenschaft jener „geschlossenen Gesellschaft", die Sartre beschrieb, umwittert von all dem, was die Himmelfahrtsbotschaft mit seinen Schreckensbildern skizziert: die permanente Bedrohung von Dämonen, Gift und Schlangen und das Ausgeliefertsein an Krankheit und Tod.

Die Jünger damals in der letzten Runde mit dem Herrn vor seiner Himmelfahrt haben das wohl geahnt. Vielleicht deswegen ihr schüchterner Versuch, das Gespräch wieder auf greifbare Realitäten zurückzubringen: „Herr, wirst du dann das Reich Israel wieder aufrichten?" Jesus gibt ihnen darauf keine Antwort als eben die Anfrage nach ihrer Glaubensbereitschaft. „Wenn ihr wirklich glaubt, so fragt nicht mehr! Vielmehr brecht auf als Zeugen meiner Auferstehung und meiner im Vater erlangten Macht über alles! Geht hinaus in alle Welt und verkündet der gesamten Schöpfung diese Frohbotschaft!"

Liebe Hörerinnen und Hörer, ich bin sicher, nun empfinden auch Sie die ganze Unerhörtheit eines solchen Festgeheimnisses und damit bestürzend auch, was das säkularisierte Fest der Himmelfahrt des Herrn für ein Gericht über jeden wird, der sich auf den Namen Jesu beruft, ein Gericht für eine Kirche, die aus Ostern kommt und zu müde oder zu feige ist, den Menschen mitzunehmen auf ihrem Weg dem Herrn entgegen, und ein Gericht über jeden, der heute Jesus verkündet, aber sich eher gebärdet wie ein Sozialreformer und Politologe, nicht aber erweist als Zeuge seiner Herrlichkeit und als Weiser in die Endbestimmung des Menschen, die wir mit dem Namen Himmel meinen. Papst Johannes Paul hat gerade dies unlängst in Puebla in aller Klarheit und Festigkeit proklamiert. Die Kirche hat diesen Glauben zu künden und zu bezeugen, gerade weil ihre Sorge um den Menschen ehrlich sein muß; sie hat diese Zukunftshoffnung einzubringen, ohne dabei herzlos an den Stationen menschlichen sozialen Elends vorbeizutappen.

Immer wird sie Kranken die Hände aufzulegen haben, immer gerufen sein, die Gesellschaft zu entgiften und wider den Ungeist – ich meine die Dämonie der Zeit – anzutreten haben. Nur, das offene Auge für die Not dieser Erde darf ihr Auge ins Morgen nicht trüben. Im Gegenteil, sie hat die Augen der vielen zu öffnen, die in ihrer Kurzsichtigkeit nur den nächsten Tag, nicht aber den „großen, offenbaren Tag" ausmachen, an dem der in den Himmel Aufgefahrene wieder kommen wird.

Sie haben recht, sie sind eine Zumutung, die Abschiedsworte Jesu an die Seinen. Damals wie heute. Damals waren es die Jünger, die noch im eigenen Herzen zu ringen hatten um den Osterglauben und die selber nicht durchgestoßen waren in die Unerschütterlichkeit eines Zeugnisses, zu dem sie aufgeboten wurden. Aber wenn Sie die Apostelgeschichte kennen, so wissen Sie, daß es nicht lange gedauert hat, bis eben diese gerügten Unentschlossenen und beklommenen Halbherzigen vor dem Tribunal des Hohen Rates standen und es im Brustton ihrer Überzeugung aussprechen: „Dafür stehen wir Zeuge, und wir können nicht schweigen von dem, was wir gehört und gesehen haben!" Und bald setzen sie das Blutsiegel des Martyriums darunter.

Das war das Gestern der Kirche. Ihr Heute und Morgen kann kein anderes sein, und deshalb, meine ich, kommt diesem säkularisierten Fest die wirklich säkulare Bedeutung zu. Nämlich die, ob gelegen oder ungelegen, ob als Himmelskomiker müde belächelt oder zornig als Opiumhändler in Sachen Religion beschimpft, immer neu und immer wieder vom Himmel zu reden und damit auch davon, daß die Würde des Menschen nicht allein darin begründet ist, daß er im Diesseits ein lebenswertes Leben gewinnt, sondern daß es angelegt und berufen ist auf ein Jenseits ewiger Lebensgemeinschaft mit dem beim Vater verherrlichten Menschensohn Jesus Christus.

Gestern wie heute und morgen ist der Christ aufgeboten, es vor sich und vor den anderen zu bezeugen, wie sehr irdische Existenz fragwürdig und brüchig wird, wenn sie nicht hineingenommen und gehalten ist in die Koexistenz mit dem durch Tod und Auferstehung aller Vergänglichkeit entrissenen Herrn. Himmelfahrt will unseren Blick weiten und unsere Hoffnung mobilisieren, mobilisieren auch unsere Entschlossenheit auf ein endgültiges Morgen hin und auf ein Heimzu, für das wir geschaffen sind. So wollte Paulus sich verstanden wissen, wenn er den Sklaven und Kulis der ersten europäischen Christengemeinde zu Philippi schrieb: „Unsere Heimstatt ist im Himmel, von wo wir auch den Herrn Jesus Christus als Retter erwarten, der unseren geschundenen Leib zur Gleichgestalt mit seinem verherrlichten Leib verwandeln wird gemäß der Kraft, mit der er sich alles unterwerfen kann."

Vielleicht erinnern sich unter Ihnen noch einige, daß unter den frommen Lebensweisheiten und Sinnsprüchen, die uns früher einmal auf den Weg gegeben wurden, jenes so harmlos-rührende Verslein war: „In den Himmel will ich kommen, kann es kosten, was es will. Nach dem Himmel will ich streben, für den Himmel ist mir nichts zuviel." Man mag über Wert und Aussagekraft eines solchen Kinderreims aus der guten, alten Zeit geteilter Meinung sein, und ich bin ziemlich sicher, daß sich Katecheten und Eltern von heute eher schämen würden, dies Kindern beizubringen. Aber vielleicht sollten wir uns trotzdem einen Reim darauf machen: Wir Älteren haben kaum noch die Erinnerung an solche Verse. Die nach uns kommen, keine Kenntnis davon; aber sie und wir entkommen der Sinnfrage des Lebens nicht, die damit im Grunde angesprochen ist. Einer Sinnfrage

unserer Existenz, die sich nicht abschütteln läßt, wenn von Christi Himmelfahrt die Rede ist, und die man auch nicht an einem aus diesem Glaubensfesttag gewordenen Vatertag, unterwegs bei einer fröhlichen Landpartie, im Bierkrug ertränken kann. Das Wohin unseres Lebens wandert mit uns.
Und es wandert mit der Christenheit als der Zeugenauftrag, aus dem sie nicht mehr entlassen wird, bis einmal keine Antwort mehr gegeben werden braucht, weil er selbst zur letzten, gültigen Antwort wird, Jesus Christus, der in seinem Heimgang zum Vater unser Menschsein bereits mithineingenommen hat in die absolute Sinnerfüllung und damit ins Zwielicht unseres Unterwegsseins den Leitstrahl der Hoffnung mitgegeben hat. Was auf dem Freiburger Katholikentag letzten Jahres Motto war: „Damit ihr Zukunft und Hoffnung habt!", ist einziges Motiv, das Fest Christi Himmelfahrt zu feiern und ist für den Glaubenden der bleibende Missionsauftrag in diese seine Welt hinein. Mag ihn dabei der Zweifel anwehen oder der Wind einer desparaten Gesellschaft ins Gesicht blasen, auch noch mit halbem Herzen nimmt der Herr es ihm nicht ab, solche Frohbotschaft weiterzusagen und selbst noch mit zaghaftem Finger, über sich hinaus und über seine eigenen Ängste und Unsicherheiten hinweg dahin zu weisen, wo für jeden von uns Ziel und Erfüllung ist oder das unentrinnbare Gericht.

Das große Abenteuer
(Zu Apg 2, 1–17)

War das die Gabe des Geistes, die ihnen verheißen war und auf die sie, „einhellig im Gebete versammelt", gewartet hatten? Dieses plötzliche Brausen vom Himmel, das orkangleich ihr Haus erfaßte, drinnen und draußen? Dieses Feuer, das über sie herabflammte wie lechzende Zungen, sie zu verzehren? Ein Geist, eher Ratlosigkeit und Verwirrung auslösend denn Tröstung und Wärme? Wer den Pfingstbericht der Apostelgeschichte auch nur flüchtig zur Kenntnis nimmt, kann an den sich förmlich überstürzenden Geständnissen derer, die die Geistesankunft erlebten, nicht vorbeilesen: „Sie gerieten ganz außer Fassung . . . Außer sich vor Staunen fragten sie . . . Alle waren über die Maßen erstaunt und ratlos: Was soll das bedeuten?" Und es mögen nicht nur die Frommen aus allen Völkern gewesen sein an jenem Morgen in Jerusalem, sondern auch die von eben diesem Geist Erfaßten, die „Betrunkenen" gleich vor das Haus traten, selbst noch wie Taumelnde unter dem, was sie ergriff und vor das Haus trieb, erahnend nur, daß das große Abenteuer eines Aufbruchs im Geiste ihrer harrte . . .

Der unbequeme Geist

Als die Gemeinsame Synode der Bistümer eröffnet wurde, trat nach dem Veni creator der evangelische Landesbischof Lohse ans Rednerpult: „Sie haben den Geist Gottes angerufen. Sind Sie sich bewußt, was Sie da getan haben: Der Geist weht nämlich, wie er will . . . Ich denke, auch Sie hier werden es erfahren." Und sie haben es in jenen Jahren erfahren, die Synodalen von Würzburg, nicht anders als die Kirche des Konzils, das nach Johannes XXIII. ein „neues Pfingsten" einbringen sollte. Der Geist weht in der Tat, wie er will. Mehr noch, er weht auch, wann er will, wo er will, in der Intensität, die er bestimmt und nicht wir. Er ist der Wind, von dem es in der Nikodemusstunde heißt, daß man ihn „zwar hört, aber nicht weiß, woher er kommt und wohin er fährt!" (Joh 3, 8); ein Wind, der sich urplötzlich drehen kann, der einem mitten ins Gesicht wehen kann und zum Gegenwind umschlagen kann wider uns.
Sich auf ihn einlassen und nicht aus überraschter Angst oder Verlegenheit zu versuchen, die Fenster zuzumachen, damit er im angestammten, behaglichen Zuhause des Glaubens und Lebens nichts durcheinanderbringt, darin liegt das Abenteuer all jener, die sich vom Geist leiten lassen, von diesem nicht selten so unbequemen Geist, der einen Franz von Assisi durch die Kirche wirbelt, eine Katharina von Siena, und weiß Gott wie viele im Lauf der Kirchengeschichte, die von ihm getrieben wurden und werden, und Ratlosigkeit wie Staunen hervorrufen, auch den Spott derer, die in der ersten Pfingststunde zu höhnen beginnen: „Die sind voll des süßen Weines." Der Pfingstmorgen ist noch nicht zu Ende, der Aufbruch ins Abenteuer für die Seinen geht weiter.

Der treibende Geist

Petrus ist es, der dies in der dritten Tagesstunde proklamiert, mit einem Male den Propheten Joel begreifend: „In den letzten Tagen" wird es geschehen . . . Vom Geist getrieben werden sie reden, eure Söhne und Töchter, Gesichte sehen eure jungen Männer, Traumgesichte eure Greise . . ., von ihm ergriffen werden sie reden." Und sie vermögen nichts gegen die Triebkraft des Geistes: „Wir können unmöglich schweigen über das, was wir gesehen und gehört haben (Apg 4, 20)." – „Wehe mir, wenn ich die Botschaft nicht verkünden wollte! (1 Kor 9, 16)" – „Vom Heiligen Geist getrieben, haben Menschen von Gott her gesprochen" (2 Petr 2, 21). Wie Abenteurer ziehen sie aus, mitgerissen von ihm und beinahe wie blind für alles andere: „Sie zogen ihre Straße wie unter verzaubernder Führung. Wir lesen nicht bei ihnen von den Schönheiten der Landschaften, die sie durchwanderten, sie beschreiben uns nicht die Wunder der Antike. Sie scheinen

selbst Akropolis und Kapitol kaum beachtet zu haben. Kriegsfahrten der Legionen, fesselnde Theater und Spiele, Schulen der Philosophie und Geheimnisse der Mysterien, das alles überschreiten sie mit dem Schritt, der Größeres einbringt, der andere Höhen gewinnen will . . . Keiner ist so weit gereist und soviel in jenen Tagen wie Paulus, und es hat keiner wie er in den Städten wie Athen und Korinth den Glanz einer Zivilisation geschaut . . . und er sprach darüber hin, daß er das alles wie Kot erachte" (Fr. Muckermann).
Ist dies immer noch so? Hat der Geist heute an Triebkraft verloren oder sind wir zu schwerfällig geworden wider sie? Wir, die wir im Baedecker womöglich besser zu Hause sind als im Evangelium, wir Heutigen, die wir eher unter uns bleiben mit noch soviel engagierten Diskussionen und Konferenzen als über die Tagesordnung der Faszinationen und Fabeln unserer Umwelt hinwegzuschreiten, damit die Welt seine Botschaft erfahre? Wir Mitmarschierer hinter allen möglichen Transparenten von Protest und Sorge, ohne transparent zu machen, was Gottes Geist auszurichten hat, auch in diesem Heute, auch auf dem Königsplatz von München und vor dem Bundeshaus zu Bonn? Danach fragt Pfingsten. Darauf wartet Joel 1983. Nicht auf die Gurus und ideologischen Gammler, sondern auf die Zeugen seines Geistes. Auf uns!

Der befreiende Geist

Die Pfingstankunft des Geistes geschieht in Sturm und Feuer. Nicht mit der Taube. Eher im unsichtbaren Schlag des Adlers, der in seinen Fängen hoch- und mitreißt, nachdem er – so erfuhr es die Menge der Staunenden und Ratlosen – zuvor „mitten ins Herz getroffen hat", so daß sie nur eine Frage noch an Petrus haben: „Was sollen wir tun?" Und seine Antwort: „Kehrt um!", Appell, „auszusteigen" aus ihren Verstrickungen und Verkettungen in Eigensüchtelei und den Zwängen gesellschaftlicher Anpassung und umzusteigen in die neue Freiheit derer, die sich vom Geiste leiten lassen, vom Geist der wahren Freiheit, einzusteigen in das Abenteuer noch unerahnbarer, aber zugesicherter Entbindung von Angst wie konstruierter Sicherheitsutopie hinüber in das Freiland der Kinder Gottes. Auf den „großen, offenbaren Tag hin", den Joel allen, jung und alt, angesagt hat, und auf die „Verheißung" zu, an die Petrus in seinem Pfingstwort erinnert, „die euch und euren Kindern gilt, samt allen in der Ferne, die der Herr, unser Gott, berufen wird" (Apg 2, 39).
Das große Abenteuer, das mit dem Morgen von Jerusalem im Geist anhebt, ist das heilige Abenteuer, zu dem Christus uns befreit hat, nicht die abenteuerliche Konstruktion, an die sich immer wieder Menschen eigenen Geistes und eigenen Witzes heranmachen unter dem Schlagwort der „egalité, fraternité und liberté",

sondern der Aufbruch in das Unerhörte, „das Gott denen bereithält, die ihn lieben" in seinem Geist und Namen. Utopie natürlich für all jene, die sich lieber ins Knusperhäuschen der Hexe locken lassen, als die Mühsal der Beerensuche im Wald auf sich zu nehmen, fade Vertröstung für all jene, die den langen Atem Gottes – und das ist sein Geist – nicht aushalten, sondern mit kurzatmigem Sprint im Zielband der Freiheit ankommen möchten.
Aber Einlösung der Bürgschaft des Pfingstgeistes für die, denen er den längeren Atem der Hoffnung gab und die aus seiner Kraft herbeilieben, was andere im Namen der Freiheit hinweghassen möchten.
Sie, die „Toren in Christo", die „Schwachen, durch die er die Kraftmeierei der Welt" zuschanden macht, sind aufgeboten, auch das große Abenteuer der Freimachung durch den Geist der Freiheit anzugehen und immer neu Pfingsten zu aktualisieren, jenen Morgen, der in der Verwirrung anhebt und in der Ergriffenheit vom Geiste Gottes endet: „Die sein Wort aufnahmen, ließen sich taufen." Es ist die Taufe hinein in die Freiheit der Kinder Gottes. In ihr wächst das neue Miteinander ohne Neid und Eigensucht, ohne Angst voreinander und mit aller Brüderlichkeit füreinander, in denen die Pfingstpredigt der Apostelgeschichte zur Magna Charta einer neuen Gemeinschaft wird (Apg 2, 42 ff), einer Gemeinschaft, die nicht aus Gleichschaltung kommt, sondern aus der einen, gleichen Beschallung durch die Stimme des Geistes.
Wieder ist es Pfingsten. Ein Heiliges Jahr umgibt seine Feier. Seine Botschaft und seine aufregende Wirklichkeit. Ihr Name ist der Heilige Geist und ihr Inhalt das große Abenteuer derer, die sich von ihm erfassen lassen. Immer noch und jedesmal aufs neue!

Pfingsten

Heimsuchen und Heimholen
(Lk 15, 1–10)

Sicher steht das vornean, sooft wir diese beiden Parabeln hören: Ein frohmachendes Gefühl, daß keiner von uns seinem Herrgott so weit entrinnen kann, daß nicht seine Hirtensorge uns noch erreichte! Sicher bedeutet es für jeden aus uns Trost und Zuversicht, zu hören, wie sehr Gottes Interesse sich geradezu verschwendet an die Abtrünnigen seiner Herde und an das mutwillige eine Prozent, das seine eigenen Wege ging und dabei auf das Verlustkonto kam. Gott ist wirklich so: Er schreibt nicht einfach ab, wie wir das leider so leichthin tun. Er kennt dieses fade Schulterzucken nicht, das sich selber tröstet: Nun ja, man kann eben nicht alle haben. Immerhin, ich habe noch so viele Gute, so viele Getreue um mich! Das alles ist wahr und wahrhafte Frohbotschaft, die wir mit Freuden annehmen. Aber bei all dieser Freude sollten wir die Nuancen dieser Suchaktion nicht übersehen und aus dieser beglückenden Botschaft unseren eigenen Part heraushören, nämlich den Auftrag Gottes, unter dem wir alle stehen.

1. *Du mußt selbst mitheimsuchen*

So ist das nämlich mit dem Sünder nicht wie bei dem Schaf und bei der Drachme. Das Tier weiß nichts von Orientierung und kann höchstens klagende Laute ausstoßen, damit der Suchende aufmerksam wird. Das verlorene Geldstück nicht einmal das. Es bleibt eben liegen und wird gefunden oder auch nicht. Für den Menschen aber gilt: Freude wird sein, wenn er Buße *tut*. Das ist Aktion. Da ist Eigenleistung mit dabei, ja, seine Rettung besteht gerade darin, daß er selber aufbricht und umkehrt, daß er sich orientiert an den Weisern Gottes und all seinen Mut und Willen zusammennimmt, um wieder heimzu zu suchen.

Ein jeder, der je vom geraden Weg abgekommen ist, weiß, wie schwer das ist und wieviel hundertmal lieber einer in solcher Verlorenheit resigniert: „Nun ist es halt schon mal geschehen. Es hat keinen Sinn mehr. Ich schaffe es ja doch nicht." Das andere wäre weitaus leichter, das Abwarten meine ich, und das Sich-heimtragenlassen, so wie der Hirte sein Schaf auf die Schultern nimmt und es zurückträgt. Genau das aber tut Gott nicht. Gott ruft! Gott geht nach. Gott muntert auf. Das alles ja; aber er nimmt den Sünder nicht einfach beim Schopf und setzt ihn zurück an seinen Platz.

Der Sünder muß Buße *tun*, nicht Buße an sich geschehen lassen; denn Gott nötigt nicht. Aber Gott traut selbst dem Verlorenen einen solchen Aufbruch zu! Er läßt die Chance offen für den Verirrten, mag er abseits gegangen sein, wie weit es auch sei oder sein Mutwille ihn getrieben hat. Das ist das Neue, das Befreiende, das Frohbotschaftliche dieser Geschichte. Unserer Lebensgeschichte. Wenn wir wollen, so hat Gott zuvor gewollt, und wo wir noch skeptisch abwarten, hat er bereits seine Zuversicht ausgesprochen. Wo wir noch in Ängsten sind, hat er schon alle Angst grundlos gemacht; denn noch in der Verlorenheit wissen wir nun, daß dem Heimkehrer kein Donnerwetter, sondern Vaterfreude erwartet, kein Gericht, sondern das Freudenmahl. Was kann uns also hindern, uns auf den Weg zu machen und heimzusuchen zu ihm?

2. *Auch du mußt mitheimholen*

Ein anderes laßt uns nicht übersehen: Das Schaf stammt aus einer Herde, die Drachme aus dem Brautschmuck der Frau. Wo sie verlorengehen, geht es nicht um ein isoliertes Schicksal. Ihr Verlorensein ist zugleich eine Lücke im Ganzen,

und über diese Lücke tröstet der Restbesitz nicht hinweg. Die Schönheit einer Perlenkette ist dahin, wenn nur eine einzige Perle fehlt, und die 99 Schafe in der Hürde können die bittere Bilanz nicht schmackhaft machen, die mit Verlust aufhört. Darum die Bestürzung der Frau und die Unruhe des Hirten – und die Fragen zwischen den Zeilen: Wie das denn eigentlich mit uns bestellt ist und unserer eignen Bestürzung, wenn wir wissen, wir sind nicht mehr vollzählig.
Und wir sind es wirklich nicht. Ja, viel weniger als mit einem Prozent minus. Oder ist es nicht wahr, daß in der Bundesrepublik kaum mehr als die Hälfte aller Getauften sich noch jährlich einmal einfindet in der Tischgemeinschaft der Eucharistie? Oder stimmt es nicht, daß die Kirche die Arbeitermasse verloren hat? Sind es nur Unkenrufe, die wir aus zusammenbrechenden Missionsfeldern der Kirche hören? Gott gebe es, es wäre nur das! So aber lehrt ein Blick über den Korridor, wie es um das Verlustkonto der Herde Christi bestellt ist, ein Blick in die Tageszeitung, wie der Brautschmuck der Kirche zerbröckelt.
Sagt nicht, dagegen könne man eben nichts machen! Schielt nicht nach den Priestern, die ja dafür da wären und dafür bezahlt sind, daß sie sich kümmern müßten um die Verlorenen; denn der Hirte hat nicht dem Bauern gemeldet, er solle sich umtun, wenn ihm was an seiner Herde liege, und die Hausfrau hat nicht die Nachbarinnen geholt, damit sie ihr die Drachme suchen. Die Heimholung der Herde geht uns alle an! Wer immer das Kreuzzeichen über die Augen schreibt, die die Lücken sehen, muß aufbrechen und suchen helfen, koste es, was es wolle. Laienapostolat ist keine Liebhaberei, sondern Pflicht der Liebe zu Christus und seiner Kirche.
Wer Gott kennt und Gott liebt, macht sich zu Gott und mit Gott auf den Weg; denn „im Himmel ist Freude über einen jeden, der heimfindet".

Wo der Segen quillt
(Lk 5, 1–11)

Wir haben zwei Wörtlein in unserer Sprache, die bitter sind wie Galle. Ein jeder kennt sie. Sie heißen: zu spät! und umsonst! Man braucht sie nur aussprechen und dann ist keiner, der nicht mit seinen Erfahrungen aufkreuzen könnte, seinen vergeblichen Anstrengungen und seinen herben Enttäuschungen. Zu spät – umsonst! So ist es ein echter Trost, selbst in der Nachbarschaft des Herrn einen Gefährten zu entdecken, der genauso erschlagen, verbittert und entmutigt seine leeren Netze vor den Herrn hinbreitet: Da sieh dir's an! Umsonst geplagt! Und jetzt ist es zu spät, noch einmal anzufangen. Freilich, darnach folgt das Wunder, der überströmende Segen eines Fanges, der alles wettmacht. Wenn das auch uns gelänge! Mein Gott, wenn unsereiner den Schlüssel fände zu solchen Erfolgen! Nun, der Schlüssel ist gefunden, und genau darum geht es in unserer Botschaft, uns Entmutigten, Enttäuschten die Spur zu zeigen, wo der Segen quillt.

Im Gehorsam unseres Herzens nämlich und
im Wagnis unseres Glaubens.

1. Segen aus Gehorsam des Herzens

Irgendwer hat einmal gemeint, ein Vaterunser im Leid, das sei mehr als tausend in guten Tagen. Er hat recht gehabt; denn solange alles klappt und jede Rechnung aufgeht, sagt sich's leicht: Dein Wille geschehe im Himmel und auf Erden. Aber wenn es nicht klappt und wenn die Rechnung eben nicht aufgeht, im Gegenteil, wenn alles danebengeht, dann wird das schwer, unsagbar schwer. Das war damals am Seeufer nicht anders. Wohl steht in unserem Text nur ein kleiner Strichpunkt zwischen der bitteren Klage über den Mißerfolg und dem herzhaften Gut, dann noch einmal; aber in Wirklichkeit wird das bei Petrus nicht anders gewesen sein als bei uns. Ein verbitterter Punkt. Aus und Schluß! Und ein sehr langer Strich, ein Gedankenstrich voller Zweifel und voll innerem Widerstand, bis endlich der Gehorsam durchkam und der Mund ja sagte, ein Ja wider alle Hoffnung, aber ein Ja, das bereits den Segen und den Erfolg in sich schloß.

Um diesen Gehorsam kommt keiner herum als Jünger Christi. Immer wird das Ja das kleinste, aber schwerste Wort bleiben und gerade in seiner Schwere erst zum Schlüssel des Segens werden. Christus selbst mußte es sich abringen unter Schweiß und Blut, damit daraus der Quell unserer Erlösung wurde: „Vater, nicht mein Wille, sondern der deine!" Die Ölbergsnacht und der Morgen des Petrusfiaskos weisen die Spur. Es gibt keinen anderen Zugang zum Erfolg als den beherzten Schritt des Gehorsams. Erst fraglos sich beugen unter dem größeren Willen eines Gottes, dessen Gedanken nicht unsere Gedanken sind und klaglos gehorchen wider jeden Einspruch unserer eigenen Eitelkeit und Besserwisserei, das ist der Weg. Der Jünger ist nicht über seinem Meister.

2. Segen aus dem Wagnis des Glaubens

Wer das Wunder des Petrus wünscht, darf das Wagnis des Fischers nicht verwünschen; denn der große Fang wurde auch von ihm nicht im seichten Gewässer des Ufers gemacht, sondern draußen auf hoher See, wo das „Wasser keine Balken" mehr hat und der Grund unter den Füßen nicht mehr erlotet werden kann. Das alles ist mehr als ein Bild. Es ist der Kern unseres Glaubens. Wer sich

auf Gott verläßt, läßt alle irdischen Sicherungen hinter sich. Das Credo hat keinen anderen Boden als das restlose Vertrauen auf Gottes Wahrheit und Treue. „Habt Glauben und ihr könnt dem Berge sagen, er soll hinwegrücken, und ich sage euch, er wird es tun." Letzte Konsequenz eines Vaterunsers, das kein „Aber" mehr kennt und keine Brücken mehr hinter sich läßt „für alle Fälle".
Und bei alledem ist der Segen, den Gott bereits heranführt, so wenig in seinem Kommen sichtbar wie die Fischschwärme im dunklen Wasser des Sees, das Petrus mit seinem Boot durchpflügt. Lautlos gleiten sie heran. Kaum daß die Netze zucken. Gottes Wunder machen keinen Radau und Gottes Segen kommt nicht mit lauten Signalen an. Es muß dem Jünger genügen zu wissen, daß der Meister hinter seinem Werk und seiner Mühe steht und er es war, der ihn aufgefordert hat dazu.
Wie einfach hört sich das alles an, nicht wahr! Aber die Wirklichkeit ist schwer, unsagbar schwer für uns zappelnde, nervöse und ungeduldige Bootsleute! Kaum daß wir unser Ja zu Gott gesagt haben, daß wir den ersten Handstreich getan haben, so möchten wir schon wissen, ob es sich denn auch wirklich rentiert und ob er auch tatsächlich Wort halten wird! Darum unsere heimliche Rückversicherung und unser vorsichtiges Rangieren, immer im stillen bereit, noch rechtzeitig das Experiment abzubrechen, bevor wir „nutzlos" Zeit und Kraft verschwenden. Ja, so sind wir! Angler am Ufer, aber keine Hochseefischer, und dabei so rasch bereit, alles hinzuwerfen und es ihm vorzuhalten: Siehst du, ich habe es ja gleich gesagt. Es hat keinen Sinn! Es springt ja doch nichts dabei heraus.
„Wer nicht wagt, der nicht gewinnt!" Der Jahrmarktschreier weiß es besser als unser Glaube, dem Gott es ins Stammbuch geschrieben hat: Es gibt kein Zuspät für dich und kein Umsonst; denn „wo Glaube, da Liebe, wo Liebe, da Gott. Wo Gott, keine Not!"
Natürlich kommt uns eine solche Konsequenz reichlich ungelegen. Haben wir uns doch alle längst daran gewöhnt, von unserer eigenen Unschuld unbeirrbar überzeugt abzuwarten, bis der andere kommt und der Schuldige den Anfang macht. Und sehen wir es doch, offen gesagt, beinahe schon für ein Höchstmaß an Seelengröße an, wenn wir dann überhaupt auf so ein Versöhnungsangebot eingehen und über unseren Ingrimm hinwegsehen. Alles andere dünkt uns eher Schwachheit und Dummheit als ein Werk der Gerechtigkeit.
Aber für Christus ist es das Werk der Gerechtigkeit und jene andere Gerechtigkeit, die seine Jünger künftig von den Gerechten früherer Tage scheiden soll. Sein Wort gilt. Wir kommen also nicht daran vorbei, sofern wir überhaupt sein Wort bejahen. Wer das Evangelium ergreift, muß sich auch von der Bergpredigt ergreifen lassen. Sei es, wie es wolle, schwer oder schier unmöglich.
Praktisch geht es daher um die Frage unserer Bereitschaft, in die Nachfolge Christi einzutreten: denn er hat uns diese andere Gerechtigkeit vorgelebt, er ist uns

zuvorgekommen mit seiner versöhnenden Liebe. Auch er hat den ersten Schritt auf uns zu getan. Laßt uns also „gesinnt sein wie Christus" (Paulus) und es zumindest versuchen, wenigstens einen ersten solchen Schritt zu probieren, morgen oder übermorgen, oder besser noch heute; denn wer von uns wüßte keinen Bruder, zu dem er sich aufmachen müßte?
Man sagt, durch die Menschheit unserer Tage gehe eine tiefe Sehnsucht nach mehr Gerechtigkeit, nach mehr Liebe, nach mehr Frieden. Warum soll das immer nur Sehnsucht bleiben? Sie kann Erfüllung finden, und nur eines tut dazu not: Daß wir selber, jeder einzelne von uns, den Maßstab der Bergpredigt an unser Zusammenleben anlegen und mit Mut angehen, was wir mit dem Herzen gemessen haben.

Und deine Mitarbeit?
(Mk 8, 1–9)

Jede Zeit hat ihre Modewörter, auch die Zeit der Kirche. Sie gehen als Schlagwörter in den Massen um, beherrschen als Reklame den Markt und wandern schließlich wieder in die Abfalltruhe der Sprache. Im Raum unserer Kirche erscheint nicht wenigen derzeit das Wort vom Laienapostolat als so ein Modewort. Plötzlich in den allgemeinen Sprachgebrauch gekommen, hallt es von allen Kanzeln, prangt es in jeder Kirchenzeitung, dröhnt es von Rednerpulten und aus Kundgebungsmikrophonen: Laienapostolat!
Ein Modewort oder was sonst? Nun, für nicht wenige ist es wirklich nur ein Modewort und deswegen nicht zum eigentlichen Wortschatz des Christentums gezählt. Ein momentaner Saisonschlager, den ein Teil sich zum Motto seines christlichen Lebens nimmt, ein anderer Teil aber leichthin abtut als etwas, was man kann, wenn man mag, aber nicht muß, wenn man nicht will. Fragt sich: Was Christus davon hält, und ich glaube, wir finden es in dem so bekannten Bericht, den wir eben hörten; denn zwischen den Zeilen gelesen spricht er von

einem Appell zum Mitfühlen und
einem Anruf zum Mitarbeiten

1. *Appell zum Mitfühlen*

Da fällt zunächst die Unterhaltung auf, mit der das Wunder der Brotvermehrung eingeleitet wird. Wieso muß er ihnen eigentlich erst so lang und breit erklären, daß die Tausende Hunger haben und was es für ein Risiko ist, sie so auf den

Heimweg zu schicken. Sehen sie es denn nicht selber und verspüren sie nicht genauso das Knurren im Magen? Und wofür die umständliche Bestandsaufnahme von sieben lächerlichen Broten? Ihre schlagfertige Antwort, daß es eben nur sieben sind, beweist doch, daß sie sich bereits umgesehen haben. Wozu das also alles?
Es kann dem Herrn nur darum gegangen sein, seine Jünger in aller Form zu einem wachen sozialen Mitfühlen und Sichmitverantwortlichwissen zu erziehen. Wer so nahe seinem Herzen ist wie sie, darf nicht nur lauschen wollen, was aus dem Munde Gottes kommt; denn wohl lebt der Mensch nicht vom Brot allein, sondern auch vom Wort aus Gottes Mund, aber eben doch auch vom Brot. Mit Christus fühlen, heißt daher nicht nur, seine Gedanken aufnehmen, die zum Vater hinzielen, sondern auch seinen Gedanken folgen, die erdwärts in die ganz vordergründigen und materiellen Nöte gehen. „Seht, sie haben nichts zu essen!" Christliches Leben ist nicht nur Heilssorge, sie ist auch Sorge um das Wohl und Wehe des Mitmenschen. Das Kreuz hat zwei Balken, den einen, der himmelwärts auf Gott hin weist, und den anderen, der nach rechts und links zur menschlichen Gemeinschaft zeigt. Beide Balken sind aus demselben Holz, d. h. erst die Gleichartigkeit unserer religiösen und sozialen Sorge macht unser Christsein aus. Dem „Suchet, was droben ist!" ist der andere Auftrag aus der Schrift beigesellt: „Keiner suche seinen eigenen Vorteil, sondern den des anderen!"
Mit diesem Suchen aber fängt alles Laienapostolat an. Daß wir überhaupt Augen haben, die sich auf den Mitmenschen richten, daß unser Sinn aus dem Netz eigener Heilssorge sich befreit, daß unser Herz anfängt, Erbarmen zu haben so wie jenes Herz, aus dem sich mitten in der Botschaft des Heiligen der schlichte, menschliche Ruf von Mitgefühl entringt: „Mich erbarmt des Volkes." Von solcher Gesinnung ist keiner dispensiert, der sich auf Christi Namen beruft. Solche Haltung ist keine Modesache, die man je nach Geschmack sich aneignet oder verneint.

2. *Anruf zur Mitarbeit*

Aber von Mitgefühl wird keiner satt. Soziale Sorge ist noch nicht soziale Tat. Der Herr aber will auch diese. Die ihm so nahe sind, sollen mit ihm wirken. Also befiehlt er den Jüngern, das Brot zu verteilen. Ohne Zweifel wäre das nicht nötig gewesen. Er hätte sein Wunder anders wirken können, zumal dieses Wunder, das ja dann auch wie eine Wiederholung jenes Brotwunders in der Wüste von der Menge angesehen wurde. Damals in der Wüste war das Manna vom Himmel gefallen, und die Israeliten brauchten es jeder für sich nur einzusammeln, um satt zu sein.
Hier aber muß das Volk auf ausdrücklichen Befehl sich ins Gras setzen, die Hände in den Schoß legen, bis ihnen das Brot hineingelegt wird – von den Gefährten Jesu

nämlich. Durch sie allein kommt es an den Mann. Wohl wirkt Jesus das Wunder allein, aber unter die Menschen will er es nur durch Menschen kommen lassen. Das sollten, nein, das dürfen wir nicht übersehen, weil darin aufleuchtet, welche Art von Jüngern der Herr sich anerziehen will. Nicht Mitverlangende, sondern Mitarbeitende. Vielleicht haben wir das zu lange übersehen, so daß es uns so neu und ungewohnt ist, wenn von jedem Christen in dieser Zeit Mitarbeit abverlangt wird.

Gott tut Wunder; aber er ruft dazu auch den Menschen mit in Aktion. Das wollte er damals lehren. Heute ist es an uns, es zu begreifen und es endlich wieder zu erfassen, daß Apostolat keine Ausnahme ist für wenige, sondern die Hereinnahme aller Christen in das Werk, das Gott mit uns und durch uns an den Menschen tun will. Daran hat uns Papst Paul VI. erinnert, als er im September vorigen Jahres ausrief: „Es ist Zeit, die Stunde des Laien ist angebrochen; es ist die Stunde derer, die begriffen haben, daß Christsein eine große Chance ist, denn sie können dem Heilswerk eine unermeßliche Bedeutung verleihen."

Nein. Laienapostolat ist kein Modewort. Es gehört zu den Urworten des Evangeliums und zum Wortschatz einer Kirche, die auf Mitarbeiter des Herrn gegründet worden ist. Wie leicht ist das einzusehen, und dennoch bleibt es die Frage, die Gott heute an dich stellt: Du bist Christ, du gehörst zu den Meinen. Wo ist deine Mitverantwortung? Wo ist deine Mitarbeit?

Mitmenschen
(Mk 7, 31–37)

Mit den Sonntagsevangelien ist es wie mit einem Farbdia. Leg es auf den Tisch und du siehst nicht mehr als ein winziges Rechteck, schwarz und unansehnlich. Erst gegen das Licht gehalten und aufmerksam betrachtet, gewinnt es Farbe, werden Gestalten und Figuren sichtbar, leuchtet Landschaft auf und je länger, je mehr entdeckt man auch die scheinbaren Zufälligkeiten und Nuancen von Licht und Dunkel. Das Bild wird Leben.

Wir haben eben wieder so ein Stück Frohbotschaft gehört. Ein bekanntes Stück von einem Wunder an einem armen Menschen, dem Sprache und Gehör fehlte. Wie schnell nehmen wir das zur Kenntnis und wie leicht sagen wir dann, es gebe uns nicht viel ab. Man kenne das ja alles schon. Aber nimm es einmal im Detail. Nimm es beispielsweise nur an dem einen, so nebensächlich scheinenden Satz: Da brachten sie ihm einen Taubstummen und baten, er möge ihm die Hand auflegen, und bleib eine Weile dabei. Dann nämlich wird ein leuchtendes Kapitel von Mitmenschlichkeit daraus:

Zeugnis einer kollegialen Tat und
eines kollegialen Gebets.

1. *Kollegiale Tat*

„Sie brachten ihm einen Taubstummen . . .“ Da war also irgendwo ein armer Kerl, der wohl von Geburt aus noch keinen Laut gehört und kein Wort über seine Lippen gebracht hatte. Hilflos und einsam tappt er mitten unter denen, die lachen und scherzen, die am Marktplatz miteinander diskutieren und deren Gesichtern er anmerkt, wie interessant das sein muß, was sie in ihren Ohren aufnehmen. Er hat nichts von alledem. Hilflos ist er seiner Gebrechlichkeit ausgeliefert. Seit vielen, vielen Jahren. Man läßt ihn stehen. Es ist mit ihm ja nichts anzufangen . . .
Aber nun steht er vor dem Wundertäter von Nazareth. Warum? Weil es inmitten der schwatzenden und geschäftigen Menge ein paar Leute gegeben hat, die ein Herz für ihn hatten. Denen sein Geschick nicht egal war und die seine Hilflosigkeit einfach unruhig machte. Also packen sie zu. Sie nehmen ihn mit. Seine fragenden Augen, sein Zweifel auf der Stirn wird klein von solcher herzhafter Kollegialität. Er weiß, sie wollen mir helfen, sie meinen es gut mit mir. Also läßt er sich von ihnen führen, wohin sie wollen.
Man braucht den kleinen Satz nicht weiter auszumalen. Er steht bereits mitten in unserem Leben und in unserem Alltag. Und schon wird er auch zur Frage nach unsrer Nachbarlichkeit und unserer Kollegialität. Es gibt deren auch unter uns so viele, die sich einfach nicht selber helfen können, mit denen es seit Jahr und Tag dasselbe Elend ist und die von sich aus nicht zu Christus kommen. Wer aber packt zu? Wem geht es ans Herz? Wer tut sich mit anderen zusammen, um mit ihnen diesen Weg zu gehen: Sie brachten ihn zu Jesus . . .?
Wir reden heute soviel von Apostolat! Wir diskutieren über Konzil und missionarisches Christentum. Wir annoncieren die Aktion Gemeinsinn, und wir lesen zugleich von der „einsamen Masse“. Und das alles womöglich noch sehr geistreich und sehr emphatisch! Die Wahrheit aber wohnt unter uns. Im selben Haus, im gleichen Büro, in der nämlichen Werkstatt. Kollegen und Nachbarn, die nicht „einsehen“ und „bei denen nichts ankommt“. Taubstumme Gottes. Aber Gott hat sie in unsere Mitte gestellt, und wir wissen, wo der Herr zu finden ist . . .

2. *Kollegiales Gebet*

Spürt ihr, wie so ein kleiner Satz auf einmal Farbe und Leuchtkraft gewinnt? „Sie brachten ihm einen Taubstummen und baten, er möge ihm die Hand auflegen.“ Mehr können sie ja auch nicht tun, aber das ist ja auch schon genug: Daß sie ihn herbringen und daß sie sich zum Dolmetscher seines Elends machen, weil er selber keine Silbe hervorbringen kann. Das Gebet der Kollegen wird ihm zur Rettung! Ihre Fürsprache erzwingt das Wunder seiner Heilung. Der hoffnungslose Fall wird mit ihrer Fürbitte zum fröhlichen, erlösten Gefährten. Nun sagt, ob es noch ein Alibi gibt für uns und all die sogenannten hoffnungslosen Fälle, die wir so neben uns haben: Der Kollege, an den wir vergeblich hinreden, der Junge daheim, der einfach seinen Mund nicht aufmacht, daß wir ihm helfen könnten, unser Nachbar, der so stocktaub für unsere noch so gut gemeinten Appelle ist, und all die anderen dazu, die uns so leicht müde und mürbe machen mit ihrer Reaktionslosigkeit. Jedes Wort ist da umsonst und jeder Versuch eitle Liebesmüh.

So scheint es, aber so ist es nicht; denn auch wenn er nicht hören kann und will, Gott hört uns an. Auch wenn bei ihm nichts ankommt, bei Gott kommen wir an, wenn es uns tatsächlich ein Herzensanliegen ist. Vor Gott gibt es keine hoffnungslosen Fälle außer den einen, daß wir selber keine Hoffnung mehr haben, daß er Wunder tun kann – auch heute noch und auch an all denen, die wir am liebsten abschreiben würden, wüßten wir nicht, daß er sie uns ins Herz geschrieben hat als mitmenschliche Sorge und mitmenschliche Aufgabe. Von dieser Sorge gibt es keine Dispens; denn auch dort, wo wir keine Möglichkeit mehr haben, uns mit unseren Kollegen und Nachbarn zu unterhalten, haben wir immer noch die Chance, uns über ihn mit Gott zu besprechen.

Damals folgte dem kollegialen Fürbittgebet das Wunder der Heilung. Wer von uns möchte es also wagen, einen Mitmenschen als hoffnungslosen Fall abzutun, solange er noch für ihn beten und bitten kann? Wir können doch nicht selber stumm werden, weil andere auf unser Reden taub sind; denn Gott hat niemals taube Ohren für den Anruf mitmenschlicher Liebe.

Und auch die Bitte selbst dieser Kollegen auf der Landstraße Judas sollten wir nicht überhören: Daß er ihm die Hand auflege! Was heißt es sonst als dies: Sieh, Herr, wir geben ihn in deine Hand! Wahrhaftig, so müßte manches unserer Gebete heißen, so könnte jeder von uns bitten und handeln: Den Mitmenschen, und eben jenen, der uns Sorge macht und vor dem wir uns hilflos vorkommen, in Gottes Hand befehlen! Welch eine Chance für ihn und für uns!

Unbeteiligte Zuschauer?
(Mt 18, 23–35)

Es gibt kaum eine Geschichte in der Bibel, auf die wir uns so rasch einen Reim machen können, wie diese Parabel von Großmut und Gemeinheit heute. Wie leicht wird es uns, unser eigenes tägliches Erleben in sie hineinzuweben, all die Enttäuschungen und Reinfälle an ihr zu registrieren, die wir selber schon durchgemacht haben; denn leider Gottes, so ist es nun einmal unter den Menschen: Selber verschwendet man seine Geduld und umgekehrt schier nichts als Unverständnis und Ärger. Trotzdem, es wäre schade, wenn wir nun über dieser Geschichte nur allen Ingrimm wieder in uns aufwecken wollten. Sie kann uns, weiß Gott, mehr sagen als die Größe der Erbarmung Gottes und die Kleinlichkeit seiner Ebenbilder auf Erden. Eher wird sie

eine Frage nach unserem Mitgefühl
und unserem Gerechtigkeitssinn.

1. *Unser Mitgefühl*

Da steht nämlich mitten in dieser bösen Geschichte ein Satz, der uns aufhorchen lassen müßte. „Als seine Mitknechte sahen, was geschah, wurden sie tief erschüttert, und sie gingen hin und berichteten ihrem Herrn alles." Das ist etwas anders, als was wir unter uns erleben. Da sind Menschen, denen das Unglück und die barbarische Behandlung durch einen Mitknecht zu Herzen geht, ehrlich und tief. Da gibt es kein billiges Mit-der-Schulter-Zucken: „Was geht mich das an? Jeder muß halt selber sehen, wie er fertig wird mit seinen Problemen, und, hätte er keine Schulden gemacht, dann hätte er seine Ruhe!"
Natürlich können auch wir uns aufregen, wenn wir in unserer Nachbarschaft, am Arbeitsplatz, auf der Straße Rüpeln begegnen und Gemeinheiten miterleben. Natürlich kommt auch uns der Kümmel, wenn wir sehen, wie manche Menschen ihre Umgebung malträtieren und drangsalieren. Aber Hand aufs Herz, wieviel mehr spielen wir doch den unbeteiligten Zuschauer, wie gern halten wir uns aus solchen Geschichten heraus und wie häufig sind sie uns höchstens ein aufregender Stoff für Tratsch und Unterhaltung als ein Anliegen, das uns als Unbeteiligte in Beschlag nimmt, als wäre es um uns selber gegangen!
Ja, eher halten wir es noch für eine Tugend, uns nicht einzumischen und uns streng neutral zu verhalten. Dabei wissen wir doch zu genau, daß es vor schreiendem Unrecht und vor offensichtlicher Gemeinheit keine Neutralität mehr gibt. Oder geht uns das wirklich nichts an, wenn in unserer Nachbarschaft eins dem andern auswischt, was nur auszuwischen ist, wenn in unserem Betrieb zwei aufeinandergeraten wie die Wölfe, wenn der Mietwucher umgeht und die Zahlungsbefehle ins Haus flattern? Kann uns das tatsächlich nicht stören, wenn wir 18 Millionen hinterm Eisernen Vorhang vergewaltigt wissen und die Gefängnisse sich füllen? Sind wir wirklich unbeteiligte Zuschauer, wenn wir vor dem Bildschirm sitzen und von Erpressung und Versklavung erfahren, von Unterdrückung und Ausbeutung? Und bei Gott, das alles gibt es doch, auch heute und vor unseren Augen! Wie wollen wir es abtun mit einer Geste „Da kannst du eben nichts

machen!" oder vielleicht noch mit einem billigen Seufzer „Ach Gott, die armen Leute!"? Es braucht mehr! Es braucht das wahre Mitgefühl, es braucht das soziale Gewissen!

2. *Unser Gerechtigkeitssinn*

Nein, es braucht noch mehr: Mit bloßen Gefühlen steuert man dem Unrecht nicht, mit bloßer Ergriffenheit wird der Gemeinheit kein Einhalt geboten. In der Geschichte dieses Tages steht, was nottut: „Da gingen die Mitknechte hin zu ihrem Herrn und berichteten ihm alles!"

Wer möchte da reden von Verpetzen und Angeben, von ungerechtfertigter Einmischung in fremde Angelegenheiten oder von Wichtigtuerei. Wir spüren es doch ganz klar: Hier meldet sich der Gerechtigkeitssinn zu Wort. Hier sind Menschen, die zur Tat schreiten, weil sie einfach nicht schweigen können zu dem, was sie mit eigenen Augen sehen und mit eigenen Ohren hören!

Vielleicht haben wir vergessen, daß Menschen dieser Art in der Bergpredigt die Seligkeit verheißen wurde: Selig sind, die hungern nach der Gerechtigkeit! Es gibt also einen Weg zu Gott, der über die Stufen des Einsatzes für Recht und Gerechtigkeit führt. Es gibt also nicht nur eine Pflicht der Liebe, sondern auch eine Pflicht, der Gerechtigkeit zum Sieg zu verhelfen. Und es gibt eine Sünde der Gleichgültigkeit und Wurschtigkeit.

Unsere Eltern, zumindest unsere Großeltern, wußten das noch eher als wir. „Fremde Sünden", so nannten sie das unbeteiligte Zuschauen und Schweigen zu den argen Dingen in ihrer Umgebung. Fremde Sünden – weil sie zwar nicht unmittelbar selbst die Übeltäter waren, aber sich als Mittäter erkannten, wenn sie nichts unternahmen dagegen. Man sündigt eben nicht nur durch Tun, sondern auch durch Unterlassen.

Darum müßte diese Sonntagsstunde einmal Anlaß werden zu einer echten Gewissenserforschung über unsre Nichteinmischungspolitik, über unsre Gerechtigkeitsliebe und unsere falsche Ansicht, so als müsse man über alles den Mantel der Liebe decken, statt das Unrecht und die Gemeinheit zu demaskieren. Nicht selten ist dieser berühmte Mantel der Nächstenliebe doch nichts anderes als die Bemäntelung unserer Feigheit und unserer sündhaften Gleichgültigkeit.

Durch unsere Zeit geht der Ruf nach mehr Gerechtigkeit! In der Politik, in der Wirtschaft, in der Gesellschaft. Aber mehr Gerechtigkeit verlangt mehr soziales Gewissen und mehr Mut, selber der Gerechtigkeit zum Durchbruch zu verhelfen. Wo kein Kläger, da kein Richter.

Mit Freuden tretet vor sein Angesicht
(Ps 99)

Wir haben unseren Altar geschmückt. Die bunte Erntefracht aus Feld und Garten spricht unser Auge an. Aber ist uns wahrhaft nach einem Fest zumute? Können wir dem Psalmruf folgen „Mit Freuden tretet vor sein Angesicht!"? Ich fürchte, wir tun es nur mit halbem Herzen und ein wenig mit schlechtem Gewissen. Mit halbem Herzen, weil wir eben nicht mehr aus der Ernte kommen, und ein wenig mit schlechtem Gewissen, weil sich das Jahr über bis zuletzt die Bilder von Not und Hunger in aller Welt, in Indien, Biafra, Lateinamerika, trotz allem zu tiefst in uns eingegraben haben. Mit halbem Herzen und mit schlechtem Gewissen aber läßt sich nicht jubeln, kann man kein rechtes Fest begehen.
Wenn wir aber dennoch – und zwar wir alle! – nun mit Freuden vor Gottes Angesicht treten, um zu danken und unsere Freude zu bekunden, dann wollen wir uns fragen, in welcher Freude wir das tun.

1. *Freude über unsere Leistung*

Es ist zunächst die Freude über unsere Leistung. Ja doch, auch solche Freude steht uns als Christen recht gut an und mit ihr schmälern wir längst nicht Gottes Ehre. Wenn unsere Landwirtschaft in den letzten zehn Jahren ihre Produktion um 70% steigern konnte, wenn uns Forschung und Technik in bisher nie dagewesenem Ausmaß das Leben leichter und reicher gemacht haben, wenn wir die wirtschaftliche Depression überwinden konnten und mehr verdienen, mehr dazugewinnen, es weiter gebracht haben als Generationen vor uns – so ist das ein wahrer Grund zur Freude über unsere eigene Leistung, und wir sollten wirklich nicht so tun, als stehe Christen solche Freude nicht an.
Das Konzil sagt zu dieser Leistungsfreude Sätze, die wohl vielen ungewohnt und neu klingen, die aber dazu angetan sind, auch im Industriezeitalter ein wahres Fest des Erntedanks zu begehen. In der Pastoralkonstitution über die Kirche in der Welt von heute heißt es:
„Eins steht für den Glaubenden fest: das menschliche Schaffen und Bemühen, die Lebensbedingungen zu verbessern, entspricht der Absicht Gottes. Den Christen liegt es fern zu glauben, daß die von des Menschen Geist und Kraft geschaffenen Werke einen Gegensatz zu Gottes Macht bilden oder daß das Geschöpf damit sozusagen als Rivale dem Schöpfer gegenübertrete. Im Gegenteil, sie sind überzeugt, daß diese für die Menschheit ein Zeichen der Größe Gottes sind."
Echte Leistungsfreude steht daher nicht dem Gotteslob und -dank entgegen. Wir ehren den Geber alles Guten nicht weniger, wenn wir mit Stolz auf unsere eigenen

Werke schauen und zu ihm sagen: Sieh, Herr, du hast uns die Talente unseres Geistes und unserer Arbeitskraft gegeben. Das alles haben wir daraus gemacht. Wir freuen uns, daß wir dir Ehre machen konnten als Ebenbilder deiner Schöpfermacht und deiner Größe!

2. *Freude über unsere Leistungsgemeinschaft*

Zu solcher Freude gesellt sich für uns Heutige eine zweite. Sie kommt aus der Struktur moderner Wirtschaft und Arbeit. Es gibt ja kaum mehr irgendeinen, und sei es der geringste, Gegenstand, der heute noch von einem einzelnen allein gefertigt wird. Auch hinter den Erntegaben der Bauern steht ein anonymes Heer von Mitarbeitern. Moderne Arbeit ist Leistung einer Gemeinschaft, moderne Ernteergebnisse sind Zeugnisse der Zusammenarbeit vieler und vieler.
Wieder war es das Konzil, das uns auf diese Tatsache aufmerksam machte und uns anregte, darüber nachzudenken. In der erwähnten Pastoralkonstitution heißt es: „Der nach Gottes Bild geschaffene Mensch hat den Auftrag erhalten, sich die Erde, mit allem, was zu ihr gehört, zu unterwerfen . . ., so daß Gottes Name wunderbar sei auf der ganzen Erde. Das gilt auch für das gewöhnliche alltägliche Tun; denn Männer und Frauen, die beim Erwerb des Lebensunterhalts für sich und ihre Familie ihr Tun so ausüben, daß es ein entsprechender Dienst für die Gemeinschaft ist, dürfen überzeugt sein, daß sie durch ihre Arbeit das Werk des Schöpfers weiterentwickeln, daß sie für die Wohlfahrt ihrer Brüder sorgen und durch ihre persönliche Mühe zur geschichtlichen Erfüllung des göttlichen Planes beitragen."
Papst Paul VI. ergänzt diesen Gedanken in seinem Rundschreiben Populorum progressio mit dem Hinweis: „Gemeinsame, in Hoffnung, Mühen, Streben und Freude geteilte Arbeit bringt die Geister einander näher und verbindet die Herzen. Im gemeinsamen Werk entdecken sich die Menschen als Brüder."
Wenn uns also heute am Erntedankfest diese Zusammengehörigkeit neu bewußt wird, wenn wir uns in Freude und Dankbarkeit als Leistungsgemeinschaft erkennen, so entspricht solche Freude in Wahrheit dem Geist eines Erntedanks und ist echte Verherrlichung Gottes. Womit könnten wir den, zu dem wir sagen Vater aller Menschen und der uns als oberstes Gesetz seines Willens das Gebot der Gemeinschaft und Liebe gegeben hat, denn mehr ehren als mit dem Erweis unserer gemeinsamen Arbeit und der in unserem Werk mitgegebenen Gemeinsamkeit der Sorge füreinander!
Wir brauchen daher Erntedank nicht mit halbem Herzen zu feiern, weil wir in einer neuen Zeit leben und unser eigenes Werk unserem Fleiß und Können entspringt. Nein, unser Dank ist unsere Freude und in dieser Freude treten wir vor sein Angesicht.

Zum Erntedankfest

Erntedank in dieser Zeit

Es heißt: Not lehrt beten. Aber ein Vaterunser im Wohlstand betet sich schwerer als eines im Notstand. Man sagt, Armut macht demütig. Aber in guten Zeiten nicht übermütig zu werden braucht mehr sittliche Kraft, als demütig in schlechten zu sein. Wir wissen, wie leicht man sich im Mangel an alltäglichen Geschenken freut, aber wir wissen auch, wie schwer man sich tut, in Zeiten des Überflusses noch an Gaben froh zu werden. Und weil das alles so ist, darum sollten wir uns nicht wundern, wenn wir uns beinahe plagen müssen, Erntedank in dieser unserer Zeit zu feiern und es aufrichtig und vom Herzen heraus zu tun. Es ist ja nicht nur an dem, daß wir eine Industriegesellschaft geworden sind, und nicht nur, weil unser Konsum andere Wahrzeichen hat als ein Stück Schwarzbrot, nein, wir haben wohl alle zusammen noch nicht die neue Weise eines Dankes gefunden, der dieser Zeit und diesem unserem Wohlstand gerecht wird. Darum laßt uns bedenken, wie wir heute danken und mit diesem Dank ein Zeichen setzen

für unsere Freude an dem, was wir haben, und
für unsere Freunde, denen wir es verdanken.

1. Zeichen der Freude

Erntedank meint Erntefreude, und diese Freude war durch Jahrhunderte stets nicht nur die Freude nach getaner Arbeit und über das tägliche Brot fürs nächste Jahr, sondern doch auch die Freude an der Mehrung des Besitzes, an Gewinn und Vermögenszuwachs, an einem Mehr von wirtschaftlichen Möglichkeiten für den bäuerlichen Betrieb und der Vorsorge für die Zukunft, kurzum, es war doch immer auch die Freude am größeren Wohlstand dabei. Ja, gewiß, auch in den guten alten Zeiten, da das Bauerntum unsere Gesellschaft prägte, war man doch dafür dankbar, daß es nur nicht gerade hinreichte fürs Gröbste, sondern ausreichte, um Haus und Besitz zu vergrößern.

Eine solche Freude ist bei Gott nicht unchristlich; denn so wenig wir das Irdische vergötzen, so wenig steht es uns an, den Wohlstand zu verteufeln. Sagte nicht Johannes XXIII. – gewiß einer der unverdächtigsten Propagandisten von Reichtum und Luxus – in Mater et magistra: „Wohl hat die Kirche vor allem die Aufgabe, die Seelen zu heiligen, aber sie kümmert sich auch um die Bedürfnisse des menschlichen Alltags. Dabei geht es ihr nicht nur um das Lebensnotwendige. Sie *kümmert* sich auch um der Menschen Wohlstand." (MM 3) Und was der Papst hier meint, atmet es nicht denselben Geist wie das klare Wort des heiligen Paulus: „Wenn ich etwas mit Dankbarkeit genieße, was soll ich mich dann schief ansehen lassen wegen dem, wofür ich danke?"

Es ist also nicht so, als müßten wir verlegen werden, weil wir mehr haben, als eigentlich unbedingt nottut, und weil wir heute besser leben als andere und zu anderen Zeiten, weil wir uns wohnlicher einrichten, eine Urlaubsreise gönnen und abends vor dem Bildschirm sitzen. Aber nun muß es sich erweisen, ob wir als Satte dankbar bleiben können, wie wir es als Hungrige vor Jahren waren. Nun muß sich zeigen, ob wir nur genießen, oder ob wir mit Dank genießen können; denn Hochkonjunktur der Wirtschaft muß Hochkonjunktur dankbarer Erfolgsfreude werden, sonst wird sie zum Zeichen, wieviel an Glauben und auch an Sitte wir verwirtschaftet haben. Diese dankbare Erfolgsfreude aber geht uns alle an, den Mann auf dem Bauernhof wie den Menschen der Industrie.

2. *Zeichen der Freundschaft*

Wir alle also sind gemeint. Sicher, wir schmücken auch heute noch unsere Altäre mit den Erntegaben aus der Landwirtschaft. Wir segnen die Früchte aus Feld und Garten. Aber Erntedank im Industriezeitalter ist kein bloßes Bauernfest. Schon deswegen nicht, weil in dieser Zeit auch das tägliche Brot – möchte man fast sagen – den Geruch der Technik an sich hat. Wenn darum einst zur Ernte die Menschen nachbarlich über ihren Zaun sahen, um sich einer an des anderen Korn und Weizen, Obst und Wein zu freuen, so gilt es heute über den Zaun des Berufsstands zu schauen und vom Bauernhof hinüber zur Fabrik, vom Acker hinüber zum Asphalt der Großstadt zu blicken und ein Zeichen brüderlicher Freundschaft vor Gott zu setzen.

Erntedank heute und Klassenneid von gestern, das stimmt nicht zusammen. Was Gott durch die Entwicklung unserer Gesellschaft so nah zusammengerückt, ja ineinander verflochten hat, muß sich in Solidarität bestätigen, sonst ist das Deo gratias eine Farce. Wenn je, dann gilt in unserer Zeit, das Erntedanklied als Unisono anzustimmen, als einen einstimmigen Gesang aller, dann müssen Erntedankzeichen Zeichen der Freundschaft werden, auch wenn sie augenscheinlich nur Zeichen eines Standes sind. Was auf dem Tisch des Industriearbeiters liegt und auf dem Hof des Bauern steht, ist Frucht gemeinsamer Arbeit ungezählter Hände. Erntedank heute ist Arbeitsdank eines ganzen Volkes.

Er ist aber auch Anruf an alle Stände und Schichten des Volkes, sich gerade an diesem Tag aufs neue zu besinnen, wie aus der gesellschaftlichen Verflechtung tiefere Gemeinschaft wachse untereinander und miteinander; denn was Not zusammenbringt, reißt Wohlstand nur allzugerne auseinander. Wir erleben es doch heute alle: Aus Notgemeinschaften werden Interessenverbände, aus Leidensgenossen Neidgenossen, aus Standesverbänden nur allzuleicht Gruppenrobinsonaden, die aus dem nachbarlichen Zaun einen egoistischen Drahtverhau machen. Wer aber in dieser Zeit nur an sich denkt, denkt nicht mehr die Gedanken Gottes; denn Gott ist Vater aller. Er ist ein Gott der Gerechtigkeit, der Liebe und des Friedens. Von *einem* Tisch her nährt er uns alle mit dem himmlischen Brot. Darum darf der wohlgedeckte Tisch unserer irdischen Existenz nicht zum Streitobjekt untereinander werden und erst recht nicht zum Tisch des reichen Prassers, von dem höchstens einige Brosamen abfallen für den hungernden Lazarus im eigenen Volk wie in den wirtschaftlich unterentwickelten Völkern. Erntedank schafft Ernteverpflichtung, Wohlstandsfreude ruft nach Notstandsverantwortung.

Unsere Schweizer Nachbarn haben ihr Geld mit sinnvollen Zeichen versehen: Auf dem 5-Franken-Stück steht zu lesen: Deus providebit – Gott sorgt vor. Auf dem 100-Franken-Schein sieht man Sankt Martin, der mit dem Armen seinen Mantel teilt. Der 1000-Franken-Schein aber zeigt den Totentanz, in dem der Reiche wie der Arme alles lassen muß, was auf Erden sein war. In diesen Sinnbildern steht alles, was ein Christ zum Erntefest bedenken mag, was ihn zum Dank ruft und zur Besinnung zwingt. Möge Gott heute so unseren Dank empfangen und möge unser Herz sich so bedenken!

Zum Erntedankfest

Gräber fragen

Vielleicht ist es doch nur eine Redensart, wenn wir sagen: Man soll den Toten ihre Ruhe lassen. Würden wir sonst nicht gegen uns selber zeugen, wenn wir unsere Toten immer wieder herbeibeschwören. Wir tun es doch, Jahr für Jahr an diesem Volkstrauertag, wenn wir uns vor den Kriegerdenkmälern versammeln und in den Kirchen der Millionen Kriegstoter gedenken, wenn wir jedes Jahr wieder die schmerzlichen Erinnerungen wachrufen und unsere Kränze vor den Mahnmalen niederlegen. Warum tun wir es eigentlich? Ihr mögt sagen, schon diese Frage stellen, heißt gegen die Toten sich verfehlen, weil nun einmal ihr Andenken nicht untergehen darf in unserer Alltagsbetriebsamkeit, weil ein Volk sich selbst beschämt, wollte es nicht derer mehr gedenken, die ihr Leben für das Vaterland hingegeben haben. Das alles ist wahr und gerecht. Aber ist das schon alles? Heißt Totengedenken vollziehen nicht auch, wieder einmal hinhören auf die stumme und doch so laute Sprache der Gräber in aller Welt, sich fragen lassen von denen, die einst unser waren und die auch im Tode die Unseren bleiben, Fragen annehmen, auch wenn sie vielleicht unbequem sind wie diese beiden,

wie glaubwürdig unsere Totentrauer ist
und wie verbindlich sie uns erscheint.

1. *Glaubwürdigkeit unserer Trauer*

Die Toten fragen uns nach der Glaubwürdigkeit unserer Trauer. Das soll nun weiß Gott nicht heißen, als wollten wir all jenen vielen, die heute zu den Ehrenmälern beider Kriege gehen, Unaufrichtigkeit unterstellen oder ihre Kränze, die sie davor niederlegen, lediglich als leere Gesten bezeichnen. Ganz gewiß nicht. Und auch nicht, wenn bereits mehr als vierzig Jahre seit ihrem Tod vergangen sind. Was sind schon vierzig Jahre, wenn noch mehr als 40 Millionen leben, die Zeugen ihres Sterbens waren und Leidträger um ihres Todes willen geblieben sind! Was sind schon vier Jahrzehnte nach einem Krieg, wenn noch nicht einmal Friede und Versöhnung geworden ist unter denen, die sich solche Blutopfer gegenseitig auferlegt haben!
Nein, die Trauer unseres Volkes an diesem Tage kann sicherlich vor der Wahrheit bestehen. Aber die Frage sei erlaubt: Kann sie auch bestehen vor Christus? Ist diese allgemeine Trauer auch dann glaubwürdig, wenn wir dieses Wort nehmen als „würdig unseres Christenglaubens"? Trauer, die aus dem Glauben stammt, meint nämlich mehr als ein neuerwecktes Gefühl von Leid und Mitleid, mehr als eine nationale Totenklage. Trauer, die aus dem Christusglauben kommt, fragt nach der Ewigkeit und nach dem Maße christlicher Hoffnung, christlicher Liebe, christlichem Gemeinschaftssinn. Ohne den 12. Glaubensartikel wird Trauer für uns Christen eine fragwürdige Sache.
Wir glauben an die Auferstehung. Wir glauben an eine Pflicht der Liebe übers Grab hinaus. Wir glauben an eine Gemeinschaft des Gottesvolkes, die von Gräbern nicht beeinträchtigt werden kann. Darum ist unsere Totentrauer „glaubwürdig" nur dann, wenn sie des Glaubens, dieses Glaubens würdig ist, wenn Nachrufe auf die Gefallenen zu Gebetsrufen für sie werden und die Erinnerung an ihr Sterben zu einem neuen Bewußtwerden, daß wir ihnen in Liebe verpflichtet sind. Ist das die wahre Volkstrauer, die wir heute begehen? Eine neue brüderliche Gemeinschaftstat unseres Gebetes und ein neues Zeichen unserer christlichen Hoffnung, die eben nicht trauern kann wie jene, die keine Hoffnung haben? „Bleib du im ewigen Leben mein guter Kamerad!", so klingt es heute an den Ehrenmälern wieder auf, und es bedeutet für uns Christen die Frage eben jenes guten toten Kameraden, ob wir ihm dieses ewige Leben erbeten und selber an dieses ewige Leben glauben.

2. *Verbindlichkeit unserer Trauer*

Doch, es ist so: Wer von den Toten spricht, muß bereit sein, sich von ihnen ansprechen und fragen zu lassen, auch nach der Verbindlichkeit seiner Trauer, d. h. danach, ob der Gedanke an die Blutopfer der Kriege zu einer bleibenden

Auflage und Ergriffenheit wird. Wohl wird auch heute viel davon gesprochen werden, daß die Toten unvergessen bleiben und ihr Opfer des Lebens den Lebenden zur Pflicht wird. Aber das dürfen nicht nur große Worte sein, schon gar nicht im Munde derer, die dem Gesetz Christi unterstellt sind, und dieses Gesetz heißt Liebe, umfassende Liebe zur Menschheit.
In der Bergpredigt preist der Herr die Trauernden selig. Sicher ist damit nicht nur das Leid seliggesprochen, das einer in Demut aus Gottes Hand annimmt. Selig die Trauernden, das bedeutet wohl auch dies: Selig jene, die betroffen sein können vom Leid überhaupt, die menschliches Elend angeht und wie eigenes Leid erschüttert. Werden wir so heute von den Totenfeiern zurückgehen in unser Leben und in unseren Alltag, bereit, uns treffen zu lassen von all dem Furchtbaren, das uns schier Tag für Tag begegnet: Auch wenn es die Totenschreie aus dem Dschungel von Vietnam sind und die stummen Klagen der Scharen, die tagtäglich des Hungers sterben in der Welt? Werden wir von unserer Totentrauer das Grauen tiefer empfinden über all den unseligen Haß in der Welt, über das Hasardspiel mit Menschen einer fragwürdigen Politik, gleichviel wo? Wird es uns betroffener machen, wenn wir morgen wieder von Katastrophen hören und die Bilder der Toten in der Verkehrsschlacht über unseren Bildschirm geistern? Wird uns das alles ans Herz greifen wie eigenes Leid? Werden wir uns als Christen mitverantwortlich wissen an alledem? Wahres Christsein kann doch nur – wie ein altes Wort sagt – heißen: Mittragen an dem ganzen Leid der Welt und fremdes Leid wie eigenes tragen und ertragen.
Nicht die Kränze vor den Ehrenmalen, diese bleibende und wahrhafte Teilnahme an allem Weh und Ach der Menschheit ist der Test auf Würde und Wert unserer heutigen Trauer. Der Krüppel in den Reisfeldern um Saigon, die Totenklage der Soldatenfrau in USA, der ausgezehrte Hungerleib des Inders in Kalkutta, der Bettler über den Erdbebentrümmern der Türkei – wenn das alles nicht an unser Herz rührt, heute, morgen, übermorgen, meint ihr nicht auch, daß es dann für Christen zumindest eine fragwürdige, ja gewagte Sache ist, Volkstrauer zu begehen. Immerhin wollen wir Volk Gottes sein, und wir sind es. Trauer aber, die dem Volk Gottes würdig und gerecht ist, muß familiäre und nationale Schranken brechen. Sie muß die Welt meinen und jedwede menschliche Not; denn Gott ist Vater aller, und in Christus gilt, wie Paulus sagt, weder Jude noch Heide, weder Grieche noch Barbar! *Ein* Gott, *eine* Taufe, darum nicht nur auch *ein* Glaube und *eine* Hoffnung, sondern auch *eine* Liebe und *eine* Verantwortung, *eine* Sorge und *ein* Leid! Laßt die Toten uns fragen, ob wir uns in unserer Trauer so gebunden wissen und Antwort geben, nicht in Epilogen nur auf ihren Opfergang, sondern im Dialog unserer Bruderliebe, wo immer Leid, Not, Elend uns begegnen!
In jüngster Zeit erschien ein Buch, das sich mit den sog. Kriegsverbrecherprozessen nach dem Krieg befaßt und von denen erzählt, die zu Hunderten am Landsberger

Galgen geendet haben. Sein Titel lautet: Über den Galgen wächst kein Gras. Sicher wächst über Galgen kein Gras, aber auch nicht über all die vielen Millionen Gräber in aller Welt, deren wir heute gedenken; denn über ihnen ragt das Kreuz Jesu Christi und dieses Kreuz bleibt für immer Heilszeichen für die Toten in den Gräbern und Fragezeichen Gottes an uns, die Lebenden.

Zum Volkstrauertag

Woran man sich halten muß!

Es darf kein Mißverständnis geben: Nach allem, was die letzten Wochen und Tage aufgebrochen ist an Emotionen und Konflikten, hier am Altar ist das nicht auszutragen! Nur, wir wären unredlich, wollten wir es untereinander nicht gestehen, daß wir das alles natürlich mit uns herumtragen, auch bis hierher. Und es wäre für mich ein unerträgliches und untragbares Possenspiel, wollte ich nicht freimütig bekennen, daß ich mein Thema für diese Predigt an der Formulierung jenes Themas orientiert habe, das für übermorgen angekündigt ist. Ich möchte Ihnen nämlich ein paar Gedanken vortragen unter der Überschrift „Woran man sich halten muß!" Aber ich füge sofort hinzu, daß außer diesem Anklang der Formulierung es für mich nichts, aber auch wirklich nichts gibt, was ich mit der Rede von übermorgen verbinde. Es ist legitim, wenn ein Theologe dem fragenden und suchenden Menschen dieser Zeit in seiner Welt begegnet und versucht, ihm zu erklären, woran er in aller Unsicherheit heutigen Lebens, aller Fragwürdigkeit auch der Wissenschaft und so vielfacher Ausweglosigkeit seines Daseins, sich halten kann. Erst recht aber erscheint es mir legitim, ja mehr noch als Pflicht, am Christkönigsfest, das uns die majestas domini vermeldet und verdeutlicht, davon zu reden, was uns, die wir hier am Altar versammelt sind, durch ihn als Lebensnorm vorgegeben ist und woran wir uns daher halten müssen. Ich meine damit ein Dreifaches: Christus, den Herrn selbst, sein Wort und seine Gemeinschaft, d. h. die Kirche Jesu.

1. *Jesus selbst*

Das erste also ist Jesus Christus selbst, in persona; denn in ihm sind wir durch unsere Taufe hineingenommen und auf ihn hin in der Firmung besiegelt. Nichts kann uns davon lösen, außer wir lösen uns selbst, dann freilich unter Aufgabe unserer Existenz als Christen. Darüber hat Jesus Christus keinen Zweifel gelassen: „Losgelöst von mir, könnt ihr nichts tun!" Oder mit seiner positiven Forderung:

„Bleibt in mir und ich bleibe in euch, nur so wird euer Dasein fruchtbar werden!" Es geht also ganz einfach (aber auch radikal) um die Frage unseres Erfaßtsein, von Jesus Christus her und um unsere Bereitschaft, uns völlig mit ihm einzulassen. Christsein schafft eine neue Lebensqualität, eine nova creatura, wie es in der Theologie heißt, und das ist alles andere als ein bloß verbales Ja-Sagen zur Person Christi, weit mehr als eine Emotion auf ein Ideal hin oder eine Faszination durch den historischen „Mann von Nazareth". Das geht vielmehr so weit, daß nach Paulus das „Einei en christo" geradezu zur Kurzformel für christliches Leben überhaupt wird.

Lassen wir uns also fragen unter dem Anruf dieses Festes, was dieser Jesus Christus uns konkret und in Wirklichkeit bedeutet, inwieweit jeder einzelne von uns von ihm ergriffen ist und in unserem Wünschen, Denken und Planen von ihm her bestimmt wird. Lassen wir uns in aller Radikalität fragen; denn keine Täuschung ist gefährlicher und größer als eine bloß verbale Berufung auf Christus, gegen die er selbst im Evangelium in aller Härte einwendet: „Sie ehren mich mit den Lippen, aber ihr Herz ist weit weg."

Lassen wir uns fragen, ob das Gloria dieses Tages mit seinem Christushymnus faktisch und praktisch in unserem Lebensalltag gilt: „Tu solus dominus – du allein der Herr, du allein der Höchste, Jesus Christus." Gilt dies total oder mischt sich nicht doch mancherlei Fremdbestimmung mit hinein, unter der wir stehen? Das ist meine Frage, die ich mir selbst zuerst stellen muß, die ich aber als Verkündiger der Botschaft an jeden weiterzugeben habe, der sich Christ nennt.

2. *Sein Wort*

Das andere, woran man sich halten muß, d. h. woran *wir* uns halten müssen, ist sein Wort, und auch da darf ich sofort hinzufügen: Wenn ich Christi Wort als Verbindlichkeit nenne, so geht es mir nicht um Exegese und Formgeschichte, nicht um Literalsinn und biblische Tropik, sondern einfach und schlechthin um das Wort, das uns tradiert ist und dem sich die Kirche, die ja selbst immer unter diesem Wort steht, treuhänderisch verpflichtet weiß, so sehr, daß ihr Lehramt im Grunde immer nur ein Wehramt ist, wider Verfälschung und Verzerrung des Wortes Jesu. Ich jedenfalls halte dieses Amt, diesen Auftrag für so unbedingt, wie Christus selbst es als sein Amt und seinen Auftrag erklärte, „kein Jota und Häkchen vom Gesetz wegzunehmen, sondern es zu erfüllen".

Ob die Kirche (und ich erinnere daran, daß wir das alle sind) dieses Amt allezeit und bis in unsere Stunde herein in solch unbedingter Treue verwaltet hat, darüber kann man vielleicht verschiedener Meinung sein, ob sie diesem absoluten Auftrag immer und in jedem Fall nachgekommen ist, mögen manche anzweifeln, nur das

Wort Jesu selbst duldet keinen Zweifel, kein Wenn und Aber. Hier halte ich es mit dem Wort von Giovanni Papini: „Man kann das Evangelium Christi nicht bagatellisieren, man muß es radikalisieren."
Unter dem Anruf des Christkönigsfestes, so meine ich, wird ein solches Wort dann zu einer neuen Anfrage danach, wieviel Mut und auch Demut wir zu solchem Radikalismus dem Wort Gottes gegenüber in der Tat aufbringen. Eine Anfrage, die sicher unbequem ist und die eben nicht damit erledigt wird, daß wir in der feierlichen Liturgie proklamieren: Wort Gottes – Gott sei Dank! – oder nach der Verkündung des Wortes Gottes mit dem Lobpreis antworten: „Lob sei dir Christus!" Weit mehr geht es darum, daß wir uns fragen lassen nach unserer Bereitschaft, das Wort Gottes als jeweils persönlichen Anruf an uns gelten zu lassen oder wie es Martin Luther, wenn auch in anderem Zusammenhang, formulierte: „Das Wort sie sollen lassen stahn!" Immer werden wir nämlich auch versucht sein, das Wort Jesu – und es kann „hart" sein – eben nicht stehen zu lassen, sondern es uns zurechtzurücken. Das Christkönigsfest muß Anlaß sein, uns diese Versuchbarkeit deutlich zu machen und uns neue Entschlossenheit zu schenken, ihr zu widerstehen.

3. *Seine Gemeinschaft, die Kirche*

Nun das Dritte, das ist die Gemeinschaft Jesu Christi, d. h. die Kirche, und ich meine, dieses Dritte ist ein ebenso integrierender Bestandteil einer Christkönigsbesinnung; denn gewiß ist die Kirche noch nicht „basileia tou Theou", noch nicht das regnum Dei, aber dieses Reich Gottes ist in ihr grundgelegt und wird aus ihr heraus entfaltet. Darum kann Kirche nicht von Christus getrennt werden, wie es heute zuweilen den Anschein hat in der Alternativformel: Christus ja – Kirche nein! Es gibt keinen Christus außerhalb der Kirche und es gibt keine Kirche auf Distanz zu Jesus Christus. Immer geht eines in das andere über: Christus ist mit der Kirche und die Kirche ist nur dann auf seinem Weg, wenn er auf Christus – und zwar eindeutig – zuläuft. Die Kirche geht diesen Weg nun fast 2000 Jahre. Wer möchte behaupten, daß es auf diesem Weg durch die Jahrtausende nicht auch Ab- und Irrwegstrecken gegeben hat? Aber das ist nicht das Entscheidende. Entscheidend ist, daß sie dabei immer Kirche Jesu Christi sein wollte. Und das bezweifle ich nicht. Ich halte es vielmehr mit dem Paradoxon: „Die Kirche verrät zwar in einem fort ihren Herrn, aber sie verrät ihn dabei auch." D. h. noch dort, wo Kirche ihre „eigenen Wege geht", selbst dort, wo sie zum scandalum wird, wird sie es nur, weil sie eben das Signum Christi nicht abstreifen kann, so wie meine Sünde noch verrät, daß ich eben Verräter bin an Jesu Person und Wort dadurch, daß ich sündige.

Es ist also auch eine Christkönigsfrage, ob wir uns an diese Kirche halten, d. h. ob wir mit ihr mitgehen, und dies, wohlgemerkt, immer mit der konkreten Kirche im Heute und Jetzt. Wie sehr wissen wir uns als Glieder dieser Kirche; denn nur in dieser grundelementaren Verbundenheit wird auch jenes bekannte Wort des Kirchenlehrers von Hippo klar und verbindlich: „Extra ecclesiam nulla salus – außer der Kirche kein Heil!" Wer durch die Taufe in die Gemeinschaft Jesu aufgenommen ist, kann sich an der Kirche nicht vorbeidrücken oder auch vorbeimogeln wollen, ohne daß er damit in Heillosigkeit gerät. Insofern heißt die Christkönigsfrage für mich nicht nur die Anfrage des Herrn an Petrus, „Simon, liebst du mich?", sondern auch die Anfrage bei mir selbst, „liebst du die Kirche?", und diese Liebe zur Kirche muß wahrhaftig nicht blind und unkritisch sein, aber eben doch Liebe.

„Woran man sich halten muß", so wollte ich meine Gedanken genannt wissen. Natürlich ist mir klar, daß ich dabei im Grunde nur Fragen anstoßen konnte, aber Gott schenke es Ihnen und mir, daß eben ein solcher Anstoß vom Christkönigsfest her uns als Gnade geschenkt werde. Es ist, um mit Cardijn zu sprechen, „eine Gnade zu sehen, was ist", und es ist eine noch weitaus größere Gnade, dabei unruhig zu werden über dem, was sein soll und sein muß. Um diese Gnade wollen wir nun miteinander und füreinander den Herrn bitten.

Christkönig

Katholische Soziallehre – Katholische Sozialbewegung

Ein Papier, das nicht vergilbt

Was meint Ihr: Könnten diese Sätze nicht gestern in der Zeitung gestanden haben? „Die Industrieproduktion hat einen ungeahnten Aufschwung genommen. Die Technik geht neue Wege. Reichtümer konzentrieren sich auf eine kleine Schicht, die große Menge verarmt. Das Vertrauen der Arbeiter auf ihre Kraft ist gewachsen, ihre Solidarisierung ist gewachsen. Die moralischen Werte verfallen. Das alles hat einen Konflikt entfacht. Er ist von eminenter Bedeutung. Wir sehen es aus der Spannung, mit der er alle Geister fesselt . . . Es gibt schon fast kein Problem mehr, das das menschliche Denken mehr beschäftigt. Auch wir müssen dazu Stellung nehmen, im Namen der Kirche." (RN 2, 3)
Worte von heute? Nein, mit diesen Sätzen fängt das erste, große soziale Wort eines Papstes an, der vor 90 Jahren seine Stimme erhob. Es war die Sozialenzyklika Rerum novarum. Anlaß für uns, in dieser Stunde zu danken; denn mag das Papier Leo XIII. inzwischen gelb geworden sein, vergilbt ist es nicht, und ich bin gewiß, es wird auch nicht vergilben. Sicher, man mag 90 Jahre danach gescheite Untersuchungen anstellen, Studien und Umfragen über Erfolg oder Mißerfolg seiner Sozialbotschaft. Man mag dieses Papier aus Rom, je nachdem, wo man steht, hochhalten wie eine Schiedsrichterkarte oder es auch nur wie ein Albumblatt aus Großväterzeiten betrachten. Eines kann man nicht: Nämlich so tun, als habe es diesen Papst und sein Wort nicht gegeben und so als sei Leo XIII. nur eine Art einsamer Don Quichotte gewesen, der mit der Tiara auf dem Haupt sich auf das sozialtheoretische Pferd Rosinante schwang, um wider die gesellschaftlichen Windmühlen – besser müßte man heute sagen, wider die Sturmgeneratoren des 20. Jahrhunderts – anzureiten.
Das nicht; denn eure Anwesenheit, liebe Arbeitnehmer, im Dom hier steht dagegen, und auch die große Pilgerschaft aus Werkstatt, Fabrik und Büro, die just in diesen Tagen nach Rom anhebt, um das Rundschreiben eines Papstes zu feiern und dafür zu danken. Nur zunächst ist es an mir, Dank zu sagen namens der Kirche: Euch katholischen Arbeitnehmern, den toten und lebenden, denen zu danken, die gerade in unserem Bistum diesen Appell von 1891 aufnahmen, ja ihn mit ihrem Blutopfer besiegelten wie unser Arbeitersekretär Adlhoch aus Straubing, der im

KZ umkam, zu danken meinen priesterlichen Mitbrüdern, den sog. „roten Kaplänen" von gestern, und denen, die in den letzten Wochen mit euch in der Oberpfalz und in Niederbayern auf die Straße gegangen sind, um für die Erhaltung der Arbeitsplätze in unserem Armenhaus der Bundesrepublik zu demonstrieren, zu danken nicht zuletzt dem Bischof Ignatius von Regensburg, der ebenfalls 1891 sofort nach Rerum novarum ein persönliches Hirtenwort an unsere Diözese richtete und sein Bistum beschwor: „Lest, studiert – immer und immer wieder Rerum novarum!"

So grüße ich euch also alle in unserem Dom zur Feier des Jubiläums dieser Botschaft aus Rom. Nur, Ihr werdet mir recht geben: Jubiläen sind nicht dazu da, Gewissen zu beschwichtigen, sondern aufzurütteln. Sie sind keine akademischen Geschichtsrepliken, sondern eher Stachel in die geschichtsflüchtige Gedankenlosigkeit von heute, sie sind Anfragen aus dem Gestern in unsere Stunde, in unser Leben.

Fragen wir also, was wollte und will Rerum novarum, wie müssen wir es auch nach 90 Jahren lesen? Meine Antwort ist die: als einen Pfandbrief kirchlicher Verantwortung, als einen Schutzbrief für die Menschenwürde und als ein Mahnschreiben an unsere Gesellschaft.

1. *Pfandbrief kirchlicher Verantwortung*

Ich habe euch eingangs die Anfangsworte von Rerum novarum zitiert, und ich bin sicher, Ihr habt den entscheidenden Satz nicht überhört. Ich meine die Bekundung Leos: „Auch wir müssen Stellung nehmen, im Namen der Kirche!" Damit gibt es kein Alibi mehr für eine Kirche, die mitten in der Zeit, mitten in der Gesellschaft und ihrer Probleme, mitten in der sozialen Spannung steht, sich abseits zu halten, um sich ja nicht etwa die Finger schmutzig zu machen. Irgendwie geht das ja gerade in den letzten Tagen wieder um: Kirche möge sich um das Evangelium kümmern, aber nicht sich einmischen in politische, wirtschaftliche und soziale Belange. Sie möge aufhören mit ihren Appellen an Politiker und Wirtschaftler, zu denen ihr ohnehin der Sachverstand fehle und die keine konkreten Lösungen zu bieten hätten. Nun gut, Bischöfe und Pfarrer sind keine Volkswirtschaftler (und sie mögen auch um Himmels willen gar nicht so tun, als wären sie es!), aber die Stimme der Kirche darf nicht zum frommen Sound weltfremder Verkündigung werden; denn sie hat das Evangelium inmitten der Welt zu vermelden, und – ich darf es wieder einmal so provozierend sagen – das soziale Wort ist die Muttersprache des Evangeliums.

Leo XIII. hätte anders Rerum novarum nicht schreiben können, und Kirche von heute würde ihre Sendung im Namen des Herrn vergessen und verraten, wollte

sie in einer anderen Sprache reden. Der Regensburger Bischof von 1891 jedenfalls hat es nicht getan. Er beschwört seine Priester in seinem Kommentar zu Rerum novarum: „Tun wir unsere Pflicht, wie Leo es verlangt und erwartet, einmütig, standhaft, bei jedem Anlaß, im Verein mit allen!"
In der Tat, wir sind in die Pflicht genommen, und wenn die Gemeinsame Synode ohne Scheu das Wort vom „fortwirkenden Skandal" bezüglich Kirche und Arbeiterschaft sprach, so ist der Anruf der 90-Jahr-Feier heute unsere Pfandleistung dafür, daß dieser Skandal nicht mehr fortwirke, sondern unter dem Fanal von Rom zu einer neuen Bereitschaft aller in der Kirche werde, sich um die Gesellschaft und ihre sozialen Probleme zu kümmern, damit uns nicht auch noch die Worte des II. Vatikanischen Konzils einmal als Skandal aufgerechnet werden; ich meine jene bekannten Worte der Konstitution „Kirche in der Welt von heute", wo es heißt: „Freude und Hoffnung, Trauer und Angst der Menschen in der Welt sind auch Freude und Hoffnung, Trauer und Angst der Kirche."

2. *Schutzbrief für die Menschenwürde*

Genau damit aber sind wir im zentralen Anliegen von Rerum novarum Leo XIII. Es ist die Sorge um die Würde des Menschen, jedes Menschen. Dafür schreibt er seinen Schutzbrief, und er tut es mit Worten, die einem noch heute schier den Atem verschlagen, so zumal, wenn er den Verantwortlichen in Produktion und Wirtschaft sagt: „Ihr dürft die Arbeiter nicht als rechtlose Knechte ansehen. Ihr habt die Menschenwürde in ihnen hochzuhalten. Arbeit ist keine Schande, aber schandbar und menschenunwürdig ist es, Menschen als Ware anzusehen, um Profit zu machen, sie lediglich nach ihrer Arbeitskraft zu taxieren" (RN 34). Solche Worte kann man nicht damit bagatellisieren, daß man sagt: Nun ja, das war vor 90 Jahren. Heute haben wir ein Netz sozialer Sicherheiten, heute sind junge Arbeiter beinahe geschützt wie Alpenblumen, heute ist doch die soziale Frage gelöst. Sicher, wir leben anno 1981, und die sozialen Fragen sind z. T. andere; die proletarischen Zustände des 1. Industriezeitalters sind bei uns passé. Aber dafür ist die Welt von heute kleiner geworden und die Probleme, nicht nur in der sog. Dritten Welt, noch schärfer, provozierender und gefährlicher. Weder ist das Wort von Ausbeutung ein verstaubtes Fremdwort geworden, noch ist das Thema Humanisierung von Arbeitswelt und Gesellschaft außer Kurs. Im Gegenteil, wir alle, die wir heute anders als 1891 durch die modernen Medien tagtäglich Zeuge eben dieser Fragen werden, können um so weniger Rerum novarum wie ein vergilbtes Papier ins Archiv geben. Die elementaren Grundlagen menschenwürdigen Lebens – und dazu rechne ich Arbeit, Wohnung, Versorgung einerseits und Achtung, Freiheit, Gerechtigkeit andererseits – erbeben doch mitten unter uns und erst recht um uns herum in der Welt wie der süditalienische Boden vor Monaten. Oder gibt es keinen Hunger, gibt es keine Angst vor morgen, gibt es keine Wohnungsnot, keine Arbeitslosigkeit, keine Unfreiheit, keine Rechtlosigkeit, keine Mißachtung des Menschen? Und wer mag sagen, was davon alles am schwersten wiegt? Arbeitslosigkeit entwürdigt, Wohnungslosigkeit entsittlicht, Hungersnot tötet, und da soll mir einer kommen und sagen, legt Rerum novarum ad acta! Unfreiheit versklavt, Ungerechtigkeit weckt Terror, Mißachtung des Menschen ist Verrat an der Schöpfung Gottes, und da soll mir einer sagen, wirf doch das vergilbte Papier von 1891 in den Abfallkorb. Nein, mit dem Bischof von Regensburg vor 90 Jahren wiederhole ich: „Lest, studiert immer und immer wieder Rerum novarum!" Es ist der unvergilbte Schutzbrief für die Würde des Menschen.

3. *Mahnschreiben an die Gesellschaft*

Und es ist das bleibende Mahnschreiben, fast möchte ich sagen, der aktuelle Protestbrief an die Gesellschaft. Natürlich konnte und wollte der Arbeiterpapst Leo XIII. keine volkswirtschaftlichen Patentrezepte geben, aber er wußte sich vom Wort Christi her gebunden, in die Gesellschaft hinein, und aus der Botschaft Christi heraus, die eigentlichen Wurzeln sozialer Konflikte und Irrläufe aufzuzeigen und die soziale Frage selbst in ihrem Kern bloßlegen. Er schreibt: „Manche glauben, die soziale Frage sei eine rein wirtschaftliche, das Gegenteil ist richtig; sie ist zunächst und vor allem eine Frage von Sittlichkeit und Glaube, und deshalb muß sie vor allem aus dem Sittengesetz und nach den Grundsätzen des Glaubens gelöst werden."

Ich könnte mir denken, daß es derer genug gibt – damals wie heute –, die an dieser Stelle der Enzyklika abschalten oder abwinken: „Was soll's schon? Sittlichkeit, Glaube, Moral?" Daß es sie immer noch gibt, die mit dem Kommunisten Bert Brecht ihr zynisches „Erst kommt das Fressen, dann kommt die Moral" zischen. Meinetwegen, aber nach 90 Jahren Rerum novarum und ein paar sog. Wohlstandsjahrzehnten, die ein moderner Film auf den Kurztitel bringt „Das große Fressen", da meine ich, sollten wir am wenigsten uns scheuen, in die soziale Debatte aus unserer Kirche heraus das verstaubte Wort von Moral und Ethik einzubringen. Leo XIII. noch hat beispielsweise den Wucher als Quelle sozialer Ungerechtigkeit beim Namen genannt. Zu seiner Zeit lernten unsere Väter noch in ihrem Katechismus die vier Hauptsünden, nämlich Wucher, Völlerei, Habsucht und Hoffart des Lebens. Wir reden davon nicht mehr, wir halten das für altmodisch und antiquiert. Aber sind sie es nicht, die die soziale Misere von heute genauso schaffen?

Übersetzt die Wörter in unsere Sprache, sagt zu Völlerei Konsumgier, zu Wucher Bodenspekulation und Hochzinspolitik, zu Habsucht Ausplünderung unseres

Planeten und Produktionsbesessenheit, und nennt Hoffart des Lebens Wohlstandsfetischismus – und Ihr habt die alten, neuen Kapitalsünden im Modelook der 80er Jahre dieses Jahrhunderts, und dann möchte ich wissen, wer die Kirche von heute davon dispensieren möchte, genau diese sozialen Sprengsätze und Gifte unserer Gesellschaft beim Namen zu nennen! Ich denke dabei etwa an die Hausbesetzungen. Keine Angst, ich stehe zur Aussage Leos über das Privateigentum, aber ich stehe auch zu Pius XI. und Quadragesimo anno, in der dieser Papst von der Sozialpflichtigkeit des Privateigentums spricht, und ich weigere mich, das einseitige Getue von Empörung um die Verletzung von Privateigentum mitzumachen. Die Kirche hat dem Hungernden in äußerster Existenzbedrohung ein Recht auf Mundraub sanktioniert. Ich erlaube mir zu fragen, ob es nicht auch eine existenzielle extreme Notsituation geben kann, in der es ein Recht auf „Grundraub" gibt, sei es in den brachliegenden Ländereien von Bodenpaschas in Südamerika oder in den Spekulationsobjekten einiger Häuserkönige von Berlin und Hamburg. Existenznot gibt sich nicht nur in Hungerödemen kund, sie reckt sich auch aus Slum und Gosse. Das Stück Brot *und* das Dach überm Kopf sind nun einmal Grundbedürfnisse. Es möge mich bitte niemand mißverstehen: Ich absolviere sie nicht, die sog. Hausbesetzer, die Haus sagen und Anarchie meinen, ich spreche aber auch nicht ein Privateigentum heilig, ohne daß ich es einbinde in die Gottesordnung von Gerechtigkeit, Nächstenliebe und Gewissen, und ich tue es auch nicht, ohne an die sittliche Pflicht des Staates zu erinnern, wie es Leo XIII. mit Eindringlichkeit tut, wenn er schreibt:
„Der Staat hat nur *einen* Sinn, die Gemeinschaft von Hoch und Nieder. Der Arme ist genauso Staatsbürger wie der Reiche. Es ist also eine der ersten unter den vielen wichtigen Pflichten der aufs Volk bedachten Staatslenker, daß sie jeden Stand in gleicher Weise schützen und dabei die Gerechtigkeit wahren, die wir die verteilende nennen." (RN 52)
In gleicher Weise müßte ich die anderen genannten moralischen Grundsätze ins Heute übersetzen. Ich sehe davon ab, denn ich denke, Ihr spürt, wieviel gerade Kirche gefragt ist, wo es um soziale Fragen geht, und wie recht Leo hatte, ein solches Mahnschreiben an die Gesellschaft zu richten.
Heute danken wir dafür, und ich rufe euch zu: Laßt sein Sozialschreiben nicht zum vergilbten Papier werden! Macht einen neuen Stiftungsbrief daraus für unsere Katholische Arbeiterbewegung, für das soziale Gewissen der Ortskirche von Regensburg und für einen neuen Aufbruch zu sozialer Tat!
Mit dem damaligen Bischof von Regensburg und seinem sozialen Hirtenwort ist dies mein Schluß: „Für jeden Fall erfüllen wir unsere heilige Pflicht!"
Amen.

90 Jahre „Rerum novarum"

Kontakte
(zu Joh 1, 40–45)

Diese Stunde ruft Erinnerungen wach. Für Sie und für mich. Ich denke zurück an jene ersten Anfänge unserer Betriebsseelsorge, an die damals wohl ein wenig beklommenen und unsicheren Schritte heraus aus bloßer Seelsorgeaktion *am* Betrieb und in die Unmittelbarkeit eines *im* Betriebgegenwärtigseins hinein, an unsere ersten Begegnungen mit den arbeitenden Menschen, die wir nicht mit der einsamen Angel an Land ziehen wollten, sondern selber dazu gewinnen, das Netz der Sorge und sozialer Aktion mit auszuwerfen. Und Sie selber werden sich entsinnen, wie Sie wohl nicht weniger beklommen zuerst und allein ermutigt durch die Erfahrung von Gemeinschaft und Sendung angefangen haben, an Ihrem Arbeitsplatz nicht nur das Soll Ihrer Arbeit zu erfüllen, sondern auch das Pensum christlicher Berufung.

Darüber ist nun manche Zeit vergangen, und diese Spanne Zeit hat uns dankbar gemacht; denn wir durften zusammen erfahren, daß Gott noch immer sein Wort einlöst: Geh nur, wohin ich dich sende, ich bin bei dir! Und wir durften entdecken, wie eben dieser Gott auch zur Stunde noch selbst aus Steinen Kinder Abrahams erwecken kann, d. h. wie sehr das so lange und so oft abgeschriebene Terrain unserer Betriebe und Arbeitsstätten auch Erntefeld des Herrn ist – jener großen Ernte, für die er ausgeht, Arbeiter, Mitarbeiter zu gewinnen. Wir halten nichts von Überschwenglichkeit und großen Worten, aber gerade in dieser unserer dankbaren Rückschau wissen wir doch, daß da Großes geschehen ist. An uns, mit uns, durch uns. Dafür wollen wir danken.

Mehr aber noch gibt uns diese Stunde vor Gott Anlaß, uns neu von seinem Wort treffen zu lassen, von neuem Maß zu nehmen an den bleibend-gültigen Bedingungen einer Mitarbeit an seinem Werk und womöglich Kurskorrektur geschehen zu lassen für unser Kontaktnehmen zu den Menschen und Kontaktpflegen untereinander. Ich denke, die kurze Reportage des 1. Johanneskapitels, die wir nachgeschlagen haben, könnte uns das nahebringen; denn recht verstanden enthält sie drei unumgängliche Grundhaltungen für unseren Dienst. Ich nenne sie so:

Nur Überzeugte können überzeugen.
Nur Ergriffene können ergreifen.
Nur Beschenkte können schenken.

1. Nur Überzeugte können überzeugen

Da trifft Andreas seinen leiblichen Bruder Simon. Einen Tag nur war er zuvor mit Johannes, dem Wink des Täufers folgend, beim Herrn gewesen. Aber damit lange genug, um mit überzeugender Gewißheit Simon auf die Schulter zu klopfen:

„Komm mit. Wir haben den Messias gefunden!" Und fast wortwörtlich genau wiederholt sich das darauf bei Philippus. Auch er hatte nur eine kurze Begegnung zuvor mit Jesus. Sie ist ihm genug, auf Nathanael zuzugehen: Komm mit, wir haben den gefunden, von dem Moses und die Propheten geschrieben haben.
Und beide Male kommt das so überzeugend, daß die Angesprochenen – ihre Kontaktleute könnten wir sagen – sich nicht nur ansprechen lassen, sondern anwerben. Sie kommen mit, und neidlos werden die Werber Zeuge, wie der eine seine Auszeichnung erfährt: Du sollst Kephas heißen, mein Fels und Fundament werden!, und der andere seine Verheißung: Du wirst noch viel Größeres schauen.
Kontaktaufnahme in der Mission Jesu hat hier seinen Beginn: Daß da am Anfang eigenes Überzeugtsein ist, gnadenhafte Eigenerfahrung mit ihm, Klarheit des Glaubens und Kraft des Bekenntnisses – nur Überzeugte überzeugen.
Ich frage mich oft, ob wir in so mannigfacher Resignation, die sich heute oft in unserer Kirche und Seelsorge breit macht, in all den schier endlosen Diskussionen und Debatten um neue Wege von Verkündigung und Umweltmission, in so offensichtlicher Verlegenheit einerseits, wie wenig wir vorankommen und so eingestandener oder auch nicht eingestandener Hilflosigkeit, wie schwach unsere Versuche bleiben, ob wir nicht hier anzusetzen hätten. Darin, daß wir uns ganz ehrlich nach unserer Überzeugungskraft fragen, uns selber fragen; denn daß andere diese Frage ohnehin an uns stellen, das wissen wir ohnehin. Und ich fürchte, wir sind weithin allzu vorsichtig mit unseren Worten, allzu unsicher in unserer Haltung, allzu verunsichert wohl auch durch andere um uns. Das gilt für uns Priester so gut wie für Laien. Wie sonst käme in jüngster Zeit immer mehr in unserer Kirche die Ungeduld auf: Gebt uns klare Antworten, richtet uns eindeutige Botschaft aus, zeigt uns deutliche Wegmarken! Vages Zeug der Ideologie hören wir genug, billige Unverbindlichkeiten können wir uns überall holen, offene Fragen haben wir selber genug. Was wir brauchen, ist Antwort, ist Zeugnis, ist Bekenntnis.
Ein Andreas, der Simon anspricht, kommt nicht mit einem Vielleicht und Etwa-doch. Ein Philippus, der mit Nathanael Kontakt aufnimmt, tut das nicht mit einem „Probier-mal" oder einem „Du-könntest-vielleicht!" Sie sagen: Wir haben den Messias, wir haben die Wahrheit gefunden! Nur Überzeugte überzeugen.

2. *Nur Ergriffene ergreifen*

Woher haben sie ihre Überzeugung. Aus Büchern, aus Belehrung, aus Diskussion und Schulung? Und wie überzeugten sie: Mit Argumenten, mit Beweisen, mit Schlagkraft des Wortes und rhetorischem Kraftakt? Nichts davon. Andreas war einen Tag in Lebensgemeinschaft mit dem Herrn, Philippus sozusagen vom Wege durch ihn aufgegriffen. Beide Ergriffene also, die den anderen, den Kontaktmann, ergreifen, weil alles, was in diesem Kontakt geschieht, weit ab ist von jeder Taktik der Werbung und unmittelbar überspringt wie ein Funke aus entfachter Glut hier, in entflammbare Bereitschaft dort.

Beides, meine ich, macht das Wesen seelsorglicher Kontakte und die Chance missionarischen Apostolates aus: Das eine, daß wir, die wir solche Kontakte aufnehmen, Glühende, Ergriffene sind, d. h. daß wir urpersönlich uns haben erfassen lassen von Christus selbst und daß er, der „gekommen ist, Feuer auf die Erde zu senden", bei uns angefangen hat, Funken zu schlagen. Und das andere, daß wir unbeirrbar daran glauben, daß auch zwischen Drehbank und Schreibmaschine Menschen sind, in denen Gott schon vor uns etwas vorbereitet hat an Zündbereitschaft. Ja, je dürrer, spröder und feuerunempfänglicher das aussieht für uns, desto eher gerade mag das sein. Oder haben wir nicht alle schon irgendwann und irgendwie erfahren, wie lächerlich und blamabel zuweilen unsere Kontaktversuche ausgegangen sind, weil wir kopflastig, statt herzlastig ans Werk gegangen sind, und andererseits wie frappierend, ja fast beglückend verwirrt waren wir, wenn wir erleben durften, wie unvermittelt rasch wir den Kontakt gewonnen haben, so, als habe der Kollege nur darauf gewartet, daß wir daherkämen. Erst danach haben wir es uns eingestanden, was für ein Herzklopfen wir zuvor hatten und wie es uns ums Herz war, als wir dies erleben durften. Simon ließ sich mit zu Jesus führen, Nathanael streifte seine Vorbehalte ab und war mit von der Partie. Damals, heute. Wo Gott Ergriffene findet, ergreift er immer noch und immer wieder, ob in Galiäa oder im galligen Smog mancher Betriebe, ob in den Straßen von Bethsaida oder an der Walzstraße einer Hütte. Nur eben, daß dies geschehen kann, muß er zuvor die finden, die sich von ihm haben ergreifen lassen.

Genau das aber ist in meinen Augen Kernfrage aller Seelsorge, jeden Apostolats. Anfrage an uns Priester, Anfrage an den Laien in der Kirche, in der der gelehrte Thomas von Aquin mit demselben Federkiel seine Theologie schreibt wie auch sein Adoro te – Ich bete an, in der ein Franz von Assisi bereit ist, sich von den Theologen belehren zu lassen, und aus seinem Herzen heraus alberne Wissenschaftsprotzerei zur Farce macht; denn wenn Goethe meint: Nicht im Kopf, im Herzen steckt der Mensch, so heißt dies für Betriebsmission: Nicht der Kopf, das Herz schlägt die Kontaktbrücke zum Mitmenschen und Kollegen.

3. Nur Beschenkte können schenken

Lassen Sie mich noch ein Drittes hinzufügen: Nur Beschenkte können schenken. Vielleicht kommt Ihnen diese Behauptung fragwürdig vor. Ich möchte es trotzdem dabei lassen; denn ich meine: Geben, sicher, das kann jeder, der etwas hat.

Spendieren läßt sich aus Laune und Berechnung. Schenken kann im Grunde nur, wer selber erfahren hat, was es bedeutet, beschenkt worden zu sein. Denn Schenken ist mehr als Geben, etwas anderes als Spendieren. Schauen wir nochmals zurück ins Wort Gottes: Was Andreas seinem Bruder Simon schenkt, indem er ihn Jesus zuführt, ist ihm selbst unerwartet und unverdient vorweg geschenkt worden: der Fingerzeig des Täufers, die Einladung des Rabbis „Komm und sieh!", die Stunden der Gemeinschaft mit ihm. Und was Philippus weitergibt an Nathanael, ist im Eigentlichen die Weitergabe eigener Berufung. Paulus – wenn ich es recht begriffen habe – hat dies so gemeint, wenn er Dienst und Sendung des Apostolats so umschreibt: So betrachte man uns als Diener Christi und Verwalter und Ausspender der Geheimnisse Gottes! (1 Kor 4, 1), und wenn er dann in einem Atemzug hinzufügt: Was hast du denn, was du nicht empfangen hättest. Wenn du es aber empfangen hast, wieso rühmst du dich, als hättest du es nicht geschenkt bekommen (1 Kor 4, 7)?

Und wieder stelle ich an mich wie an Sie die Frage, ob das, was wir tun und von uns geben, wirklich aus dieser dankbaren Erkenntnis eigenen Beschenktseins von Gott kommt, oder ob nicht zumal im Kontakterfolg wir darauf vergessen und dann in dummer Kurzsichtigkeit und zuweilen auch jener Eitelkeit, gegen die keiner gefeit ist, uns einbilden, diesen Menschen, diesen Kollegen hätten wir mit unserem großartigen Eindruck, mit unserer Gescheitheit oder unserem Charme für Gott gewonnen und die Sache Jesu in der Welt der Arbeit. Und umgekehrt, dort, wo uns der Katzenjammer überkommt, weil wir doch soviel eingesetzt, ja verschwendet haben an Zeit, an Hilfe, an Belehrung, und uns dafür nicht einmal gedankt wurde, daß wir dort eben in Wahrheit nicht weiterschenkten, was uns zuvor geschenkt war, sondern nur ausgegeben haben aus den Portemonnaies unserer Schulung, Einbildung und Strategie.

Der Mensch aber will beschenkt sein, nicht bespendet. Darf ich Ihnen, gerade dazu, am Schluß noch eine kleine Geschichte erzählen, die ich just beim Vorbereiten dieser Predigt auf einem Kalenderblatt gefunden habe?

Sie geht so: Der Dichter Rainer Maria Rilke ging jeden Tag mit seiner Begleiterin in Paris an einer alten Bettlerin vorbei. Die legte der alten Frau täglich ein Geldstück in die ausgestreckte Hand. Sie wurde zurückgezogen, und das Geld verschwand in der Kleidertasche, und die leere Hand kam wieder hervor – ohne Aufblick, ohne ein Zeichen des Dankes. Rilke selbst gab keinen Pfennig. Keinen Tag. Seine Begleiterin war darob ziemlich verwundert. Er antwortete ihr: Man müßte ihrem Herzen schenken, nicht ihrer Hand, und kam am nächsten Tag mit einer Rose. Er legte sie in die ausgestreckte Hand der Bettlerin. Und da geschah etwas Sonderbares: Die alte Frau sah empor, zum ersten Mal, stand auf, griff nach der Hand des Fremden, küßte sie und ging fort. Eine Woche lang war sie nicht mehr an ihrem Platz zu finden. Dann kam sie wieder, und Rilke fragte sie,

wovon sie denn die ganze Woche über gelebt habe. „Von der Rose“ – war ihre Antwort.
Ich wünsche und erbitte Ihnen, daß Gott Ihnen solche Kontakte schenke.
Amen!

Kontaktleutetreffen der Betriebsseelsorge

Soziale Hebung des Arbeiterstandes

Von Amberg ging 1884 der Vorstoß zur Sozialreform aus

Die Tafeln auf dem Mariahilfberg sind längst vom Wetter ausgewaschen, und von denen, die auf ihnen Namen wie Windhorst oder Hitze entziffern, werden wenige sich darauf besinnen, was damals vor 75 Jahren, als Amberg den 31. deutschen Katholikentag in seinen Mauern beherbergte, an sozialpolitischer Arbeit geleistet wurde. Noch weniger aber wird ihnen bewußt sein, wie sehr gerade jener Katholikentag von Amberg die Bresche in die Sozialgesetzgebung des damaligen Deutschen Reichstags schlug; denn man hat sich nachgerade daran gewöhnt, die Dinge als gegeben hinzunehmen und, was die Kirche angeht, es als erwiesen anzusehen, daß sie die soziale Frage gründlich verschlafen habe.

Die Hunde kokettieren mit der Arbeiterfrage

Mit diesem nicht gerade schmeichelhaften Wort hatte bereits 1869 sich Karl Marx in einem Brief an Friedrich Engels über die „Schwarzen“ aufgeregt: „Auf meiner Tour . . . habe ich mich überzeugt, daß energisch, und zwar speziell in den katholischen Gegenden, gegen die Pfaffen losgegangen werden muß. Ich werde in diesem Sinn durch die Internationale wirken. Die Hunde kokettieren, wo es passend erscheint, mit der Arbeiterfrage.“ Solche Empörung versteht nur, wer in der Geschichte der kath. sozialen Bewegung zu Hause ist und weiß, wie vor Marx beginnend gerade in den 70/80er Jahren mit unendlicher Energie und Gründlichkeit im katholischen Raum der sozialen Frage zu Leibe gerückt wurde. Stand die soziale Frage von Beginn der deutschen Katholikentage 1848 auf der Tagesordnung, so nahm sie 1884 in Amberg eine dominierende Rolle ein, zumal 7 Jahre vorher, 1877, der berühmte Antrag des Grafen Galen im Reichstag unter dem Gespött der Liberalen und der Sozialisten die soziale Frage in ihrer Gesamtheit zur Diskussion gestellt hatte. Nachdem 1883/84 die ersten beiden Sozialgesetze (Kranken- und Unfallversicherung) dennoch durchgekämpft waren, startete der kath. Sozialpolitiker Hertling den zweiten Vorstoß in Richtung auf die sog. „Arbeiterschutzgesetzgebung“.

Das Haider Programm wird in Amberg proklamiert

Geistige Vorbereitung dieses neuen Vorstoßes sollte der Katholikentag von Amberg 1884 leisten. Dabei ging es um die Substanz des Arbeiterproblems überhaupt: Was ist der Arbeitnehmer: Mensch oder Material? Was ist der Arbeitsvertrag: Kaufvertrag an Arbeitskräften oder Gesellschaftsvertrag mit Menschen unantastbarer Würde? Was verlangt die Gerechtigkeit vom Arbeiterlohn: Bloßes Entgelt der Leistung oder Sicherung der Existenz der Arbeiterfamilie?
Über diese bis heute noch nicht letztlich gelösten Fragen mühten sich von 1883/88 48 kath. Priester und Laien in sog. Studienkreisen, deren Arbeiten schließlich in der berühmten Arbeiterenzyklika Leo XIII. von 1891 ihren Niederschlag fanden. Im Juni 1883 hatte eine dieser Kommissionen auf Schloß Haid die Grundsätze über die Arbeiterfrage erarbeitet und legte sie nunmehr in Amberg dem Zentralkomitee der deutschen Katholiken zur Beschlußfassung vor. Was hier in Amberg proklamiert wurde, ist bis heute Kernbestandteil katholischer Soziallehre:

Arbeitskraft kann nicht gekauft und verkauft werden!

In der Präambel des Haider Programms begegnen wir Sätzen wie diesem: „Im Sinne der *christlichen* Volkswirtschaft unterscheidet sich der sog. Arbeitsvertrag von jeder anderen Vertragskategorie in wesentlichen Punkten. Er ist kein Kauf und Verkauf, weil die Arbeit, die sittliche Bethätigung der menschlichen Kraft vom Menschen nicht getrennt werden und auch nicht in das Eigentum eines Anderen übertragen werden kann." Wer diese Zeilen nur ein klein wenig überdenkt, spürt das brennend-aktuelle Anliegen der sozialen Frage von heute: Menschenwürde des Arbeiters!

Was heißt gerechter Lohn?

In Amberg wurde 1884 verkündet: „Die Höhe des Lohnes findet ihre gerechte Bemessung an dem, was der Arbeiter bringt und bietet: Zeit, Kraft, Geschicklichkeit, seine Vor- und Ausbildung, die Verantwortung, die er an seiner Stelle trägt, sowie die Gefahr, die mit seiner Arbeit für Gesundheit und Leben verknüpft ist. Der so berechnete Lohn muß für einen Arbeiter bei *normaler* Arbeitskraft ohne übermäßigen Aufwand von Zeit und Kraft alle erforderlichen Existenzmittel (gegebenenfalls *auch für eine Familie*) und einen mehr oder minder großen Sparpfennig für die Zeit der Arbeitslosigkeit gewähren."

Damit ist vor 75 Jahren der alleinige Leistungslohngedanke bereits verlassen und das heute so aktuelle Problem der Eigentumsbildung in Arbeiterhand schon in etwa angerissen. Allerdings weist man damals auch schon auf die Forderung der Gerechtigkeit hin, nach der die Lohnpolitik nicht einseitig und ohne Rücksicht auf die Lage des Unternehmens gestaltet werden darf.

Selbstverwaltung, nicht Staatsdiktatur!

Weitere Grundsatzfragen dieses Amberger Katholikentags beschäftigten sich mit der Wirtschaftsstruktur überhaupt und empfehlen als dringend notwendig die korporative Organisation der Industrie, verbunden mit einem korporativen Versicherungswesen für die Arbeitnehmer. Die Nützlichkeit von Arbeiterkammern im Rahmen einer allgemeinen wirtschaftlichen Interessenvertretung wird ebenso deutlich bejaht und angeregt wie die Heranbildung und Sicherung des geschulten Facharbeitertums.
Korporativ, nicht autoritativ und diktatorisch von oben her – darin liegt ein Wesensanliegen christlich-sozialer Gesellschaftslehre, das Leo XIII. 1891 sich zu eigen macht, wenn er in Rerum novarum das Prinzip der Subsidiarität vertritt als dem Gegenpol zur Staatsvermachtung.

Kürzere Arbeitszeit – christliches Arbeitsethos

Im Nachtrag zu den auf Schloß Haid erarbeiteten Grundsätzen formulierte die Katholikenversammlung zu Amberg schließlich noch ein konkretes 5-Punkteprogramm zur Arbeiterfrage. Darin wird u. a. gefordert: Festsetzung eines Maximalarbeitstages, möglichste Einschränkung der Sonntags- und Nachtarbeit, Abbau der Arbeit von verheirateten Frauen in den Fabriken, obligatorische Alters-, Witwen- und Waisenversorgung als Ausbau der Kranken- und Unfallversicherung sowie Arbeitslosenfürsorge.
Zugleich wird an die beiden Partner, Arbeitgeber und Arbeitnehmer, appelliert, in christlichem Geiste zueinander zu stehen und es als gemeinsame Aufgabe zu betrachten, Gleichgewicht und Stabilität in Produktion und Absatz zu bringen und die solide Industrie gegen Unreellität zu schützen. Glaube und Sittlichkeit werden klar und deutlich als Voraussetzung für die soziale Hebung des Arbeiterstandes genannt und als Mittel dazu die Gründung katholischer Arbeiter- und Arbeiterinnenvereine ausdrücklich anempfohlen.
Die Handwerkerfrage wurde übrigens in derselben Ausführlichkeit und Gründlichkeit behandelt. Nicht minder klar sind die Grundsätze zur Kapitalfrage und

zur Reform des bäuerlichen Grundbesitzes, die das Protokoll des Amberger Katholikentags aufweist.

Programm, aber keine Taten?

So mag mancher Leser an dieser Stelle denken. Doch, die Taten folgten. Nachdem am 15. 1. 1885 Bismarck die Anträge Hertling/Schorlemer/Lieber abgewiesen hatte, mit dem praktisch unmöglichen Verlangen, binnen acht Tagen einen Gesetzesentwurf vorzulegen, antwortete Franz Hitze, der Generalpräses der Kath. Arbeitervereine: „Wir werden den Entwurf binnen acht Tagen vorlegen." Und termingerecht, allerdings nach sieben Tagen und Nächten von Arbeit, hatte Bismarck den Entwurf in Händen.
Aber am 9. 5. 1885 wetterte der Eiserne Kanzler in fünf Reden gegen diesen Vorstoß. Unerschütterlich kam Hitze am 16. 3. 87 aufs neue mit seinem Antrag. 1888 war die Sonntagsruhe gebilligt. Am 30. 3. 89 fordert Hitze wenigstens den 11-Stundentag. Er kam leider nicht durch.
Dafür wurde 1890 als erste sozialpolitische neue Errungenschaft eine Gewerbe-Gerichtsvorlage durchgedrückt, und endlich konnte auch v. Galen, der 1877 vor tauben Ohren gepredigt hatte, seinen neuen umfassenderen Antrag zum Arbeiterschutz durchbringen.
1891, also im Jahre der großen Arbeiterenzyklika, wurde das Arbeiterschutzgesetz verabschiedet mit den von Amberg her vorbereiteten und für die damalige Zeit höchsterreichbaren Bestimmungen: 24stündige Sonntagsruhe, 11-Stundentag für erwachsene, weibliche Arbeiter, Wöchnerinnenschutz, 10-Stundentag für Jugendliche, Verbot der Kinderarbeit für Kinder unter 14 Jahren.
Die Stimme der deutschen Katholiken von Amberg aus war gehört worden.

75 Jahre später

Wir sind heute gottlob über die soziale Gesetzgebung von damals weit hinaus. Aber stehen bleiben wollen im Heute unseres sozialen Planens und Wollens und einen Schlußstrich ziehen unter ein Kapitel, weil es sich doch inzwischen erledigt habe, das hieße die soziale Frage in ihrer wahren Bedeutung völlig verkennen und geistig hinter den Männern zurückbleiben, die vor 75 Jahren mit brennenden Herzen sich das Wort des Mainzer Bischofs Ketteler zu eigen gemacht hatten: „Wollen wir die Zeit erkennen, so müssen wir die soziale Frage zu ergründen suchen. Wer sie begreift, erkennt die Gegenwart. Wer sie nicht begreift, dem sind Gegenwart und Zukunft ein Rätsel. Dieses Rätsel aber wird dann allzu-

wahrscheinlich eine soziale Explosion auslösen, daß vielen Hören und Sehen vergehen wird."
Wenn daher die kath. Arbeiterbewegung mit einem Gedenkakt in Amberg am morgigen Sonntag die Erinnerung an 1884 wachrütteln will, so will sie damit zugleich wachrütteln die mitgestaltenden Kräfte aus den Reihen der katholischen Arbeitnehmer von heute, die sich unter dem Zeichen von Kreuz und Hammer des Erbes von gestern bewußt, zu Bauleuten der Zukunft berufen wissen.

(Zur 75-Jahrfeier des Amberger Katholikentages 1884)

Die andere Dimension

Zur Sendung der Katholischen Arbeiterbewegung

Vielleicht komme ich dem einen oder anderen läppisch vor, wenn ich mein Wort zum hundertjährigen Jubiläum des Katholikentages von Amberg und in Erinnerung an seine Bedeutung, die gerade er für die Katholische Arbeiterbewegung hat, mit einem harmlos klingenden Geschichtchen einleite. Trotzdem! Es stammt aus dem alten China und geht so: Da hatte sich ein Weiser ein bescheidenes Stück Land erworben und es mit Fleiß und Mühe zu einem gut bestellten Garten gemacht. Dann lud er seine Freunde ein. Die kamen und maßen mit Kennerblick diesen winzigen Fleck seines Erfolges ab, um dann mit gebührender chinesischer Höflichkeit zu hüsteln: Na, gut und schön, was du da zusammengebracht hast, aber viel ist das ja nun gerade nicht. So schmal, so kurz, so mäßig im Quadrat! Aber der Weise deutet weit über sich hinaus in den Himmel und meint: Gewiß, Freunde, aber seht nur, wie hoch es ist!
So meine kleine Geschichte, und ich meine, ein wenig ist sie auch im Zeitraffer der hundert Jahre, seitdem zu Amberg Franz Hitze Auf- und Ausbau der Katholischen Arbeiterbewegung beschwor, Geschichte. Geschichte, auf die wir stolz sind, weil sie im aufgewühlten Terrain der sozialen Bewegung und der Arbeiterfrage in unserem Land ihr Stück Land gewonnen hat, und Geschichte, die uns dennoch verlegen macht, weil sie in nüchterner Bemessung dessen, was da durch sie gestaltet wurde, eben doch in Maßen blieb und über das Maß eines Beitrages zur Reform der sozialen Landschaft nicht hinausgeht. Doch, sagen wir das ehrlich und offen, ohne daß wir uns gleich wie Nestbeschmutzer vorkommen und zu ungerechten Landmessern werden für das, was in hundert Jahren mit dem Einsatz so vieler bis hin zum Blut unserer Märtyrer der Arbeiterbewegung an Leistung erbracht wurde. Nein, das sei uns ferne! Wir können und dürfen darauf stolz sein. Nur darf uns das nicht verleiten, in einer solchen Rückschau darauf zu vergessen, daß für uns Jubiläen keine Ruhmesfeiern sind, sondern Anstoß zu

Rechenschaft, zur Neubesinnung und auch etwa zur Kurskorrektur. „Seht doch, Freunde, wie hoch es da hinausgeht!" Katholische Arbeiterbewegung hat noch eine andere Dimension als das Planquadrat gesellschaftlicher Aktivität, sozialpolitischer Feldbestellung und immer neuer Zuständereform. Und wenn ich an Amberg 1884 denke und nachlese, was dort über unsere katholischen Arbeitervereine gesagt wurde, und ins Heute schaue, dann – pardon! – kommt mich Unruhe an, ob KAB dieser Zeit sich noch dieser ihr eigenen und unverzichtbaren Dimension bewußt ist. Ich meine die andere Dimension ihrer Sendung, die des Glaubens, der Kirche und der Mission.

1. Dimension Glauben

Als Leo XIII. – und dies ist nachweisbar – gerade auch unter dem Impuls von Amberg her in seiner Arbeiterenzyklika von 1893 Hitzes Appell zur Gründung von Arbeitervereinen aufnahm, erklärte er: „Selbstverständlich soll die religiöse und sittliche Hebung der Mitglieder das wichtigste Ziel sein. Auf dieses Ziel hin muß die ganze Vereinsorganisation ausgerichtet sein. Andernfalls würden sie ihr ursprüngliches Gepräge einbüßen, sie würden entarten und sich wenig abheben von jenen Verbänden, die auf Religion keine Rücksicht nehmen. Was nützt es aber dem Arbeiter, wenn er für seine irdische Wohlfahrt vom Verein noch soviel Gutes erfährt, wenn er andererseits aus Mangel an geistiger Nahrung in Gefahr kommt? . . . „Also sollen die Vereine in ihren Grundsätzen Gott zum Ausgang haben und der religiösen Fortbildung den bedeutendsten Platz einräumen." (RN 76)
Damals, als hier in Amberg im selben Jahr der Süddeutsche Verband gegründet wurde, war Leos Appell selbstverständliche Dimension. Ist sie es noch? In meiner Frage steckt keine Anklage, aber eine Menge Sorge; denn womit wollen wir Arbeitnehmer motivieren und einen katholischen Verband aktivieren, wenn nicht von daher? Sicher, auch in einer KAB schreitet die Zeit weiter. Auch für sie ist 1884 und 1891 nicht 1984. Wir haben uns an der Eindringlichkeit zu orientieren, mit der ein Johannes Paul II. zuletzt den Akzent auf den Menschen hin setzte. Selbstverständlich, nur meint auch er eben nicht einfachhin den Menschen mit seinen Bedürfnissen, Gefährdungen und Möglichkeiten, sondern den neuen Menschen aus Christus. Nur verweist gerade er auch neben der gesellschaftlichen Dimension sozialer Aktivität der Kirche auf die geistig-geistliche Dimension, aus der Kirche sich für den Menschen einsetzt. Und meine Sorge ist es, ob jene, die die ersten Apostel der Arbeiter sein sollen, selber in dieser Dimension stehen? Ob KAB heute über all ihr sozialpolitisches Engagement hinaus – oder besser – um dazu fähig zu sein in Wort, Schrift und Tat, um die Dimension der Glaubenserweckung und Glaubensvertiefung bemüht ist.

Ich will bei Gott aus der KAB keinen Katechetenverein machen, aber ich frage nach der Kraft, die sie aufbringt, eigenen Glauben zu vertiefen und Glaubenszeugnis in die Arbeitswelt einzubringen. Lebt das „Lebendige Evangelium" der Aktionskreise denn wirklich, oder ist es nur Zirkelereignis weniger? Sind unsere Priester in der Bewegung wirklich zuallererst in der KAB verlangt und gerufen als Botschafter des Glaubens oder eher nur gefragt als „rote Kapläne"? Ist uns bewußt, daß mit der Lebensarbeitszeitverkürzung, die sein muß und sein wird, ein neues Feld von Katechumenat reifen Alters sich vor uns auftut, ein Katechumenat fragender, arbeitsentbundener Menschen, die wie keine Altengeneration zuvor von uns Antwort und Botschaft des Glaubens erwarten, um im aufbrechenden Vakuum ihrer Freizeit die Sinnfrage des Lebens und die Frage nach Gott zu stellen? Der Mensch lebt nun einmal nicht vom Brot allein. Noch weniger aber von Phrasen und Fragmenten falscher Messiasse. Wir haben als KAB ein Feld zu bestellen, das nicht nur Lebensunterhalt abgibt für jeden, sondern auch Lebenserfüllung in Christus.

2. *Dimension Kirche*

Ein Zweites gleich dazu: Hitze beschwor vor hundert Jahren eine Arbeiterbewegung, die inmitten der Kirche tätig und als Kirche hinauswirken sollte. Sicher, damals noch in einem Zungenschlag von einer streitenden Kirche, die, zum Widerstand gegen die Sozialisten gerufen, die Entfremdung der Arbeiter von der Kirche stoppen sollte. Unsere Arbeitervereine haben das Verdienst, daß es in Deutschland nicht zum großen Massenabfall von der Kirche in der Arbeitswelt gekommen ist, auch wenn man hundertmal davon redet, daß Kirche die Arbeiterschaft verloren habe. Sie wußten sich als kirchliche Vereine, die man zwar als „fünfte Kolonne des Papstes" bespötteln und verdächtigen konnte, die sich aber zu keiner Stunde auch nur in den Verdacht gebracht hätten, Landsturm der Sozialisten zu sein.

Wir sagen das mit Respekt und Dankbarkeit. Nur, ich bin trotzdem so frei, heute nachzufragen, ob dem noch so ist? Nachzufragen, wie kirchlich KAB und CAJ zur Stunde ist und wirkt? Eine harte Frage, zugegeben, aber geht nicht in euren Reihen selbst eine lebhafte Diskussion um, eben um dieses Wort von Kirchlichkeit unserer Verbände? Eine notwendige Diskussion und durchaus angebracht im Anruf des II. Vatikanums. Aber nicht minder eine fällige Revision hundert Jahre nach Amberg. Damit kein Mißverständnis entsteht, Revision bedeutet für mich nicht den sanften Rippenstoß, wieder KAB von 1884 zu werden, nein, mir geht es darum, euch einzuladen, eine neue Standortbestimmung zu finden, in der ein katholischer Verband nicht Kirche-gegenüber ist, sondern Kirche-inmitten. Zuweilen sieht es

doch so aus, als meinten manche im Verbandswesen der Kirche heute, sie würden erst und nur damit überzeugen, wenn sie auf Distanz gingen wie kirchliche Freischwimmer, statt eben als Kirche und in der Sendung der Kirche ihr Katholisch-Sein einzubringen.
Auch Kirche liebt man nicht auf Distanz und mit zusammengebissenen Zähnen. Kirche in der Welt der Arbeit präsent machen. An dieser Zielsetzung der KAB hat sich nichts geändert. Gewiß nicht. Aber präsent machen kann man nur, was man selber ist, besitzt und damit zu zeigen hat. Wie präsent – laßt es mich aus Sorge fragen – ist KAB *als Kirche* in unserer Welt des Produktionsfiebers, der Massenarbeitslosigkeit und einer desparaten jungen Generation, die eher noch die Gurus entdeckt als die Botschafter des Glaubens? Ihre Dimension ist doch die der Kirche! Hier ist sie beheimatet, aus ihr heraus wird sie glaubhaft und fähig.

3. *Dimension Mission*

Und dies als Drittes: Die Dimension einer KAB, die ich Mission nennen möchte. Vor gut 25 Jahren hielt drüben in meiner Heimatstadt Sulzbach-Rosenberg unser Diözesanverband KAB seinen Diözesantag ab. Sein Motto damals hieß: „Noch ist eine Welt zu gewinnen!" Heute könnte (oder müßte?) das Motto vielleicht eher lauten: „Noch ist eine Welt zu retten!" Bedrängt uns doch alle, und unsere Arbeitnehmerschaft voran, die massive Sorge um das Morgen, in dem nicht nur die Wälder sterben und die Wasser vergiften, Fortschrittswahnsinn den Planeten zur letzten Plünderung freigibt und die Menschen dieses Raumes aufstehen wider Atomfabriken und Massenarbeitslosigkeit. Nicht, daß sie dabei die Mission brüderlicher Solidarität mit der 3. Welt vergessen; aber was vor der Haustür als Gespenst umgeht, macht nun einmal eher schlottern als Dämonen der Südsee.
Vor hundert Jahren war hier in Amberg die 3. Welt der dunkle Erdteil, eben noch hell genug, den Nicknegerknaben an der Opferbüchse für die Missionare zu bewegen. KAB dieser Zeit steht in Weltsolidarität, und dafür gebührt ihr Anerkennung und Dank. Sie steht auch in der Solidargemeinschaft all derer, die sich im eigenen Zuhause um das des sozialen Morgen und Übermorgen sorgen und dafür Wege suchen, in Solidargemeinschaft, wie Johannes XXIII. es uns aufgegeben hat, nämlich mit allen Menschen guten Willens zusammenzuarbeiten. Nur ihre Mission ist ihr geblieben, Apostel der Arbeiter zu sein, und dies eben nicht allein im Geiste der Fernstenliebe, sondern in der Unmittelbarkeit des Du zum Du und in der konkreten Alltäglichkeit des Miteinanders und Füreinanders.
Verband muß verbinden, d. h. mehr Gemeinschaft als nur Organisation sein, mehr erfahrbare und erlebbare Nachbarlichkeit als Proklamation und Protest zum

Fenster hinaus. Mission einer KAB erfüllt sich im Zugehen aufeinander und im Hinüber über die Schwelle von Selbstsorge und Eigenbedarf. Wenn Goethe meint: „Was such' ich den Weg so sehnsuchtsvoll, wenn ich ihn nicht den Brüdern zeigen soll", dann heißt das für eine KAB 1984: Wozu habe ich mehr als hundert Jahre mich um die Soziallehre meiner Kirche gemüht, wenn ich sie nun nicht einbringen soll in das geistig-gesellschaftliche Ringen dieser Zeit und nahebringen denen, die in und außerhalb der Kirche auf Wegsuche sind? Dann heißt das für mich: Laßt doch unsere jungen Menschen, auch in unseren Jugendverbänden, nicht herumirren in gottwelchen abstrusen Gesellschaftstheorien und rot-grünen Laboren, sondern nehmt sie in eure Mission hinein! Helft ihnen sehen, „wie hoch" über eurem Sorgeterrain der Himmel ist, d. h. wie wenig Marx und Kelly ihnen weiterhelfen können, weil es nur einen gibt, der in Wahrheit Weg, Wahrheit und Leben ist. Missioniert, denn euch ist es aufgegeben, wenn heute eine Welt gerettet sein soll und morgen noch eine Welt zu gewinnen.
Vor hundert Jahren ging von Amberg aus unüberhörbar und unaufhaltsam ein Aufbruch unserer katholischen Arbeitervereine. Ich danke der KAB, daß sie sich hier in Amberg dessen erinnert, und ich möchte euch am Abend des Christi Himmelfahrtstages mit dem Wort des Herrn entlassen, seinem ermutigenden Wort, daß er alle Tage bei und mit uns ist und seinem beschwörenden Wort, daß wir es sind, die Jünger zu werben haben allüberall. Mag das Feld, in dem ihr das schafft aus dem Glauben, als Kirche und in der Erfüllung eurer Mission seine begrenzten Maße haben, ihr sollt wissen, es ist unendlich hoch!
Amen!

Hundert Jahre Amberger Katholikentag

Brot für das Leben der Welt

Unser Ja zum Leben in Christus

Das ist nun schon 15 Jahre her, und die Zeiten sind längst anders geworden. Aber damals, 45, als wir alle noch Hunger gehabt haben und wo wir uns nicht scheuten, die Mülltonnen nach irgend etwas Eßbarem durchzuwühlen, damals also fuhr einer, der aus Rußland kam, in einem der schmutzigen, fensterlosen Eisenbahnwagen nach Deutschland. Einer so, wie wir fast alle heimkamen, ohne Brot, ohne Hoffnung, ohne Ideale, kurz ohne alles. Verdrossen und stur starrte er auf den verdreckten Boden des Waggons. Kein Wort kam über seinen harten Mund. Ein Priester saß ihm gegenüber und wollte ein Gespräch mit ihm anfangen: „Nun, Kamerad, woher. Sicher aus Rußland, hm?" Der Heimkehrer nickte nur. „Aber sei froh, jetzt kommst du heim. Jetzt wird alles anders. Sag mal, was wirst du denn anfangen, wenn du nach Hause kommst!" Da hob der Mann mit der zerfetzten Iwanmütze den Kopf. „Ich werd' mir Futter suchen!" brummte er und in seinem Gesicht stand nichts als Hunger. Gut, dachte der Priester, er wird Futter suchen. Mein Gott, wer kann es ihm verdenken nach so einer Zeit und nach Rußland. Aber, das kann doch nicht alles sein. Also fing er noch einmal an: „Sicher, Kamerad, du hast mächtig Hunger gelitten. Aber, was wirst du dann weiter anfangen, wenn du jetzt erst mal daheim bist." Der andere starrte den Boden an. „Dann werde ich mir noch mehr Futter suchen." Und damit war das Gespräch zu Ende. Kein Wort mehr aus ihm herauszubringen.

Wie gesagt, das ist nun immerhin 15 Jahre her und, nicht wahr, man muß sich beinahe plagen, um diese Bilder von anno 45 und 46 noch lebendig zu bekommen; denn was seither geschehen ist, war und ist so mächtig, daß es die Erinnerung beinahe auslöscht. Der Rußlandheimkehrer von damals fährt möglicherweise im Opel zum Abendessen, und wir selber sind bestenfalls ein wenig moralisch entrüstet, wenn wir etwa in der Zeitung lesen, daß man in irgendeiner kleinen westdeutschen Stadt drei Tonnen Brot aus dem Mülleimer herausgeholt hat. In einem Monat! Brot anno 60 steht nicht mehr im Kurswert von anno 47. Nur die Jagd nach dem Futter ist geblieben und nach noch mehr Futter. Wir meinen das nicht im verächtlichen Sinn, weil wir es dem Menschen wahren möchten, besser zu leben, zu Wohlstand zu kommen und zu einem Lebensstandard, der ihn froher, zuversichtlicher und zufriedener ins Morgen schauen läßt. Wir verstehen, wie der Mensch unserer Tage, der in soviel Grauen und in soviel Not eingetaucht war, heute vorantrachtet nach Eigentum und Besitz, und wir wären nicht nur seltsame Christen, wollten wir die Uhr der Zeit zurückdrehen in die Hungerjahre nach dem Krieg, wir wären auch Illusionisten; denn „Not lehrt eben nicht nur beten, sondern auch fluchen." Aber wir sind – und zwar als Christen, auch nüchtern genug, der alten Bibelweisheit recht zu geben, daß „der Mensch eben nicht nur vom Brot allein" satt wird, und wir sind uns des Auftrags bewußt, daß auch dem Menschen dieser Zeit gekündet werden muß: Was nützt es dem Menschen, würde er die ganze Welt gewinnen, aber doch seelisch, d. h. an seinem innersten Kern kaputtgehen. Um diese Weisheit und diese Verkündigung geht es uns, wenn wir heuer im Sommer den Eucharistischen Kongreß in München begehen und wenn wir vor aller Welt im Urgeheimnis unseres Glaubens, nämlich im Sakrament der Eucharistie, die letzte und alleinige Erfüllung seiner Suche nach dem Leben und die letzte und alleinige Quelle seiner Lebenskraft bekunden. Pro mundi vita – Für das Leben der Welt. Dazu bekennen wir uns und diese Botschaft geben wir von München aus dem Menschen unserer Zeit, diesem lebenshungrigen Menschen, der mit all seinem technischen Glanz seine innere Zwiespältigkeit nicht verbergen kann, diesem selbstsicheren Menschen, der im Grunde mit seiner Lebensangst nicht fertig wird, diesem Menschen des Massenzeitalters, der in Wahrheit so

einsam ist wie Robinson auf seiner Insel, und diesem von tausend Illusionen umworbenen Menschen unserer Tage, der die Wahrheit Gottes nicht mehr erkennt. Vor diesem Menschen – und wir selbst sind es – steht Christus und bietet ihm sich selber an: „Wer mich findet, findet das Leben". Darum wird der Ruf und die Sehnsucht nach dem Leben im letzten ein Ruf und eine Sehnsucht nach Christus werden müssen und eine Entscheidung für und zu ihm. Dem arbeitenden Menschen aber, der neben uns steht, diese Sehnsucht zu wecken und diese Entscheidung möglich zu machen, dazu braucht es vorweg das glaubhafte und überzeugende Ja derer, die bereits den Hammer mit dem Kreuz verschwistert haben, d. h. unser klares und überzeugtes Ja zu einem Leben des werktätigen Menschen unserer Zeit in und aus Christus heraus.
Solch ein Ja aber ist zunächst die ehrliche Selbstkritik und die Frage an jeden einzelnen von uns: Was bedeutet dir dieses „Brot für das Leben der Welt"? Wie weit ist dein Alltag und dein Leben von Christus her geprägt? Wird in unseren eigenen Gemeinschaften spürbar, daß Christus ihre Mitte und ihre verbindende Kraft ist? Wieviel Freude, Mut, Sicherheit und Frieden findest du selbst in der Eucharistie? Wieviel Raum nimmt in deinem eigenen Alltag und Leben das Opfer Christi ein und das Christusgespräch? Fragen über Fragen, die um so unbequemer werden können, je radikaler sie dir von deinen Arbeitskollegen, die dich kennen, und gar erst vom Herrgott selber, der weiß, wie es um dich steht, gestellt werden. Fragen aber, die uns eben jetzt angesichts des Weltzeugnisses, das auch wir katholischen Arbeitnehmer mit ablegen wollen, in aller Offenheit und Gründlichkeit beantwortet werden müssen. Überzeugen können nur Überzeugte.

Brot, das nährt

Wir sagen: Brot für das Leben der Welt, weil es der Herr selbst so sagte; aber vielleicht liegt gerade in dieser Formulierung und in der Tatsache, daß Christus das einfachste und selbstverständlichste aller unserer Nahrungsmittel genommen hat, um sich darin an uns zu verschenken, die Gefahr, daß wir und die Welt allzuleicht gedankenlos und auch appetitlos uns verhalten. Brot, da muß schon eine Hungersnot kommen, bis uns die Augen aufgehen und das Verlangen heiß wird. Brot, das ist keine Sensation und kein Verkaufsschlager. Alltagsware eher und etwas, das man in guten Tagen lieber mit Feinschmeckereien vertauscht. Brot, solange es billig bleibt und in Fülle vorhanden ist, da redet man über andere Dinge und läßt sich von anderen Attraktionen einfangen. Was ist das schon Großes: Ein Stück Brot!
Doch, es liegt eine Gefährdung in diesem sakramentalen Zeichen, das sich der Herr für die äußerste Möglichkeit seiner Liebe und seines Willens, unter uns zu bleiben,

ausgesucht hat. Eine Wandlung, und wenn sie noch dazu Tag für Tag an hunderttausenden Altären geschieht, ist keine Sensation mehr für uns Menschen. Ein voller Speisekelch wirkt nicht so attraktiv, wenn er nie mehr leer wird. Eine Kommunionbank, und mag sie noch so blütenweiß gedeckt sein, stört satte Augen nicht mehr. Man gewöhnt sich daran und so man schon denkt, daß es der Herrgott selber ist, der sich hier im Brot, in dieser so unscheinbaren Alltagsware anbietet, so eher noch in der Weise, daß man um Himmels willen doch aus Ehrfurcht diese Gottesgabe nicht zum täglichen Gebrauchsartikel erniedrigen darf. „Oft, ja täglich kommunizieren? Aber Hochwürden, was denken Sie? Man kann doch nicht so einfach hinlaufen, so einfach, wie man ist, kommunizieren! Wenn schon Kommunion, dann möchte ich, daß das wenigstens so ein bißchen ein Feiertag meiner Seele ist; aber doch nicht alle Tage. Und überhaupt unsereiner . . .!"
Und doch hat Christus Brot genommen und nicht Schokolade und Festtagsbraten. Auch auf die Gefahr hin, daß er mitsamt dem Brot Alltagsgabe werden könnte und gedankenlos genossen wie alles Brot in satten Zeiten. Das müßte uns zu denken geben. Offensichtlich ging es ihm also nicht darum, ein paar Festgäste zu ehren, uns ab und zu einen guten Tag zu machen, bewährten Kämpfern einen Orden zu schaffen und Stimmung zu machen, wenn einer seinen seelischen Kater hat. Er wollte wie Brot nichts weiter sein – als Speise, Nahrungsmittel, Aufbauelement unseres Lebens, Lebensstoff.
Brot ist dazu da, daß es nährt und damit verbrauchte Kraft erneuert, Leben erhält und Leben entfaltet. Das gilt für unsere natürliche Existenz und gilt für unsere übernatürliche Existenz als Christen und Kinder Gottes. Man ißt, um zu leben. Man kommuniziert, um zum „Vollalter Christi" zu wachsen. Vollalter Christi, das heißt in unserer heutigen Sprache, wachsen zum mündigen Christen, zum Vollchristen, zum Christen, der inmitten einer Welt der Versuchung, der Verlockung, der Resignation und des apathischen Kapitulierens vor den Mächten der Zeit seinen Selbststand bewahrt und seiner letzten Berufung entgegenlebt. Woher willst du dir dazu die Kraft nehmen? Und gerade du als „Kleiner Mann der Straße", du als Rädchen im großen Getriebe der Wirtschaft und der Politik, du als Masseteilchen eines modernen Blocksystems, du als Zielscheibe aller Anfechtung von innen und außen! Woher willst du Kraft haben, du selbst zu sein und zu bleiben, gegen den Strom zu schwimmen und wider alle Hoffnung zu hoffen?
Deine Anständigkeit in allen Ehren! Deine charakterliche Haltung zugestanden. Dein Wille zur Selbstbehauptung und Persönlichkeitsentfaltung voll anerkannt. Aber mit aller natürlichen Kraft kannst du nicht weiter, als deine Natur es erlaubt. Wer Übernatur will, braucht übernatürliche Kraft. Christsein aber ist Sache der Übernatur. Eine christliche Ehe leben heißt aus seiner Ehe mehr machen als eine Versorgung und eine gute Kameradschaft in hellen und trüben Tagen. Apostolat

unter deinen Arbeitskameraden ist etwas anderes als Managertum für eine politische Idee. Gutwerden und Gutsein, das bedeutet für den Christen etwas anderes als „ein feiner Kerl" sein und bleiben; denn es meint die Treue zur Ordnung Gottes und den Willen zur Christusähnlichkeit. Das alles aber gehört zum Christsein, gehört damit zur Übernatur. Und wie willst du das schaffen? Denn schaffen mußt du es, seitdem du getauft bist und diese Taufe nicht widerrufen kannst. Dahinbringen mußt du es, weil seit deiner Taufe dein Leben nur noch dann Sinn und Erfüllung findet, wenn es hineinmündet in diese Vollendung.
Das alles ist schwer. Jeder von uns weiß es. Es heißt tagtäglich Ringen, stetig mühsam Sichentscheiden, immer neu anfangen und durchstehen in aller Anfechtung und Verwirrung, die wohl nirgendwo intensiver und allgemeiner ist als in der Welt unserer schaffenden Menschen. Aber in Christus ist es zu meistern, und „mit Gott und ohne Gott, das ist ein großer Unterschied" (Hl. Pfarrer v. Ars). Deswegen sagen wir ja zu ihm und ja zum eucharistischen Brot, nicht im Worte bloß oder im Bekenntnis einer Fronleichnamsprozession, sondern in unserem Lebensalltag. Vom Ansehen, sagt man, wird man nicht satt. Bloßes ehrfürchtiges Betrachten der Eucharistie und Anbetung des Sakramentes allein genügt nicht. Eucharistie ist Speise, und Speise will genossen werden, um Kraft zu spenden und Leben zu erhalten. Darum wird eine Bewegung wie die unsere letztlich so stark und so lebendig sein, als ihre Mitglieder durchpulst werden vom Kraftstrom der Gnade, die vom Altar ausgeht. Und sie wird in dem Maße Werkvolk*gemeinschaft* sein, als sie aus der Tischgemeinschaft am Altar sich im eigentlichen aufbaut; denn das Brot, das uns in der Eucharistie geschenkt ist, ist nicht nur Brot, das nährt, sondern auch

Brot, das verbindet

Irgend jemand hat einmal die These aufgestellt, daß jede Häresie, jede geistige und ideologische Irrlehre ein Fingerzeig Gottes ist auf eine Wahrheit unseres christlichen Glaubens, die wir Christen nicht mehr in ihrer Ganzheit anerkannt haben. Die große Häresie und der bestimmende ideologische Irrtum dieser Zeit ist der Kommunismus. Die Frage ist also: Ob diese Häresie nicht auch irgendwie ein Hinweis ist auf ein Defizit in unserem christlichen Leben und Glauben. Allein der Gleichklang der Worte Kommunismus – Kommunion könnte uns aufhorchen lassen. Erst recht jene Urberichte der Anfänge des Christentums, nach denen die junge Gemeinde vom Zentralgeheimnis der Eucharistiefeier her sich im praktischen Alltag zu einer solidarischen Gemeinschaft aufbaute, der man den Namen „urchristlicher Kommunismus" geben kann, sofern man unter Kommunismus nicht den marxistischen Atheismus versteht, sondern eben jene Solidarität des Lebens und der Brüderlichkeit aller.

Wir alle wissen, wie es um diese Solidarität und Brüderlichkeit unter Christen heute bestellt ist und nicht erst seit heute. Unsere Zerklüftung, unser religiöser Individualismus und unsere Privatfrömmigkeit sind ja beinahe sprichwörtlich geworden. Sie gehen hinein bis in den Bereich des Altars. „Ich gehe in *meine* Messe, er geht in *seine* Messe, wir haben *unsere* Kommunion . . ." Meine, seine, unsre. Als ob je das eucharistische Mahl etwas anderes sein sollte und wollte als die große Gemeinschaftsfeier, als ob der Herr seine Stiftung zu einem Privatbesuch und nicht zum verbindenden Mahle machen wollte! Er hat sie in die Tischrunde hineingestellt. Er fordert sie auf: Esset, trinket alle davon! Er spricht im unmittelbaren Zusammenhang mit der Einsetzung der Eucharistie sein Herzensgebet: Ut omnes unum sint! Daß doch alle eins sein mögen!
Aber ist uns das noch bewußt? Ist nicht vielmehr seit über hundert Jahren bereits auch im eucharistischen Mahl und in unserer eucharistischen Opferfeier ein Ungeist des Bloß-Privaten eingedrungen? Waren nicht zu Beginn der sozialen Revolution des vorigen Jahrhunderts in unseren Kirchen die Kommunionbänke, die ein Tisch der Gemeinschaft sein sollten, bis zu Altarschranken herabgesunken, die sichtbar die Gemeinschaft teilten? Zieht sich nicht gerade durch die Gespräche am Arbeitsplatz die Anklage gegen das Ärgernis derer, die vom Altare kommen und doch draußen vor der Kirchtür vergessen zu haben scheinen, was sie dem Gastmahl der Liebe schuldig sind unter ihren Mitmenschen? Wo geht durch unser eucharistisches Beten der letzten Jahrzehnte noch etwas von dem Anliegen, das die Christenheit der Urkirche aussprach: „Laß deine Gläubigen von den vier Enden der Erde so zusammenkommen, wie diese Weizenkörner zu einem Brote wurden!"? Ist nicht unsere Meßfeier – jedenfalls wenn wir nach den Gottesdienstanzeigern gingen! – zu einem Privatgeschäft mit Gott geworden?
Es tut wahrhaftig not, darüber nachzudenken; denn auch hier hat das so merkwürdig klingende Wort des Propheten recht: „Weil wir nicht nachgedacht haben, liegt die Ernte verwüstet da." (Jeremias) Die unselige Zerklüftung der heutigen Christenheit im allgemeinen und persönlichen Bereich, die Vereinsamung des Menschen in der Masse, der Heilsegoismus so vieler unter uns – waren nicht auch sie Wegbereiter einer Häresie von „Gleichheit und Brüderlichkeit", von Proletariersolidarität und völkisch-nationalistischen Einheitsideologien, wie wir sie seit Jahrzehnten erlebten und noch erleben? Häresien sind Antworten auf nicht mehr gelebte Glaubenswahrheiten. Die Wahrheit der Eucharistie aber ist die, daß in dem *einen* Leib unseres Herrn die vielen zu *einem* Leib, nämlich der Christuskirche, werden sollen. Einheit, Einigkeit, Gemeinschaft, Brudertum, das alles sind gerade in unseren Tagen Notschreie der Menschheit geworden und Kern jeglichen sozialen Bemühens. Pius XII. hat es uns als Vermächtnis hinterlassen: Nach der 1., der sozialen, und nach der 2., der sog. technischen Revolution, braucht es nunmehr die Revolution, die Revolution der zwischenmenschlichen

Beziehungen. Diese Revolution ist unsere Aufgabe und unsere Chance als Christen!

Eine Aufgabe, weil der Kern der christlichen Botschaft die Seligpreisung vom Hunger und Durst nach Gerechtigkeit und das allübersteigende Gebot der Nächstenliebe ist. Eine Chance, weil wir Christen gerade am Altar der Eucharistie den Ort bereits haben, an dem sich in geradezu plastischer Weise erfüllt, was jeglicher Sozialismus erträumen kann: Die wirkliche Gleichheit und Brüderlichkeit der Stände und Klassen, der Reichen und der Armen, der Nationalitäten und Rassen. An der Kommunionbank hören diese Unterschiede auf: *Ein* Herr, *ein* Brot, *eine* Hostie für alle und jeden! Am Opferaltar unserer Kirche gibt es keine Parteien und Separatgruppen, sondern nur noch Volk Gottes, das über sich den *einen* Vater und Herrn aller Menschen weiß und um sich die Welt, die im Blut Christi ihr Eigentum und ihr Auftrag geworden ist.

Darum sagen wir ja zu einer Lebensgestaltung und Lebenserneuerung aus dem eucharistischen Herrn und zeigen in München 1960 der zerklüfteten Menschheit unserer Tage, dieser Welt der Blockbildungen und der Eisernen Vorhänge das eucharistische Brot als die große verbindende Kraft und den Ort der Mitte, an dem alleine sich eine wahrhafte Koexistenz aller mit allen verwirklichen läßt. Christus bleibt auch im 20. Jahrhundert der „einzige Grund, der gelegt ist" und der „Eckstein", auf dem sich ein Haus der Gemeinschaft der Menschen und Völker erbauen läßt. Nur ist es an uns, die wir der Welt diesen Glauben bezeugen, unser Zeugnis von der Gemeinschaftskraft der Eucharistie glaubwürdig zu machen. Wie? Damit, daß wir zunächst ganz persönlich die religiöse Eigenbrötelei überwinden und uns am Altar in der Feier der Liturgie, im Genuß des eucharistischen Mahles nicht nur Gott, sondern auch unseren Brüdern verbunden und verpflichtet wissen. Damit ferner, daß wir in unseren Familiengemeinschaften und Vereinen sichtbar werden lassen, wie wir durch unsere Eucharistiefeier im Willen zur Gemeinschaft, zum Bruderdienst und zur Bruderhilfe gestärkt und belebt werden. Daß wir weiterhin vor den Augen der Welt und zumal der Arbeitermasse Kirche als Gemeinschaft der Heiligen (und das will sagen aller Getauften) darstellen, nicht aber als geistliches Versorgungsamt, das jeder nach privaten Bedürfnissen in Anspruch nehmen kann oder nicht.

Der Eucharistische Kongreß ist nur Anstoß. Er ist umsonst, wenn aus diesem Kongreß nicht sich erneut ein Kontakt, der im Wesen und in der sakramentalen Wirklichkeit der Eucharistie mitgegeben ist. Brot vom Himmel will nicht nur dein Leben nähren und erhalten; es will das Leben der Menschheit, der Welt, bekräftigen und sichern und wie in einem lebendigen Gesamtorganismus zum Aufbauelement aller Glieder werden. Damit erst erfüllt sich auch die letzte Zeichenhaftigkeit dieses Sakraments, nämlich Vorbild und Pfand zu sein für die Vollendung der Welt in der künftigen Welt, in der „wir Volk Gottes und er unser

Gott" sein wird und „aus allen Stämmen und Nationen" im ewigen Hochzeitsmahl die endgültige Einheit und Gemeinschaft zusammenkommt. In dieser Zeichenhaftigkeit wird das eucharistische Brot nicht nur mehr Speise und nicht nur mehr Band der Liebe, sondern wird es zugleich zum

Brot, das erhebt

und zwar erhebt in eine neue Art Menschenwürde, von der in unserer Liturgiefeier so vielfach die Rede ist.
Menschenwürde – das ist aber nun geradezu das große Schlagwort des sozialen Mühens in unseren Tagen. In fast zehn Jahrzehnten hat sich die Arbeiterschaft in mühsamem Ringen einigermaßen eine materielle und wirtschaftliche Existenzgrundlage geschaffen, ist sie aus dem hoffnungslosen Proletariat bis in eine neue Art Bürgertum hineingeschritten. Aber gerade die Stunde, in der die materiellen Bedürfnisse nicht mehr mit dieser elementaren Wucht sie bedrängen, gerade jetzt erwacht, wenn auch zunächst nur wie in einer Dämmerung, der Hunger nach der geistigen Seite menschlicher Existenz, nach der Würde des arbeitenden Menschen, nach der Würde der schaffenden Frau, nach Anerkennung im gesellschaftlichen Raum und nach der Freiheit der Persönlichkeit, die sich nicht mehr als Ware auf dem „Arbeitsmarkt" verhandelt und verschachert wissen will. Waren einmal am Beginn der technischen Revolution die Arbeiter gegen die Maschine aufgestanden, weil sie von ihr ihre materielle Existenz bedroht sahen, so bahnt sich in unserer Zeit, am Morgen der sog. zweiten industriellen Revolution, eine Art zweiter Aufstand gegen die Maschine an, in der sich der Mensch wehrt, selbst zum Teil der Maschine zu werden und bloß Rädchen im großen Getriebe zu sein.
Menschenwürde – das ist ein Ruf, der über die moderne Welt der technischen Produktion hinaus sich fortpflanzt über die weiten Teile der Welt, in denen eben jetzt ganze Völker erwachen und sich auf sich selbst besinnen. Kolonialvölker von gestern, die mit Ungestüm in die politische Weltarena drängen und das Sklavenjoch abschütteln wollen. Völker anderer Rassen und Kulturen, die auf dem Weg zur Großmacht angetreten sind und diesen Anspruch vor dem weißen Mann anmelden. Völker, die der Hunger aufpeitscht zu industrieller Selbsthilfe und damit zu einer neuen Arbeitermasse, die vergessen will, wie ihre Väter als Kuli und Sklaven vegetierten, und nach Anerkennung verlangt.
Menschenwürde – dieser Hunger wird nicht damit gestillt, daß man Siedlungen baut und die Arbeitsbedingungen verbessert. Dieser Ruf wird nicht allein beantwortet mit Volksaktion und neuen Rentensätzen. Auch der gehobene Lebensstandard und die Möglichkeit, in einem Mehr an Freizeit – so man will – ein Mehr von kultureller Betätigung zu gewinnen. Der schönste Kammgarnanzug

macht noch keine gesellschaftliche Anerkennung aus und das schönste Erholungsheim noch keinen Grad von Persönlichkeitsachtung. Menschenwürde geht tiefer und verlangt letztlich die Garantie der Gottebenbildlichkeit des Menschen, wie sie christlicher Glaube lehrt. Darin nämlich liegt die Würde des Menschen, daß Gott selber sich für ihn verbürgt und geopfert hat. Erst im Zeichen des Kreuzes ist die Garantie gegeben, daß auch der letzte und ärmste der Menschen eine heilige Sache ist – res sacer miser! –, wie unsere Kirche es allzeit als Auftrag und Vermächtnis durch die Jahrhunderte getragen hat. Erst die Blutschrift des Herrn hat den Wert, den unauslöschlichen Wert des Menschen, besiegelt.
Damit aber wird gerade das eucharistische Geheimnis, das ja in der unblutigen Erneuerung eben dieses Kreuzopfers für den Menschen besteht, nicht nur die immer neue Verkündigung der unendlichen Liebe Gottes zum Menschen und seines Todes am Kreuz („Sooft ihr dieses Brot eßt, sollt ihr den Tod des Herrn verkünden, bis er wiederkommt."), sondern auch die immer neue Proklamation und Bürgschaft für die Würde des Menschen, um dessentwillen das Opfer auf Kalvaria geschah. („Für uns Menschen und um unseres Heiles willen ist er vom Himmel herabgestiegen, hat gelitten und ist gekreuzigt worden" [Credo].) Davon spricht unsere Liturgie, wenn sie bei der Bereitung des Brotes in der heiligen Messe sagt: „Gott, du hast den Menschen wunderbar geschaffen und noch wunderbarer erneuert. Laß uns durch das Geheimnis des Wassers und Weines teilnehmen an der Gottheit dessen, der sich herabgelassen hat, unsere Menschennatur anzunehmen." Durch die Eucharistie wird also der Mensch nicht nur zur wahren Menschenwürde erhoben, sondern zugleich hineingetaucht bereits in den Schimmer der göttlichen Herrlichkeit selber. Und in diesem Geschehen spielt weder Beruf noch Stand, weder arm noch reich, weder Rasse noch Farbe eine Rolle: Alle sind sie in diese neue, königliche Würde versetzt, wie der Eingangsvers am Blutfest Christi (1. Juli) jubelt: „Du hast uns losgekauft mit deinem Blut aus allen Stämmen und Nationen . . . du hast uns zu einem königlichen Volk gemacht."
Das Zeichen des Brotes, unter dem diese übernatürliche Erhebung des Menschen sich vollzieht, deutet es in tiefer Symbolik an: Brot, das verzehrt wird, wird verwandelt und aus toter Materie in den lebendigen Blutkreislauf eines lebendigen Organismus hineingezogen, und wenn dies geschehen ist, gibt es kein Zurückfallen mehr in den Stand der toten Materie. Was verwandelt ist, bleibt in der Stufe des Lebens. So zieht die lebendige Gottheit im eucharistischen Brot unsere irdische Niedrigkeit in seinen Bannkreis und wandelt sie hinauf in ihre eigene, göttliche Glorie. Wo gibt es einen Ort, an dem der Ruf nach Menschenwürde eine deutlichere und wesentlichere Antwort findet als am eucharistischen Altar und im eucharistischen Mahl? Wer an der Kommunionbank kniet, hört auf, arme Kreatur oder auch nur Sklave und Knecht zu sein. „Nicht mehr Knechte, sondern

Freunde nenne ich euch" sagt der Gottmensch in der ersten Eucharistiefeier zu den zwölf ungebildeten Fischern und Handwerkern, die er sich erwählt hatte. Unser Ja zu Christus ist darum das dankbare Ja von Menschen, die endlich einen gefunden haben, der ihnen die herabgerissene Krone wieder zurückgibt, und die Gewißheit erlangt haben, daß, in welchem Beruf und Stand sie auch leben mögen, Gott selbst sich für ihren Wert verbürgt, und zwar in einer Bürgschaft, von der Nietzsche selbst bekennen muß: „Von allem, was geschrieben wurde, glaube ich nur, was einer mit seinem Blut unterschrieben hat." Diese Erkenntnis war es wohl, die der jungen Christenheit der Frühzeit auch den Namen für das Geheimnis und Sakrament des Altares mit Eucharistia finden ließ. Eucharistie heißt nämlich Danksagung! Heißt Ergriffenheit und Jubel solcher, die durch die Herablassung Gottes hinaufgestiegen sind in eine Würde ohnegleichen. Muß eine Generation, die die Erniedrigung des Menschen wie keine erfahren hat – denken wir an die Schändung des Menschen in den KZ's und an die Entpersönlichung des arbeitenden Menschen in der modernen Fließbandproduktion! –, muß eine solche Generation nicht endlich einmal erfahren in einem weltweiten Erleben, wie es der Eucharistische Kongreß von München sein soll und sein wird, daß sie auch im Jahrhundert der Unmenschlichkeit die Bürgschaft Gottes für ihre Würde und ihren Wert mitten unter sich hat? Muß nicht gerade der arbeitende Mensch, sofern er willens ist, nur ein wenig sich in dieses fundamentale Geheimnis unseres Glaubens zu versetzen, förmlich hingerissen fühlen zum eucharistischen Mahl, um dort nach seiner Arbeitswoche in einem wahrhaften Sonnen-Sonntag wieder aufzuleben in der frohen Erfahrung, daß er Gott als Garanten seiner Würde und seiner Zukunft besitzt?

Wir sprachen zu Beginn von jenem Heimkehrer, der kein anderes Ziel und keine andere Idee mehr besaß als Futter, und irgendwie war es uns wie ein Bild der modernen Menschheit, die voller Lebenshunger nach immer mehr und mehr verlangt, wie ein Bild gerade des schaffenden Volkes, das diesen Hunger nach dem Leben, dem vollen, wahren Leben noch weit tiefer leidet und trägt. Und wir hörten die Antwort Gottes auf diesen Hunger. Die Antwort aber lautet: Ihr alle, die ihr arbeitet (so kann man nämlich den lateinischen Text dieses Herrenwortes auch übersetzen), kommt zu mir, ich werde euch heilmachen. Dieses Heil aber heißt Eucharistie, weil Eucharistie den Heiland beinhaltet. Welche Antwort geben wir nun diesem Angebot unseres Herrn? Wir Arbeiter, die das Leben suchen? Nein, sie soll nicht heißen: „Ich will Futter!", sie soll heißen wie jene Antwort, die einst von den hungrigen Lippen derer in Kapharnaum kam: „Herr, gib uns Brot! Gib uns für immer dieses Brot!" Pro mundi vita! Schenk das Brot des Lebens.

Referat aus Anlaß des „Eucharistischen Weltkongresses" in München

Familie – Kirche im kleinen

Liebe Schwestern und Brüder aus der KAB,

es darf kein Mißverständnis geben: Nach allem, was in den letzten Wochen dieser Wallfahrt und eurem Treffen auf dem Annaberg vorausgegangen ist an Mißdeutungen, Mißverständnissen und Auseinandersetzungen, hier am Altar ist das nicht auszutragen. Ein Altar ist kein Boxring mit ideologischen k.o.-Schlägen, eine Wallfahrtsstätte keine Politarena, und unser Annaberg schon ganz und gar nicht. Aber es wäre in meinen Augen unredlich, wollten wir es nicht auch gestehen, wie bedrückend und beschämend wir das empfunden haben; denn hatten wir nicht gerade nach dem Krieg und erst recht unter dem Anruf des letzten Konzils uns darüber verständigt, daß christliches Leben und auch christliche Frömmigkeit nicht nur zwischen Kerzen und Weihrauch auszumachen ist? Waren wir nicht darin aufeinander zugegangen, daß Kirche mitten in der Welt ihren Platz habe und jeder Meter ihrer Weltflucht ein Stück Entfernung von einem Evangelium ist, das einzig und allein auf des Menschen Heil ausgerichtet ist? War nicht eben das die gemeinsame Leidenschaftlichkeit, in der wir von einer Theologie der Befreiung, von dem fortwirkenden Skandal einer Kirche im Blick auf die Arbeitswelt und vom gesellschaftlichen Auftrag der Kirchen geredet haben, weil quer durch Konfessionen und gesellschaftlichen Gruppen sich das Unbehagen gerade an einer Kirche entzündete, die den Menschen nach dem Himmel verweist und scheinbar darauf vergißt, daß sie hier und heute inmitten sozialer Spannungen, Nöte und Probleme von ihrem Herrn etabliert wurde? Hatten wir uns nicht nachkonziliar eben darin verständigt, daß das Wort Gottes weder Fesseln verträgt noch monopolisiert wird für Amtsträger und Kleriker, sondern es den gemeinsamen Verkündigungsauftrag für alle, Priester wie Laien, gibt? Warum also die Querelen? Noch einmal: Der Altar ist kein Ort der Auseinandersetzung, und unsere Wallfahrten sind keine Wahlkartenaktionen. Nur, daß wir in dieser Stunde einander verstehen, daß wir hier auf unserem Annaberg glaubwürdig werden mit dem, was wir wirklich wollen, dies vorweg.

Ihr habt seit Monaten zu dieser Wallfahrt gerufen mit dem Motto: Familie – Kirche im kleinen! Und ich finde, originärer hättet ihr für dieses Motto keine Stätte finden können als gerade St. Anna, als eben dieses Ziel- und Richtbild biblischer Botschaft, das seit Anbeginn nur diesen einen Anruf weitergibt und diese eine Deutung verträgt, nämlich die der Familie, wie Gott sie meint und Gott sie ruft.

1. *Familie, wie Gott sie meint*

Familie, wie Gott sie meint. Mag Name und Bild, wie droben in unserer Wallfahrtskirche es den Altar schmückt, legendär sein. Legendär die Geschichte von zwei Eheleuten Anna und Joachim, die sich in treuer ehelicher Partnerschaft durchs Leben schlagen, die – und das war einmal tiefe, soziale Frage – lange kinderlos bleiben, bis ihnen Maria geschenkt wird. Legendär die Kunde, wonach sie noch wie im Abendschein ihres Lebens den Morgen der neuen Zeit in Christus erleben. Das ist keine Legende, und hier hört alle Sage auf, daß die Kirche schon in der Frühzeit und in ihrem Suchen nach den Fundamenten des Evangeliums diese Familiengemeinschaft der Frühe entdeckte und einbettete in die wesenhafte Botschaft über Gottes Handeln mit den Menschen, und diese Botschaft ist die von der großen Partnerschaft Gottes mit uns, von seinem Heilsplan, aus der irdischen Wirklichkeit einer Familie Kirche als Familie zu entfalten und damit auch für die menschliche Gesellschaft das Signal für Bestand und Rettung zu setzen, wie es Theodor Häcker im Zusammenbruch des letzten Krieges geschrieben hat: „In Zeiten des Niedergangs sollen wir uns auf den Anfang des Aufstiegs besinnen. Was steht am Anfang jeder Gemeinschaft, wo beginnt die Geschichte? In der Familie!"

Und ich frage euch, bedrängen uns – und nun meine ich wahrhaftig nicht nur euch hier, die Beter und Wallfahrer, sondern über die Kirche hinaus jeden, der diese unsere Zeit wachen Sinnes und wacher Sorge mitlebt – nicht eben jetzt Niedergangssorgen, Zukunftsängste für Volk und Welt, immer neue Ratlosigkeit einer Generation, die sich mit Schweiß und Schwielen zum Wohlstand durchgeschuftet hat, um nun ins Jahr 2000 hinein nach den verlorengegangenen Werten zu suchen, nach neuen Fundamenten ihres Bestehens und Überstehens? Und – ich frage ebenso hart – bedrängt uns nicht auch innerhalb der Kirche, in der wir zur selben Zeit alles in Frage gestellt haben, um ja das Eigentliche der Botschaft Jesu zu finden, nicht die neue, viel größere Sorge und Frage, wie wir diesem verworrenen Volk Gottes wieder ein Zuhause schaffen, ein neues Zuhause, das auch für die junge suchende Generation Türen hat?

Zu den Anfängen zurück? Ja, sicher, aber wie heißt dieser Anfang, wo liegt dieser Neubeginn? Die Antwort heißt Familie, und, wie Ihr es heute sagt: Familie als Kirche im kleinen. Der Anfang heißt Anna Selbdritt, heißt die gelebte Intimgemeinschaft von Menschen, die für Gott offen ist und sich als Einfallstor für Gott in die Welt versteht und verpfändet.

Es ist kein modischer kirchlicher Dreh, wenn Papst und Konzil die Familie als Kirche im kleinen beschwört; es ist keine bloße Tagesparole, wenn der Bischof von Regensburg unentwegt die Hauskirche proklamiert und propagiert. Nein, es ist das neue, vielleicht späte, aber gottlob nicht zu späte Aufgreifen urelementarer, christlicher Botschaft: Erlösung geschieht nur dort, wo Familie Gottes ist, gesellschaftliches Heil ereignet sich nur, wenn Christus die unmittelbare Urzelle aller Gemeinschaft erfaßt und prägt, und das ist die Familie. Denn so hat er Mensch und Menschheit gemeint, als er sie schuf als Mann und Frau und ihnen Fruchtbarkeit ihrer Liebe auftrug und im selben Atemzug die Bewahrung und Gewinnung der Erde.

Papst Johannes Paul II. trägt gerade diese fundamentale Wahrheit in seinen Pilgerreisen quer durch die Welt. Es ist sein politischer Beitrag für die Befreiung der Völker, es ist sein Programm für Frieden und Fortschritt: Habt acht auf die Familie, tragt Sorge für die Familie, rettet die Familie; denn Gott ändert seinen Plan nicht: Der im Schoß der Familie einer der Unseren wurde, Jesus Christus, ist ihr Garant, ihr Bestand und ihre Zukunft!

2. *Familie, wie Gott sie ruft*

Mit dem Motto Familie seid ihr auf diesen Berg gekommen, versammelt ihr euch um diesen Altar und wollt ihr zugleich an diesem Tag auch das Wort des Laien zur Situation der Familie im sozialen Spannungsfeld hören. Dieses Miteinander ist kein Widerspruch und alles andere ist Sinnentfremdung unseres Annabergs; denn Familie, das ist nun einmal Gemeinschaft mitten in der Welt, und wer daran Anstoß nehmen will, der stelle sich droben in der Kirche unter das Bild der Annafamilie, vor diese blutvolle Frau, die mit beiden Füßen auf der Erde steht, vor diesen Mann, der ganz von hier ist und dem man es ansieht, woher er sich seine Weisung holt. Aller Weihrauch kann das nicht vernebeln: Hier vor diesem Familienbild auf St. Anna geht es nicht um jenseitige Verzückung, sondern um sehr reale, diesseitige Verfügbarkeit für einen Gott, der durch die Familie anrufen will, wirken will und retten möchte.

Und ich finde, auch die Liturgie dieses Sonntags, das Wort des Evangeliums, wie wir es heute gehört haben, kommt dem entgegen. Nehmt alle allzu fromme Idylle weg von jener Szene in Bethanien mit der innerlich hingerissenen frommen Maria und der häuslich emsigen Martha, macht daraus keinen Disput über weltentzogenes und weltzugewandtes Leben, sondern laßt euch einfangen von der Spannung, die in dieser Botschaft liegt, von diesem Kapitel Hausgemeinschaft um Jesus selbst und von ihrer Programmatik gelebter Jüngerschaft; denn ich jedenfalls lese es so, wie einen Testfall aktueller Familienpolitik. Da sind zwei Menschen. Alle beide haben nur ein Interesse, nämlich ihm, dem Herrn, zu gefallen. Also bietet die eine alles auf an Küche und Keller, damit er es gut habe, und orientiert sich die andere rückhaltlos an seinem Wort. Man kann eines nicht gegen das andere ausspielen, weil er, Christus, beides angenommen hat, aber man ist herausgefordert, über das eine wie das andere nachzudenken.

So frage ich mich beispielsweise: Sind wir in unseren Familien, in unserer gesellschaftlichen Anstrengung nicht in die Einseitigkeit jener Martha geraten? Was haben wir nicht alles getan, um den Tisch unserer Gesellschaft zu decken? Was schuften sich unsere Eltern, unseren Jungen, wie sie sagen, alles zu bieten, was sie können? Wieviel Produktionsfieber unter uns, wieviel Geschäftigkeit und Aktivismus, auch in der Kirche an sozialen Unternehmungen, wieviel – und Gott sei Dank, füge ich an! – Sorge um Brot für die Welt, um Wohlstand für alle, um Lebensreserven und Umweltgarantien! Aber sind wir dann nicht geradezu beleidigt, wenn uns seine Frage trifft: He, du kümmerst dich um so vieles. Es ist doch nur eines wirklich nötig? Und seine Frage kommt heute weiß Gott nicht mehr von den Kanzeln. Da begehren unsere jungen Menschen auf, die es satt haben, nur satt gefüttert zu werden. Da rühren sich die Wissenschaftler und halten uns die Ausplünderung des Planeten vor. Da tritt plötzlich eine Mutter Teresa vor die Weltöffentlichkeit und fasziniert jung und alt mit ihrer Mission neuer Einfachheit, neuer Gläubigkeit, neuer Armut. „Martha, du kümmerst dich um so vieles. Denk an das Eigentliche, das Bleibende!" Ich will dem Evangelium keine Gewalt antun, wenn ich die aufgeregte Frage dieser Frau umdrehe: Herr, kümmert es dich nicht, wenn ich mich allein so abwerkle, und sie als Frage des Herrn an euch zurückgebe:
Du, Frau und Mutter, kümmert es dich nicht, daß man dich zur bloßen Partnerin umgepolt hat und dir das Mutterwerden ausreden möchte? Du, Ehemann, kümmert es dich nicht, daß man dich als Produktionsfaktor hochtrimmt und dein Menschsein mit Freizeitkonsum befriedigen will? Ihr Eheleute, kümmert es euch nicht, daß man euch zwar Steuerlasten abzunehmen verspricht, aber euren Elternwillen und euer Elternrecht in Erziehungsfragen auf Sparflamme setzt? Du, junger Mann, kümmert es dich nicht, daß man dir einredet, du bist nur wer, wenn du was hast, statt dir hilft, einer zu werden, der etwas ist, nämlich Mensch! du, junges Mädchen, kümmert es dich nicht, wenn man dir alle Türen zur Emanzipation aufstößt, aber dir die Tür zu Glaube, Reinheit und selbstloser Verfügbarkeit für Gott und Mensch mit allem Medienwirbel vor der Nase, d. h. vor deinem Herzen, zuschlägt? Ihr Christen, kümmert es euch nicht, wenn Ihr auch noch in eurer Kirche zu Bienenfleiß in hundert Aktionen angefeuert werdet, aber keine Pause mehr habt, Gott selber zu begegnen? Kümmert es euch nicht, wenn euch die Ohren vollgedröhnt werden von Modedemonstrationen für das Priestertum der Frau, von zölibatsfreiem Priestertum, von kirchlicher Funktionsübernahme durch den Laien, aber keiner mehr ein Wort darüber verliert, daß Ihr euer allgemeines Priestertum realisieren sollt. Meine Mutter selig, hat uns Kinder noch gesegnet, sie schrieb dem Vater, ehe er in die Hütte ging, noch das Segenskreuz auf die Stirn. Kein Mensch hat ihr gesagt, sie sei zweitrangig in der Kirche. Aber sie hat getan, was ihr durch Taufe und Firmung zustand. Sie gab

uns Glaubensunterricht und führte uns zu den Sakramenten. Sie brauchte keine Priesterweihe dazu, aber sie wußte, daß ihre Familie Kirche im kleinen war und sie darinnen der erste Liturge, der erste Katechet und der erste Sinngeber für ein Leben, das einen Sinn hatte und diesen Sinn nicht in einem gesicherten Wohlstand, sondern in einem sicheren Stand in der Wahrheit und Gnade Gottes.
Gottes Ruf an die Familie ist der Anruf von St. Anna, und er lautet: Überseht nicht, was wirklich bleibt, was wirklich befreit und was den Menschen wirklich groß macht! Ich gebe diesen Ruf am Annaberg an euch weiter; denn inmitten aller sozialen und wirtschaftlichen Probleme der Familie von heute muß einfach die Stimme Jesu laut werden, die zu Bethanien wider allzu vordergründige Heilstheorien den Kontrapunkt von Geist und Leben setzte. Man rettet Familie nicht mit Aufbauspritzen aus Konjunktur und Konsum allein, man muß sie zu sich selber und ihrer inneren Lebenskraft erwecken. Man hilft Familien nicht mit Krücken und Krediten, man muß ihr helfen, aus sich selbst ihre vitale, von Gott eingegebene Eigenkraft zu entdecken und zu entfalten. Dafür ist es Zeit, von daher kommt die Wende, und ihr Angelpunkt ist Jesus Christus. Er allein. Gestern, heute und morgen!
Amen.

Familien der Arbeitnehmer

Familie und Arbeitswelt

Mitten in die Turbulenz der letzten Wochen, die wieder einmal die Welt politisch atemlos machte und uns über die leeren Staatskassen hinweg fast nur noch auf Bedrohung und Gefahr, Protest und Demonstration stieren ließ, meldete sich aus dem Raum unserer Kirche eine einsame Stimme und fragte in das aufgeregte Getue hinein, was denn nun eigentlich vom Papstbesuch vor einem Jahr geblieben sei. Ich weiß nicht, wo diese Stimme angekommen ist, und ich weiß noch weniger, ob ihre Frage beantwortet wurde. Aber sie bleibt gestellt, und ich meine, gerade Sie, die Sie heute den Gedenktag an den Gesellenvater Adolph Kolping begehen, müßten sie aufnehmen. Gerade für Sie müßte jener erste Tag des Papstbesuches noch gegenwärtig sein, war es doch Kolpings Grabstätte, zu der Johannes Paul II. nach Albert dem Großen zuerst seine Schritte lenkte; war es doch der Gesellenvater, dem er seine Reverenz erwies und erklärte: „Solche Leitbilder wie Adolph Kolping brauchen wir für die Kirche von heute."
Und war es doch das erste Thema des Papstes auf deutschem Boden, das das Motto unseres heutigen Gedenktages aufgriff, das Thema von Familie und Arbeitswelt.

Lassen Sie mich dazu ein paar Gedanken vortragen, aber sogleich dazu bemerken: Hier am Altar kann es nicht darum gehen, jetzt die gesellschaftspolitische Brisanz dieses Themas anzugehen, Resolution und Appelle zu wiederholen, die aus Ihren Reihen zu Recht als unabdingbar in die politische Debatte eingebracht wurden, oder auch in einer Predigt die spannungsvollen Wechselbeziehungen von Familie und Arbeitswelt aufzuzeigen. Das alles tut weiß Gott not, und ich danke Ihnen in der Kolpingsfamilie, wenn Sie sich so nachhaltig darum bemühen; denn gerade wir, die wir der sozialen Botschaft der Kirche verpflichtet sind, können es uns am wenigsten erlauben, jene „stummen Hunde“ zu sein, die schon der Prophet anklagt, weil sie zu feige oder zu schläfrig sind zu bellen, wo Gefahr droht. Nur, im Anruf der Gottesbotschaft und in der Eucharistiefeier mit unserem Herrn selbst konfrontiert – meine ich –, liegt es uns näher, uns selbst in Frage stellen zu lassen und uns auf die Grundlagen unseres Glaubens neu zu besinnen, wenn wir schon vor der Welt als Zeugen und Mahner aufkreuzen wollen. Vom Glauben her aber gilt es, ein Zweifaches ans Licht zu heben, nämlich daß

Familie Gottes Gabe
und Arbeit wie Arbeitswelt Gottes Wille sind.

1. *Familie – Gottes Gabe*

Dieser Tage wurde der deutschen Öffentlichkeit der sog. Jugendbericht 1981 des Bundesministeriums für Familie vorgelegt. Ein Bericht, der uns eigentlich mindest ebenso unruhig machen könnte wie die letzten Berichte über das Rüstungspotential in Ost und West. Zwei Daten nur daraus: Nach Aussage der jungen Menschen in unserem Land zeigen 23%, d. h. zeigt beinahe jeder Vierte, kein Interesse mehr, in Praxis und Betrieb der elterlichen Familie einzusteigen und diese zu übernehmen. Jeder 13. Jugendliche beinahe hat keinen Geschmack mehr an Ehe und Familie. Solche Daten kann man einfach nicht übergehen oder womöglich gar noch so naiv sein, als müsse bei soviel Junggesellenneigung auch etwas abspringen für den ehelosen Priesternachwuchs.
Im Gegenteil, solche Daten bestürzen, weil sie den Zerfallsprozeß der natürlichsten Werte des Menschen – und dazu zähle ich Ehe und Familie – signalisieren und damit nicht nur soziologische Gefahren, sondern weit mehr, die innere Aushöhlung unseres Volkes.
Wir Christen sagen, die Familie ist Gottes Gabe, und wir berufen uns dabei auf die Schöpfungsgeschichte, aber darf ich es ebenso unverhohlen aussprechen? Meinen wir das dann auch allen Ernstes und reden wir damit nicht doch etwa nur eine Leerformel unseres Glaubens nach? Meinen wir das dann so ernst und so klar, wie unser Papst das vor einem Jahr bei uns sagte:

„Staat und Gesellschaft leiten ihren eigenen Zerfall ein, wenn sie Ehe und Familie nicht mehr wirksam fördern und schützen und andere, nichteheliche Lebensgemeinschaften ihnen gleichstellen . . . Ehe und Familie sind zutiefst verknüpft mit der personalen Würde des Menschen. Sie entspringen nicht nur dem Trieb und der Leidenschaft . . . In der Aufgabe, menschliches Leben weiterzugeben, sind die Ehegatten Mitwirkende der Liebe Gottes des Schöpfers." Und der Papst zitierte dazu noch die römische Bischofssynode: „Die Familie ist in besonderer Weise berufen, am Heilsplan Gottes mitzuwirken, indem sie ihren Gliedern beisteht, daß sie zu aktiven Mitträgern der Heilsgeschichte und zu lebendigen Zeichen des Liebesplanes Gottes für die Welt werden."

Das sind große Worte. Freilich, vielleicht auch eine Sprache von Papst und Synode, für die wir im Soziologenchinesisch unserer Zeit kaum noch eine Antenne haben. Das redet man anders, und auch wir Christen haben uns – bis hinein in unsere Glaubensgespräche – schon daran gewöhnt, im Tagesjargon mitzureden statt in der Diktion des Wortes Gottes. Auch wir haben – geben wir es zu! – uns weithin auf den Tageskurs der öffentlichen Meinungsbörse umgestellt. Da freilich wird dann der Liebesplan Gottes für die Welt eher zum unbequemen Soll einer anscheinend menschenunwürdigen Freiheitsbeschneidung, als zum befreienden Entwurf wirklicher Menschenwürde und irdischer Berufung. Da freilich ist dann Ehe und Familie nicht mehr Gabe Gottes, sondern allenfalls noch das Resultat von zwei zusammenaddierten Neigungen und Sympathien plus einiger „Rechenfehler der Liebe".

Wir aber meinen es anders! Familie ist Gottes Gabe, und ob vorgestrig belächelt oder heute zum Außenseiter abgetan, wir bleiben dabei, daß sich in der Familie unmittelbare und unwiderrufliche Anwesenheit und fortgeschriebene Zuwendung Gottes ereignet und daß deshalb das, was Familie angeht, Gottes Eigen und Gottes Einbindung berührt.

Kolping, der nicht müde wurde, gerade davon immer neu zu reden und zu schreiben, folgert daher zu Recht einmal: „Solange es im Familienleben, im Haus nicht viel taugt, solange die heiligsten Bande des irdischen Lebens nicht gebührend heiliggehalten werden und nicht für eine gottesfürchtige Erziehung der Eltern und Kinder gesorgt wird, so lange werden die Menschen vielfach Sklaven ihrer Leidenschaften bleiben und Unheil anrichten, mögen sie Staatsformen ersinnen, wie sie wollen, und jegliche Gewalt in Bewegung setzen, um ihre Träume von irdischer Freiheit und Glückseligkeit zu verwirklichen. Die Familie ist das Urrechtsverhältnis in der Welt, auf dessen Heilighaltung der Wohlbestand der Völker ruht, ist die Quelle aller wahren Autorität, ohne welche jede andere Autorität bald zum Schatten herabsinkt oder zum Spielball frivoler und gewalttätiger Menschen wird." Ich glaube, dazu braucht es heute keinen Kommentar.

2. *Arbeitswelt – Gottes Wille*

Aber es braucht wohl eher einen Kommentar, wenn ich Arbeit und Arbeitswelt als Gottes Wille vermelde; denn ich fürchte, hier haben wir uns in der Vergangenheit wohl oft genug selber Frohbotschaft Gottes vernebelt. Oder haben wir nicht weithin so getan, als sei Arbeit und damit auch die Welt der Arbeit nur Gottes Zorn, nicht aber ebenso Gottes Liebe und Erhebung des Menschen entsprungen? Sind wir nicht vor der Welt mitschuldig geworden, wenn wir so getan haben, als habe die Bibel nichts weiter zu vermelden, als daß durch die Ursünde aus dem paradiesischen Spaziergänger der stöhnende Maloche wurde? Wie oft haben wir doch in unseren Gruppenstunden das Thema behandelt: Arbeit – Fluch oder Segen, und dabei sehr wenig vom Segen, aber sehr reichlich von Fluch gesprochen, und damit der Arbeit und der Arbeitswelt einen Stempel aufgedrückt von Feindseligkeit, Gottwidrigkeit und Verderbnis? Und uns damit vor der Welt in den Verdacht gebracht, als wäre Familie für uns nur heile Welt, die Werkstatt und Fabrik jedoch voll vom Miasma, vom giftigen Bodennebel der Plackerei und sittlichen Gefährdung?
Als ob Gott der Frau die Würde der „Mutter des Lebens" genommen habe, wenn er sie aus der Schuld nur der Last der Mutterschaft preisgab, und als ob Gott die Berufung Adams zur Gestaltung und Lebensqualität der Welt widerrufen habe, wenn er nach seinem Fall ihm den Schweiß des Broterwerbs prophezeite! Gott hat die Arbeit und damit auch nicht die Welt der Arbeit aus Verdrossenheit über den Menschen erfunden, er hat sie im Morgenlicht der Schöpfung zum Erweis menschlicher Gottebenbildlichkeit gemacht. Arbeit ist Gottes Wille, so sehr, daß er dies in Christus selbst, dem Arbeiter, erneut sichtbar machte. Es ist doch nicht von ungefähr, daß die Erlösung nicht nur vom Engelsgesang zu Bethlehem, sondern auch vom Hammerschlag zu Nazareth begleitet wurde.
Freilich – und da beginnt das eigentlich leid- und notvolle Kapitel Arbeit und Arbeitswelt –; die Frage ist, ob Gott Arbeit und Arbeitswelt *so* gewollt hat, wie sie sich dann – und das nicht erst im Industriezeitalter! – entfaltet hat, eine Welt der Werkstätten und Fabriken, aus denen – wie Pius XI. schreibt – der „tote Stoff veredelt hervorgeht, der Mensch aber weggeht gebrochen an Leib und Seele". Eine Arbeitswelt, in der anscheinend zwangsweise kaputtgehen muß, was in christlicher Familie bereitet wurde, und aus der in die Familie zurückkehrt als Angst, was ihr als Lebenshilfe zukommen müßte. Eine Arbeitswelt, in der unsere jungen Menschen eben nicht, wie Cardijn es sagte, „mehr wert sind als alles Gold der Erde", sondern eher zum Sprengsatz werden, gefährlicher als alles Dynamit der Welt. Müßten wir sonst – wir Christen meine ich zumal – denn heute auf die Straße gehen und für eine „Humanisierung der Arbeitswelt" demonstrieren?

Arbeit und Arbeitswelt sind Gottes Wille, Gottes positiver, nicht Gottes negativer Wille, und wenn wir das heute entschiedener und bewußter proklamieren, dann nicht, weil wir einen theologischen Purzelbaum schlagen, um up to date zu sein, sondern weil wir es zu lange haben geschehen lassen, daß sich Arbeitswelt revolutionierte, ohne daß wir ihr die Theologie in ihre Sturm- und Drangjahre mitgegeben haben. Weil wir für unsere Familien fürchteten mit unserer Angst *vor* Betrieb und Maschine. Und weil wir heute sowohl *um* unsere Arbeitsstätten wie um unsere Familien in Zukunftssorge sind.
Aus unseren Familien aber muß die Umkehr kommen, trotzdem und immer noch, und von daher muß jenes Apostolat in die Arbeitswelt eingebracht werden, von dem der Papst voriges Jahr bei uns sprach und sagte: „Über der Arbeit des Menschen soll das Licht der Wahrheit und der Liebe Gottes aufleuchten. Sie darf nicht beherrscht sein von den Schatten der Ungerechtigkeit, der Ausbeutung, des Hasses und der Demütigung des Menschen." Und auch hier appellierte er namentlich an das Kolpingswerk neben KAB und CAJ unseres Landes.
Wir feiern den Kolpingsgedenktag am Morgen des 2. Adventssonntages. Die Liturgie weist uns in das Morgen, der Wiederkunft des Herrn entgegen und sie verweist uns dabei sinnbildhaft auf den Wegbereiter Johannes. Nehmen wir seinen Ruf auf: Bereitet die Wege des Herrn! Macht gerade, was krumm ist! Ruft es in die Wüste: Er ist im Kommen! Wir alle sind zu diesem Johannesdienst bestellt; denn auch, was Familie und Arbeitswelt angeht, braucht es die Rufer, die Wegbereiter, die Meldegänger der Zukunft, einer Zukunft, in der die große Arbeitswerkstatt dieser Erde zur Hofstatt Gottes und die Hausgemeinschaft der Familie zur Erlösungsgemeinschaft in Gott werden soll. Das ist unsere Zukunft, und weil es sie gibt, muß es uns geben, ihr den Weg zu ebnen, in der Familie wie in der Arbeitswelt.

Kolpingsgedenktag

Verbände – Weltauftrag

In Verruf und Berufung
(Lk 5, 27–32)

Sagen wir es ganz offen: Es steht nicht gut um unsere Gliedverbände im BDKJ. Das mögen manche mit hämischer Schadenfreude konstatieren, andere mit dem Brustton der Empörung. Wir sagen es mit Betroffenheit; denn wo es in der jungen Generation in unserer Kirche im argen liegt, da ist die Kirche selbst betroffen, in ihrem Heute und erst recht in ihrem Morgen. Insofern ist die lebhafte Diskussion, die in den letzten Wochen über das „song-buch" der KJG aufgebrochen ist und so leidenschaftlich sie auf beiden Seiten geführt wurde (und wird), in meinen Augen ein dennoch gutes Zeichen; denn weitaus schlimmer wäre ein bloßer Theaterdonner oder eine müde Verkleisterei von Peinlichkeiten, Ärgernissen und auch echten Skandalen. Wo Betroffenheit ist, da muß auch Aufschrei und Auseinandersetzung anzutreffen sein. Da kann es nicht nur dabei bewendet sein, Gräben und Abgründe offenzulegen, sondern sie zuzuschütten oder wenigstens zu überbrücken. Da geht es nicht allein darum, Klage und Anklage wider einander zu erheben, sondern sich miteinander messen zu lassen an der einzig gültigen Meßlatte Christi selber. Er ist Haupt und Herr der Kirche, niemand sonst.
Und seine Kirche immer eine, „die ihn – wie ein doppelsinniges Wort es provoziert – in einem fort verrät, aber auch ver-rät", d. h. eine Gemeinschaft, die seinen Namen in Verruf bringt und es doch zugleich genauso zu erkennen gibt, daß sie die von ihm berufene und gerufene ist. Kirche, die immer wieder sich stellen lassen muß in der beschämenden Wirklichkeit des Verrats an ihm und seiner Botschaft, und Kirche, die zugleich unübersehbar sich darstellt als sein Eigen und sein Aufgebot, sein Wort in je ihre Zeit einzubringen. Immer also in Gefahr und Versuchung, sich in Verruf zu bringen, und immer gerufen, ihre wahre Berufung neu zu entdecken, neu zu versuchen, neu zu wagen.
Um anderes geht es auch zu dieser Stunde nicht, in der nicht nur ein katholischer Jugendverband in Verruf gekommen ist, sondern mit ihm Kirche unseres Landes, und in der allenthalben die Unausweichlichkeit einer Neubesinnung und einer revision de vie – und dies nun wirklich nicht nur in Düsseldorf oder sonstwo – gespürt und gefordert wird. Jetzt und wieder einmal; denn so neu und so erstmalig ist das ja nun wirklich nicht, was wir da in jüngster Zeit erlebten. Wer den Weg

der Kirche nachgeht, gerät unweigerlich immer wieder an solche Scheide- und Wendemarken von Verruf und Berufung.

Wie Kirche in Verruf gerät

Da berichtet uns der Evangelist Lukas von der Berufung des Zöllners Levi, jenes Jüngers, der vom Herrn spontan aus seinem damalig anrüchigen Milieu herausgerufen und hineingerufen wird in die neue Gemeinschaft von Liebe, Gerechtigkeit, Umkehr und Nachfolge. Levi nimmt diese Berufung an: Er ließ alles liegen, stand auf und folgte ihm. So weit, so gut. Nur, eigentlich müßte man nun erwarten, daß er damit mit seinem Milieu und all dem, was ihn damit zu Recht oder unrecht in Verruf gebracht hatte, bricht, daß er es wirklich hinter sich liegen läßt und ihn in der neuen Gefährtenschaft der Apostel nicht mehr reizen und locken kann, was ihm bis dahin tägliche Umwelt und angestammte Kumpanei war. Daß er also einen endgültigen Strich zöge zwischen seinem Gestern und Heute, etwa im Sinne jener radikalen Wende eines Paulus: „Ich vergesse, was hinter mir liegt, ich trachte nur nach dem, was ich vor mir habe."

Genau das aber findet nicht statt; denn in einem Atemzug schreibt Lukas weiter: Danach veranstaltete er dem Herrn ein großes Gastmahl – und es waren viele Zöllner da – und der Evangelist scheint das richtige Wort für peinlich zu empfinden – sowie „andere", die mit ihnen zu Tische saßen. Prompt kommt die Reaktion der Pharisäer: Da, schaut euch das an! Diese Gesellschaft, diese „neuen Heiligen", die sich pudelwohl fühlen unter Zöllnern und Sündern, denen es nichts ausmacht, mit ihnen zu schmausen und zu bechern! Und man wird wohl hinzufügen dürfen, die in ihre Lieder einstimmen, und waren es auch nicht Lieder à la song-buch, Psalmen und Hymnen dürften es auch nicht gewesen sein . . .

Ein handfester Skandal in den Augen der Frommen, denn das waren oder wollten sie, die Pharisäer in der Tat sein und Jüngergemeinschaft, die eben erst in die Nachfolge eingerückt, sich und ihren Herrn in Verruf bringt, mit ihrem Aggiornamento ans angestammte Milieu und ihrer unbekümmerten Singsangkoalition damaligen gesellschaftlichen Slums. Die Sache ist für sie, die Tempelgetreuen, schlichtweg skandalös, keinen Deut weniger, als was aus dem Bundeshaus des BDKJ ins Land ging, und Empörung auslöste.

Nur um Himmels willen machen wir aus dieser Bibelstelle jetzt kein billiges Alibi und einen Persilschein für die Redakteure des song-buchs. Alles andere als das! Aber laßt uns ehrlich danach fragen, wo und womit Kirche in solchen Verruf gebracht werden darf und wo nicht! Welcher Art Aggiornamento ihr angemessen, ja aufgegeben ist, und welches ihr nicht ansteht, zumal dann, wenn sie ihren Herrn in ihrer Mitte hat? Anbiederei ist kein Aposteldienst, Kumpanei mit Atheisten und Spöttern kein Erweis, Salz der Erde zu sein. Kirche hat einen Auftrag in ihr Milieu der Zeit, sie hat aber auch den Auftrag, die „Geister zu prüfen, ob sie aus Gott sind". Verbände dieser Kirche, sofern sie in Wahrheit kirchliche Verbände sind und sein wollen, können nicht in Koalitionen eintreten mit jenen „anderen", die anderen Geistes sind, ohne sich und Kirche in Verruf zu bringen, nur vermeiden kann es Kirche nie, in Verruf zu kommen, weil sie inmitten dieser Welt und ihrer Gesellschaft den Lumpengeruch der Chlochards, zu denen sie geht, und die Pomade der Salonlöwen, für die sie genauso gesandt ist, in ihre Kleider aufnimmt. Das empörte „Was, mit solchen tut ihr euch zusammen?" vor der Haustür des Levi wird ihr immer entgegenschallen. Die Frage ist nur, ob sie dann sich mit dem Wort ihres Meisters rechtfertigen kann: „Nicht die Gesunden brauchen den Arzt, sondern die Kranken!" oder sich eingestehen muß, daß sie sich in eine echte, „unheilige Allianz" begeben hat, und sei es nur, sich als up to date zu geben oder in der harmlosen Naivität, man könne Menschen eher mit demselben Maßkrug missionieren als mit dem Kelch der Wahrheit. Versucht dazu wird sie immer und in jeder Generation. Der Versuchung zu widerstehen, ist wesentlicher Teil ihrer Berufung.

Wie Kirche ihre Berufung erfüllt

Um eben diese Berufung aber geht es. Sie beginnt mit dem Herausgerufenwerden aus früherer Sippschaft und Denkart und dem Hineingerufenwerden in eine neue, andere Geistes- und Lebensrichtung. Uns Priester nennt man „Kleriker", ein Wort, das mit dem griechischen Wort vom „Abbrechen" und „Loswerfen" zu tun hat und damit auf das neue Zu-eigen-Sein verweist: „Mein Los und Anteil ist der Herr!" Man darf, ja man muß fragen dürfen, ob solches Los und solche Losung uns noch eigen ist? Das Bundesgesetz des BDKJ von 1947 in Hardehausen hatte noch die klare Losung: „Es lebe Christus in deutscher Jugend!" Wer in den geltenden Verbandssatzungen und programmatischen Aussagen kirchlicher Jugendverbände danach sucht, findet sie nicht mehr. Da wird z. B. im Programm der KLJB erklärt: „Orientierung für die KLJB-Arbeit ist das Wort und Wirken Jesu Christi, das von der Kirche gelebt und verkündet wird." Und ich frage mich und frage Sie, ist Orientierung Nachfolge, ist sie Antwort auf ein Herausgerufensein oder nicht eher unverbindliche Ortung des Herrn der Kirche und einem Evangelium, das eben nicht nur von ihr verkündet wird, sondern zu dem diese Kirche verbindlich sagen kann, wie es gemeint ist?
Genau hier nämlich beginnt die Erfüllung einer Berufung, daß sie uns in die Pflicht nimmt und nicht nur Angebot bleibt, daß sie sich um Nachfolge müht und nicht bloße Kontaktaufnahme bedeutet, daß das Evangelium tägliches Brot ist und nicht

Streuselkuchen, von dem man nascht, weil es in seiner Bergpredigt passable tagespolitische Reizstoffe enthält. Steht der BDKJ und nicht nur er – denn hier ist nun wirklich ein jeder von uns gefragt! –, stehen wir alle, wenigstens in der Willigkeit, unsere Berufung zu erfüllen? Einzig darum darf und muß es gehen, wenn nun ein neues Fragen angeht nach der sog. Autonomie der Verbände, nach der Kirchlichkeit ihrer Gemeinschaft, nach dem, was Jugendseelsorge heute braucht und erfordert und woran wir uns, alt und jung, aufs neue zusammenfinden müssen. Dies vor allem, denn damit ist nichts getan, daß einer den anderen beschwört: „Kehr um!", alles geht um die Bekehrung aller. Und diese geschieht nicht im Auf- und Abrechnen von Versagen und Irrwegen, sondern im gegenseitigen Mutmachen und Helfen, Kirche aus dem Verruf und in eine neu angenommene Berufung zu bringen.
In meinen Augen ist es nicht ganz zufällig, wenn Lukas an die Levigeschichte einige Zeilen weiter den Herrn zitiert mit seiner Gleichnisrede von den alten Flicken auf ein neues Kleid und von dem jungen Wein, der neue Schläuche braucht. Flickwerk heilt und rettet nicht, neue Inhalte brauchen neue Gußformen. Daran werden wir Älteren denken müssen, wenn uns im Generationenwandel so manches zerbricht und wir uns lieber an den „alten Wein" halten als an den jungen. Darauf aber muß sich auch Jugend der Kirche von heute besinnen, wenn sie in ihrer Gärung (und Klärung) um ihr „neues Lied" vor dem Herrn sich bemüht.
Gebe Gott, daß uns – jedem für sich – dies gelingt!

Landesversammlung des BDKJ

Ins Wort genommen
(zu Mk 9, 50)

35 Jahre BDKJ. Pardon, ich weiß nicht, was euch dazu gebracht hat, ein solches Jubiläum anzusetzen. Aber ich könnte mir vorstellen, daß ihr irgendwie gespürt habt, es wäre mal Zeit für eine Pause, für eine Stopstelle auf eurem Weg und in der Hektik der Zeit, in der uns ja allen die Jahre davonfliegen wie Bettfedern in dem ständigen Gerüttelt- und Geschütteltsein der Tagesereignisse. Hinweggeweht und schon kaum mehr auszumachen, wohin sie gekommen sind . . .
35 Jahre Bund Katholischer Jugend. Das weist uns zurück in eine Zeit, die ihr kaum noch vom Hörensagen kennt und in der wir herausgeworfen wurden aus dem großen Chaos wie junge Greise, und trotzdem jung genug, damals '47, uns wieder zusammenzutun, uns, die wir durch die Nazizeit hindurch „trotz Verbot nicht tot" waren und die wir – so damals eine Titelzeile einer ersten Zeitschrift – „nach dem Morgen brüllten".

1947/1982. Darf ich euch ein paar kurze Momentaufnahmen zeigen? Damals fuhr ein junger Landser aus russischer Kriegsgefangenschaft heim. Stierte ausgepowert vor sich hin. „Kamerad", fragt ihn einer: „Du hast viel hinter dir? Was wirst du jetzt machen?" Landser: „Ich such' mir Futter!" – „Gut, das versteh ich, aber wenn du dann dein Futter hast, was dann?" – „Dann such' ich mir noch mehr Futter!" – Und nun 35 Jahre danach? Ihr habt es neulich als Kunsterguß der Noi altri am leeren Beutel hier wiedergefunden: Fressen . . .
1947/1982. Damals – so habe ich es nachgelesen – schrieb einer aus dem Jugendhaus Düsseldorf: „Amerikanische Dichter und östliche Planwirtschaftler lehren uns mehr als die UNO das Aufkreuzen von Kräften, die uns zwar nicht Schauer einzujagen brauchen, die uns aber unserer eigenen Sicherheit ein ordentliches Stück berauben könnten. Und wir wissen, daß wir damit ein Leben lang rechnen müssen, daß diese Kräfte noch viel stärker werden und immer mehr auf uns eindringen (Franz Steber)." – Und nun 35 Jahre danach? Ihr habt es vor ein paar Tagen bei der DEMO, 10. Juni, in Bonn erlebt.
1947/1982. Damals war ich Theologiestudent drüben im Seminar, und ein alter Pfarrer schrieb mir: „Wenn du Jugend gewinnen willst, dann gib ihr eine Arbeit für Gott!" – Und nun nach 35 Jahren kommt ihr und sagt mir als Generalvikar: „Predige uns den Markusvers: ‚Habt Salz in euch und haltet Frieden untereinander!' Denn dieses Wort haben wir uns für heute genommen."
Ich tue es gern, nur laßt mich das klarstellen: Nicht *wir* nehmen uns ein Wort des Herrn, sondern er nimmt uns ins Wort. Und da ist kein Unterschied zwischen 1947 und 1982.

1. *Habt Salz in euch!*

Gott also nimmt uns ins Wort, und dieses Wort – Leitwort eurer 35jährigen Rückschau und Denkpause – hebt mit dem Anruf an: „Habt Salz in euch!" Für unsere Ohren sicher zunächst ein Rätselwort. Was heißt schon in sich Salz haben? Doch nicht, als müßten Christen Sauertöpfe sein, und als junge Menschen noch dazu! Unser ist das Leben, unser die Freude, unser die Lust, nicht der Griesgram und nicht die Bitterkeit. Und ihr habt recht. Wo käme die Welt hin – und unsere Kirche dazu – ohne den Frohsinn der Jugend und ohne die unbeschwerte Lebensart derer, die es den Alten auch zu unserer Zeit in die müden Gesichter geschmettert haben: „Wer wollte aber singen, wenn wir schon Grillen fingen!"
Nein, darum kann es nicht gehen. Nur das andere kommt auch für junge Christen sofort hinzu: Wo käme die Botschaft und Sache Jesu hin, wollte das Salz schal werden, und dieses Salz, das seine Jünger in sich haben müssen, ja, das sie selber sein sollen, meint die Kraft zu Entschiedenheit, die Kraft zur Bewahrung vor Fäulnis und Moder, die Kraft zu reinigen und zur Scheidung von Gift und Fadheit.

Ohne das Salz, d. h. ohne die vom Wort Gottes – und das ist in der Sprache der Bibel das Salz – Erfaßten kann Gutes nicht bewahrt werden, wird Fades nicht genießbar, kann Verderbnis nicht aufgehalten und Fäulnis nicht überwunden werden. Der Christ ist Salz für diese Erde. Ohne seine Kraft bleibt sie nicht heil, ohne seine Frische muß sie veröden, ohne seine Wirkmächtigkeit verkommt sie. Kirche und Jugend der Kirche ist bestimmt als Sauerteig der Welt, nicht als Süßstoff der Gesellschaft, vom Herrn in die Masse gemengt, nicht neben sie gelegt. Wo sie sich absondert, wird sie schales Salz, zu eigenem Verderb. Wo sie aufgeht unter den Menschen, eingeht in ihre Umgebung, erfüllt sie sich selbst.
Darum geht es: Habt Salz in euch, damit ihr das sein könnt und seid! Und darin genau liegt die große Herausforderung dieses Herrenwortes, in das er uns hineinnimmt kompromißlos, radikal, total. Denn wir sollten wahrhaftig nicht übersehen, daß die Sätze vor diesem Salzwort heißen: „Wenn deine Hand dich zum Bösen reizt, hau sie ab! Wenn es deinen Fuß nach dem Gemeinen hinjuckt, hau ihn ab. Wenn dein Auge nach dem Schlechten schielt, reiß es aus! Ein jeder muß mit Feuer gesalzen werden!"
Das gilt es hinzunehmen. Nur dann wird der Anspruch klar und die Scheidung der Geister perfekt. Habt in euch Salz! Daran gibt es kein Drehen und Deuten. Gott nimmt uns ins Wort und sein Wort fragt an und demaskiert zugleich; denn nun heißt es konkret doch wohl nichts anderes: Ist der BDKJ der letzten 35 Jahre dieses Salz gewesen, selbst inwendig auf dem eindeutigen Kurs von Entscheidung zu Gott und dem Guten, und für die Gesellschaft dieser dreieinhalb Jahrzehnte reinigende, heilende und auch geisterscheidende Kraft? Ging aus dem BDKJ Wirkung von Salz der Erde aus, daß die Suppe, die in dieser Zeit gekocht wurde, schmecken konnte – oder ist er selber nur auf der Suppe der Konsummanager und ideologischen Giftmischer mitgeschwommen? Hat er Salz in sich gehabt oder glaubte er eher, man wolle ihm Freude, Elan und Eigenleben versalzen, wenn man ihn aus der Kirche heraus kritisch testete?
Und konkret heißt das heute: Will der BDKJ dabei bleiben, Salz zu sein, d. h. sich von Gott so unbedingt ins Wort nehmen lassen, daß er lieber nach der Axt greift, Glieder abzuschlagen, als daß er vor falscher Anpassung und inwendiger Schalheit selber fade wird, modrig und unnütz vor Gott und der Welt?
Das frage ich euch, weil ihr euch selber in Frage stellt, wenn ihr euch von Gott ins Wort nehmen laßt, und Gott will, daß es beim Salz in euch bleibe!

2. Haltet Frieden untereinander!

Und er will in einem Atemzug seines Wortes in diesen euren Tag hinein, daß unter euch Friede sei. Habt Salz in euch und haltet Frieden untereinander. Auch daran gibt es keinen Abstrich und keine Klammer. Auch damit nimmt er euch voll ins

Wort, und sein Wort – laßt mich wieder einmal Giovanni Papini zitieren! – „kann man nicht bagatellisieren, man muß es radikalisieren".

Damals, 1947, vor 35 Jahren, als der BDKJ entstand, war zu solchem Radikalismus Bereitschaft da. Damals, es war der 15. August 1947, haben 4000 der katholischen Jungen Mannschaft in Passau u. a. proklamiert: „Wir sind bereit, in einem einfachen Leben die Lasten und Folgen des Krieges in gemeinsamer Verantwortung zu tragen. Um den Heimatvertriebenen geistig und wirtschaftlich neue Heimat zu geben, wollen wir den notwendigen Lastenausgleich aus eigener Verantwortung und durch freiwillige Abgaben zuvorkommen. Wir glauben, daß nur von Christus her, von der persönlichen Glaubensbegegnung mit ihm, vom Altar her alle Bereiche des Lebens erneuert werden können." – Friedensdemonstration vor 35 Jahren zu einem Frieden untereinander!

1947 hieß es im Jungführerwerkheft der Diözese Rottenburg: „Jungführer, du hast erkannt, daß du berufen bist, Christus zu künden. In Wort und Tat. Nicht auf einer Insel der Seligen, sondern mitten in zweifelnder Jugend, mitten in einem verzweifelten Volk . . Schau dir die Menschen an. Da schreit es in den Seelen. Da heißt es zupacken und helfen, teilen und tragen. Keiner darf uns so entfernt stehen, daß wir nicht Bruderdienst üben an ihm. Du sollst weniger zur Hilfe aufrufen als verbindlich sein!" – Gemeinschaftsappell vor 35 Jahren! Appell nicht zuerst über die Straßen hinweg, sondern in die eigenen Reihen hinein! Demonstration nicht zuerst mit Megaphon und Transparenten, sondern Aufstand des Herzens mit Tat und Transparenz des Glaubens!

Haltet Frieden untereinander! Gott nimmt uns ins Wort, denn sein Friede kommt nicht von außen, er hebt im Innern an, er bezeugt nicht zuerst die Bosheit der Macht und die Drohung der Gewalt, sondern die Güte des Herzens und den Geist der Gemeinschaft. „Im Haus muß beginnen, was leuchten soll im Vaterland!" (Novalis) und unter uns muß bezeugt sein, wofür wir als Zeugen des Friedens vor der Welt antreten! Ja, dies auch! Dies auch, daß Christen nicht die letzten Nachzügler einer Friedensbewegung in unserer Zeit sein können und dürfen. Dies auch, daß wir anderen das in die Ohren gellen, was uns längst selber durch Mark und Bein gegangen ist. Dies auch, daß wir es noch deutlicher ins Bewußtsein aller bringen, was am Bekenntnistag der Jugend anno '50 proklamiert wurde: „Schaut in die Welt! Obwohl das große Blutvergießen schon Jahre zu Ende ist, hört man nichts öfter nennen als das Wort Krieg. Obwohl es keine Schlachtfelder und keine Bombennächte mehr gibt, liegen sich die Völker gegenüber wie auf Kriegswache, und selbst dort, wo Länder wie Inseln des Friedens im brodelnden Meer der Zeit liegen, ist auch dort der Friede nur wie ein Gast anwesend, von dem man befürchtet, er könnte über Nacht abreisen." So damals.

Auch nach 35 Jahren sind wir noch von Gott ins Wort genommen, aber im Kraftakt der Kehlköpfe heute darf unser Ohr nicht taub werden für seine Stimme, und die

sagt uns, uns zuerst und uns bedingungslos: Haltet Frieden untereinander! Ihr nennt euch „Bund", seid es also auch! Bindet euch zusammen und bindet euch ein in die Mission des Friedens! Eines Friedens, dessen Symbol nicht die Taube Picassos ist, sondern die des Heiligen Geistes! Eines Friedens, der nicht zuerst herbeigelitten, sondern herbeigeliebt wird unter uns, unter Dach und Dachverband gelebter Gemeinschaft. Eines Friedens, der nicht morgen irgendwo über die Welt hin reifen soll, sondern heute bei uns in Reife steht, weil wir ihn leben, vorleben und durchleben.
Nach 35 Jahren BDKJ halten wir Wegpause, um auf Gott zu hören. Und sein Wort ist noch immer dasselbe: Habt Salz in euch und haltet Frieden untereinander! Ihr wollt es für diese Stunde nehmen, Gott nimmt euch in dieser Stunde damit ins Wort. Laßt es in und an euch geschehen, denn nur damit ist Gott mit euch! Mir aber erlaubt als letztes noch ein Wort, das ich auch aus dem Jahre 1947 als das Wort eines Priesters an die Jugend gefunden habe. Es lautet so: „Habt Vertrauen und fangt an! Wir wissen, daß die Wahrheit und das Gute uns nicht kampflos geschenkt wird. Das Gute setzt sich nicht von selber durch, sondern wir müssen darum kämpfen, gegen den Widerstand der Böswilligen oder Gleichgültigen und Faulen und gegen die Trägheit im eigenen Herzen, die das leicht Erreichbare dem wahrhaft Großen vorzieht, das nur durch Opfer gewonnen wird!"

35 Jahre BDKJ in Regensburg

Menschen aufnehmen – Menschen annehmen!

Gottes Wort geht nicht nach dem Kalender; denn Gott ist immer das Heute und sein Wort daher stets in unser Heute gerichtet. Wort in den Tag, nicht „Wort zum Sonntag" nur, sondern ebenso mitten hinein in unseren Alltag. Den Ihren wie den meinen, und darum ist es auch alles andere als eine liturgische Zufälligkeit, wenn eben in diesen Tag, an dem Sie in der Seelsorge für das Hotel- und Gastgewerbe Ihre Tagung beenden, er selbst sozusagen als Resümee Ihres Erfahrungsaustausches und all ihrer Überlegungen sein Wort auf den Weg gibt, das mitten hineinzielt in Last und Liebe ihres Dienstes. Vielleicht waren Sie eben selbst überrascht davon, dies gerade heute zu hören: „Wahrlich ich sage Euch, wer einen aufnimmt, den ich sende, nimmt mich auf, und wer mich aufnimmt, nimmt den auf, der mich gesandt hat." Aktueller, meine ich, kann für Sie Gottes Wort nicht sein; geht es nicht gerade in Ihrem Dienstbereich immer und überall darum, Menschen aufzunehmen, Menschen anzunehmen?

Lassen Sie mich dazu mit Ihnen kurze Besinnung halten!

1. Menschen aufnehmen

Da trifft uns zunächst das Wort vom Aufnehmen. Es ist das Wort, das sich in unseren Hotels wie ein Türschild ausnimmt; Rezeption – Aufnahme. Sachliche Orientierungshilfe für den Ankommenden, in Wirklichkeit Anfang und Inhalt einer Aufgabe, die denen gestellt ist, die in unseren Hotels und Gaststätten Dienst tun. Ob Sie sich wohl bewußt sind, was Ihnen damit abverlangt wird? Aufnahme, das sagt und schreibt sich so leicht, und die schönsten Buchstaben in Gold und Ornamentik können es nicht wegzaubern, was da im Grunde an Zumutung und Herausforderung gestellt wird, von Gott gestellt wird, wenn das alte Wort der benediktinischen Regel gilt, wonach ein hospes tamquam Deus, ein Gast wie Gott aufzunehmen ist, und das Wort gilt: Wer einen aufnimmt, den ich schicke, nimmt mich auf!
Zumutung und Herausforderung steckt darin; denn was hat es in Wahrheit mit dem Aufnehmen eines Menschen aúf sich? Was heißt das, wenn wir so ein Wort nehmen, wie es ist? Dann nämlich geht es doch darum: Wenn ich einen Menschen aufnehme, so muß ich mich diesem voll zuwenden, so sehr, daß in diesem Moment niemand anderer mehr für mich existiert als der, zu dem ich mich niederbeuge, um ihn als den mir Aufgegebenen aufzurichten, an mich heranzudrücken, ihn hochzubringen und dabei zu erfahren, wie schwer der andere ist, welche Last er mir bedeutet, wieviel Kraft er mir abverlangt und wieviel Mühe es mich kostet, ihn bei mir zu bergen.
Sie spüren, das alles ist keine Wortklauberei, es ist die Realität eines Dienstes, in dem all jene stehen, denen wir dabei Mut machen wollen, Sinn schenken möchten für ihren Dienst, um die wir uns als Seelsorger sorgen, eben weil wir wissen, welche Kraft des Herzens und der wahrhaften Menschenliebe es braucht, in solchem Dienst zu stehen. Tag für Tag und für Menschen, die man sich nicht aussuchen kann, von denen man nicht weiß, ob und wie sie sich überhaupt aufnehmen lassen wollen, ob sie nicht eher kaum angenommen, schon dabei sind, sich zu beschweren. Ja, beschweren: denn auch das ist nicht nur Vokabel der Alltagssprache im Gastgewerbe, sondern kraftabverlangende, zuweilen provozierende und resignierenlassende Tageserfahrung. Menschen können es einem schwermachen, einen beschweren, mehr als sich selber jene beschweren, die ohne gespielte Höflichkeit und autogenes keep-smiling immer wieder und je größer die Beschwerde, desto mutiger ihr Ja zu diesem Menschen realisieren sollen.
Aber genau darum geht es im Wort Jesu: Wer einen aufnimmt, den ich ihm zusende, nimmt mich auf, und so gültig Jesu Zusicherung bleibt: Meine Last ist leicht (Mt 11, 30), so unabweisbar ist eben auch, daß es seine Last gibt. Sagen wir

das denen offen, um die wir uns sorgen und denen wir helfend Mut machen wollen, aber helfen wir ihnen auch dazu, Menschen wirklich aufzunehmen und darin ihren Dienst am Herrn zu erkennen!
Hospes tamquam Deus – und dieser Gott, der sein Menschsein seit der Menschwerdung Jesu nicht mehr zurücknimmt, ist es, den es in Wirklichkeit aufzunehmen gilt.

2. *Menschen annehmen*

Aufzunehmen und anzunehmen, wobei dieses Annehmen eher noch schwerer sein mag als das Nur-Aufnehmen; denn dabei geht es nicht mehr nur darum, einen Menschen durch die Rezeption zu geleiten, sondern ihn letztlich in seiner Liebe zu beheimaten. Genau das ist doch das, was der Herr an uns getan hat. Und die Worte des Evangeliums sind ja in der Stunde des Abendmahls gesprochen, in der Stunde also, in der er denen die Füße gewaschen hat, die dann davonlaufen werden, als seien die Jahre ihrer Gemeinschaft nichts gewesen. In der Stunde, in der er die erschütternde Quittung seiner Annahme ausstellt: „Der mein Brot ißt, hat wider mich die Ferse erhoben." Ein Fußtritt also für seine Liebe!
Genau das mutet und traut der Herr uns zu: „Der Knecht ist nicht größer als sein Herr. Selig ihr, wenn ihr das erfaßt und danach handelt!" Und unmittelbar vor diesem Satz steht bei Johannes der andere: „Ich habe euch ein Beispiel gegeben, damit auch ihr einander tut, wie ich euch getan habe!" Hier gibt es nichts mehr zu deuteln und zu drehen. Wir können uns nicht mehr aus seinem Auftrag davonstehlen, ohne uns zu verraten und zugleich ihn zu verraten. Jedenfalls nicht, solange wir uns nach seinem Namen nennen.
Ich denke zurück an die Jahre, in denen ich Arbeiterseelsorger war und einmal mit Arbeitern darüber sprach. In unsere eigene Betroffenheit – Getroffenheit vom Wort Jesu her – stieß es einer aus sich heraus wie einen Aufschrei: „Herr Pfarrer, wenn das so ist, dann ist aber Christsein eine verteufelt harte Sache!" Wie sollte ich's ihm verdenken, nur ich mußte ihm und mir selber sagen, daß es trotzdem dabei bleibt. Wir können uns nicht auf Christus berufen, wenn wir nicht auch dazu bereit sind, einen Fußtritt zu ernten statt eines dankbaren Händedrucks. Und wie oft erfahren das unsere Menschen im Gastgewerbe dreimal eher, daß einer eher „die Ferse erhebt", als dankbar die angebotene Hand zu drücken. Als Fremdenseelsorger in meinem Urlaub habe ich es den Gästen des öfteren gesagt: In eurem Hotel heißt es: Der Gast ist König. Aber benehmt ihr euch auch königlich? Kann ein Trinkgeld denn ersetzen, was ihr gedankenlos am Menschen gefehlt habt. Ihr ruft: Hallo, Bedienung! Aber dieses Es, das ihr ärgerlich und ungeduldig herbeikommandiert, weil ihr dafür ja bezahlt, ist ein Mensch! Kein Es, sondern

ein Er und eine Sie, die euch annehmen und nicht nur abkassieren. Und ich sage es ebenso denen, die in den Lokalen arbeiten: Ruft es nicht in die Küche hinaus: Hallo, Kundschaft ist da; denn der, der sich da zu Tisch setzt, ist keine Kundschaft, er ist immer Kundgabe des Herrn, der unterwegs ist, um von euch angenommen zu werden.

Aufgabe unserer Hotelseelsorge ist es, das einzubringen und ohne Abstrich zu vermelden, so weithergeholt sich das in unserer konsumverrotteten Gesellschaft auch anhören mag und so schwer das konkret einzubringen ist zwischen Hotellift und Speisenabgabe. Alles Gerede von Humanisierung des Arbeitsplatzes ist doch im Grunde nur Geschwätz, solange wir nicht das Ecce homo Christi im Menschen erfassen und bejahen. Human sein ist keine Frage der Etikette, es ist die Anfrage Gottes an uns Christen nach dem Maß unserer Nachfolge Jesu. Nichts anderes!

Menschen aufnehmen – Menschen annehmen: Lassen Sie mich zum Schluß das illustrieren an jener Episode, die uns von unserem Regensburger Pater Lippert, dem einst so bekannten Rundfunkprediger, berichtet wird: Er war zu Gast im Engadin, und als er eines Tages einen steilen Bergpfad hinaufwandert, trifft er einen Schweizer Bauernburschen, der einen anderen Burschen schulterüber aufgenommen hat und mit dieser Last aufwärtskeucht. Lippert spricht ihn an: „Aber Mann, da hast du dir aber eine schwere Last aufgebürdet!" Der Schweizer wischt sich den Schweiß von der Stirn und keucht beinahe beleidigt zurück: „Aber Pater, das isch doch keine Lascht, das is doch mei Bruader!"

Gebe Gott, wir selbst und die Menschen, für die Sie seelsorglich arbeiten, würden darüber nicht schamrot!

Amen.

Tagung der Seelsorge für Hotel- und Gastgewerbe

Bilanz und Brisanz eines Dienstes

Darf ich Sie in diese gemeinsame Stunde unseres Dankes für 25 Jahre Eheberatung in der Diözese Regensburg einführen mit einer kleinen, aber wie ich denke, für Sie und mich zeichenhaften Begegnung, wie sie uns aus dem Leen unseres großen, oberpfälzer Landsmanns P. Peter Lippert erzählt wird? Eines Tages wanderte er in seinen geliebten Engadiner Bergen einen Saumpfad talwärt. Da kommt ihm ein stämminger Schweizer Bergbursche entgegen, gebückt, keuchend unter einer schweren Last. Und diese Last ist ein verletzter, kaum weniger stämmiger junger Mann, den er auf seinem Rücken bergauf schleppt. „Gruezi, Bursch!" – „Gruezi, Pater", keucht der, bleibt stehen und wischt sich den Schweiß vom Gesicht. „Aber, da hast du aber eine schwere Last zu schleppen!" meint der Priester. Der Bursch schüttelt den Kopf, und seine Augen blitzen: „Aber, Pater!" – er deutet auf den Verletzten – „das ist doch keine Last! Das ist doch mein Bruder!" Er holt tief Atem und stapft weiter. Bergan . . .

Ich weiß, daß ich Ihnen diese Geschichte nicht zu deuten brauche; denn sie ist im Grunde Ihre eigene. Es ist die Begegnung, aus der Sie von gestern kommen und in die Sie morgen der Herrgott führen wird. Einen Menschen auf- und anzunehmen, seine Last zu erfahren und die größere jedesmal dazu, die nämlich, dann keinen „Fall" zu behandeln, sondern eben einen Menschen und mehr noch, einen Bruder, eine Schwester. Es ist Ihre Begegnung und Ihre ja neue Bewährung in einem Dienst, für den wir Ihnen vor Gott heute danken und für den Sie mit uns Dank sagen zu Gott; denn woher nähme einer von uns seine Kraft, solche Last aufzunehmen, woher den Mut, ihrer nicht überdrüssig zu werden, und erst recht woher das Unmaß der Liebe, aus der allein Fälle von Menschen zu Gemeinsamkeiten zweier Brüder und Schwestern werden. Woher, wenn nicht von ihm her, der uns selber trägt und erträgt, dem wir uns aufbürden mit all unserer Not und von dessen Liebe wir leben und sind. Darum kommen wir in dieser Stunde zu ihm, zu seinem Kreuz, zur neuen Erfahrung seiner Hingabe für uns und zur Eucharistia, zur Danksagung.

In der Begegnung mit ihm möchte ich Ihnen ein paar Worte sagen zur Bilanz und Brisanz Ihres Dienstes:

1. *Bilanz eines Dienstes*

25 Jahre sind es nun, daß wir in unserer Diözese den Dienst der Eheberatung eröffnet haben. Eine Zahl, die sich so leichthin ausspricht. Aber wer diese 25 Jahre umrechnet – und was läge für Sie jetzt näher? – in Stunden und diese Stunden aneinanderreiht in Ketten von Gesprächen, von Worten gar, wie sie Alltagssprache Ihres Dienstes sind, dem sind Sie mehr. Immer wiegt jedes Wort nach eigenem Gewicht: das wehe Wort, das harte Wort, das schreiende Wort und das hilflos-bittende, das Wort der Verbitterung und das Wort der Verzweiflung, das Wort der Klage und das Wort der Anklage, und Ihr Wort dazu, um das Sie ringen, nach dem Sie suchen, von dem Sie manchmal kaum selbst überzeugt sind, und das Wort des Herrn selber, unter dem Sie als kirchlicher Berater stehen und stehen müssen. Das alles mögen Sie jetzt zusammenzählen und Bilanz machen. Ihre Summe ist immer die einzige und selbe. Sie heißt Not. Not von Menschen. Harte Not, verschwiegene Not, grausame Not, auch gesegnete Not, und immerzu Not, die man nicht mit Geld und Gesetzen, mit Arznei und Apparaturen beheben kann, sondern nur im Annehmen, Mittragen und im Risiko des eigenen Herzens.

Sie sind ihr begegnet durch Jahre hin, und Sie haben es erfahren, was uns eben in der Botschaft des Evangeliums aufgehen mußte: Bethesda ist nicht irgendwo im Heiligen Land. Bethesda, das ist Ihr Büro, Ihr Sprechzimmer, das ist Ihr Zuhause, und Sie können keinen Schritt tun, ohne an den Menschen zu geraten, der inmitten des Ameisenhaufens seiner Mitmenschen allein ist, an dem Unverständnis und Eigensorge vorbeihasten, der weiß Gott wie lange es in sich hineinklagte: Ich habe keinen Menschen, bis Sie ihn ansprachen. Ansprachen, wohl oft mit klopfendem Herzen, weil Sie erst gar nicht wußten, wie schwer seine Last sein würde und nocht weniger, ob Sie sie ihm abnehmen könnten oder wenigstens raten, wie er sie selber losbrächte.
25 Jahre Eheberatung – das ist die Bilanz einer Not, um die wenige wissen und noch wenigere ein Auge haben, es ist auch die Bilanz einer Seelsorge, die sich die Augen des Herrn zu leihen nimmt und den Radikalismus seines Herzens: „Kommt alle zu mir, die ihr beladen und belastet seid, ich will euch aufhelfen!" Für beides wollen wir danken; denn es gibt nicht nur die „begnadete Angst", sondern auch die gesegnete Not, und es gibt nicht nur die Herausforderung des Evangeliums, sondern auch seine Gnade. Wer hätte es nicht erfahren?

2. *Brisanz eines Dienstes*

Aber eben damit hebt neben der Bilanz unseres Dienstes auch seine Brisanz an, und zwar um so bedeutsamer, je deutlicher wir uns an seinem Wort orientieren, von seiner Tat führen und von seinem Geist erfassen lassen. Und gerade dies ist in meinen Augen das entscheidende Kriterium einer Eheberatung der Kirche. Nicht, daß wir auf Psychologie und Gesprächsführungsmethodik verzichten könnten, nicht, daß wir uns womöglich mit frommen Worten vor Unheil und Unrat vorbeistehlen und mit theologischen Formeln und Kirchengesetzen verbarrikadieren möchten, nein, die Brisanz liegt für uns darin, daß wir uns in Wort und Hilfe messen und messen lassen müssen an einer Botschaft wie der im 5. Kapitel des Johannes, das wir eben hörten:
Da ist also so ein Mensch. Hinfällig, hilflos. Über Jahre schon, und niemand hat ihn eigentlich wahrgenommen, niemand sich mit ihm befaßt. Ein Mensch, der so nicht weiterkommt, der andere beneidet, weil sie längst aus der Krise sind. Ein Mensch voller Sehnsucht, auch herauszukommen aus ihr, auch wieder auf die Beine zu kommen, leben zu dürfen und leben zu können ohne Krücken und Krisen. Wer spricht ihn an? Wer nimmt ihn auf? Und mehr noch, wer glaubt mit ihm und über seine schwindende Gläubigkeit hinaus, daß es das Wasser des Heiles gibt, daß es jenen Engel gibt, der es aufwallen läßt, daß es einen Gott gibt, der Menschen wie ihn nicht liegen läßt, sondern leben sehen möchte? Wer?

Sehen Sie, diese Begegnung fängt zunächst auch ganz im Humanen, Mitmenschlichen an, auch damit, daß einer kommt und die erlösende Frage stellt: Was ist mit dir? Und, kann ich dir helfen? (Mein Gott, welche Hilfe kann schon so eine Frage sein, welch ein Geschenk?) Nur, da hört es nicht auf, und da bleibt es nicht stecken. Es kommt die Kühnheit hinzu, es ihm zu sagen: Steh auf! Geh deinen Weg! Und diese Kühnheit ist die Verwegenheit des Glaubens, eines zweifachen Glaubens, des Glaubens an die noch im Abgrund der Verlorenheit und Ohnmacht vorhandene, unausrottbare Kraft der Selbstfindung eines Menschen und seiner unverlierbaren Heilschance, wie des Glaubens daran, daß Gott durch mich den Menschen mit seinen eigenen Untiefen und Unsicherheiten Heil schaffen kann und will.

Brisanter kann es für den Christen, der sich aufmacht zum angeschlagenen Menschen, nicht sein: Realistisch-nüchtern eine Diagnose zu stellen und optimistisch-gläubig eine Diagnose zu vollziehen, ich meine jetzt Diagnose im Ursinn dieses Wortes, nämlich nicht nur hinzusehen, anzusehen, sondern durch-zu-sehen, durch den Klienten hindurch, bis sich aus dem Schutt seines Lebens diese unverlierbare Würde und Annahme durch Gott abzeichnet, und durch seine Situation, ihre Nebel und Finsternisse hindurchzusehen in die Gewißheit des Glaubens, daß Gott das Sakrament einer Ehe eben nicht annulliert und die Bestimmung einer einmal in ihm besiegelten Liebe nicht einfach aufgehoben hat, sondern aus dem letzten zuckenden Funken noch Licht schaffen kann.

Eheberatung im Bethesda unserer kirchlichen Stellen wird so nicht nur zur Herausforderung herzhafter, sehender und tätiger Hilfsbereitschaft, sondern in einem auch zur persönlichen Herausforderung der Helfer durch Gott. Daß sie alle und zu jeder Zeit sich dieser Herausforderung zu stellen die Kraft und in solcher Herausforderung selbst wachsenden Glauben gewinnen möchten, das ist mein Gebet in dieser Stunde für Sie alle. Dies um so mehr, als ja auch Sie selber als Helfende und Ratende wohl nicht selten die Bahre wechseln, auf der die Not klagt: Ich habe keinen Menschen! Wer hilft mir auf und weiter? Wer nimmt sich meiner an? Wer, wie Paulus gesteht, um der Liebe Christi willen „mit Weinenden weint" und „um der Schwachen willen schwach wird", braucht unser Gebet.

Ich habe Sie zu Beginn hineingenommen in eine Begegnung, in ein Gleichnis des Lebens. Wer Menschen aufnimmt, erfährt, wie schwer solche Last sein kann, aber wo die Last die eines Bruders wird, wird auch eigene Kraft zur Schwester göttlichen Vermögens. Dies zu erfahren, ist eine der großen Freuden, die jedem von uns geschenkt werden, der in Gottes Namen und Auftrag in das Gebirge menschlicher Probleme, Gefährdungen und Hilflosigkeiten geht. Seit 25 Jahren sind solche Lastträger Gottes in unserer Diözese nun unterwegs. Wir können keine Bilanz unserer Erfolge aufmachen; denn „der Erfolg ist keiner der Namen Gottes"

(M. Buber), aber wir dürfen danken für die Bilanz, in der Gott – und nur dies ist letztlich wichtig – Ihre Dienste, Ihr Gutsein, Ihren Rat und Ihre Zuversicht eingetragen hat. Ja danken! Wir wollen es jetzt tun!

25 Jahre Eheberatung

Gesellentag 1933: Nachfrage und Anfrage

(Lesung: 1 Joh 4, 1–6; Evangelium: Lk 12, 1–10)

„Im Leben ist Vergessen nicht die letzte Tugend." So sagt es ein Sprichwort aus. Nur, trifft es wirklich die Wahrheit? Wäre dem so, dann müßte euch Kolpingsöhnen an diesem Abend, mit dem ihr den Gesellentag von 1933 aus dem Vergessen zurückruft, eher ein Vorwurf denn eine Dankabstattung gemacht werden. Denn in der Tat gibt es ja nicht wenige – und sie stehen nicht nur außerhalb der Kirche –, die man beinahe nervös macht, wenn man an das Jahr 1933 erinnert und an die darauffolgenden Jahre. Mitbürger und auch Mitchristen, die lieber das Vergessen und einen „Schwamm darüber" hätten als die neue Konfrontation mit unserer unbewältigten Vergangenheit . . .
Also ist Vergessen doch nicht die letzte Tugend? Nein, ich halte es eher mit dem Gegenteil: Im Leben, und, vor allem der Gesellschaft wie der Kirche, ist Vergessen eher das erste Laster. Wir können uns einfach nicht aus dem Gestern wegstehlen oder es lediglich in Akten archivieren? Wie sollte sonst unser Heute und unser Morgen Orientierung und Impuls bekommen. Und darum danke ich euch vom Bezirksverband Regensburg unserer Kolpingfamilie, daß ihr uns an jenen 8. Juni 1933 erinnert, daß ihr jenen dramatischen Gesellentag von München ins Rampenlicht des heutigen Tages rückt und uns alle damit zwingt, statt den Schleier des Vergessens darüber auszubreiten, den Vorhang der Verschleierung anzuheben. Damit aber wird diese Gedenkstunde – auch am Altar! – für uns zur intensiven Nachfrage ins Gestern und zur bedrängenden Anfrage ins Heute.

1. Nachfrage ins Gestern

Der Altar ist kein Katheder und ein Predigtpult keine politische Tribüne. Darum ist es nicht an mir, die Ereignisse des Gesellentages 1933 zu berichten, und auch nicht, sie politisch zu münzen. Hier stehen wir im Anruf des Wortes Gottes und haben allein Stimme der Kirche zu sein. Der Anruf Gottes aber ist der unserer Lesung aus dem Johannesbrief: „Prüfet die Geister, ob sie aus Gott sind!", und er gilt für 1933 nicht anders als für 1983. Der Anruf Gottes ist das Wort des Herrn,

wie wir es uns eben neu sagen ließen: Wer mich vor den Menschen bekennt, den wird auch der Menschensohn vor Gottes Engeln bekennen. Und auch er gilt heute, wie er vor 50 Jahren galt. Und die Stimme der Kirche darf ich mit einem Wort Adolf Kolpings verlauten: „Die Wahrheit kann bekämpft, aber nicht überwunden werden. An uns nur ist es, nicht mit den Wölfen zu heulen, den politischen und sozialen Irrwischen uns als Schweif anzuhängen, sondern treu zur Fahne unseres Glaubens zu stehen, mutig in Tat und Wort zu bekennen, wessen Geistes – ich sage, welcher Mutter! – Kinder wir sind und im christlichen Glauben nicht zu ermüden. Je bedrängter die Zeiten werden, um so größer wachsen tüchtige Herzen, und niemals ist das Christentum auch öffentlich näher am Sieg, als wenn es in Opfern sich gleichsam erschöpfen muß." Was Kolping 1864 schrieb, war auch für 1933 gesagt und gilt ebenso 1983.
Aber in dieser Stunde stellt sich die Nachfrage an Kolping, an die jungen Menschen von damals, ins Jahr 33 hinein, ob der Anruf Gottes und diese Stimme der Kirche ankam. Ob und wie darauf reagiert wurde? Was uns von jenem ersten Deutschen Gesellentag berichtet wird, ist eine großartige Bekundung von Glaubensgehorsam, von Kirchentreue und Bekennermut. Sicher, damit wollen wir nicht einfach glorifizieren. Auch 1933 gab es Mitläufer, meinetwegen auch Verräter. Da gab es auch solche, die rasch ihr Fähnlein nach dem Wind drehten, und von jung und alt Heraushalter und Aussteiger. Das ja, aber dagegen standen die Hunderttausende junger Katholiken unserer Bünde, nicht zuletzt der Kolpingfamilie, die widerstanden, die wie an jenem 8. Juni in München auch unter Schlägen und Prügeln „stolz waren, für den Namen Jesu Schmach zu erleiden", junge Menschen, die sich ihr Banner wie ein Hemd um den Leib wickelten – und das war mehr als ein Trick wider die SA, sondern ein Symbol!, Zeichen der Leibhaftigkeit ihrer Treue und ihres Glaubens.
Nur, das ist zu wenig, daß wir es nach 50 Jahren in Erinnerung bringen, daß wir davon mit Stolz, noch mehr mit Dankbarkeit und sicher auch mit heutiger Verlegenheit erzählen. Es gilt nachzufragen, woher diese jungen Menschen damals ihre Zeugniskraft hatten, wovon sie geprägt waren und womit sie widerstanden. Und dies angesichts der Tatsache, daß sie damals weiß Gott nicht in einer windstillen Zeit lebten: Millionen Arbeitslose, politische Kämpfe mit Terror und Gewalt, innerhalb der Kirche Spannung zwischen den vorandrängenden Kräften der liturgischen Bewegung und dem kirchlichen Amt, Weltanschauungsdifferenzen und Gewerkschaftsstreit. Das war auch da, und trotzdem das, was der Gesellentag 33 offenbarte. Woher also dieser Elan, dieses Zeugnis?
Ich kann die Antwort nur in Stichpunkten geben und Sie bitten, darüber nachzudenken und darüber zu sprechen: Es war die Frucht beseelender Arbeit der Priester und Präsides in den Verbänden und die herzhaft aufgegriffene Liebe der Jugend zur Kirche und Heimat. Es war der Stolz einer jungen Generation, Jugend

dieser Kirche zu sein, und ihr Protest zugleich wider die getarnte wie offeneVerideologisierung der Gesellschaft von links wie von rechts. Es war ein Freiheitswille junger Christen, der aus ihrem Leben mit der Kirche wuchs, nicht aber der Kirche entgegen. Und es war in meinen Augen zumal die Entfaltung einer Gewissensverantwortung, die das Evangelium nicht im Mund, sondern im Herzen hatte. Wer die Berichte derer, die 33 in München mit dabei waren, liest, erspürt das Zeile um Zeile, und alle Nachfrage ins Gestern weist in diese Richtung.

2. *Anfrage ins Heute*

Zugleich aber wird solche Nachfrage ins Gestern zu einer ungestümen Anfrage in unser Heute herein. In einer katholischen Jugendzeitung wird z. Zt. die Frage an junge Menschen dieser Zeit gestellt: Wäre Hitler auch heute möglich? Die Antworten der Leser sind vorsichtig optimistisch. Möglich kaum, oder vielleicht doch? Ich weiß nicht, was ihr für eine Antwort habt, ich weiß nur, daß ich Sorge habe, und wenn ich vorhin meinte, der Altar sei kein Katheder und eine Predigt keine politische Tribüne, so möchte ich jetzt zuerst voranstellen: Der Altar ist kein Tribunal und eine Kanzel kein Richterstuhl. Es geht mir nämlich nicht darum, nun Klage und Anklage zu erheben, und nicht darum, anzuprangern oder bloßen Pessimismus zu machen. Nur die Fragen, die ich offen anspreche, kann und will ich nicht unterdrücken.

Ich frage: Gilt der Anruf Gottes, die Geister zu prüfen, unter uns noch, oder sind wir satte Schlagwortwänste geworden und Parolenrecorder unserer Medien?

Ich frage: Gilt der Anruf Gottes noch, daß es uns aufgegeben ist, ihn vor den Menschen zu bekennen, oder sind wir auf Tauchstation gegangen mitsamt unserer christlichen Botschaft und Überzeugung?

Ich frage: Gilt die Stimme der Kirche nach Adolf Kolping noch, es sei an uns, nicht mit den Wölfen zu heulen und uns nicht den politischen und sozialen Irrwischen als Schweif anzuhängen, oder verraten uns so manche Resolutionen aus unseren Jugendverbänden heute nicht eher als Schwanzwedel ideologischer Marktschreier und pseudodemokratischer Breschergruppen?

Ich frage: Leben und handeln katholische Jugendverbände heute aus Liebe zur Kirche oder nicht eher aus geistiger Distanz zu ihr, ist ihr Verhältnis zur Kirche eher ein Gegenüber als ein Mit- und In-ihr?

Ich frage: Ist die heute so nachdrücklich geforderte und mit Krallen und Klauen verteidigte Autonomie der Verbände nicht doch da und dort eher eine Antinomie zum Amt in der Kirche?

Ich frage: Auch wenn die Zeit weitergeschritten ist und Banner nicht mehr das bedeuten, was beim Münchner Gesellentag fast wie ein Heiligtum gehütet wurde, wieso wurde daraus eine verständnislose Verschämtheit?

Ich frage: Wogegen und wofür wird heute protestiert und mit welcher inneren Glaubwürdigkeit strapaziert man jetzt die Bergpredigt?

Bitte, versteht mich nicht falsch, ich stelle solche Anfragen in unser Heute nicht, um anzuklagen oder diesen oder jenen kirchlichen Verband zu attackieren, nein, ich gebe diese Frage, an alle weiter, die heute nach dem Ort unserer Verbände in Kirche, Staat und Gesellschaft fragen, und an alle, die in dieser Zeit sich fragen, wie konnte es damals zu Hitler kommen und könnte es morgen nochmals geschehen. Nur darum geht es mir; denn, wie ich eingangs meinte, Vergessen ist hier das erste Laster und nicht die letzte Tugend, und ich füge hinzu, Gedankenlosigkeit ist zu jeder Zeit Wegbereitung des Übels.
Als Christen bleiben wir der Prophetenanfrage „Wächter, wie weit ist die Nacht?" die Antwort schuldig. Als Volk Gottes unterwegs können wir nicht einfach durch die Zeit trampen, ohne in Rastpausen wie dieser Stunde auf den uns mitgegebenen Kompaß zu schauen, und dieser Kompaß ist Gottes Wort, ist die Lehre der Kirche, ist unser geformtes Gewissen, mit einem Wort, unser Christsein.
Laßt mich mit einem Wort des Gesellenvaters Kolping schließen. Er hätte es damals am 8. Juni 1933 den aus einem gesprengten Gesellentag Enttäuschten oder Verwirrten sagen können und er spricht es gültig auch in diese Stunde hinein. Es lautet so: „Was in der Zukunft kommt, weiß bloß unser Herrgott und soll uns deshalb gar nicht allzu sehr erschrecken. Sorgen wir nur, daß wir selbst keine Schuld an dem Unglück in der Zukunft haben. Sehen wir nur scharf auf die Gegenwart, damit wir uns diese christlich zu Herzen nehmen und darin tun, was recht ist."

Gedenktag der Kolpingfamilie Regensburg

In Dienst genommen
(Joh 6, 16–21)

Das ist wohl für jeden, der sich vom Herrn in den Dienst genommen weiß, dasselbe. Gleichviel, ob dieser Dienst der Auftrag aus einem Weihesakrament ist oder eine Sendung, die schlichtweg aus unserer allgemeinen Berufung als Christen kommt: Immer erleben wir, wie mit der Zeit auch hier das Alltägliche, ja Allzutägliche uns in Beschlag nimmt und uns damit oft unmerklich wegführt von der Stunde, in

der wir uns förmlich angerufen wußten und unser Ja der Verfügbarkeit gegeben haben. Immer aber – und das ist die Gnade unseres Dienstes – überkommt uns dann doch wieder jene tiefe Unrast und Ungemütlichkeit, die uns selbst in Frage stellt und uns damit fragen läßt, rückfragen nach dem Eigentlichen und dem Unmittelbaren. Soviel auch der Dienst im Herrn zu Gewerkel werden kann, ob wir wollen oder nicht, stoßen wir doch immer wieder auf die unausweichliche Notwendigkeit, uns über das Werk, für das wir bestimmt sind, zu orientieren, d. h. unseren Standort zu bestimmen und uns auszuorten an den gültigen Positionen, die uns vorgegeben wurden.
Diese Vorgabe ist das Wort Gottes. Und ich meine, die beiden Abschnitte aus der Apostelgeschichte und dem Johannes-Evangelium, die uns in der Tageslesung eben in Erinnerung gebracht wurden, könnten sozusagen wie die Schnittmuster dessen sein, an denen wir den Zuschnitt unseres Auftrags und Dienstes neu entdecken können: Unsere Befindlichkeit und unsere Verbindlichkeit oder, wenn ich es anders nennen soll: Unser Risiko und unsere Pflicht. Lassen Sie mich also versuchen, beides an dem, was uns da gesagt wurde, zu erhellen; denn gerade in Ihrem Zusammensein, in Ihrem Austausch an Nöten und Erfahrungen und in Ihrem neuen Nachfragen nach Ziel und Weg Ihrer helfenden Beratung für die Menschen in der Vielfalt ihrer ehelichen Belastungen und Krisen braucht es für den, der da raten und helfen soll, eigene Ratsuche beim Herrn und eigenes neues Eingehen auf seinen Willen.

1. Unser Risiko

Da haben wir aus dem 6. Johannes-Kapitel die bewegende Szene auf dem nächtlichen See gehört. Man muß dem Evangelium wirklich keine Gewalt antun, wenn man die Bildhaftigkeit dessen, was da berichtet wird, in die Transparenz zeitlosen Jüngerschicksals überträgt. Immerhin heißt es ja einmal in der Schrift, daß alles, was geschrieben ist, uns zum Gleichnis gegeben sei. Und das Gleichnis hier? Wie weist es über die lokale Stunde der Bootsmannschaft hinaus, welche Konturen zeichnet es ab für all jene, die auch nach 2000 Jahren auf der stürmischen Überfahrt sind und zu neuen Ufern gelangen wollen?
Ein Satz läßt uns sofort aufhorchen: „Es war schon dunkel geworden, ohne daß Jesus hinzugestoßen wäre." Ist nicht eben dies unsere Situation? Wieviel dunkle Unergründlichkeit ist um uns, erleben Sie in Ihren Sprechzimmern, breitet sich über die Menschen aus, für die wir da sind und in die wir doch nicht letztlich hineinschauen können? Wir beherrschen sozusagen die Bootsgriffe wie die Jünger dieser Nacht, wir sind wie sie keine Neulinge im Umgang mit der Untiefe und den Abgründen eines Menschen, die tiefer sind als der See von Kapharnaum. Sie

wissen es möglicherweise aus Ihrem Dienst noch mehr als der Priester. Aber es ist dunkel. Immer tasten wir irgendwie im Nichtzugänglichen, im Unauslotbaren von Schicksalen und bei aller erlernten Technik von Gesprächsführung und Erschließung der Zugänge im letztlich Undurchdringlichen und Unerschließbaren. Das ist unsere Not, es ist unsere belastende Dunkelheit, in der wir zwar wissen, daß unser Kurs auf den Herrn, seine Wahrheit, sein Gebot, seine Gnade hin ausgerichtet ist, aber es eben nicht erleben, daß er dann merklich zu uns stößt. Im Gegenteil, wir entdecken immer neu und immer bedrängender unser Risiko, in das wir uns eingelassen haben: Für ihn und auf ihn hin zu rudern und doch, wie es scheint, ohne ihn auskommen zu müssen.

Er sitzt nicht als Steuermann und Orter mit uns im Boot. Er gibt uns nicht aktuell Takt und Richtung an. Er läßt uns allein. Uns so oft ratlose Ratgeber, die in seinem Namen agieren und doch dabei eben nicht von seiner Kirche her, von den Theologen und Priestern konkrete und aktuell hilfreiche Kursanweisungen von Steuerbord erhalten, sondern selber durchzufinden haben und dabei doch seinen Kurs einzuhalten. Und selbst dort – ich nehme das Bild des Evangeliums auf, wo seine Umrisse, wo er selbst sich dann zeigt, sieht es so aus, als sei er eben *über* den Wassern, unberührt also von der bewegten und uns bewegenden Risikomisere. Ja, zuweilen eher unsere Beklommenheit, ja Angst mehrend als sie behebend. Oder ist nicht das in Ihrem Dienst das eigentlich Beschwerende, daß Lehre und Haltung seiner Kirche sich so ausnimmt, als sei sie eben nicht Teilhabe an der von Ihnen erfahrenen Nöte, sondern darüber erhoben und erhaben, weltfremd und situationsentlegen? Umsonst, wie es scheint, die Ausschau nach unmittelbaren Weisungen, nach konkreten Richtungsweisungen und Kompaßhilfen?

Wie gern würde unsereiner, wie es in unserem Text von den Jüngern heißt, ihn ins Boot nehmen. Nur, er steigt nicht zu.

Und doch geschieht jenen auf der wogenden See dann dasselbe, was wir dabei nicht minder erfahren dürfen: Trotzdem gelangen sie (und wir), wie es dann heißt, „im Nu an das feste Ufer, auf das sie zustrebten". Der Herr muß nicht im Boot sein, aber weil er in Bootsnähe ist, wird das Ganze kein zielloses und ergebnisloses Bemühen. Es geht festem Grund entgegen, auf dem man buchstäblich Boden unter den Füßen hat. Oft genug, wie es jenen geschah, eher, als man es vermutet, und überraschender, als man es erwarten konnte. Das Entscheidende ist nur, daß man dies riskiert, daß man ihn im Auge behält und sich seiner Nähe bewußt bleibt. Und daß wir dabei bleiben, eindeutig und kompromißlos, daß immer nur er selbst der einzige Grund, jenes alleinig feste Ufer ist, auf das wir mit denen, die wir zu uns ins Boot unserer Beratung genommen haben, überfahren wollen und müssen. Auch für die bedrängten und aufgewühlten Ehen und Familien gilt, daß er allein der stabile Grund ist, auf dem sich bauen läßt, und immer Christus das „feste Ufer", an das es anzulanden gilt, wenn überhaupt es Neuland von Hoffnung und neuem Tag geben soll. Dies aber gilt uns zuerst; denn „wer vom Ziel nichts weiß, kann den Weg nicht haben" (Morgenstern).

2. *Unsere Pflicht*

Damit aber sind wir schon bei dem anderen Aspekt unseres Dienstes, dort, wo es um unsere Pflicht den Menschen gegenüber geht, wie sie in der 1. Lesung aus der Apostelgeschichte sich abzeichnet. Die uns hier geschilderte Situation hat ebenfalls einiges von Aufgewühltheit und spannungsvoller Geladenheit in sich: Kaum hat sich die junge Kirche konstituiert, kaum wächst sie in die Breite nach Art und Zahl der Menschen, die zu ihr stoßen, da beginnt auch die Problematik sozialer Unterschiedlichkeit, die Unruhe darüber, was denn nun vorrangige Pflicht derer sei, die sich vom Herrn in Pflicht genommen wissen, da meldet sich die Dringlichkeit an sowohl der Verkündigung wie der leibhaften Sorge um die Menschen und mit ihr die uns wahrlich nicht unbekannte Alternativfrage, worin denn nun der Auftrag von Kirche bestehe: Darin, daß Menschen die Botschaft Gottes hören oder daß die unter der Botschaft Stehenden sich als soziale Täter des Wortes erweisen.
Es ist das Entweder-Oder, über das bis in unsere Tage herein so lebhaft diskutiert wird: Kirche, die als Heilsgemeinde für das Lob Gottes da ist, oder Kirche, die als Notgemeinschaft für die Hilfe bestimmt ist; Kirche der Wahrheit oder Kirche der Liebe; Kirche des Chorals oder Kirche der Caritas?
Sie wissen, daß diese Alternative falsch ist, und die Urgemeinde wußte es nicht minder. Es gibt nicht das Entweder und Oder, sondern nur das Sowohl-als-Auch. Immer muß Wahrheit in die Welt vermeldet werden, aber stets auch Zeugnis der mitmenschlichen Hilfe geschehen, und dies – das sagt uns die Apostelgeschichte – zwar grundsätzlich von allen, aber nicht nur von denselben. Also gibt es die Verteilung der Dienste. „Es ist nicht angebracht – ‚so die Zwölf' –, das Wort Gottes zurückzustellen, um sich dem Dienst an den Tischen zu widmen. Seht euch nach Leuten aus eurer Mitte um, die sich dieses Dienstes annehmen!"
Dabei läßt uns eines in diesem Bericht aufhorchen: Ausgelöst wurde die Diskussion aus der – wie es heißt – Verstimmung der Hellenisten gegen die Hebräer, d. h. aus nationalen Differenzen, aus der Unterschiedlichkeit von Auffassungen über das Gesetz und daraus resultierender Lebensweisen. Die Hellenisten waren irgendwie die „Gesetzesfreieren" gegenüber den Juden, die noch in der Enge des mosaischen Rituals und Codex geblieben waren. Das Erstaunliche nun ist, daß – nach den Namen der sieben Erstgewählten, die man Diakone nannte, zu schließen – samt und sonders Hellenisten gewählt wurden,

eingeschlossen jener Nikolaus, der eigens als Proselyt, d. h. als ins Judentum übergetretener Heide, aufgeführt wird. In einem allerdings spielt für ihre Wahl weder Herkunft noch Abstammung eine Rolle. Jeder muß, wie der Text sagt, „erfüllt sein vom Heiligen Geist und von Weisheit".

Es geht also um ein Zweifaches: Einmal darum, daß echte, gerechte und vorurteilslose, mitmenschliche Hilfe geschieht, und zum anderen darum, daß diese geleistet wird von solchen, die sich dabei nicht nur von, wie wir heute sagen würden, humanitären Grundsätzen bestimmen lassen, sondern vom Heiligen Geist, d. h. aus ihrer urpersönlichen Weisheit verfügen, d. h. daß sie das besitzen, was Thomas von Aquin als Klugheit so umschreibt: Klug ist, wem die Dinge schmecken, wie sie sind!

Hier ist in meinen Augen auch die Pflichtumschreibung für uns und für Sie in Ihrem Dienst vorgegeben: Wir sind unterschiedslos für alle da, aber für jeden aus dem Geist Gottes heraus und mit jenem nüchternen, realen Blick für die Wirklichkeiten, der zunächst vorurteilslos annimmt und so annimmt, wie es ihm Gott zuführt. Das spricht sich leicht aus. Jeder von uns weiß, wie schwer dies in der Praxis ist; denn damit verbleiben wir stets in der Spannung von göttlicher Führung und Einbindung wie realer, sachgerechter Urteilsfindung und Hilfe. In der Kirche ist dies jedenfalls nach der Apostelgeschichte von Anfang an aufgegeben, und wir haben keinen Anlaß, darüber unglücklich zu sein oder uns überfordert anzusehen. Im Gegenteil, denn beides widerspricht sich nicht. Derselbe Herr, der uns seinen Geist verheißen und gegeben hat, hat uns auch unser Menschsein erhalten wollen und zugebilligt. Auch Ihnen in Ihrem Dienst am Menschen. Sie dürfen nicht nur, nein, Sie müssen in menschlicher Weisheit, d. h. in nüchterner Sachgerechtigkeit helfen, aber sachgerecht ist eben für den Christen nur das, was auch der Sache Jesu entspricht.

Weil dem so ist, mag es Mißverständnisse geben, auch zuweilen Schiefheiten, ja argwöhnische Bosheiten wider unsere Eheberatungsstellen – und ich habe mich vor kurzem, wie ich hoffe, dazu deutlich geäußert. Nur, Sie dürfen sich nicht verwirren und entmutigen lassen. Solange Sie ehrlich auf Gottes Geist hinhören und gründlich nach dem Maß Ihrer Einsicht und Klugheit vorgehen, so lange sind Sie in der Spur, die uns hier aus der Urgemeinde vorgezeichnet ist. Lassen Sie sich nicht verwirren und verunsichern! Auch Ihre In-Dienst-Nahme war nicht von ungefähr; sie stammt aus dieser Bestimmung der ersten Sieben der Urkirche.

Eingangs meinte ich, daß jeder von uns, gleichviel, in welche Art des Dienstes ihn Gott genommen hat, seine Gefährdung erlebt, in die Alltäglichkeit des Werkelns zurückzugleiten, und jeder erfährt es ebenso, wie not es tut, zuzeiten sich rückzuorientieren an die Ausgangspositionen, die der Herr vorgezeichnet hat. Lassen wir das Wort Gottes, wie es uns an diesem Morgen aus der Liturgie geschenkt wurde, zu solcher Rückorientierung werden, und nicht nur das, lassen wir es zur Ermutigung werden für unser Morgen, in dem wir mit den uns aufgegebenen Menschen das Risiko aller Dunkelheit und Unsicherheit wagen, um das feste Ufer zu erreichen, an dem Gott uns erst recht in Pflicht nimmt; denn „es gibt keinen schöneren Dienst, als Gottes Gehilfe zu sein zur Rettung der Menschen" (Dionysius).

Tagung der Eheberater

Inmitten einer heillosen Welt?

Leben wir wirklich in einer heillosen Welt? Wer kann einer solchen Frage ausweichen, und das gerade hier auf dem Hussitenbirl? Mag schon mehr als ein halbes Jahrtausend über diese Höhen hin vergangen sein, immer noch gellen die Todesschreie durch die Wälder und rötet das Blut der Gefallenen die Erde hier oben. Erinnerung an eine heillose Zeit vor 550 Jahren und schmerzliche Fortschreibung einer Geschichte, in der seitdem kaum eine Generation nicht die gleiche Not und Bedrängnis durchzustehen hatte bis herein in die jüngsten Tage, in denen ein einziger Schuß eines Sowjetrussen 269 Menschen in den Tod jagt und eine Welt nach Genf starrt, ob nicht tausendfach größere Heillosigkeit über sie hereinbricht; denn welchen Vergleich hält jener 21. September 1433, als der wackere Pfleger von Waldmünchen mit seinen Mannen samt ihren eisenbeschlagenen Dreschflegeln, ihren Äxten und Sensen die hussitische Wagenburg auf diesem Hügel erstürmten, schon aus gegen eine atomwaffenstarrende Welt und die Todesmaschinerie unserer Zeit?
Leben wir also wirklich in einer heillosen Welt, in der kein Appell an die Vernunft und noch weniger der Friedensschrei von Millionen etwas auszurichten scheint, nur die Drohung und Angst, das Gleichgewicht des Schreckens und die Balance von atomaren Sprengköpfen? Gibt es wirklich nichts, was dagegen Kraft hat? Nichts, was Zeichen des Heiles setzen könnte in alle Bedrängnis? Da erreicht uns über fast 2000 Jahre her an diesem Morgen am Altar das Wort des Apostels Paulus, mitten aus seiner Gefängnishaft und im Angesicht des Todes: „Brüder, zu allererst fordere ich auf zu Bitten und Gebeten für alle Menschen, für die Herrscher und für alle, die Macht haben, damit wir in aller Gottzugewandtheit und Rechtschaffenheit ungestört und in Frieden leben können. So nämlich ist es recht und angenehm vor Gott, unserem Retter, daß alle Menschen heil werden." Ein fast makabres Gebet aus dem Knast, eine schiere Provokation mitten in unsere Heillosigkeit hinein. Beten – als ob Gebete mächtiger wären als Pershing-II-Raketen und fromme Hilferufe mächtiger als Kriegsgebrüll und Haßovationen! Doch, sie sind es und darum feiern wir das Opfer Christi hier auf dem

blutgetränkten Boden des Hussitenbirls, darum geht es uns hier oben nicht um eine spähistorische Siegesfeier, sondern um die Welt und den Menschen dieser Zeit, um Gebet für den Frieden und um das, was uns Geschichte lehren kann ins Hier und Heute. Und was ist es?

1. *Den Glauben lieben*

Das erste ist, den Glauben lieben. Als vor 50 Jahren hier für die tapferen Männer von 1433 dieses Denkmal errichtet wurde, schlug man die Worte in den Stein: „Euch Helden, die Glauben und Heimat liebten." Ich weiß nicht, ob anno '33, ausgerechnet in dem Jahr, als eine neue „Götterdämmerung" über Deutschland am Hereinbrechen war, ob damals unsere Eltern sich so ganz klar waren, was sie hier in Stein meißelten. „Die den Glauben liebten . . ." Ob sie daran dachten, daß eben zu jener Zeit der Hussiteneinfälle die Not des Glaubens so groß war wie die Not aus Brandschatzung und Verwüstung unserer Oberpfalz. Im Konzil zu Konstanz brandete die erste Welle der Reformation wider die Kirche, und der Kardinallegat beschwor den Papst zu Rom: „Wenn das Konzil nicht hilft, gegen die Verwilderung des Klerus vorzugehen, so werden die Völker aufstehen, die Geistlichen totschlagen und glauben, damit ein gottgefälliges Werk getan zu haben. Der sittliche Verfall kommt keiner Zeit gleich." Und genau vor dieser Kulisse findet Hiltersried statt: Um des Glaubens und einer solchen Kirche willen, stehen die Menschen dieser Gegend zusammen mit ihren Pfarrern auf wider die wilden Ketzer, weil sie „den Glauben liebten", wie man ihrem Andenken beifügt. Kirche ist immer inmitten der Welt. Ist es eine heillose Welt, wie sollte sie, die Kirche, nicht auch davon betroffen sein? Darum gibt es nicht nur ein Leiden an und in der Welt, sondern auch ein Leiden an und in der Kirche. Immer und immer wieder, und beide Leiden sind eine Herausforderung an die Menschen, an jene, die friedvoll in dieser Welt leben möchten, wie an jene, die mit und als Kirche ihren Glauben lieben wollen. Damals wie heute. Und immer ist es ein Trotzdem-Lieben, ein Gerade-erst-recht-Glauben.

Daran ändert sich nichts, auch nicht in dieser Zeit. Auch heute leiden Menschen an der Kirche, auch heute fällt es nicht weniger schwer, einen Glauben zu lieben, der sie eher verwirrt als befreit. Wer möchte es leugnen? Nur, solange einer an der Kirche leiden kann, liebt er sie auch, und das erfahren wir heute nicht anders als damals. Dafür danke ich euch, die ihr um diesen Altar versammelt seid; denn immer noch ist es so, daß „die, die beten, mehr tun als die, die kämpfen, und daß die Welt heiler wird durch Gebete als durch Waffen" (nach Lord Patton). Immer noch ist es der Glaube, der, von der Kirche verkündet und vor allem in und durch sie in der Welt gelebt, die Angst besiegt und Hoffnung schafft wider alle

Resignation und Verzweiflung. Immer noch und für jede Zeit, auch für die unsere, sind es die auf Gottes Seite und in Gottes Bund, die Freiheit schaffen und Frieden bereiten und nicht die Propheten des Untergangs und der Dämonie; denn „das ist der Sieg, der die Welt überwindet, unser Glaube".
Die Sprache des Glaubens aber ist das Gebet, jenes Gebet, an das uns der Apostel an diesem Tag erinnert, ein Gebet für die Welt, ein Gebet für die Machthaber in der Welt, ein Gebet für den Frieden. Nehmt seinen Appell auf, wie sie ihn damals aufgenommen haben, als sie auf diese Anhöhe stürmten und nicht erst abwarteten, ob ein Konzil ihnen dazu Ermutigung und Antrieb gebe. Orate fratres, betet Brüder; denn wer im Gebet aufrüstet, tut mehr, als wer über Abrüstung debattiert. Wer Gott auf den Plan ruft, richtet mehr aus für eine scheinbar heillose Welt, als wer NATO-Pläne schmiedet. Wer die Stimme der Kirche einbringt in das Streitgespräch der Welt, gibt mehr, als wer über Mikrophon und Lautsprecher Propaganda macht. Die Schlacht von Hiltersried – so berichtet uns die Geschichte – hat nicht auf den hohen Rössern, sondern auf den Knien in der Kirche zu Neunburg begonnen. Laßt dies ein Zeichen sein auch für unsere Zeit!

2. *Die Heimat lieben*

Die andere Lehre aus der Geschichte finde ich in dem Gedenkwort von 1933, das auf die Liebe zur Heimat der Hussitensieger verweist: „Die, die Heimat liebten." In aller Heillosigkeit von Verwüstung und Zerstörung ihrer Dörfer und Städte vom Stiftland herunter bis in den Bayerwald blieb das geschändete Land für sie das unverzichtbare Gut ihres Lebens, ihres Menschseins und ihrer Gemeinschaft. Nicht Resignation und nicht blindwütige Anklage und Protest gegen die Verwüster und Brandschatzer, sondern der ungebrochene Wille, zu heilen und zu erhalten, war ihre Antwort auf die Herausforderung von 1433. Heimat, das war für sie keine romantische Gefühlsduselei, sondern Lebensrecht und damit auch Lebensaufgabe. Heimat, für sie nicht irgendein Flecken Erde, wohin es einen nun einmal verschlagen hat, sondern Pfandgut Gottes, für das sie sich auch unter Opfern verantwortlich wußten.
Heimat, das ist kein seichter Provinzpatriotismus und alles andere als Folklorelook, wie es sich heute zuweilen ansieht und anhört. In diesem Heute, in dem zwar lauthals protestiert und debattiert wird über die Zerstörung von Umwelt und Lebensraum, in dem die Ankläger gegen die anonymen Verbrechen an Fichten und Tannen Legion werden, aber das Wort von Heimat und Liebe zur Heimat eher mit einem müden Lächeln abgetan wird, es sei denn, daß es um Fremdenverkehrsreklame geht. Wer spricht schon ernsthaft von Heimat? Unsere Vertriebenen aus dem Sudetenland machen eher nervös, wenn sie auch anno '83 noch von

Heimatrecht reden, und unsere Verwaltungsgerichte sind es lästig, sich mit den letzten Mohikanern abzugeben, die nach der Gebietsreform sich noch immer auf ihre angestammten, gewachsenen Gemeinschaftsbeziehungen berufen. Als ob Heimat in der Tat nichts wäre und je gewesen sei als ein bürokratischer Vermerk in Urkunden und Personalpapieren! Für bloße Aktenzeichen wäre kein Heinrich Pflug mit seinen Mannen wider die Hussiten ausgezogen. Wahrhaftig nicht! Sie warfen sich ihnen entgegen, weil sie die Heimat liebten.

Also gibt es auch in heilloser Zeit Kraft zur Erneuerung und Bewahrung, und es ist die Kraft von Heimatliebe. Meint ihr nicht, dies sollte uns Anruf zu Besinnung und Aufbruch sein? Ich jedenfalls möchte all denen Dank sagen, die unbeirrt von aller Globetrotterei und allem touristischen Nomadentum in dieser unserer Zeit Zeugnis ihrer Heimatliebe geben und die unter besserer Lebensqualität nicht nur Fortschritt und Verwaltungsvereinfachung verstehen, sondern mit heißem Herzen das Stück Erde zu ihrem Daheim machen, in das sie Gott nicht per Zufall verpflanzte, sondern als die Treuhänder seiner Schöpfung. Ich danke euch allen in den Heimatverbänden und in all den Gemeinschaften vor Ort, die ihr zusammensteht in Liebe. Ich danke zumal euch jungen Menschen, die ihr aufbegehrt gegen die totale Vereinnahmung von Freizeitindustrie und Klischeeüberfremdung. Und ich gäbe etwas dafür, wenn auch in unseren katholischen Jugendbünden weniger Ideologie und mehr Idiom umgesetzt würden, mehr konkrete Lebenshilfe als so oft ein Wust von kosmopolitischem Wirrwarr. Bitte, versteht mich richtig:

Ich bin weiß Gott nicht wider Aktionen weltweiter Lebenshilfe und schon gar nicht für ein Engagement zur Dritten Welt hin. Aber die Welt vor unserer Haustür ist immer noch die erste Welt. Ich denke mit keinem Gedanken wider Völkerverständigung und Friedensaktionen über die Grenzen hinweg, aber mir graut vor dem Gedanken, daß die junge Generation unserer Oberpfalz morgen Robin Hood besser kennt als einen Andreas Pflug vom Hussitenbirl und einen Mitternachtsblues besser als das Lied vom Böhmerwald. Ich bin dankbar, wo immer unsere jungen Menschen allem voran Begegnung suchen mit Kongolesen und Türken, nur ich sorge mich darum, daß sie auf ihren heißen Stühlen daheim auseinanderstieben, als hätten sie da nichts mehr zu suchen und niemandem mehr zu begegnen. Heimat darf nicht zur Nächtigungsgarage werden und nicht zum Volkstumsmuseum. Heimat ist Lebensraum und Lebensaufgabe. 1433 nicht anders als 1983, und dies nicht nur, weil es „daheim am schönsten ist", wie ihr es gestern abend im Festzelt darstellen wolltet, sondern weil Gott euch euer Daheim als erstes geschenkt hat. Bedenkt es hier!

Sind wir inmitten einer heillosen Welt? Das war meine Frage zu Beginn. Laßt sie mich nun mit einem Nein der Zuversicht beantworten, mit einem Nein, das dann glaubhaft und wirksam wird, wenn wir uns dem Wort des Herrn öffnen, mit dem er uns eben zur Treue und Zuverlässigkeit angerufen hat, getreue Sachwalter seiner Güter zu sein und uns eindeutig auf seine Seite zu schlagen, weil keiner zugleich zwei Herren dienen kann. Wer aber auf Gottes Seite steht, steht auch im Heil. Dazu schenke er uns Kraft des Glaubens und der Liebe wie denen, denen er vor 550 Jahren Sieg verlieh!

550 Jahre Hussitenschlacht bei Hiltersried

Magdsein im Lehramt

„Licht übers Land!", das war damals die Parole, mit der das angeblich schwarzdunkle Bayern endlich hell und aufgeklärt werden sollte – und vielleicht worden wäre, hätte Gott nicht just in dieser gewittrig-dämmrigen Zeit seinerseits neue Lichter für die Kirche unseres Landes entflammt, unseren großen Bischof Johann Michael Sailer, unseren heiligmäßigen Bischof Wittmann und die Frau, deren und deren Werk wir hier gedenken, Maria Theresia Gerhardinger. Fast auf den Tag genau haben wir uns in Neunburg versammelt, wo die ehemalige Schifferstochter von Stadtamhof am 24. Oktober vor 150 Jahren mit der ihr eigenen Willenskraft und unverrückbarer Glaubenszuversicht mit ihren ersten Gefährtinnen in dieser Stadt den Orden der Armen Schulschwestern begründete, sie, der der König in seinem Genehmigungsdekret das Zeugnis ausstellte: „Diese Frau weiß, was sie will, und was sie will, ist groß gedacht!"

Heute, 150 Jahre danach, ist es an uns, Gott und vor ihm ihr und einem Orden zu danken, der nun über eineinhalb Jahrhunderte hinweg Licht übers Land gebracht hat, zu danken für die Pioniertat Maria Theresia Gerhardingers und die tagtägliche Tat und das Zeugnis Abertausender lebender und schon in die Ewigkeit gerufener Schwestern ihres Ordens. Zu danken namens der ungezählten jungen Menschen, die durch sie ihre Prägung fürs Leben erfahren durften, und zu danken für all die Gemeinden, die durch den Orden der Armen Schulschwestern Segen und Förderung erfahren haben. Diesen Dank zuallererst namens des Diözesanbischofs, der nicht persönlich sein Vergelts Gott hier sprechen kann, und im Namen der Kirche von Regensburg, ja eigentlich der ganzen katholischen Weltkirche.

Nehmen Sie, liebe anwesende Schwestern, diesen Dank für all Ihre Mitschwestern entgegen! Und nehmen Sie auch entgegen für alle mein Wort der Besinnung; denn wo immer wir ein Fest wie dieses feiern, geht es uns ja darum, neu zu festigen, was Gott in uns begonnen hat, und wo immer wir danken, ist es uns aufgegeben, auch zu denken, d. h. zu bedenken, unsere Berufung, unseren Dienst und unser Werk. Die kürzeste und prägnanteste Umschreibung all dessen habe ich in dem

Wort unseres hochseligen Bischofs Wittmann gefunden, dem geistig-geistlichen Vater Ihres Ordens, ein Wort, das dieser fromme Bischof an Theresia Gerhardinger als Losung für ihr Werk schrieb: „Sie sollen Magd sein im Lehramt und ihr Dienst sei ein ständiges Horchen auf den Ruf Gottes im heiligen Evangelium und in dem Bedürfnis der Zeit!"

1. Gottes Ruf im Evangelium

Magdsein im Lehramt also, und Wittmann versteht es für den neuen Orden, zu dem er die hochgemute junge Lehrerin aus Stadtamhof – schon mit 15 Jahren stand sie dort lehrend in der Schule! – ermutigt, aus dem Geist des Wallfahrtspsalms als den eigentlichen Aufgesang ihrer Gemeinschaft: „Wie die Augen der Magd auf die Hand ihrer Herrin, so schauen unsere Augen auf den Herrn, unseren Gott (Ps 123)!" Und er versteht es mit dem Blick auf die große Magd Gottes von Nazareth, die im Anruf Gottes ihr Ja spricht und das Wort Gottes in ihr Herz nimmt, es erwägend und erweckend.

Nicht von ungefähr, liebe Schwestern, fügen Sie vor Ihren Ordensnamen den Anfangsbuchstaben „M" – Mariens, so bestimmend und klar, wie unser Papst dieses M in sein Wappen gesetzt hat, seine Lebenswahl damit deutend: „Totus tuus – ganz der Deine!" Auch Sie und Ihre Gemeinschaft wird nur glaubwürdig, so sehr Sie Ihr Magdsein im Geist und Leben der Magd Gottes erfüllen, auch Ihr Orden gewinnt nur, was er aus solchem Hinhorchen auf Gottes Ruf – ob 1833 oder 1983! – für sich selbst zugewinnt an immer neuer Innerlichkeit und je neuen Innewerdens, was Gott will und wohin er Ihre Gemeinschaft beruft. Dabei wissen wir alle, daß Gottes Wort und Ruf sich nicht ändert, daß „eher Himmel und Erde auseinanderfallen, sein Wort aber bleibt". Nur wissen wir hinzu, daß eben dieses gleiche Wort Gottes in jeder Epoche und wohl auch von jedem einzelnen unter uns immer neu erfahren und angenommen werden muß.

Dies hat auch Ihre Gemeinschaft in den 150 Jahren mitbekommen, manchmal in stürmischen Zeitläufen, die weder unserer Kirche noch Ihrem Orden erspart bleiben, manchmal auch in der Versuchung, von der keine Theologie, keine Jüngergemeinschaft Jesu und keiner von uns wohl verschont bleibt, nämlich anstelle solch demütigen und unvoreingenommenen Horchens und Annehmens des Wortes Gottes eigenen Witz und eigene Deutung zu setzen, sein gültiges Wort durch Menschenwort zu verschleiern, zu entschärfen oder gar außer Kraft zu setzen. Aber wir verfügen nicht über das Wort Gottes, uns ist nur eines aufgegeben, es über uns verfügen zu lassen und uns zu fügen, wie, wann und was immer er selbst uns zusagt und zuweist.

Theresia Gerhardinger verstand sich so als Magd des Herrn und sie wollte ihr Lehren und das Lehren ihrer Schwestern einzig so verstanden wissen als eben

dieses Magdsein und in solcher unbedingten Treue zu Gottes Wort und zur Lehre der Kirche, der sein Wort anvertraut ist. Dies heute zu sagen, ist weiß Gott nicht überflüssig; denn kommt nicht ein gutes Stück heutiger Unfruchtbarkeit in Katechese und Lehrverkündigung genau von da, daß Gottes Wort eher entleert als in Treue gelehrt wird, von daher, daß wir zwar Leute mit der Bergpredigt in die Parlamente gehen sehen, aber nicht in die Schule der Bergpredigt selbst? Daß die Bibel – wie es ein Bestseller unserer Tage vermeldet – zwar „doch recht hat", aber wir uns mit moderner Eitelkeit und zeitangepaßtem Hochmut das Recht herausnehmen, sie in Frage zu stellen?
Bleiben Sie, liebe Schwestern, Mägde im Lehramt mit der Treue zur Botschaft Jesu, zum Credo der Kirche und im Gehorsam des Horchens auf Gott, und nur auf ihn! Allein damit garantieren Sie nach 150 Jahren die Zukunft Ihres Ordens und auch die Zukunft der Kirche. Ich bitte Sie darum, und dies auch im Namen der vielen jungen Menschen, die heute nach Gott suchen, im Namen der Eltern, die sich soviel sorgen um die religiöse Erziehung ihrer Kinder, und zumal im Namen der Diözese, eines Johann Michael Sailer, eines Georg Michael Wittmann und einer Theresia Gerhardinger!

2. *Gottes Ruf in den Bedürfnissen der Zeit*

Magdsein im Lehramt! Bischof Wittmann deutete es Ihrer Gründerin als Horchen auf Gottes Ruf, auch aus den Bedürfnissen der Zeit. Und Theresia Gerhardinger war die hellhörige Frau ihrer wie unserer Zeit! „Eine Frau, die weiß, was sie will und was sie will, ist groß gedacht!" Als sie, fast noch ein Mädchen, ihr elterliches Anwesen in Stadtamhof verkaufte und damit eine Arbeitsschule für schulentlassene Mädchen gründete, war dies die erstaunliche Witterung, die sie für ihr Jahrhundert hatte, ja noch darüber hinaus, wenn wir eben jetzt die Misere der Berufsnot unserer jungen Schulabgänger als Zeitproblem Nr. 1 vor uns haben.
Horchen auf Gottes Ruf in den Bedürfnissen der Zeit, mit dieser Formel nahm Wittmann das bekannte Wort des Münchener Kardinals Faulhaber vorweg: Vox temporis – vox Dei, immer ist die Stimme der Zeit auch Stimme Gottes. Und Ihr Orden nahm aus solchem Horchen auf Gott in die Zeit hinein das voraus, was wir heute gedankenlos als gegeben hinnehmen. War es doch die Frühzeit Ihres Ordens, der nach seinem Fußfassen vor genau 140 Jahren in München den ersten Kinderhort schuf, die erste Haushaltungsschule droben in Amberg eröffnete und mit der Schaffung der ersten Arbeitsschule für entlassene Mädchen die heutige Realschule geboren hat! Ich möchte dies hervorheben, denn Sie können zu Recht darauf stolz sein, unsere heutige Gesellschaft aber, die weithin für Orden, Klöster und Nonnen in den Schulen eher ein müdes Lächeln als Dank hat, muß dies wissen. Im Zeichen des Kreuzes beschwört man kein finsteres Mittelalter, sondern hat man

den Schlüssel der Zukunft! Wo man der Kirche die Freiheit gibt, in die Gesellschaft zu wirken, dort schafft man nicht Freiräume für Ewig-Gestrige, sondern Platz für die wahre Avantgarde menschlicher Entfaltung und gesellschaftlicher Erneuerung!
Und hier eines gleich hinzu: Alles, was für unsere Orden, gerade auch unsere Frauenorden, getan wird, ist auch getan für die Rettung des Menschen. Eine Gesellschaft, die für die Schwester in der Schule keinen Platz mehr sieht, muß wissen, daß sie morgen auch den Platz räumen muß für die Frau als Hüterin des Lebens und der Humanität. Bischof Wittmann hat dies in der Sprache seiner Zeit so formuliert: „Das weibliche Geschlecht bestimmt die Sittlichkeit in Städten und Nationen. Wir Männer mögen uns noch so viel einbilden auf unsere Herrschaft über die Frauen. Sie herrschen doch über uns und unsere Sittlichkeit bewirkt auch die unsere." Ob 1833 oder 1983 – es braucht solche dienende und zugleich kraftvoll-formende Frauen unter uns, in der Kirche, im Erziehungswesen in unserer Gesellschaft! Möge Gott es geben, daß daher auch Ihr Werk und Ihre Gemeinschaft heute einbringe und morgen gewährleiste, was wir Ihnen in 150 zurückliegenden Jahren als Kirche und Gesellschaft verdanken!
Gebe Gott aber auch, daß junge Menschen dieser Zeit sich Ihnen zugesellen, neue Mägde im Lehramt, neue Frauen, die sich nicht über die Rolle der Frau in der Kirche den Kopf zerbrechen, sondern die ihr Herz aufmachen aus Liebe zur Kirche und im Ergriffensein von dem, was unsere Zeit braucht. Berufe freilich fallen nicht einfach vom Himmel. Wir haben sie zu erbeten, wir haben für sie den Boden zu bereiten in den Familien, in unseren Gemeinden. Wir haben denen Mut zu machen, die durch Gottes Anruf heute das erfahren, was die 15jährige Lehrerin von Stadtamhof an sich erfuhr!
Der Herr schenke uns auch morgen seine Mägde im Lehramt!
Amen.

150 Jahre Arme Schulschwestern

Zukunft in Christus
(zu Joh 10, 1–10)

Es waren erst wenige Monate vergangen damals, als wir Deutschen uns in den Trümmern und der Verwüstung des unseligen letzten Krieges wiederfanden, ohne Hoffnung, ohne Mut, ohne alles. Damals las ich in einer der ersten Jugendzeitungen den erschütternden Aufschrei: „Wir brüllen nach dem Morgen!" Heute, 40 Jahre danach, meine ich manchmal in unseren Jugendzeitschriften so etwas zu vernehmen wie: Wir wimmern vor dem Morgen. Wieviel Resignation geht doch um, wieviel Zukunftsangst, wieviel Klage und Anklage wider diese Welt heute, in der zumal der Jugend alle Türen zugeschlagen zu sein scheinen. Vorbei der traumhafte neue Lebenswille der 50er Jahre, vorbei die übermütige Utopie des Fortschrittsglaubens der 60er Jahre und vorüber auch noch die kühnen Erwartungen des letzten Jahrzehnts, als wir mit der Eroberung des Weltraums noch ein bißchen daran glaubten, was sich Udo Jürgens in seinem Schlager einbildete: „Wir haben alles im Griff."

Heute scheint uns alles aus den Händen zu fallen. Sterben in den Wäldern, Giftmüll vor der Haustür, ein Heer von Arbeitslosen – und eine Welt, die morgen vielleicht zu Recht der ausgeplünderte Planet heißen wird. Wie soll es weitergehen? Gibt es noch Zukunft?

Es ist sicher nicht von ungefähr, wenn dieser Tage hier in Theuern so viele Fragezeichen in den Diskussionen gesetzt wurden: Hat ein Universitätsstudium noch einen Sinn? Welche Perspektiven gibt es für die Landesentwicklung in Ostbayern? Wohin geht die Wirtschaft im Jahre 2000?

Angesichts solcher bedrängender Fragen in die Zukunft hinein muß eigentlich das Evangelium dieses Sonntags wie eine Provokation sein, diese, wie es auf den ersten Blick scheint, doch recht harmlose und unserem Denken heute so ferne Gleichnisrede Jesu vom guten Hirten, der sich um alles sorgt, von der fetten Weide, auf der es keine Not gibt, von der Geborgenheit der Schafe und der Hirtentreue, mit der da einer von sich redet. Provokation? Ja, das ist diese Rede, und sie war es erstaunlicherweise bereits damals, als sie zuallererst gehalten wurde, denn der Evangelist vermerkt am Schluß: „Da entstand erneut eine Spaltung unter der Juden um dieser Worte willen. Manche sagten: Er hat einen bösen Geist, er ist ja von Sinnen – was hört ihr auf ihn? – die anderen: Nein, das sind nicht Worte eines Besessenen. Wo kann ein böser Geist Blinden die Augen öffnen?"

So weit sind wir also gar nicht weg, wenn wir über diesem Evangelium den Kopf schütteln oder verlegen werden. Nur, an ihm vorbeigehen kann keiner, und es meint uns nicht anders als die damals. Hören wir also hin!

1. *Die große Anklage*

Worum geht es denn? Für mich zuerst um eine große Anklage, um die massive Demaskierung falscher Prophetie, um die Aufdeckung von Egoismus und Machthunger. Oder was kann das harte Wort eben im Evangelium anders bedeuten, wenn er sagt: „Ich bin die Tür für die Schafe. Alle, die vor mir gekommen sind (und natürlich auch alle, die nach ihm so kommen werden!), sind Diebe und Räuber. Der Dieb kommt nur, um zu stehlen, zu schlachten, zu verderben." In unsere Sprache genommen, kann das ja wohl nichts anderes heißen als dies: Macht

doch die Augen auf und schaut sie euch genau an, die, die euch Wohlfahrt und Heil versprechen. Nehmt sie unter die Lupe, die Messiasse, die Stimmvieh sammeln statt Herde, die Fortschritt predigen und im Grunde eigenen Profit meinen. Nehmt die Masken denen ab, die sich als Volksbeglücker und Heilsbringer gebärden und in Wirklichkeit ausbeuten und ausrechnen, was ihnen das selber alles einbringt.
Diebe, Räuber, Mörder . . . ich kann mir die Erregung der Zuhörer vor 2000 Jahren nicht anders erklären, die Empörung derer, die sich damit angegriffen fühlten. Und eben entlarvt; denn man muß wohl schon tief ins Menschliche hinuntergraben, auch in unsere Politik und Wirtschaftssysteme, auch in das, was in unserer Medienlandschaft produziert wird, um im letzten Grund eben nicht Menschenliebe und soziale Sorge, Hirtensorge meine ich, aufzuspüren, sondern die Gier, den Machthunger, die egoistische Gewalt und die Mordlust. Sie tarnt sich, und der Biedermann im weißen Kittel, in der Professorenrobe, im Glanz einer Uniform und im Ordensschmuck – ja, ich scheue mich nicht es auszusprechen – auch noch im Talar, ist zu jeder Zeit schwer auszumachen. Wer meint es wirklich ehrlich um den Menschen? Wem liegt wahrhaftig das Heil der Menschen allem eigenen Verlangen voran? Wer gibt wie der göttliche Hirte eher sein eigenes Leben, als daß er das Leben anderer opfert, um das seine zu retten?
Bitte, hört mich nicht als Staatsanwalt an, der hier Anklage erhebt. Es geht nicht um Anklagen, es geht um das Wachwerden des Menschen und seines wahren Heiles willen. Es geht darum, daß wir mitten auch in unserer Zeit, in der die Werte verfallen und die Scheinwerte ein Börsenhoch haben, neu danach fragen lernen, was denn wirklich Heil des Menschen meint und woher auch heute und morgen Rettung kommen kann. Unser Bischof Michael Buchberger hatte in den dreißiger Jahren, als die große Volksverführung in unserem Land begann, in einem Büchlein die harte Frage gestellt – eben diese Frage, die nun wieder tagesaktuell ist –: „Gibt es noch eine Rettung?" Und seine Antwort war anno '33 dieselbe, die heute und morgen lautet: Ja, es gibt sie, aber einzig in Christus, in seiner Wahrheit, in seiner Menschenliebe und in seiner Hingabe für uns. Im alleinigen „guten Hirten", der alles für den Menschen, nichts für sich selber haben will.

2. *Die große Chance*

Und genau dies ist die eigentliche Botschaft dieses Tages, nur darum geht es im Hirtenevangelium Jesu, das sich scheinbar so weltfremd und weithergeholt anhört und in Wahrheit die Proklamation der Chance ist, die der Mensch in dieser Welt hat. Die Chance nämlich, auf ihn zu hören, sich ihm anzuschließen und durch ihn – im Wort der Bibel gesagt – Weide zu finden. Sicher, ich gebe zu, daß wir uns mit diesen Bildern schwertun, ja, daß wir so ein wenig verlegen werden, wenn er uns, die Glaubenden, mit einer Herde von Schafen vergleicht. Wer verträgt das schon auf Anhieb, in einer Kirche von heute, in der Mündigkeit Trumpf und Selbstverwirklichung zum Schlagwort auch der Prediger und Jugenderzieher geworden ist?

Aber halten wir uns nicht dabei auf! Fragen wir besser danach, was uns hier einer verbürgt mitten in unserer Unbehaustheit, unserer Angst um die Zukunft und unseren Ratlosigkeiten ins Morgen hinein.

Das erste ist dies: Er kennt uns. „Der gute Hirt ruft seine Schafe beim Namen, und die Schafe kennen ihn, weil sie seine Stimme kennen." So haben wir es gehört, und das ist für mich eine ungeheuere Bürgschaft. Inmitten einer Welt, in der ich mich frage, ob sich überhaupt jemand um mich kümmert, ja, überhaupt von mir Notiz nimmt, sagt er mir: Doch, ich!

Kein Mensch ist mir Masseteilchen, Registriernummer nur und Computerdatum. Jeder einzelne ist mir aufgegeben. Jedes einzelnen Sorge, Probleme und Nöte sind mir nah, zu jedem einzelnen stehe ich und für jeden stehe ich ein.

Und dies ist das zweite: Dieses Für-den-Menschen-Dasein! Ich führe ihn auf die Weide, d. h. es geht mir darum, daß er sein Leben, seinen Lebensunterhalt und seine Lebenserfüllung habe. Um nichts anderes. Verstehen Sie von diesem Wort her, warum Bischof Ketteler das Wort sagen konnte: „Eine Kirche, die nicht sozial ist, ist nicht die Kirche Christi?" Und ein andermal: „Alles, was man wider die Kirche tut, tut man gegen den Menschen." Ein bedeutsames Wort, und nicht einmal sehr bequem, denn Kirche muß sich dann ja fragen lassen, wie sie es damit hält. Wie echt ihre Sorge um den Menschen ist, ihr Mitsorgen um Arbeitslosigkeit und Welthunger, um Lohngerechtigkeit und Humanisierung der Arbeitswelt. Sie muß sich fragen lassen, wie echt sie sich einsetzt für Menschenwürde und für das Recht auf Leben, sei es das ungeborene oder das, was man jetzt schon wieder anfängt als „lebensunwert" auszuhandeln. Sie muß sich aber noch mehr fragen lassen, ob sie Menschen wirklich zu Christus, dem wahren Hirten, führt, oder ob sie vor lauter Anpasserei an den Zeitgeist sich zum Nach- und Anbeter der Ideologen macht. Sie ist nicht nur Sozialeinrichtung, ihre eigentliche Sendung ist Christus selber.

Viele, sagte ich eingangs, haben heute Angst vor dem Morgen. Viele fragen, gibt es noch eine Rettung. Wenn wir jetzt unser Credo sprechen, so soll es das unbeirrbare, dankbare Ja sein; denn solange Christus unser guter Hirte ist, wissen wir uns aufgehoben in seiner Liebe, und „Christus ist derselbe heute, morgen und in Ewigkeit". Amen!

Oberpfälzer Kulturtage

Anders leben!

(zu Mt 5, 11–16)

Sie haben sich für diesen Delegiertentag ein Motto gewählt, das mich – ich gestehe es offen – betroffen gemacht hat. Woher nehmen Sie sich denn den Mut, eine Losung auszugeben wie die, „Anders leben!"? Denn, das heißt doch wohl Kampfansage wider den Trend der Zeit, das Ruder herumwerfen, um nicht mitzutreiben im Sog unserer Konsumgesellschaft und ideologischen Nomadenauftrieb, sondern wider den Alltagsstrom Kurs zu nehmen, sich notwendigerweise anzulegen mit den Vielen und Allzuvielen, die es längst aufgegeben haben nachzudenken, geschweige denn umzukehren.

Anders leben, das heißt doch: wider die Tagesmeinung, wider die Verhaltensklischees von Mode und Mittelmäßigkeit, das muß doch wohl bedeuten, daß Sie ausscheren wollen aus der stumpfen Marschkolonne der Masse, daß Sie durch und mit Ihrem Leben ein Stoppsignal geben möchten wider den Sog von Sorglosigkeit und Begehren, ja, daß Sie im Grunde Ihren Protest anmelden wider die geheimen Verführer und gegen die Manager von immer Mehr, immer Besser, immer Hungriger!

Anders leben – ja wirklich, Sie müssen viel Mut haben, sich so ein Wort ins Programm zu setzen, und noch mehr Mut, es glaubhaft zu realisieren, und das eben nicht mit dem anklagenden Finger gegen die anderen, sondern als Handschlag untereinander, bei sich selbst damit zu beginnen. Wenn Gott Ihnen diesen Mut gibt, so gratuliere ich Ihnen. Wenn Sie das mit Gott – und anders geht es ja wohl nicht! – das wagen wollen, dann bin ich gern auf Ihrer Seite zu beten, daß er Ihnen dazu die Kraft gebe, Kraft letztlich und eigentlich zu Ihrem Leben in der „Torheit des Kreuzes"; denn darauf läuft es hinaus. Nur, diese Torheit des Kreuzes ist es eben auch 1980, die dann die Weisheit, die Aufgeblasenheit, den Übermut und Aberwitz der Welt zuschanden macht. Wie sehr und wieviel und wie unbedingt, das soll das Wort der Schrift uns aufweisen, wie wir es uns in den beiden Lesungen dieser Eucharistiefeier haben sagen lassen.

1. Anders leben – das heißt revidieren!

Wer für morgen die Parole ausgibt: Anders leben, dem stellt sich zunächst der Auftrag, sein Leben von gestern und heute zu revidieren. Wie habe ich denn bisher es mit meinem Lebensstil und Lebenswerk gehalten? Habe ich mein Lebenshaus richtig, solide und zukunftsträchtig gebaut? Diese Frage hat Paulus bereits an die Gemeinde von Korinth gestellt (und sicher schon damals nicht umsonst oder bloß rhetorisch! [vgl. 1 Kor 3, 10 ff]). Seine Anfrage ist ein Bildwort vom Bauen.

Plastisch, provokativ, zwingend. Es ist die Frage nach dem Baumaterial: Gold, Silber, Holz, Heu oder Stroh? Und er führt diese Frage über in einen Appell zur revision de vie, wie wir heute sagen würden, zur Lebensrevision. „Seht zu, auf welchem Grund ihr baut und gebaut habt, denn ich, Paulus, sage euch, es kann kein anderer Grund tragen als Jesus Christus, und ich sage euch auch, ihr geht dem Tag des Feuers entgegen, an dem es sich unweigerlich zeigen wird, was es mit euerem Lebenshaus ist", ob ihr umsonst gebaut habt, ob ihr nur ein Kartenwerk, ein Traumschloß, eine potemkimsche Fassade errichtet habt oder eine Bruchbude des Lebens und eine Ruine von Anfang an!

Sehen Sie, dieser Revision kann sich keiner entziehen, der morgen bestehen will und der morgen nicht unbehaustes Strandgut des Lebens werden möchte. Ein Bildwort, gewiß, aber es braucht kein Wort darüber, was der Apostel meint. Gold, Holz, Streu, Heu oder Stroh. D. h., haben wir etwa bisher gebaut mit dem Goldflimmer jenes seichten Fortschrittsglaubens der letzten beiden Jahrzehnte, mit dem wir denen auf den Leim gegangen sind, die uns prophezeiten, daß es nur noch die Frage weniger Jahre sein würde und das unweigerlich lösbare Problem der Wissenschaft, bis wir die Welt total im Griff haben würden, eine Welt ohne Schmerz, ohne Angst, ohne Zukunftsrisiko, Goldgeflimmer, vor dem wir inzwischen eine Gänsehaut bekommen haben! Holz – oder war es das Lebensgerüst, das wir uns und unseren Kindern zimmern zu können glaubten mit dem Bruchgestänge von Allerweltslebensregeln à la Schlagersong und Bildschirmmoral? Stroh, oder haben auch wir Christen nach den ab- und ausgedroschenen Humanitätsformeln von Freiheit, Gleichheit und Brüderlichkeit gegriffen und die Spreu eingefahren von den letzten dürren Fossilien aus Kinderglauben und Heimattradition?

Danach muß man fragen, und dies nicht einmal um unser selbst willen; denn schon fängt man weit außerhalb der Kirche an zu fragen nach den Werten und Grundwerten, schon steht eine Jugend neben uns auf, die es satt hat, nur satt zu sein in unserer Wohlstandsgefräßigkeit, schon kommen die Wissenschaftler und predigen uns ihre Kapuzinerpredigt von der Ausplünderung des Planeten, und schon dröhnen die Schläge der Dritten Welt an unsere Wohlstandsfassaden und auch an unsere Kirchentüren: Habt ihr Christen nicht mehr zu bieten als Computer und Wildwestfilme, mehr als eine Handvoll Reis, oder müssen wir euch statt Erdöl Geist und Ethik exportieren?

Anders leben, sagen Sie! Mit Recht und mit dem Anspruch des Evangeliums selbst, dessen Urformel und Urgebot lautet: Metanoeite – umdenken und umkehren! Fragen Sie sich also selbst, fragen Sie sich in Ihrer Familie, in Ihren Gemeinschaften: Wie haben wir es bisher gehalten und läßt sich das durchhalten vor Christus und im Anruf seiner Botschaft, seines Lebens?

2. *Anders leben – das heißt reagieren!*

Ich sagte: Anders leben! das heißt revidieren. Das andere ist ebenso logische Konsequenz. Ich meine: Reagieren, d. h. aus dem Umdenken zur Aktion neuer Ortung, neuer Selbstfindung als Christ und neuer Lebensreform nach dem Geist der Bergpredigt zu streben. Solche Grundregel der Bergpredigt haben wir in der zweiten Lesung gehört, und lassen Sie sich hier sogleich an das aufrüttelnde Wort von Giovanni Papini erinnern, das mich selbst seit der Stunde, da ich es zuerst las, nicht mehr losläßt. Er sagt: Das Evangelium Christi kann man nicht bagatellisieren, man muß es radikalisieren. Was radikalisieren? Und wieder sind es Bildworte, die uns die Konturen eines Anders-Leben, einer solchen Umkehr vorgeben: Salz der Erde, Licht der Welt, Stadt auf dem Berg. Bildworte wiederum, aber genauso plastisch, genauso provokativ, genauso zwingend; denn Salz muß eben salzen, Licht muß leuchten, Stadt auf dem Berg muß weisen. Ein anderes gibt es nicht. Und dann halten Sie, bitte, gegen diesen Bildraster Ihr persönliches Christsein, Leben, Sprechen, Denken Ihrer Familie, unserer Kirche heute, erst recht unserer Gesellschaft, in der wir leben! Ich will alles andere als ein Ankläger sein wider Kirche und Welt von heute, ich denke nicht daran, den klerikalen Katzenjammer eines nachkonziliaren Reaktionärs anzustimmen, und nichts liegt mir ferner, als daß ich Johannes XXIII. mit seinem – so mißverstandenen – Wort vom neuen aggiornamento verdächtigen will. Aber, müssen wir nicht ehrlich gestehen, wie wir eben dieses aggiornamento weithin zu einer Art Feigenblatt gemacht haben für ein Freischärlertum auch innerhalb der Kirche, wie wir es unter der Hand umgemünzt haben in eine liberale Mündigkeit und eine Modernitätstarnkappe, unter der wir als Christen inmitten unserer Gesellschaft passable Zeitgenossen geworden sind, nur nicht mehr Anstoß und Ärgernis, Herausforderung und meinetwegen, wie Paulus sagen würde, Narren vor der Welt.

Zeichne ich zu schwarz? Übertreibe ich vielleicht? Erinnern Sie sich: In den Jahren unmittelbar nach dem Zusammenbruch, als die Amis zwischen Rott und Fichtelnaab ihre Reeducation mit uns anfingen, um braune Vergangenheit ins Rosarot neuer Demokratisierung umzufärben, damals importierte man uns auch jenes amerikanische Sprichwort: Anderssein ist unanständig! Wahrhaftig ein makabres Erziehungsprogramm. Statt Uniform von gestern neue pluralistisch gepuderte Uniformität einer Massengesellschaft, ohne echte Vorbilder, ohne ethische Profile, ohne – darf ich es so sagen – Heilige! Neues Mitläufertum, gesteuert von Markt und Medien, neues Schlachtvieh von Manipulatoren und Agitatoren! Anderssein ist unanständig! Und falls es zu hart gesagt wäre: Anderssein ist zumindest nicht chic!

Aber Sie sagen nun: Anders leben! Und als Christen können wir gar nicht anders sagen, soll uns die Bergpredigt nicht schamrot machen; denn Salz muß salzen, und Salz schmeckt nun einmal nicht nach Sahne und Coca-Cola! Licht muß leuchten, und das Licht Christi kann man nun einmal nicht nur als Votivkerze im stillen Kämmerlein flackern lassen. Stadt muß weisen, und die Kirche, die Stadt Gottes, ist entweder Zeichen unter den Völkern, oder sie wird zum Kainsmal des Verrats an ihrem Herrn und der Schuld an seinem Missionsauftrag. Den profillosen Christen gibt es nicht, außer er hört auf, Christ zu sein. Das Kreuz kennt keine Mitläufer. Natürlich gibt es sie auch, nur gehören sie nicht dazu. Das Evangelium verträgt keine bloßen theoretischen Jasager, immer fordert es die Täter des Wortes.

Natürlich ist das schwer. Selbstverständlich bringt das Konflikt zu den anderen, natürlich erntet man dafür Kopfschütteln und Spott. Aber, wo die Kirche diese Narrenkappe ihres Herrn abwirft, da erst wird sie gerade zum Narren vor Gott. Anderes bleibt uns nicht, als eben unser wahres Gesicht zu zeigen, und das ist letztlich das Gesicht Christi selber!

In der Gemeinsamen Synode zu Würzburg gab es einmal eine stürmische Nachtsitzung. Sie bleibt mir unvergeßlich. Meinungen standen gegen Meinungen (es ging um Humanae vitae und die heißen Fragen von Ehe und Familie). Damals rief der inzwischen verstorbene Bischof von Münster in die erregte Synodenaula das Wort: „Nur tote Fische schwimmen mit dem Strom." Der Kiliansdom hallte wider von Gezisch und Gekläff! Als hätte der Bischof Gott selbst gelästert. Aber das Wort stimmte doch: Nur tote Fische schwimmen mit dem Strom. Und was der Bischof damit meinte, stimmte ebenso: Die Christen (in der Urkirche nannte man sie die Fischlein Christi!) müssen wider den Strom schwimmen und erweisen sich damit gerade als lebendig. Sie geben sich das Motto: Anders leben! Bleiben Sie dabei, wider den Strom und in der Lebenskraft Ihrer Christusnachfolge! Gott gebe Ihnen dazu seine Gnade, seine Kraft und – dessen bin ich gewiß – auch seine Freude! Amen.

Kath. Frauenbund – Deleg.-Tagung

Anders leben – gemeinsam handeln!

„Anders leben – gemeinsam handeln!" Mit diesem Motto eröffnen wir für die Diözese die Fastenaktion. Ich finde, wenn wir uns mit einem solchen Appell nicht übernehmen wollen oder uns womöglich nicht schon bei seiner Auswahl übernommen haben, so müßte jetzt zuerst jeder von uns einen kurzen Test auf sich selber machen, den Test nämlich, wie so ein Wort beim bloßen Hören auf uns wirkt. Als Reizwort, gegen das wir uns instinktiv wehren, weil wir spüren, daß es uns herausfordern will – oder eben als eine der vielen, allzuvielen Modeslogans, an die wir uns mittlerweile auch in unserer Kirche gewöhnt haben und das allenfalls so ein frommes Augenaufschlagen bewirkt: Ach ja, wie schön wäre es, wenn das alle tun möchten . . .

Wenn Sie mich fragen, wie meine erste Reaktion darauf war, dann gestehe ich freimütig, es hat mich beunruhigt, aber zumal deswegen, weil ich spontane Sorge empfand, wie rasch dabei die Akzente verschoben werden könnten. Oder habe ich nicht recht: Wie hautnah sind uns heute die Wörter „anders“ und „handeln“? Anders – davon ist doch nun wahrhaftig die Welt voll. Das schreiben sie alle auf ihre Paniere, die Revolutionäre und die Reaktionäre in Welt und Kirche! Anders – damit gehen sie doch auf die Straße, damit besetzen sie die Häuser, damit werfen sie in Bremen Pflastersteine wider Rekruten und rücken sie mit Brechstangen vor Brockdorf an. Anders – ist es nicht der Sound aller Protestsongs, der rechten Linken und der linken Rechten, anders – ist es nicht der Schlachtruf der Ayatollas und der Aufschrei von Chile bis zu den Philippinen?

Und mit dem Wort „handeln“ steht es kaum anders. Das Echo dieses Anrufs ist das Ventil aller Enttäuschung, aller Ungeduld, allen Überdrucks und Überdrusses von heute. Handelt doch endlich! Ihr da droben! Tut etwas in der Politik, in der Wirtschaft, in der Kirche! Wir sind euer Palaver an den Konferenztischen satt, wir pfeifen auf eure Hearings, eure Konferenzen und Konzilien! Taten, nicht Worte, Aktionen, nicht Deklamationen!

Ist das unsere Stimmung, wenn wir in dieser Stunde den Anruf der Misereor-Aktion '81 empfangen und weitergeben? Wir bräuchten nicht verlegen zu werden, würden wir das zuerst empfinden, nur wir müßten dann um so mehr Zeit haben, hinzuhören, was da wirklich und eigentlich gesagt, gefordert und angestoßen wird: Anders leben – gemeinsam handeln. Die wahre Betonung liegt nämlich bei den anderen beiden Wörtern, bei „gemeinsam“ und bei „leben“. Gemeinsam leben also, und das zielt eben nicht zuerst ab auf ein neues Spendenhoch für Misereor '81, sondern auf die Überwindung des eigentlichen Tiefs unserer Gesellschaft, auch der Christenheit. Dieses Tief aber besteht darin, daß wir – Christen oder nicht! – bei all unseren oft so emphatischen Beschwörungen von sozialer Gerechtigkeit, humaner Solidarität und weltweiter Hilfsgemeinschaft noch immer ziemliche Konsum-Eremiten sind, aszetische Nesthocker und wohl auch nur verängstigte St. Floriansjünger, die sich mit Gebeten und Schecks das Wunder erhoffen, daß mitten im weltweiten Wirtschaftsleben nicht auch noch ihr eigenes Fortschrittsgehäuse zu brennen und zu wackeln anfängt. Das Tief, auf das Misereor '81 zielt, ist Sattheit und Angst, Privatgenügsamkeit und Resignation. Genau an dieser Stelle sind wir gefragt, eben dahinein geht der wahre Anruf in die Fastenumkehr dieses Jahres: Anstatt nur gemeinsam weiter zu existieren, gemeinsam neu zu leben, statt am anderen vorbeizuleben, auf den anderen – von hier bis Indonesien! – hinzuleben und statt nur für sich gut zu sein, mit allen heil zu werden. Gemeinsam leben und deshalb anders handeln!

Laßt mich das in ein paar kurzen Strichen nur aufweisen:

1. Gemeinsam leben – einander annehmen

Dies als erstes: Gemeinsam leben verlangt einander annehmen. Ich weiß, das hört sich nun wie eine Binsenweisheit an. Nur fürchte ich, auch diese Weisheit geht leider so rasch in die Binsen, weil es sich kaum lohnt, darüber nachzudenken. Und wie sehr tut dies not: Ein fernöstliches Sprichwort meint: Die Menschen bauen sich Häuser, Gott aber gibt den Nachbarn. Ist es nicht eben das, was wir im Rausch unseres Fortschrittsfiebers und im kühnen Sturm der Überwindung von Nationalgrenzen und ersten bis vierten Welten aus Kopf und Herz verloren haben. Wir bauen unsere Häuser, und das wie! Wir haben die Massengesellschaft konstruiert. Wir funken uns per Satelliten Nachrichten und Informationen zu! Wir treten uns schier bei jedem Schritt auf die Füße, so nahe sind wir uns gekommen, so klein ist die Welt geworden, so groß die Schlüssellöcher in Schlafzimmer und Schandzonen von Elend und Unterdrückung.
Aber wie nahe sind wir uns wirklich? Wie ist es tatsächlich um das Einander-Annehmen bestellt? Angefangen von der sog. Intimsphäre unseres Zuhause in Familie, Werkstatt und Kontor bis hin zur Atmosphäre der Gesellschaft, wenn wir dort die anderen antreffen, die Ausländer unter uns, die Behinderten, die Asylanten, die Andersgläubigen und die Andersdenkenden? Ist es Gott gelungen, uns den Nachbarn zuzugesellen, oder haben wir ihn umgetauft und umgeschaltet auf den Rivalen, auf die Gelbe Gefahr, auf den Chaoten und auf den lästigen Klinkenputzer, der es auf unser Wohlbefinden abgesehen hat?
Gott aber schafft den Nachbarn. Ihn anzunehmen, nicht nur neben sich zu dulden, nicht nur abzuspeisen mit der Handvoll Reis und einem Kulturaustausch, das ist Gottes Erwartung. Das haben wir Christen in diese nervös gewordene Masseneremitage einzubringen. Nicht die UNO zuerst, und nicht Gipfelkonferenzen von irgendwelchen Renommierten, sondern wir, und wir vor allem; wir, die Angenommenen von Gott; wir, die in die Gemeinschaft der Heimgeholten durch Christus Geführten; wir, die Vater-unser-Kirche, die nicht „Farbe, Rasse, Sprache", aber auch nicht Privilegien und Vorhänge aus Bambus oder Eisen kennen darf, ohne ihre Muttersprache zu verraten, und das ist die Sprache des Sozialen, der Gemeinschaft, der Liebe und jener Erbarmung, die uns Papst Johannes Paul II. in seiner Enzyklika so hautnah gepredigt hat.

2. *Gemeinsam leben – einander aufnehmen*

Einander annehmen, dazu kommt ein Zweites: Gemeinsam leben, das heißt, einander aufnehmen, und das ist ein gutes Stück mehr. Es bedeutet nämlich nicht mehr nur, mit wachem und offenem Herzen aus seinem eigenen kleinen Daheim hinaus in Not und Bedrängnis anderer schauen, nicht nur den Menschen nebenan in der Straßenzeile bis in die Slums der Welt wahrnehmen, sondern Türen aufmachen, aus seinem Daheim heraustreten und den Menschen hereinholen in seine Gemeinschaft, ins geistige, gesellschaftliche und auch das materielle Zuhause.

Das ist das Anders-Handeln, darauf verweist Misereor mit seinem heurigen Anruf. Also nicht nur die hilfreiche Hand, die sich duch die Tür streckt, durch die kleine Tür unseres Alltags und durch die große Tür, die auf die Gasse der Welt führt, nein, der mutige, liebende Schritt vor die Tür, um Hände zu fassen. Christus hat uns dafür das Gleichnis erzählt, das unser Papst aufgreift und zur Mitte seines Rundschreibens vom Erbarmen macht: Das Gleichnis vom verlorenen Sohn. Da tritt der Vater – und Gott ist gemeint – vor die Tür, da geht er mit offenen Armen auf den Heimkehrer aus Schuld und Schande, auf den Versager in Lumpen und Liederlichkeit zu: Komm herein, sei bei mir zu Hause, laß uns miteinander leben und uns freuen! Und der Papst schließt seine Deutung mit dem Wort:

„Das Gleichnis bringt die Wirklichkeit der Bekehrung zum Ausdruck. Es stellt den Grundinhalt der messianischen Botschaft und den eigentlichen Impuls seiner Mission dar. Das wahre Antlitz des Erbarmens muß sich immer neu enthüllen. Unsere Zeit bedarf seiner trotz vielfacher Vorurteile besonders (Dives in Misericordia IV, 6)."

Derselbe Papst trägt das Wort von der „Zivilisation in Liebe" auf seinen Pastoralreisen in alle Welt, und es ist nicht dazu da, beklatscht zu werden, sondern umgesetzt zu werden in die Aktion neuen Denkens, neuen sozialen Mühens und neuer gesellschaftlicher Wegbereitung. Nur, diese Aktion kann nicht von irgendwoher kommen, sie muß bei uns, bei jedem von uns anfangen, sonst bleibt sie bloße Deklamation. Einander annehmen, einander aufnehmen, das ist nach dem bekannten Wort des ersten Mannes, der den Mond betreten hat: „Nur ein kleiner Schritt eines Menschen, aber ein großer Schritt der Menschheit!" Fangen wir also an, hier in unserer Häuserzeile und inmitten einer Welt, in der wir so viele Ängste voreinander, Vorurteile widereinander und Barrieren gegeneinander vorfinden.

Treten wir heraus aus dem Käfig unserer Selbstverlorenheit und Selbstsüchtigkeit, gehen wir aufeinander zu. Handeln wir anders, damit daraus ein Gemeinsamleben wird!

3. Gemeinsam leben – einander mitnehmen

Laßt mich noch den dritten Schritt unserer Umkehr deuten: Er lautet: Gemeinsam leben, das heißt einander mitnehmen! Misereor wird zu Beginn der Fastenzeit eröffnet, und darin liegt seine Zeichenhaftigkeit: Er will uns auf die via crucis unseres Herrn und der Menschheit stellen, damit wir diesen Kreuzweg mitgehen. Die Marter Jesu will buchstäblich erfahren, d. h. in großer Weggemeinschaft zum Zugewinn unserer Erfahrung und unseres Miteinanders werden. Passionsspiele mag man aufführen, die Passion selbst muß ausgeführt werden, und dies damit, daß einer den andern aus der bloßen Zuschauerrampe herausholt und ihn mitnimmt in die eigene Nachfolge des Gekreuzigten, in die gemeinsame Pilgerschaft des großen Volkes Gottes durch die Wüstenei von Not und Leid in die Befreiung, in die Erlösung.

Misereor ist daher Aktion, nicht nur Meditation. Es geht um die Zurüstung nicht nur der eigenen Herzen zur Buße und Heimkehr in das Erbarmen und die Gemeinschaft mit Gott, sondern um die Aufrüstung für den Befreiungskampf aus Hunger, Hilflosigkeit und Ohnmacht, zu einer neuen Solidargemeinschaft von Menschenwürde, Hoffnung und Gottebenbildlichkeit. Dahin gilt es, einander mitzunehmen in Wort und Tat! Aus Indonesien, dem Länderschwerpunkt der diesjährigen Fastenaktion Misereor, kommt das Sprichwort: „Das Leben verlangt, einander zu helfen. Das Sterben verlangt, einander zu trösten; der Welt Unsitte aber ist, sich aneinander zu rächen."

Dieses Wort entlarvt uns, es muß uns jedoch sehen und handeln lernen, aus der Unsitte des Rächens die neue Sittlichkeit des Liebens zu erwecken. Das meine ich mit Einandermitnehmen, weil wir nicht Geber und Nehmer spielen wollen, sondern gemeinsam Überwinder von Elend und Unfreiheit werden müssen, weil wir nicht Gönner hier und Bettler dort haben können, wenn wir miteinander die Zukunft der Menschheit und das Erbarmen Gottes verspielen möchten. Sicher soll unser Misereor-Opfer, das wir in diesen Wochen im Konsumverzicht ersparen und in die Not der Dritten Welt weitergeben wollen – und ich bitte euch, macht ein Opfer, nicht nur eine Spende, daraus! Sicher also soll dieses Opfer Gabe der Liebe sein, aber noch mehr Werk der Liebe, zu dem wir sie mithereinnehmen, die jetzt noch am Rande leben, obwohl sie längst, ja immer in unsere Mitte gehören. Anders leben heißt, wirklich gemeinsam handeln!

Es gibt, das hat jeder von uns erfahren, drei Anlässe, die Menschen wie von selber zusammenführen und solidarisieren. Das sind: Gemeinsame Freude, gemeinsame Not und gemeinsamer Protest. Misereor schließt diese Anlässe ein: Die Freude, in der wir Christen dem Fest unserer Erlösung neu entgegengehen, die Not, die rings um uns angestaut ist, und auch der Protest, der sich in der Passion des Herrn niederschlägt wider das Unrecht, wider die Erbarmungslosigkeit und wider das

Böse. Was also soll uns aufhalten, daß wir uns einander zugesellen, daß wir in persönlicher wie weltweiter Umkehr anfangen, anders zu leben, damit wir endlich gemeinsam handeln, wie es Botschaft und Bindung unseres Glaubens verlangt? Was, frage ich? Amen!

Eröffnung „Misereor"

Auf uns kommt es an!

Wir haben ein Fest gefeiert. Ein großes Jubiläum, Tage hoher Erlebnisse, über die ich mich mit euch gefreut habe, für die ich euch allen für und mit unserem Bischof danke. Nun aber klingt es aus, und noch einmal darf ich mit euch das Lob auf St. Anna singen, so wie ich es euch vor 25 Jahren zur 300-Jahr-Feier als Mitgift unserer heimatvertriebenen Schlesier zum ersten Mal weitergegeben habe: Wir loben dich, St. Anna. Vor 25 Jahren. Manche mögen sich noch daran erinnern. Unser greiser Erzbischof Michael war bei uns, P. Leppich, der Trommler Gottes sprach, und ich – damals noch ein wenig ein heißsporniger Benefiziat von Sulzbach – rief es euch 1956 zu:
„Je steiler der Berg, desto schwerer der Abstieg. Auch der Abstieg von diesem Berg ist schwerer als sein Aufstieg, und wenn du das nicht spürst, so bist du zwar auf dem Berg gewesen, aber seine wahre Höhe hast du nicht erreicht; denn während du hier gebetet hast, ist die Welt talwärts nicht anders geworden. Sie muß es erst durch dich werden. Nur du in Gottes Anruf kannst sie verwandeln!"
So habe ich es in meinen Notizen von damals gefunden. Heute bin ich glücklich, es gleichsam wie ein Echo aus eurer Mitte empfangen zu dürfen mit der Bitte eures Pfarrgemeinderates, ich solle mein Schlußwort nennen: Auf uns kommt es an! Gerne tue ich dies; denn das ist es ja wohl, was uns nach aller Feier bleibt, uns zuzurüsten auf einen neuen Werktag talwärts zwischen Hochöfen und Hobby, zwischen Brotsorge und Problematik der Generationen, zwischen Zukunftsangst und Zuständereform. Auf uns kommt es an, sagt ihr selber, und das ist viel. Es nimmt uns in Pflicht und gibt uns Zeugnis auf für morgen und übermorgen. Auf uns kommt es an; ich nehme euer Wort auf und bitte euch, laßt mich in ein paar kurzen Strichen die Wegzeichen hinunter vom Berg skizzieren:

1. *Auf unsere Freude als Christen*

Worauf kommt es an? Vielleicht seid ihr überrascht, wenn ich als erstes sage: Auf eure Freude als Christen. Wir haben ein Fest gefeiert. Nicht wie einen lauten Trubel, nach dem der Kater kommt. Nein, ein Fest, das nun seine Funken in den sog. grauen Alltag durch uns einbringen will; denn die „Freude an Gott ist nicht nur unsere Kraft“, wie es in der Schrift heißt: Sie ist auch unsere erste Kraftprobe, die wir als Christen inmitten dieser Welt, in dieser unseren desparaten Gesellschaft, zu bestehen haben. Keine Angst, ich mache nicht in Alleluja-Christentum, aber das Christentum verrät sich selber, wo es nicht mehr des Alleluja fähig ist, und ich fürchte, wir sind daran, solchen Verrat zu üben. Wieviel Resignation unter uns, wieviel Angst auch der Jünger Christi, die doch zur Hoffnung berufen sind, wieviel Pessimismus von Kanzel und Kathedern, welches Maß von satter Stumpfheit und müder Aussteigerei bei jung und alt! Seht euch das St. Annabild droben an. Welche frohe Zuversicht auf ihrem Gesicht, obwohl ihr Tag kaum anders gewesen sein dürfte als der unsere. Gesicht und Weisung einer Frau in die Blasiertheit einer Zeit hinein, die sich von Bierzelt zu Bierzelt wälzt, von Wiesenfest zu Wiesenfest, und trotzdem dabei alle Dämonen beschwört, Atomtod und Zerstörung der Umwelt, Krieg und Krebs, Inflation und Interkontinentalraketen. Wir tun diese Dämonen nicht als Spukgeister und Kinderschreck ab. Sie sind um uns, aber wir in ihrer Mitte, wir Christen haben eine andere Mission als die der Angst und die ohnmächtiger Apathie. Unser ist der Auftrag der Frohbotschaft, unser ist das Zeugnis der Freude, und das ist die Mission der Hoffnung. Auf uns kommt es an, den Kreidekreis des Vaters der Lüge und der Entmutigung zu durchbrechen und den Menschen, euch jungen Menschen zumal, die Gasse der Zuversicht aufzumachen. Wer glaubt, zittert nicht, und die erste Frucht dieser Jubiläumsglaubenstage ist für mich, daß wir das Nervenfieber dieser Zeit auskurieren mit der Hochgemutheit unseres Glaubens. Gott ist Zukunft, Gott ist Leben, Gott ist Heil; auf uns kommt es an, dies zu bezeugen. Weisung von St. Anna, wie sie im Hebräerbrief steht: „So strafft die müden Hände und die schlaffen Knie. Schafft gerade Bahn für eure Füße, damit sich das Lahme nicht verrenke, sondern eher gesunde! Habt acht, daß niemand die Gnade Gottes versäume, daß keine bittere Wurzel aufschieße und Schaden anrichte und viele von ihr verdorben werden (Hebr 12, 12).“ Das kommt auf uns an.

2. *Auf unsere Treue als Volk Gottes*

Und ein anderes füge ich sofort hinzu. Was auf uns ankommt, das ist unsere Treue als Volk Gottes. Ihr seid in diesen Tagen in Scharen auf den Berg gestiegen, ihr habt in großer Gemeinschaft Kirche bezeugt, und ihr habt mit St. Anna Stunde und Sendung unseres Heiles beschworen. Wenn ihr euch nun wieder zerstreut in euren Alltag, und das ist eben Alltag, in dem jeder einzelne zunächst für sich zu sorgen und zu kämpfen hat, das ist Werk- und Werkeltag von Anfechtung und Inanspruchnahme, das ist neue Anonymität inmitten der Masse und neue

Einsamkeit der Bewährung, nur bleibt ihr dann immer noch Volk Gottes, und das ist Gemeinschaft, das ist Gebundenheit im Herrn und seiner Jüngerschaft, das ist Kirche vor Ort, Kirche, wie ich es euch vor acht Tagen sagen wollte, der Konflikte und Kommunikation, der Wegsuche und Zielklarheit, von Sünde und Gnade. Auf euch kommt es an, daß dann Treue sei, dauerhafte Liebe der Verbundenheit untereinander und des Einstehens eines zum anderen.
Dafür haben wir diese Festtage der Gemeinschaft gefeiert, damit jeder einzelne unter euch Festigung finde, weil er so viele gleichen Glaubens, gleicher Hoffnung und gleicher Liebe neu gefunden hat und weil St. Anna Selbdritt von nichts anderem zu ihm sprach als von diesem Miteinander im Herrn. Auf uns kommt es an, daß das nicht verloren sei, was wir hier oben finden wollten und sicherlich gefunden haben, nämlich die Gemeinschaft aus gleicher Erwählung und gleicher Berufung. Seid also Volk Gottes auch nach diesen Tagen und nun wieder erst recht in der herzhaften Liebe zu eurer Kirche, mit der neuen Bereitschaft zum Miteinander und Füreinander des Dienstes und im Credo eures Lebens! Und seid treu! Nicht dann und wann, nicht ab und zu, nicht hie und wieder Glieder des Volkes Gottes! Nicht je nachdem und nicht mal da und dort, sondern in der Stetigkeit eures Mitbetens, eures Mitsorgens, eures Mitwirkens an der einen, gemeinsamen Mission der Kirche, und das ist die Bezeugung von Gemeinschaft im Herrn und die Bewährung miteinander vor Not, Gefahr und Bedrängnis! Es mag emphatisch und altmodisch klingen, was wir vor 25 Jahren noch im Sulzbacher Land und in katholischer Jugend gesungen haben, aber es bleibt trotzdem dabei: „Uns hat umschlossen ein heiliger Ring, der uns mit bannender Macht umfing. Uns hat ein Feuer zusammengeschweißt, daß auch der Tod diesen Ring nicht zerreißt!" Laßt es darauf ankommen und besteht den Test eurer Treue als Volk Gottes!

3. *Auf unsere Sorge um die Welt*

Ein drittes noch als meine Antwort auf euren Wunsch für dieses Schlußwort zum Annaberg-Jubiläum: Ihr meint, auf uns kommt es an, und ich sage euch, auf unsere Sorge um unsere Welt! Und dabei denke ich nicht einmal an den ächzenden Globus der Abendschau am Fernsehschirm, nicht nur und zuerst an die Dritte Welt und was sie uns tagtäglich vor der Haustür hinwirft an Problemen und Explosivpaketen, daran gewiß auch, aber noch mehr meine ich das konkrete und weiß Gott nicht minder problematische und explosive Stück Welt, in das ihr vom Berg heimkehrt. In dieses unser oberpfälzisches Armenhaus, in diese Stadt mit ihren noch rauchenden Hochöfen und den vielleicht gefährlicheren Schwelbränden in den Familien und Arbeitsstätten, in eure Pfarrgemeinden, die es mehr und mehr

miterfahren werden, wie auch sie am Ganzen der Diözese und ihrer allernächsten Zukunft mitzutragen haben. Ich denke an die konkrete Welt von Sulzbach-Rosenberg und den Kontrast eines nächtlich leuchtenden Annabergs und dem Smog von ideologischer Vernebelung und zwielichtigem Getue.
Ihr sagt: Auf uns kommt es an, und ich wiederhole mein Wort vor 25 Jahren: „Ja, genau auf dich; denn auch über einer 325-Jahr-Feier auf dem Berg ist die Welt unten nicht anders geworden, und nur du kannst sie verändern und verwandeln, du mit denen, die mit dir auf dem Berg gewesen sind!"
Tragt Sorge füreinander und miteinander; denn man kann sich nicht auf Christus berufen, der sich für die Welt geopfert hat, und nur es genug sein lassen mit der Sorge um sich selber. Man kann nicht seine Seele retten, ohne die Seelen der anderen miteinzubringen in das Heil Gottes. Man kann nicht Gloria im Hochamt singen, ohne das Miserere auf der Straße aufzufangen in brüderlicher Sorge. Und genau darauf kommt es nun an, wenn wir aus den Jubeltagen von St. Anna talwärts gehen, um dort einer Welt zu begegnen, die noch mit ihren perfektesten Autobahnen im Grunde die Straße von Jericho weiterbaut, an der mindestens einer auf uns wartet, einer der Hilflosen, der Liegengebliebenen, der Gestrandeten, der Verlorenen, sofern wir ihn nicht aufheben und in Gottes Herberge bringen.
Ihr wolltet von mir hören, was ich euch zu eurer Jubiläumsproklamation „Auf uns kommt es an!" zu sagen habe:
Dies war es, aber laßt mich noch hinzufügen, wo immer wir sagen, auf uns käme es an, da gilt es, so etwas in die Einzahl zu übersetzen, und dann lautet es: Es kommt auf dich an und auch auf mich!

Zum Schluß einer Wallfahrt

Frage und Antwort
(zu Lk 2, 41–50)

Bei Blaise Pascal habe ich dieser Tage ein Wort gefunden, das mir beunruhigend in diese Stunde nachgeht, in der Sie sich in der Sorge um unsere Familien und unsere Kinder versammelt haben. Das Wort heißt: „Wir rennen sorglos in den Abgrund, nachdem wir irgend etwas vor uns hingestellt haben, das uns hindern soll, ihn zu sehen." Ein Wort, das unruhig machen kann und zu fragen zwingt, wie ich meine. Immerhin, so scheint es, sind wir ja doch über eine Epoche der Euphorie hinweg, in der uns die Futurologen Aladins Wunderlampe märchenhafter Fortschrittszeiten vor die Augen hielten und in der uns die großen Macher in Politik und Wirtschaft das Fragen verlernten, und allenthalben geht eine Unruhe um, eine neue Skepsis und auch eine tiefe Unsicherheit. Wir haben ein Gespür

für den Abgrund zurückbekommen und fangen nun an, wie man sagt, zu hinterfragen. Wohinter denn? Müßten wir es uns nicht eingestehen, daß wir eben hinter das anfangen zu fragen, was wir nach Pascal uns selber vor den Abgrund gestellt haben? Beispielsweise jene kühnen, oft allzu kühnen Baugerüste neuer Bildungssysteme und Erziehungsmodelle, oder jene Juliustürme einer Wohlstandsgeneration, in denen wir unsere inflationären Emanzipations- und Freiheitsräume horteten? Nun sind diese Gerüste brüchig und diese Türme ins Wanken geraten, irgendwie weht uns der Wind aus Abgründen entgegen, auf die wir zugingen.
Ich weiß, dies zu sagen, hört sich pessimistisch an, und als Pfarrer bringt man sich in Verdacht, Nietzsche zu bestätigen, der uns als „Prediger des Todes und Feinde wider das Leben" deklariert hat. Nun, Pessimismus steht uns nicht an als Christen, aber um so mehr der Realismus, der für uns mit dem Zeichen des Kreuzes abgesiegelt ist. In diesem Realismus möchte ich Sie an jenes Kindheitskapitel des Lukas-Evangeliums heranführen und mit zwei Gedanken dazu konfrontieren:

1. *Frage*

Da ist zunächst die so urmenschliche Frage, ja, man müßte besser sagen der Aufschrei einer besorgten Mutter: „Kind, warum hast du uns das angetan. Dein Vater und ich haben dich mit Schmerzen gesucht." – Es wäre müßig zu fragen, ob dieser wehevolle Schrei wirklich so laut wurde. Die Exegeten mögen die lukanischen Kindheitserzählungen ins Reich nachösterlicher narrativer Theologie verweisen und sie formgeschichtlich in andere Wertungen einreihen. Was tut es? Wer die Inkarnation ernst nimmt und in der Menschwerdung Gottes die bestürzende und unfaßbar beglückende totale Ergreifung unserer Existenz durch Gott erkennt, wird über dieser so urmenschlichen Szene zu Jerusalem aufgerüttelt und getröstet zugleich sein. Was ist denn wohl anderes mit ihr gegeben, als jener – darf ich es so nennen? – Urschrei der Sorge, der menschlicher Elternliebe eigen ist, und zugleich jener schier ohnmächtige Laut des Unbegreiflichen, das in jeder Phase der Erziehung neu erlebt wird. Da ist Liebe, die bergen will, behüten will, schützen möchte und behalten will und doch erfahren muß, daß sie es letztlich nicht kann. Daß sie es nicht kann, weil junges Leben in eigenem Anruf steht und mit der Stunde der Geburt eben in Wahrheit und im buchstäblichen Sinn „entbunden" wurde.
Kind, was hast du getan! Wir möchten dich bei uns haben und begreifen nicht, daß dir eigener Sinn und eigener Weg vorgegeben ist, daß wir es gut mit dir meinen und doch dein Gutes verfehlen, wenn wir dich nicht in *dein* Leben entlassen.

Ich möchte dem Evangelium wahrlich nicht Gewalt antun, aber ich möchte diese Ursorge, die in der Frage der Mutter sich Gehör verschafft, verständlich machen; denn sie ist Motiv und Motor, wie ich glaube, dessen, was Sie in Kath. Elternschaft zu Ihrem Engagement drängt. Die Frage nämlich, wo das Kind, wo unsere Kinder dieser Zeit sind, die wir suchen müssen, weil sie uns gleichsam entkommen, noch ehe wir daraufgekommen sind, daß sie mehr von anderen in Beschlag genommen sind, als wir sie behaust haben in unserer Welt, unseren Wertvorstellungen und Überzeugungen, in unseren Idealen und Lebenssinngehalten. Wir alle erfahren dies schmerzlich genug, und doch ist es eine Gnade, wenn wir überhaupt solche Schmerzlichkeit empfinden. Gnade, wenn es uns durchfährt mit einem solchen „Warum", denn solange wir leiden können, lieben wir. Und vielleicht ist gerade dies das eigentliche Leid im Bereich der Elternschaft und Erziehung dieser Zeit, daß so viele solchen echten Leides nicht mehr fähig sind, daß sie es vergraben in hilfloser Resignation vor den Zeiterscheinungen oder sublimieren in einem Getue von Liberalität, die in Wahrheit Gleichgültigkeit heißt. So danke ich Ihnen, wenn Sie in Ihrer Gemeinschaft und Bewegung das leidvolle Fragen nach dem Kind wachhalten und selbst da, wo auch Sie keine Rezepte zur Hand haben, dennoch heilen, indem Sie unsere Eltern in die Sorge um die junge Generation drängen; denn in Abwandlung jenes bekannten Wortes des hl. Bernhard möchte ich meinen, nicht nur, wer an das Reich Gottes denkt, muß unruhig werden, sondern auch, wer an die Kinder denkt, die immerhin das Reich Gottes zugesprochen haben, muß sich der Unruhe öffnen und unruhig machen.

2. *Antwort*

Aber wenden wir uns wieder der Lukasbotschaft zu. Neben der so urmenschlichen Frage der Mutter, in der sich elementar die zeitlose Besorgtheit der Eltern anmeldet, steht jene Antwort des Kindes Jesus, die in die Antwort verweist, die christlicher Erziehung über die Zeitläufe hinweg gültige Weisung bedeutet: „Was habt ihr mich gesucht? Wußtet ihr nicht, daß ich in dem sein muß, was meines Vaters ist?" Die griechischen Kirchenväter haben diese Antwort wohl ein wenig zu verkürzt auf den Tempel des Herrn lokalisiert. Hier kann es kaum nur darum gehen. Die auffallende Wendung umschreibt eher die ganze weite Sphäre menschlicher Existenz und Berufung, die durch den Willen Gottes umschlossen ist. Und wenn Lukas Maria und Josef testiert, sie verstanden nicht, was er da zu ihnen sagte, so zwingt er im Grunde damit all jene, die seine Geschichte hören, darüber nachzudenken, was es denn überhaupt um den Anruf Gottes ist, der jeden Menschen trifft und je eigen trifft. Er zwingt sie und uns alle, die wir fragen nach den gültigen Zielen christlicher Erziehung und die wir inmitten des Getues moderner Wertsuche und Wertdemontage, das Bekenntnis abzulegen haben für das Anrecht Gottes auf den Menschen, auch den Menschen von morgen, und seine Inanspruchnahme durch ihn.

Nachdem Gott in Jesus Christus die Welt sich neu zu eigen machte und den Menschen heimholte in seine Lebensgemeinschaft, muß dieser Mensch in dem sein, was seiner ist, das heißt, wo immer wir über Verantwortung für unsere Kinder reden und dies tun als Christen, und was immer wir in die Gesellschaft verantwortlich als Zeugnis des Glaubens einzubringen haben, vorweg bleibt der Anspruch Gottes auf den Menschen und seine Weisung in die Lebensgemeinschaft mit ihm. Alles, was daneben ist, ist Abgrund, eben jener Abgrund, den Pascal meinte und in den wir selbst hineinrennen, wenn wir eigenmächtig andere Lebenssinne dazwischenstellen und in den wir die kommende Generation hineinführen (verführen), wenn wir ihnen nicht hindernisfrei und zielklar den Weg auf Gott hin weisen.

Ist dies uns heute wirklich als Christen so bewußt? Sind unsere Bekenntnisse im Erzieherischen so klar, beugen wir uns in unserem tatsächlichen Eigenleben und Erziehen tatsächlich so entschieden unter das „Sein müssen in dem, was Gottes ist?" Oder stehen wir nicht verwirrt und verlegen da, wenn uns einer aus den Jesus-People ins Gesicht sagt: Wenn ihr (Alten) fertig seid mit eurem Gott, dann kommt her, ich zeig euch meinen Jesus!? Erziehen ist keine verbale Angelegenheit. Schon gar nicht religiöse und christliche Erziehung. Wir selber sind unausweichlich gefragt, ob wir in dem sind, was Gottes ist, und ob wir es so überzeugend sind, daß wir überzeugen können?

Möge darum in all Ihren Diskussionen und Überlegungen, über die erzieherische Aufgabe der Eltern und unseren unabdingbaren Beitrag als Christen inmitten dieser unserer Gesellschaft immer auch diese Selbstbesinnung mit dabei sein! Und möge Gott unserer Kirche und dem Volk Gottes, das die Kirche ist, den unerschrockenen Mut geben, dies, ob gelegen oder ungelegen, zu bekennen, daß Gott, seine Wahrheit, seine Wirklichkeit und seine Lebensfülle alleiniger Lebenssinn und damit auch Erziehungsziel bleibt. Uns helfen keine Humanismen, uns rettet allein die humanitas salvatoris nostri. Uns hilft keine Liberalität voran, sondern nur die Freiheit der Kinder Gottes. Uns sichert keine Charta der Menschenrechte, sondern der Dekalog. Weil wir dies als Christen wissen, stehen wir zu dem besorgten Wort unseres oberpfälzischen Komponisten Max Reger, der einmal bekannte und warnte: „Eine Nation, die die Heiligkeit der Religion, der Ehe und Familie antastet, geht unentrinnbar ihrem Untergang entgegen."

Die Sorge um unsere junge Generation erfüllt Ihre Beratungen in diesen Tagen. Dafür darf ich Ihnen danken. Betrachten Sie es als Geschenk Gottes, wenn Sie diese Sorge miteinander tiefer empfinden, denn Sie erfahren damit Ihren Auftrag zur

Liebe, die das Element christlichen Lebens ist. Nehmen Sie aber auch aus dem Anruf Gottes mit die neue Beherztheit, Gottes Willen unter den Menschen unserer Zeit vernehmbarer zu machen, und wissen Sie sich dabei getragen von der Gemeinschaft mit Gott, die wir nun in der Eucharistie aufs neue erfahren! Amen.

Kath. Elternschaft

Gebet ist Wort und Tat

„Die beten, tun mehr für die Welt als die, die kämpfen, und wenn es mit der Welt immer schlimmer wird, ist der Grund der, daß es mehr Schlachten als Gebete gibt." Das ist nicht das Wort eines frommen Einsiedlers, der sich etwa gerade in diesen politisch stürmischen Tagen in seine Klause zurückzieht, weil ihm graut vor der Welt und bange wird um sein Leben. Und es ist nicht das Wort eines Bischofs von Regensburg, den man vor Jahren hierzulande lauthals verspottet hat, als er meinte, man müsse den Eisernen Vorhang wegbeten statt wegbombardieren. Nein, das Wort sprach der englische General Patton, damals anno '45, als über die verbrannte deutsche und europäische Erde hin das Chaos perfekt und der Schrecken des Krieges noch wie Blei in unseren Herzen war.
Heute, 35 Jahre danach, mag man auch sich über sein Wort lustig machen und uns, zumal euch von der Katholischen Arbeiterbewegung, mitleidig nachgucken, wenn ihr auf den Keilberg gezogen seid mit dem Motto: Beten für Deutschland! Beten, nicht agitieren! Beten, nicht Schlammschlachten schlagen und Kinder mit Stahlhelmen über den Domplatz schicken, wie wir es vor Tagen erlebten. Beten für Deutschland und nicht brüllen dafür. Das habt ihr nun 50 Jahre getan, seit dem ersten Jahr, in dem St. Michael auf dem Keilberg erstand, und die 50 Jahre hindurch, seitdem hier oben hoch über der Stadt das Wahrzeichen des Engels steht, der das Schwert über den Drachen des Ungeistes schwingt und der im Bild der Apokalypse das Rauchfaß trägt, aus dem die Gebete aufsteigen zu Gott! Dafür danke ich unserer Arbeitnehmerschaft von Regensburg; darüber freue ich mich mit euch Keilberger, die ihr die Ehre habt, euer Gotteshaus vom ersten Tag an nicht nur als Herberge Gottes für euch und euere Familien besitzt, sondern zugleich als Stätte einer Wallfahrt. Dafür danken wir Gott an diesem Morgen, damit treten wir in dieser Stunde betend vor St. Michael, wissend, daß Gebet jederzeit Wort und Tat ist.

Gebet ist Wort

„Beten für Deutschland!" Mit diesem Geleit sind wir in unser Jubelgotteshaus gezogen. Als sich katholische Arbeiter der Stadt Regensburg vor 50 Jahren das erste Mal auf Michaeliwallfahrt zum Keilberg zusammentaten, hatten sie nicht minder Grund, aufzubrechen aus Wirrnis und Not. Schon grassierte weltweite Arbeitslosigkeit, schon jagte eine Wirtschaftspleite die andere, schon standen die neuen Propheten auf, die Heil riefen und Unheil brauten. Ludwig Wolker, der große bayerische Jugendpriester – erinnert euch, ihr Älteren! – rief damals aus: „Götterdämmerung ist über Deutschland!", und ich frage mich, was würde er heute rufen? 50 Jahre danach, 50 Jahre nach Stalingrad, Vertreibung von Millionen, neuem Wohlstandsrausch und neuer Zukunftsangst; 50 Jahre nach der Weihe dieser St.-Michaels-Kirche über einer Stadt, in der heute das Wort von Bischöfen geradezu zu einem Kapitalverbrechen gemacht wird, in der ein Bischof auf offener Straße verhöhnt werden kann, in einem Land, in dem Theologen zu Verteidigern der Demagogen werden und in dem hemdsärmligen Bruderzwist das Unisono von Frieden und Freiheit angestimmt wird? Ich will unsere Tage und unser Land weiß Gott nicht verteufeln, aber ich gestehe euch, wie oft mir in den letzten Wochen das Wort unseres Dompredigers nach dem Krieg eingefallen ist, als er – und das war schon vor mehr als 30 Jahren – warnte, acht zu geben, daß die neue Demokratie sich nicht zur Dämonokratie entwickle.
Wir sagen in dieser Stunde: Beten für Deutschland! Wir verstehen darunter alles andere als leisetreten in Deutschland, und uns geht es damit nicht um einen frommen Rückzug aus den harten Auseinandersetzungen oder gar um einen klerikalen Tarnkappenaufmarsch in brisant politischer Stunde. Nein, wir meinen es ehrlich: Beten für Deutschland, weil die, die beten, mehr und Besseres tun als die, die kämpfen, und weil wir dem Wort zu Gott mehr Kraft zutrauen als dem noch so emphatischen Wort von Wahlrednern und Funkkommentatoren. Wir beten für Deutschland, und wir tun es vor dem Engel, der die Gebete zu Gott trägt, weil wir wissen, daß auch noch zwischen Atommeilern und Roten Telefonen der Mächtigen jenes Nachtgebet unserer Vorfahren gilt, das sie sich in der alten Stadt da drunten noch zur späten Stunde singen ließen: Menschenwachen kann nichts nützen, Gott muß wachen, Gott muß schützen!
Daran glauben wir, dazu bekennen wir uns, darin handeln wir auch 1980, und gerade in der Stunde, in der uns Plakate vermelden: Diesmal gehts ums Ganze! Für uns geht es nämlich wirklich ums Ganze. Nur meinen wir damit nicht eine 5%-Hürde im Parlament, sondern eben dieses unser Land. Es geht uns um seine Menschen heute und morgen, um seine Freiheit und noch mehr – laßt es mich sagen, auch wenn das Wort unmodern geworden ist! – um seine Tugenden. Ich meine damit, um die Erhaltung seiner wahren Werte und seiner Werteinbindung.

Werte aber schützt man nicht mit Panzern und Propagandamaschinen. Werte läßt man absiegeln durch Gott. Darum treten wir vor ihn hin, deshalb beten wir für Deutschland, daher rufen wir den Engel der Deutschen, St. Michael, an auf dem Keilberg.
Gebete sind Worte, ja, aber keine Phrasen, sondern Worte voller Energie und Worte einer Kraft, die von Gott stammt. Und das wußte der Dichter Reinhold Schneider, der anno '45 ausrief: Allein den Betern kann es noch gelingen, das Schwert ob unseren Häuptern aufzuhalten! Anno '80 hängen doch die Schwerter über uns. Wir, die Beter, wollen sie aufhalten! Und wir tun es nicht ängstlich-egoistisch für uns selber, wir tun es für Deutschland!

Gebet ist Tat

50 Jahre ist St. Michael Keilberg nun Stätte des Gebets. 50 Jahre Ziel betender Menschen unserer katholischen Arbeiterschaft. In diesen 50 Jahren ist niemand in diese Kirche beten gegangen und keiner mit der Wallfahrt hier heraufgezogen, der nicht gewußt hat, daß jeder, der da zu Gott betet: „Herr, handle an mir nach deiner Güte!", auch im selben Atemzug sich dem Herrgott angeboten hat: „Herr, handle *durch* mich nach deinem Willen!"; denn Gebet ist nicht nur Wort, Gebet ist ebenso Tat, und Hände, die sich zum Gebet erheben, dürfen dann nicht einfach müde und kraftlos in den Schoß zurückfallen. Vertrauen auf Gott und verfügbar sein für Gott, das ist ein und dasselbe Vaterunser.
Haben wir dafür nicht erst jüngst eine Katechese ohnegleichen erhalten? Ich meine jene Bilder und Berichte vom polnischen Arbeiterkampf. Wo hat das der Arbeiter im Westen, wo eine Gewerkschaft in einer unserer Demokratien je erlebt: Streik und Altar, Arbeiterfäuste und Rosenkranzfinger, Fabrikposten und Priester im Meßkleid, Walesa und Wyszyński? Und da zeigt mir dieser Tage ein Arbeiterfunktionär dieser Stadt seinen Kirchenaustritt an, weil er seine Arbeit und die Mitgliedschaft zur Kirche nicht mehr zusammenbringe! Lieber Gewerkschaftler, ich frage dich im Ernst, ist für dich der Pole Walesa denn über seinen Rosenkranz gestolpert, ehe er den Pakt mit den Mächtigen unterschrieb? Ist der Erzbischof von El Salvador erst von der Kirche abgefallen, ehe er sich für den Aufstand der Entrechteten erschießen ließ?
Nein, für uns ist Gebet und Tat sozialer, ich sage ebenso auch, politischer Initiative kein Widerspruch. Für uns ist ehrliches Gebet der ehrliche Verspruch, vor Gott sich zu engagieren, zu arbeiten, und wo es sein muß, auch zu kämpfen für den Menschen, für seine Freiheit, für die Gerechtigkeit, für Menschenwürde und neue Zukunft. St. Michael trägt nicht nur das Weihrauchfaß der Gebete, sondern auch das Schwert des Kampfes. Katholische Arbeitnehmerschaft bindet sich ein in Gott,

aber sie verbündet sich auch mit ihm, der seinen Sohn in unsere Welt sandte „für uns Menschen und unseres Heiles willen“! Das ist unser Credo, das ist auch unsere Kreativität! Und wahrhaftig nicht erst seit gestern.
Lest die Geschichte von Keilberg. Sie ist die Geschichte solcher Menschen. Nicht einmal zuerst die Priester, sondern jene ersten Arbeiter und Lehrer auf dem Kalkhügel vor den Toren Regensburgs waren es doch, die eben, weil sie als Christen sich gerufen fühlten, sich auch als Christen daranmachten, aus diesem Notviertel über Regensburg eine Gemeinde selbstbewußter und engagierter Bürger zu machen, und zwar sowohl in der Gemeinde von Arbeitern wie in der Gottesgemeinde einer Pfarrei. Danken wir ihnen heute für Wort und Tat und reihen wir uns ihnen an; denn Keilberg hat die Mission, Gottes Keile einzuschlagen in das Leben dieser Stadt und in ihre spröden Wohlstandsfossilien, Keile einzusetzen in die aufgeblasenen Ideologien und in die verklemmten Hirne so mancher Gesellschaftsstrategen.
Wahre Gebete, so sagt man, können den Himmel aufreißen. Eines aber müssen sie immer: den Boden aufreißen, damit das Saatkorn der Wahrheit, der Gerechtigkeit und Liebe, wie Gott es uns durch Jesus Christus anvertraut hat, eingesät werden kann. Das ist die Tat des Gebets und der Beter! Uns geht es bei Prozessionen nicht um Demonstrationen, aber wo unsere Prozessionen enden, fängt für uns die Pflicht an, es vor der Welt und inmitten der Menschen zu demonstrieren, was ihnen zum Heile und uns zur Pflicht ist. Und Sankt Michael führt uns dabei an mit seinem Schwert, ja, aber eben nicht dem Schwert des Machthungers einer 5. Kolonne des Papstes, sondern mit dem Schwert der Unterscheidung der Geister. Und mit dem Schwert des Heiligen Geistes, der immer Geist der Liebe ist, auch wo er wie Feuer loht und wie ein Sturm reinigend durch das Geäst fährt. Macht euch zu solcher Tat bereit!
Beten für Deutschland! So das Motto unserer 50. Keilberg-Wallfahrt der Arbeiter. So das Motto auch des 50. Jubiläums dieser Pfarrgemeinde und so der bleibende Auftrag dieser festlichen Stunde! Die beten, tun mehr als die, die Schlachten schlagen, aber wo gebetet wird, sind immer die Schlachten Gottes im Gang, weil Gebet Wort und Tat zugleich ist, ja, und eigentlich müßte ich noch ein drittes anfügen: Wort, Tat und Zeugnis! Das Michaelszeugnis nämlich: Wer ist wie Gott! Auch dies ist Inhalt und Auftrag dieses Feuers, es in alle Überheblichkeit und allen Übermut unserer Zeit einzubeziehen, daß wir Götzen entlarven und selbstgemachte Götter entthronen wollen, wir, die Beter vor Sankt Michael, um Gott, dem Gott ohnegleichen und dem Alleinen, die Ehre zu geben, die Herrschaft und das Reich; denn Sein und Ihm allein – ist die „Kraft, die Macht und die Herrlichkeit in Ewigkeit! Amen.“

Michaels-Wallfahrt

In der Optik Gottes
(zu Lk 6, 43 ff)

Da bin ich dieser Tage auf ein Wort des Gesellenvaters Adolph Kolping gestoßen. Ein wohltuendes Wort – wie ich meine – angesichts des Soziologenchinesisch unserer Tage, wie es auch in unserer Kirche manchmal gesprochen wird, und ein Wort, das uns zum Wesentlichen führen kann, wenn wir uns im Kreise von Heimerziehern auf die Anliegen neu besinnen, die uns tagtäglich verbinden und auch bedrängen.
Das Wort Kolpings lautet so: „Hat Gott den Menschen geschaffen, dann hat er ihn eben auch als Menschen geschaffen, versteht sich, zum wesenhaften Unterschied von Kraut und Kohl, von Kühen und Kälbern, was jeder Bauernjunge hinter der Viehherde oft viel besser versteht als mancher sehr gelehrte, aber wenig gebildete Naturforscher. Was im Menschen aber diesen wesenhaften Unterschied begründet, bliebe für ihn selber ein unlösbares Geheimnis, wenn derjenige, der ihn geschaffen als das, was er ist, ihm nicht auch gesagt hätte, worin dieser wesenhafte Unterschied bestände. Der Ochs weiß selber nicht, daß er ein Ochs ist, er hat's nicht nötig zu wissen, und wird doch ein perfekter Ochs. Dafür sorgt Gott durch die Natur. Beim Menschen ist's eben anders: Er soll und muß wissen, was er ist, damit er werden kann, was er sein soll (Rhein. Volksblätter 1854)."
Wie gesagt, ich finde das als ein wohltuendes Wort, so deftig das auch geschrieben ist und so gut mir aus Ihrem Kreise jemand nun entgegenhalten könnte, da mache es sich Vater Kolping ziemlich einfach, und gründliche Anthropologie und Pädagogik verlange eine differenziertere Aussage über den Menschen als eine solche fromme, schier unbekümmerte Klerussprache. Das mag wohl sein. Trotzdem möchte ich diese zugegeben hausgebackene Maxime des Gesellenvaters weitergeben und Ihnen mit ihr in dieser Stunde gemeinsamer Besinnung vor Gott einen Dienst tun, wenn ich Ihnen in ein paar Gedanken eine christliche Binsenwahrheit erhelle. Leider ist es ja auch so, daß die sog. Binsenwahrheiten am ehesten in die Binsen gehen, weil es sich anscheinend gar nicht erst lohnt darüber nachzudenken.
„Der Mensch – so Kolping – muß wissen, was er ist, damit er werden kann, was er sein soll." Hier setzt bereits mein Fragen an: Weiß der Mensch heute, wissen all jene, die sich um Entfaltung und Erziehung jungen Menschenlebens bemühen, wirklich um sein Sein und sein Sein-Sollen? Ereignet sich etwa auch unsere christliche Heimpädagogik tatsächlich aus der Optik Gottes heraus oder nicht doch – bewußt oder unbewußt – und auf Strecken hin etwa aus dem Blickwinkel eines „Emile" des Jacques Rousseau? Wie empfinden wir dabei beispielsweise Sätze, wie wir sie uns eben aus dem Lukasevangelium ins Gedächtnis gerufen haben: Als bildhafte Selbstverständlichkeiten oder als wirkliche und wirkkräftig-optische

Justierungen unserer manchmal doch ziemlich verschwommenen Erziehungslibertinagen? In der Optik Gottes, wie ich die Metapher des Evangeliums verstehe, zeichnen sich da zwei wesenhafte Aspekte unserer Menschenbetrachtung und Menschenerziehung ab, die ich – möglicherweise nun für Sie zunächst befremdend – so formuliere:

Gott gibt Ansehen –
Gott liebt Aufsehen.

1. Gott gibt Ansehen

„Der Mensch muß wissen, was er ist", sagt Kolping, und ich finde, dies muß sehr früh sein; denn so sehr der Mensch sich sein Leben lang letztlich ein Rätsel bleiben mag, für uns Christen ist das Rätsel Mensch aufgelöst mit der ersten Seite unserer Heilsbotschaft: Da gibt Gott eben nicht einer nebulosen Entwicklungsgenese den Lauf und keinen Demiurgen, den Menschen, in Auftrag, nein, er selbst ruft ihn unmittelbar und in persönlicher Zuwendung ins Leben. Mit dieser in der Bibel so exemplarisch geschilderten Zuwendung Gottes erfährt der Mensch Existenz und Würde oder – wie ich sage – sein Ansehen. Dieses Ansehen Gottes – jetzt wirklich buchstäblich genommen – begründet Ansehen des Menschen, klein und groß, alt und jung, arm und reich, gesund oder krank. Gott sieht ihn an, und in diesem Ansehen erfährt der Mensch ein für allemal seinen Wert, auch seine Bestimmung, sich solchen Ansehens als wert zu erweisen. Der Mensch muß wissen, daß er vor Gott angesehen ist und damit auch wissen um Gottes Erwartung, daß er sich – um im Bildwort zu bleiben – mit ihm sehen lassen kann. Folgerichtig sagt die Sündenfallgeschichte: Und Gott verwies den Menschen aus seinem Angesicht, weil mit der Sünde Ansehen vertan und Anschauung Gottes verspielt wurde.
Das war es wohl, was Kolping meint, wenn er postuliert: Der Mensch muß wissen, was er ist. Das aber bedeutet dann für mich in der Konsequenz: Und jeder, der Menschen bildet und erzieht, muß wissen um dieses Ansehen jedweden Menschens aus Gott und muß all das tun, was nottut, daß solches Ansehen gewahrt bleibt. Und wir wahren dieses Ansehen nicht, wenn wir das Kind z. B. nur als „Rechenfehler der Liebe" bewerten, wir wahren es ebensowenig, wenn es für uns nichts weiter ist als ein Rechenergebnis von Familienplanung, und damit das heraufbeschwören, was Sigrid Undset zu Beginn unseres Jahrhunderts schrieb: Das wird eine furchtbare Zeit werden, wenn die errechneten Kinder anfangen werden mit ihren Erzeugern abzurechnen.
Wir wahren das Ansehen Gottes im Menschen nicht, wenn wir in falschverstandener antiautoritärer Erziehung alles um der vermeintlichen Freiheit willen schleifen lassen, wir wahren es freilich auch nicht, wenn wir in bloßem Drill und

Dressur verhindern, daß sich das im Menschen entfalten kann, was der Kreator kreativ in ihn hineingegeben hat.
Wir verschütten das Ansehen Gottes im Menschen, wenn wir ihn – jung oder alt – zum bloßen Objekt herabwürdigen, wenn wir ihn manipulieren oder malträtieren; nur, wir verschütten es nicht minder, wenn wir ihn zum „Maß aller Dinge" machen oder zur „blonden Bestie" nach Nietzsches Zarathustra. Wir schänden das Ansehen Gottes im Menschen, wo wir ihn – und geschieht das nicht heute zumal? – vermarkten, aber wir schänden es genauso dort, wo wir unsere jungen Menschen zu Marktbeschickern eigener Willkür und vulgärer Götzen machen.
Wir untergraben das Ansehen Gottes im Menschen, wir, die wir reifendem Leben nichts zutrauen, wir höhlen es aber auch damit aus, daß wir ihm alles zumuten. Es gilt vielmehr, ihm voranzuhelfen, sich so zu entdecken, wie Gott ihn, und gerade ihn nur, gesehen und gemeint hat, und dann jene Frucht und Fracht seines ihm eigenen Ansehens und Lebens einzubringen, die Gott zu Recht erwartet. Und damit sind wir mitten im Gleichniswort aus Lukas 6: Was Baum ist, muß sich entfalten und tragen, und zwar das ihm Gemäße. Der Feigenbaum Feigen, der Rebstock Trauben. Nicht Feigen von Disteln und Trauben aus Dornen. Was von Gott mit dem Prädikat: Gut angesehen wurde, kann sich nur sehen lassen mit Gutem.

2. *Gott liebt das Aufsehen*

Und damit komme ich mit meinem zweiten, vielleicht zunächst noch befremdenderen Satz: Gott liebt das Aufsehen. Um eben im Gleichnisbild fortzufahren: Es geht nicht darum, daß ein Baum gesund ist, daß sein Kern in Ordnung ist, sein Laub grünt. Es geht um den sichtbaren Ertrag, um das Offenbarwerden, was nun wirklich in dem Gewächs steckt an wahrer Vitalität und an echter Kreativität. Ein guter Baum muß gute Frucht zeitigen, sonst ist er Widerspruch zu sich selbst. Unglaubwürdig par excellence und Paradoxie zum Schöpfungswillen Gottes. Der nämlich geht darauf hin, daß inwendige Anlage offenkundig werde nach außen, daß das geschenkte Sein zum konsequenten So-Sein werde.
Unsere Lukasstelle ist die Parallele zur Bergpredigt des Matthäus. Hier wird diese Konsequenz und solche Erwartung Gottes zum förmlichen Befehl: Ihr seid Licht, also leuchtet! Ihr seid Salz, also salzt! Ihr seid Stadt auf dem Berg, also laßt euch sehen! Und dann wortwörtlich: „Also leuchte euer Licht vor den Menschen, damit sie eure guten Werke *sehen* und euren Vater im Himmel preisen (Mt 5, 13 ff)!"
Also liebt – wie ich sage – Gott doch das Aufsehen? Sie wissen sofort, daß damit nicht Angabe und Aufschneiderei gemeint ist, daß Gottes Liebe sich nicht damit

brüsten möchte, daß aus der „Krone seiner Schöpfung" her Gefackel und Blendwerk geschehe. Aber unter dem Anruf der Bergpredigt ist es sicher ebenso abwegig, es gleichsam als typisch katholisches Erziehungsziel anzusehen und anzupeilen, Wert und Weisung des Menschen zu introvertieren, es als „musterhaftes" Erziehungsziel zu propagieren, unauffällig vor Gott und den Menschen zu sein. Nein – und das meine ich mit meiner Formulierung –, Gott liebt das Aufsehen, d. h. Gott ist dem zugetan, daß der Baum trage und seine Fruchtbarkeit erweise, daß er mit Blüte und Frucht Aufsehen, also Aufmerksamkeit errege und so zum „Aufsehen", nämlich zum staunend-frohen Gewahrwerden des Menschen, führe, was da – erlauben Sie nun Ihr Themenwort dieses Tages zu verwenden – kreativ geworden ist.

Noch einmal: Gott liebt das Aufsehen nicht in dem Sinne, daß der Mensch sich aufspiele und aufblase, aber gewiß so, daß der Mensch zum Lobe Gottes werde mit dem sichtbaren – meinetwegen aufsehenerregenden Erweis dessen, was er ist und was in ihm steckt.

Wir behindern solches Aufsehen Gottes durch den Menschen, wenn wir den Baum, d. h. den Menschen, nach unseren Eigenmächtigkeiten nur in einem fort so beschneiden würden, daß wir ihn verstümmeln, aber wir würden es ebenso behindern, wollten wir erzieherisch mit unserem Beschneiden nur – unter Mißachtung seiner persönlichen Individualität! – Eigenes züchten. Oder, was noch gottwidriger wäre, im Sinne der „Fabrik des neuen Menschen", der Russin Rachmanowa, herauskonstruieren, was dem Markt dient.

Wir widerstehen der Absicht Gottes, daß der Mensch „Aufsehen" auf Gott hin errege, wollten wir den Menschen normieren, gleichschalten und dirigieren, anstatt ihm zu seinem Eigenen, zu seinem Ich und Hier zu helfen. Aber wir würden Gottes Erwartung ebenso zunichte machen, würden wir jedweden kreativen Ansatz schon zur Demonstration dieser seiner persönlichen Eigenart und Sinnbestimmung deklarieren. Erziehen heißt ans Licht ziehen, was in Wahrheit ans Licht, an dieses Aufsehen vor Gott kommen soll.

Wir stünden gegen die Liebe Gottes, daß es ein Aufsehen, d. h. ein Miterleben seiner schöpferischen Tat gebe, wollten wir das Wagnis der Freiheit in Bildung und Erziehung nicht eingehen, aber wir stünden sicherlich auch dagegen, würden wir es wagen, aus Ängstlichkeit oder Eigenmächtigkeit zu verhindern, daß sich entfaltet, was eben nicht dazu geschaffen und gewollt ist, nur inwendig als Wert erahnt zu werden.

„Der gute Mensch" – so unser Lukastext – „bringt aus dem guten Schatz seines Herzens Gutes hervor. Der böse Mensch aus dem bösen Vorrat seines Herzens das Böse." Es gibt also sowohl den Schatz des Guten wie den Vorrat des Bösen. Und es gibt das Hervorbringen des einen wie des anderen. Genau darin liegt Chance und Gefahr eines jeden von uns, liegt auch Aufgabe und Sorge aller Erziehung.

Und ein Aufsehen gibt es jedesmal, sei es das Aufsehen, das den Lobpreis des Schöpfers zeitigt, oder die Versuchung zur Anklage gegen eben diesen Schöpfer, der auch die Freiheit zum Bösen gibt. Das ist unsere Not, zumal Not und Last derer, denen die Mitsorge um das Hervorbringen aufgegeben ist. Ich meine Sie.
Erlauben Sie mir, daß ich nach meinem wohl doch ein wenig theoretischen Gedanken Ihnen zum Schluß eine Momentaufnahme aus dem unmittelbaren Leben und Erleben bringe: Es war schon vor einer ganzen Reihe von Jahren. Ich war bereits Priester und meine kleine Nichte ein Kind von etwa fünf Jahren. Aber ich werde noch heute unruhig, wenn ich an diese Begebenheit denke: Da kommt das Kind zu mir, dem Priester und Theologen, und zeigt mir im frommen Bilderbuch das bekannte Dreieck mit dem Auge Gottes und fragt mich, so unverfroren wie nur Kinder fragen können: „Du, Onkel, warum hat Gott denn nur *ein* Auge?" Ja, nun geben Sie darauf eine Antwort! Warum hat Gott nur *ein* Auge? Ich weiß nicht, wie ich mich zuerst herausgeredet habe, wahrscheinlich sehr dumm, weil ich gescheit sein wollte. Aber dann schenkte mir Gott doch eine Antwort, über die Sie wohl lächeln werden und über die ich im Grunde heute noch rot werden müßte; denn ich zweifle, ob sie eines Theologen würdig war. Ich sagte dem Kind: „Weißt du, Gott hat nur *ein* Auge, weil er das andere auf dich geworfen hat . . ." Das Kind war damit zufrieden, ja, es war sogar richtig stolz, daß Gott sein Auge gerade auf es geworfen habe. Heute schäme ich mich meiner Antwort nicht mehr; denn ich meine in der Tat, daß Gott ein Auge auf mich und jeden von uns geworfen hat und uns damit unser wahres und gültiges Ansehen als Menschen schenkte, aber auch ein Auge der Erwartung, daß wir mit unserem Sein und Werk uns und anderen um uns zum Aufschauen verhelfen auf ihn hin; denn es bleibt bei der knappen, aber klaren Sinnbestimmung des Menschen eines hl. Ignatius von Loyola: Der Mensch ist geschaffen, daß Gott Lob erfahre!

Tagung der Heimerzieher

Sodalen unterm Kreuz

Das Zeichen des Christen ist das Kreuz. Das ist wohl das Simpelste, was man aussprechen kann, gerade vor einer so stattlichen Schar von Männern, die sich seit ihrer Taufe dem Kreuz verbunden fühlen. Das Kreuz ist eine Selbstverständlichkeit und doch immer neues Ereignis. So habe ich's eben empfunden, als ich den vielen Neuzugängen das Kreuz der Kongregation, verbunden mit dem Zeichen Mariens, überreichen durfte.
Das Zeichen des Christen ist das Kreuz. Aber, liebe Männer, habt ihr nicht auch manchmal das Gefühl, wenn wir so in diese Bewegung (unserer Jahre), die in

unsere Kirche gekommen ist, schauen, daß man sich unwillkürlich fragen möchte, müßten wir eigentlich für diese Kirche, für eine Gemeinschaft der Kirche, heutzutage nicht ein anderes Zeichen erfinden? Etwa das Zeichen der Windrose; denn darauf sind wir ja stolz, daß diese Kirche aufgebrochen ist, nach allen vier Winden hin. Wie haben wir das miterlebt, unlängst, als Johannes Paul II. diese Millionen in Südamerika faszinierte! Wie hat uns das wohlgetan, daß diese Kirche, die fast Winkelkirche werden wollte, nun auf einmal expandiert hinaus in alle Welt. Ein Zeichen für die Kirche suchen – man könnte etwa an das Bild einer Brücke denken; denn wir erleben in dieser Generation wie nie zuvor, daß da ein Brückenschlag geschieht von christlicher Konfession zu Konfession. Das Wort Ökumene, ein Fremdwort einst, ist in unserem Mund und ich denke auch in unserem Herzen. Ein Zeichen für Kirche dieser Zeit? Man könnte neue Symbole suchen, etwa zerbrochene Ketten, und dabei das denken, was heute viele nennen: Theologie der Befreiung. Eine Kirche, die ausbricht aus der Enge allzu enger Frömmigkeit, die sich der Welt verpflichtet weiß, die vorweggeht, dort, wo es um Gerechtigkeit und Liebe geht. Eine Kirche, für die sich Johannes Paul II. unlängst zum Sprachrohr machte, indem er sagte: Redemptor hominis – Sendung der Kirche ist es, Erlösung, Befreiung in diese Welt zu bringen.

Oder vielleicht noch ein Symbol, das man sich denken könnte: Der blühende Zweig, mit dem damals Synode auf den Plakaten geendet hat, ein Symbol, das in Freiburg am Katholikentag lebendig wurde. Hoffnung, ein Wort, das wir scheinbar auch wieder neu entdeckt haben, und es gibt die Menschen in dieser Zeit, es gibt sie in Unzahl, die plötzlich auf diese Kirche wieder schauen, auf einen lächelnden Papst, auf einen Papst aus ihrer Mitte, der aus der Fremde kam, und die spüren, es gibt Hoffnung.

Aber, liebe Männer, das Zeichen der Kirche bleibt das Kreuz. Und wenn wir heute wieder mit euch in so großer Schar über den Marktplatz von Straubing ziehen, dann wollen wir das nicht übersehen, dann geht uns voran das Prozessionskreuz und vermeldet jedem einzelnen, der da kommt, ein Kommen in diesem Zeichen. Und ich meine, es ist darum gut, wenn wir uns in dieser festlichen Stunde ein wenig auf dieses Zeichen besinnen, denn das Sodalesein läßt sich ja vom Kreuz genausowenig lösen wie das Bild der Mutter, die ihre Erfüllung und ihre Erprobung in der Stunde des Kreuzes gefunden hat. Was meint also dieses Zeichen, dem wir uns in der Kongregation in Verbindung mit dem Schwert, das die Mutter getroffen hat zu Golgotha, verbinden? Es meint immer ein Zweifaches, das ich kurz deute: Zunächst einmal meint dieses Zeichen, zu dem wir uns bekennen, mit dem wir uns bezeichnen, immer Herausforderung. Welche Herausforderung? Nun die, die von Anfang an mitgegeben war, die Paulus, und das Wort ist euch geläufig, vorigen Sonntag uns wieder deutete, wenn er sagte: Dieses Kreuz, für die einen ist das das letzte Ärgernis, für die anderen der große Unsinn, die Torheit.

Meine lieben Sodalen, es braucht kein Wort darüber, daß seit Paulus das Kreuz seine Konturen nicht geändert hat, und die Menschen nicht ihre Meinung zu diesem Kreuz. Es braucht kein Wort darüber, daß das mitten in unsere Zeit hereingeht, in der Sie stehen, Sie, die sich Maria angelobt haben. Wir haben das eben gehört mit dem Schwur: Ich werde nicht zulassen, daß etwas gegen deinen Sohn und seine Ehre geschieht. Auch wir sind da genauso herausgefordert; denn immer schon hat der Mensch sich gewehrt wie damals die Juden gegen einen gekreuzigten Heiland und gegen eine Frau, die in diese Kreuzesschmach hineingezogen wird, weil dahinter der Protest stand: Ich erlöse mich selbst und ich erwarte mir keine Erlösung von einem, der tote Hände hat und ein zerschlissenes Herz.

Meine lieben Sodalen, erwartet sich der Mensch unserer Tage denn eine Erlösung? Sind wir nicht gerade in einer Zeit, in der wir in letzter Frivolität meinen, das machen wir alles schon alleine? Haben wir nicht ein Jahrzehnt hinter uns, in dem auch wir Christen trotz Weihwasser und Kreuzzeichen, trotz Sodalenmedaille und Kommunion eigentlich mit von der Partie waren, eingefangen in dieser turbulenten Hoffnung und Zuversicht: Jetzt werden die Zeiten gut, jetzt haben wir alles besser, besser. Jetzt sind wir schon über die Erde hinausgestoßen, bis in die Weltenräume hinaus. Jetzt haben wir die Hand am Griff des Lebens, das Retortenbaby! Das machen wir alles selber. Nicht mehr Gott sagt: „Laßt uns den Menschen machen!" Das machen unsere Chemiker. Das machen unsere Ärzte, unsere Mediziner und die Computerhelden und alle, die dran sind, an den Nerv der Geheimnisse dieser Erde zu kommen. Sie beschwören uns eine köstliche Zeit: „Ade, du Kreuz mit deiner Ohnmacht! Die Macht liegt bei uns, bei Wissenschaft und Fortschritt!"

Nun ja, über alldem haben wir ja inzwischen eine Gänsehaut bekommen. Die Wissenschaftler sagen: „Wir sind an den Grenzen des Fortschritts." Und wir selber fangen an, uns unwohl zu fühlen, und wenn es nur bei der Tatsache ist, die gestern in der Zeitung stand, daß dereinst wieder die Bezingutscheine in den Gemeindeämtern anrollen. Es wird uns irgendwie ungemütlich über alldem, was da ist an Großartigkeiten im Weltenraum und was da ist in unseren medizinischen Kliniken. Nur eines bringen wir wohl nicht von dannen: Den Gedanken, wir haben vielleicht nur Fehler gemacht. Wir können es dennoch schaffen. Und dahinter steht der alte Aufruhr gegen das Kreuz, gegen das, was es verkündet, nämlich: Du bist angewiesen, daß ein Gott sich deiner erbarme, daß ein Gott dich erlöse! Ein Widerstand auch gegen die Mutter unter dem Kreuz, die da sagt: „Ihr, die ihr da vorübergeht, schaut einmal, mit wieviel Leid die Welt erlöst werden muß!" Denn das Wort vom Leid und von der Erlösung, das haben wir nicht mehr in unserem Wörterbuch.

Meine Lieben, wir gehen hinter dem Kreuz einher in unserer marianischen

Prozession hernach, und mit uns geht dieses uralte Wort, das sich nicht auslöschen läßt, auch nicht über 2000 Jahre. Dieses Wort, daß dieses Zeichen immer Ärgernis ist und Unsinn; ja, meine Lieben, auch in dieser Zeit.
Wir stehen nicht auf der Kanzel, um unsere Zeit anzuklagen, sie anzuschwärzen, den Teufel herbeizuschwören, damit die Menschen wieder in die Knie gehen und sagen: Ich glaube an Gott; Herr, erbarme dich. Aber wer diese Zeit nüchtern ansieht, der weiß, man macht sich heute nicht beliebt als Prediger, wenn man das Wort vom Kreuz, und das ist das Wort vom Verzicht, das ist das Wort vom Opfer, das ist das Wort von der Hingabe, das ist das Wort von alldem, was wir einfangen heute in dieser Kirche in den permanenten Fastenruf: Ihr Christen, kehrt um, ihr dürft nicht eines Geistes sein mit dem Geist dieser Welt. Ihr sollt anders leben! Wer hört das schon gerne in einer Zeit, in der es uns allen gutgeht? In einer Zeit, in der wir davon träumen: Nun gut, eine kleine Ölkrise hier, eine politische Krise im Iran, aber wir bringen es schon wieder hin. Und haben wir Älteren ein Anrecht zu sagen: Wir haben den Krieg hinter uns und wir haben Holocaust hinter uns mit all den Schreckensbildern. Nun laßt uns doch einmal in Ruhe! Laßt uns leben, leben, leben!
Aber wir, die wir uns der Gottesmutter anverlobt haben und damit ihrem Sohn, dem Gekreuzigten, wir können da nicht mittun. Wir sollten uns verschwören darauf, daß wir in der Annahme dieses Gelöbnisses an die Gottesmutter und im Ergreifen des Kreuzes mitbejahen und immer neu und von Herzen herunterringen ein männliches, aufrechtes Ja, auch zu dem, daß wir anders leben, anders sind, daß wir Opfer bringen können.
Liebe Männer, durch unsere Diözese und die ganze Kirche (und das werdet ihr mir als Generalvikar abnehmen, weil ich neben dem Bischof doch die erste Sorge trage für unsere Gemeinden) geht heute ein Fragen: Wie schaut es aus? Werden wir morgen Priester haben? Wie sieht es aus, werden unsere Klöster veröden? Wie sieht es aus, werden wir junge Menschen finden, die den Mut haben, trotz einer sexuell aufgedonnerten Zeit zu sagen: Und um Gottes und des Himmelreiches willen verzichte ich auf diese Erfüllung? Auf diese Frage, die immer wieder laut wird, wo aufrechte Christen zusammenkommen in dieser Zeit, auch in unserer Diözese, auf diese Frage versuchen manche viele Antworten. Ich glaube, daß diese Frage in der Tiefe nur damit beantwortet werden kann, daß sich Menschen finden, Menschen in unseren Familien, denen es eine Ehre bedeutet, in dieser Zeit einen Sohn, eine Tochter freizugeben, im Verzicht auf ihre alten Tage, wo sie dann keinen Schwiegersohn und keine Enkelkinder haben. Die Antwort kann immer nur darin bestehen, daß junge Menschen, und ich meine euch, die ihr vorhin als junge Menschen das Kreuz angenommen habt, daß junge Menschen sagen: „Alle wollen etwas werden; ich möchte Gott verfügbar sein." Meine Lieben, die Zeit dafür muß wieder wachsen, und woher soll sie kommen, wenn nicht gerade aus

solchen Gemeinschaften, die im Zeichen der Gottesmutter stehen, die da dem Herrgott sagt: „Herr, wie du willst, so kannst du mich haben." Ich meine, daß aus diesen Gemeinschaften wieder der Sinn, jetzt hätte ich beinah gesagt, der Stolz wächst: „Ich sehe es als die größte Ehre an, mit meiner Familie, mit meinen Kindern, mit meiner Jugend dem Herrn verfügbar zu werden."
Das sagt sich leicht, liebe Männer und Frauen. Euch in der Kongregation, die ihr im Zeichen einer Mutter steht, die mit ihrem Ja des Verzichts auf das, was ein normales Mädchen in Israel sonst erwartete, die mit diesem Ja der Verfügbarkeit Gottes Erlösungswerk eingeleitet hat, beschwöre ich, liebe Sodalen: Seid zumindest Beter, daß in dieser Kirche dieser urmarianische Geist, diese urmarianische Bereitschaft wieder wachse und erwache. Denn auch wir sind ja wohl gerufen und getestet, ob wir, wenn wir hernach über den Marktplatz dem Kreuze folgen, dieses Kreuz ehrlich bejahen, ob wir als trotzige Kinder hinterdreingehen, hadernd mit uns selbst, weil uns das stört in unserem Stolz und in unserer Eigensucht.
Meine Lieben, in dieser Stunde, in der ihr alle euer Angelöbnis erneuert und damit ja sagt zu dieser Frau, die unterm Kreuz, wie wir mit Recht theologisch sagen, miterlösend tätig war, sollten wir nicht nur diese Herausforderung vom Kreuz her spüren, sondern auch seine Aufforderung. Ich habe vorhin schon die neuen Sodalen daran erinnert: Marianische Männerkongregation ist geboren aus einer wirren Zeit. Damals war sie die erste katholische Laienbewegung, die sich im Zeichen Mariens gesammelt hat, weil sie spürten, wer da ja sagt zu Christus, wer da sagt „Maria, nimm mich unter deinen Mantel", der muß ja sagen zu dem Appell, der nicht mehr auszuradieren ist aus dem Evangelium: Wer mein Jünger sein will, nehme das Kreuz auf sich.
Meine lieben Männer, „der nehme das Kreuz auf sich", das ist mehr als „der beiße die Zähne zusammen", wenn der Schatten des Kreuzes über ihn fällt, und der fällt über jeden Menschen. Seit das Kreuz aufgepflanzt wurde und im Zeichen dieses Kreuzes die Welt erlöst wurde, bleibt die Welt, ob getauft oder ungetauft, im Schatten des Kreuzes, und jeder trägt sein Kreuz mit. Der Unterschied für euch und für uns Christen ist, daß wir das von uns aus ergreifen, aufnehmen.
Was heißt: Aufnehmen des Kreuzes? Was hat das für Christus selbst bedeutet? Jetzt in der Fastenzeit sprecht ihr es, wenn ihr den Kreuzweg in eueren Gemeinden mitbetet, immer und immer wieder aus: „Denn durch dein heiliges Kreuz hast du die Welt erlöst." Das sagen wir 14mal bei den 14 Stationen und beugen die Knie, und ich meine, es müßte uns förmlich in die Knie zwingen, so urgewaltig ist dieser Auftrag des Kreuzes. Christus ist ans Kreuz gestiegen, weil er die Welt seinem Vater zuführen wollte. Christus ist am Kreuz verblutet, weil er diese unsere Erde, diese verdammte Erde, wie manche meinen, heimholen wollte in die Liebe des Vaters.

Meine lieben Brüder und Schwestern und ihr Sodalen vor allem, darum geht es: Die Welt heimholen! Diese Welt, die uns manchmal so verdammt vorkommt, wenn wir am Bildschirm die Teufeleien dieser Zeit sehen, angefangen von der brutalen Menschenjagd auf unseren eigenen Straßen im Terror bis hin zu den Quälereien und Schindereien, diesem Zerreißen menschlicher Ehre in den Folterkammern von Ost bis West. Diese Welt war es Christus wert zu sterben für sie. Für diese Welt hat die Frau unterm Kreuz das Schwert sich hineinstoßen lassen vor Schmerz und Mitleid. Diese Welt ist uns aufgegeben! Darf ich euch an einem kleinen Beispiel illustrieren, wie das Ganze einfach aussieht? Manche reden ja heute soviel von katholischer Aktion, und ihr erster Gedanke ist dann: Wir müssen organisieren, wir müssen Spenden sammeln für Misereor, wir müssen agitieren mit Plakaten. Ach, mein Gott, was nicht alles! Der eigentliche Anfang der Heimholung der Welt aber ist ein anderer. Und dafür mein Beispiel: Es war am Ende des Krieges. Als Soldat kam ich auf dem Rückmarsch durch Riga. Da war ein schon ziemlich zerstörter Friedhof, und unwillkürlich blieb ich an einem grasüberwachsenen Hügel stehen: Ein eisernes Kreuz, darauf schon verrostete Buchstaben, die man kaum entziffern konnte. Und ich fand, hier lag ein Engländer, ein toter Engländer, weit, weit weg von seiner Heimat, und er hatte sich in dieses Kreuz hineinschreiben lassen: „Dieses Stück Erde (er meinte die zwei Quadratmeter, auf denen er jetzt als Toter lag und verweste) gehört meiner Heimat, meinem England." Ich hab damals in mein feldgraues Notizbuch geschrieben: Mein Gott, das wäre die Revolution, die von der Kirche her kommen müßte, daß jeder unter uns wüßte, dieses Stück Erde, wo meine Familienstube ist, wo ich an der Maschine stehe, wo ich im Kino sitze, dort, wo ich am Biertisch debattiere, dieses Stück Erde ist vom Blut Christi ein für allemal angekauft, mir anvertraut in Treuhänderschaft. Dieses Stück Erde darf nicht zum Teufel gehen; denn hier bin ja ich, der Christ, der Sachwalter Gottes.

Meine lieben Sodalen, das verstehe ich unter katholischer Aktion! Nicht katholische Aktivismusträumerei, nicht zuerst nach Chile und nach Uganda hinüber. Das auch, aber zuerst und ganz konkret dahin, wo du heute nachmittag wieder unter Freunden bist und morgen in deiner Familie stehst und übermorgen mit deinen Kameraden Fußball spielst. Jeder Quadratmeter dieser Erde (da ist keiner ausgenommen) ist die Welt, wo wir das Knie beugen unter der Wucht der Erkenntnis: Und durch dein heiliges Kreuz hast du diese Welt dir angekauft. Soll ich schuldig werden, daß dein Eigentum verlorengeht?

Meine Lieben, man sagt uns in diesen Wochen nach, wir politisieren auf der Kanzel, weil wir von Europa reden. Ja, ist dieses Europa nicht Erde, in der die Blutspur des Erlösers steckt? Kann einer das Kreuz auf die Stirne machen und sagen: „Nun sind wir einmal gespannt, was das für ein Europa wird." Ein Europa des Eurokommunismus, ein Europa frivoler Sex- und Sumpfgelände, oder ein

Europa, in dem das Erbe, das blutige Erbe Jesu Christi erhalten wird, Europa im Zeichen Jesu Christi? Das ist doch keine Politik, das ist das Vermächtnis, das uns aufgegeben wurde von der Madonna mit ihrem toten Sohn auf dem Schoß: Da habt ihr meinen Sohn, schaut ihn euch an, bis zum letzten Tropfen hat er euere Erde gekauft um teueren Preis, da habt ihr ihn, nehmt ihn mir ab als Pfand, daß diese Welt nicht verlottert und verlorengehe.
Meine lieben Brüder und Schwestern in der Marianischen Kongregation, ich könnte vieles hinzufügen. Lassen wir das Kreuz und die Mutter darunter selber sprechen, indem wir uns jetzt aufmachen zur Prozession. Nehmen wir das Richtmaß des Kreuzes vor uns her, wenn wir im Lobpreis Mariens Christus wieder herbeibeschwören in unsere Gemeinschaft. Laßt uns dann unser Herz darangeben, daß wir sagen: „Herr, nein, dein Kreuz, es soll mich nicht ärgern. Dein Kreuz soll mich beschwören, Sachwalter deines heiligen Erbes zu sein, damit der Boden, auf dem ich als Sodale bin, dir morgen nicht fehle." Und wer weiß, was morgen ist. Unser unvergeßlicher Kongregationsapostel Pater Rupert Mayer hat das bekannte Wort in stürmischer Zeit gesprochen: „Wenn die Flammenzeichen rauchen" – und sie rauchen; „wenn die Flammenzeichen rauchen, wird die Stunde Männer brauchen. Nur am Kreuze wachsen sie." Meint ihr nicht, wir sind wieder vor oder in einer solchen Stunde? Amen!

Mar. Männerkongregation (MMC)

Der bleibende Auftrag
(zu Kol 3, 12–17)

Im Licht der Weihnacht haben wir uns vor einem Jahr bereitgemacht, das Internationale Jahr der Behinderten im Anruf Gottes an- und aufzunehmen. Nun geht dieses Jahr zu Ende, und ich meine, vor allem Bilanzziehen und Nachfragen, was denn nun wirklich eingebracht wurde, steht uns als erstes der Dank an. Der Dank dafür, daß viele zumindest diesen Anruf zum brüderlichen Miteinanderleben aufgegriffen haben und daß gewiß auch viel geschehen ist an Tat, Hilfe, gegenseitiger Begegnung und gemeinsamem Bemühen. Wieviel, das brauchen wir nicht zu wissen, es ist genug, daß Gott es weiß. Und auch das soll ein Teil unserer heutigen Weihnachtsfreude sein, selbst dann, wenn wir – hoffentlich! – nüchtern genug sind, um uns nicht etwa einzubilden, was dieses Jahr geschehen ist, sei genug und man könne nun das Thema Behinderte wie ein erfülltes Plansoll auf dem Terminkalender abhaken.
Das sicher nicht. Nur ich wehre mich auch dagegen, daß man so viel guten Willen, so viel mitmenschliche Betroffenheit und Bereitschaft einfach vermiesen will mit

einem blasierten „Na, was ist denn schon herausgesprungen?" und daß etwa auch unter uns welche in ungerechtfertigter und überheblicher Kritiklust ins Horn jener Bilanzmacher in den Medien stoßen, die sich nun anschicken, Losung und Lösungen dieses Jahres der Behinderten auf ihrer Federwaage abzuwiegen und als zu leicht zu befinden; denn ich halte es mit dem bekannten Wort, wonach es besser ist, eine Kerze anzuzünden, als über die Finsternis der Welt zu klagen. Und ich halte es auch mit dem Wort des Matthias Claudius, daß man das Gute tue und es ins Meer werfe; denn das Gute macht ohnehin keine Schlagzeilen und gelebte Liebe macht keinen Kassensturz.
Natürlich bleiben auch nach so einem Jahr Fragen offen, türmen sich weiter Probleme zuhauf und reißen neue Gräben zwischen Mensch und Mensch leidvoll und als Anklage, zumal gegen uns Christen, auf. Wer wollte das vertuschen oder wegbagatellisieren. Wir Christen schon gar nicht; denn das 3. Kapitel des Kolosserbriefes, aus dem Gott uns eben angerufen hat, kann nicht mit dem letzten Kalenderblatt 1981 abgerissen werden, es bleibt als Weisung und Auftrag.
Laßt mich nur drei Sätze und Appelle, die Paulus hier an uns richtet, kurz herausgreifen:

1. *Einander ertragen – einander vergeben*

Da ist zunächst das gewichtige Wort vom Einanderertragen und Einandervergeben! Jeder von uns weiß, wie wenig ein solcher Auftrag auf Zeit gilt. Er fordert uns lebenslänglich heraus, und dies mit elementarer Schwere; denn wer von uns hätte es nie erfahren, wieviel Herz und Mut es abverlangt, den Menschen neben sich anzunehmen, ihn, wie er ist, zu bejahen, ihn nicht nur mit zusammengebissenen Zähnen zu ertragen, sondern ihn mit seiner ganzen Schwere zu tragen. Und jeder von uns ist für den anderen, auch wenn er nicht nach Körper und Geist behindert und damit noch mehr zu tragen aufgibt, Last. Einer beschwert den anderen, ohne es zu wollen und sich oft dessen überhaupt bewußt zu sein. Einanderertragen, ja mehr noch, einander es zu vergeben, daß man sich einander es schwermacht und damit von neuem ja zu sagen zur Last des anderen, das fordert viel, zuweilen alles.
Aber eben in diese Pflicht sind wir durch Gott genommen, und wenn es überhaupt etwas gibt, was uns dazu Kraft, Bereitschaft und immer neue Willigkeit gibt, dann eben dies, daß Gott selber dieser Mensch geworden ist, unser Bruder, und es – wir hörten es im Evangelium – von vorneherein sagt, daß auch mit dem menschgewordenen Bruder Christus den anderen – hier war es von Maria gesagt! – so etwas wie ein Schwert treffen kann. Man kann den Menschen nicht um seinetwillen lieben, man kann es letztlich nur, weil der Mensch von Gott zuvor geliebt wurde und so an uns weitergegeben wird.

Das hatte jener Schweizer Bauernbursche begriffen, von dem unser Oberpfälzer Landsmann P. Lippert erzählt, wie er ihn einen steinigen Bergpfad hinaufstampfen sah mit einem anderen, stämmigen Burschen über seinem Rücken. Der Schweiß stand ihm auf der Stirn, der Atem pfiff. „Da hast du aber eine schwere Last auf dich genommen", sprach Lippert den Burschen an, und der hält inne, wischt sich den Schweiß von der Stirn und schüttelt verwundert den Kopf: „Aber, Pater, der da, das ist doch keine Last! Das ist doch mein Bruder!"
Genau das gilt es fortzuschreiben nach dem Jahr der Behinderten, in die Zeitlosigkeit unseres Alltags hinein, als bleibenden Auftrag: Dieses Aufnehmen des anderen, sehr wohl wissend und erfahrend, welche Bürde das ist und mit der Zeit noch erst werden kann, einander zu tragen und zu ertragen und dabei immer noch sich gegen Bemitleidung anderer zu wehren, weil es eben doch der Bruder, die Schwester ist, um die es geht. Unser Reden und Singen von der Menschwerdung des Herrn würde zum Geschwätz und zur Parodie, wollten wir das nicht begreifen und immer neu ergreifen.

2. *Den Frieden Christi walten lassen*

Ein Zweites kommt hinzu. Der Apostel ruft es in die Gemeinde von Kolossä hinein mit dem Satz: „Der Friede Christi walte in euren Herzen!" Und er hatte auch in dieser frühen Zeit des Christentums schon Anlaß dafür; denn mit dem Samen frohbotschaftlichen Friedens schoß das Unkraut von Spaltung und Zwist in die Halme. Und dabei blieb es. Die Geschichte der Christen ist nicht nur Geschichte von Brüderlichkeit und Versöhnung, sondern bitter genug, auch die Geschichte des Verrats am Herrn durch Bruderhaß und Unversöhnlichkeit. Aber gerade Weihnachten macht uns spürbar, wie sehr dennoch die Sehnsucht nach Frieden unausrottbar durch Christus in die Menschheit eingepflanzt wurde und wie unwiderstehlich auch sein Friedensauftrag uns seither als Stachel in Fleisch und Seele sitzt.
„Der Friede Christi walte in euren Herzen!" trägt Paulus der Gemeinde, also uns, auf, und das ist nun freilich weit mehr als etwa nur das Bewahren des erwähnten Herzensfriedens, weit über das bloße Stillhalten vor eigenem Unfriederregen hinaus und etwas anderes als das persönliche Mühen, mit Gott im Reinen zu sein. Sein Auftrag zielt nämlich nicht auf das Bewahren ab, sondern darauf, daß dieser Friede uns beherrsche, daß wir uns ihm unterwerfen und von ihm bestimmen lassen.
Und das wiederum ist weit weniger eine Sache von wortgewaltigen Proklamationen, von Friedensmärschen und Resolutionen. Es ist der bleibende Auftrag an unser Herz, sich weder verbittern noch aufreizen zu lassen angesichts des Bösen,

des Unverständlichen, des Provozierenden um uns herum, und statt anzuklagen oder auch nur zu beklagen, sich über alle Barrieren von Vorurteil, Angst und Fremdheit hinweg auf den anderen zuzubewegen, ihn anzunehmen und es immer neu mit ihm zu versuchen. Und das alles eben nicht zuerst und allein auf den „fernen Anderen" hin, sondern auf den hin, den Gott uns beigesellt hat. „Die Menschen nämlich bauen sich Häuser, Gott aber schafft den Nachbarn!" So ein chinesisches Sprichwort, und darin erfüllt sich Walten des Friedens Christi, daß Nachbarlichkeit sei von Mensch zu Mensch, von Familie zu Familie, von Klasse zu Klasse, von Volk zu Volk. Nachbarlichkeit, auch das ist ein anderes Wort für Frieden.

Nur, das bitte ich euch, macht aus diesem Wort kein Schlagwort und kein Wort fürs Poesiealbum! Es taugt nicht dafür. Macht das Wort vom Frieden als Nachbarschaft zur Minute der Besinnung am Morgen und zur Stunde eures Alltags!

3. *Sich dankbar zeigen*

Und dies ist der dritte Anruf, mit dem der Apostel das, was in der Losung dieses Jahres für unser Miteinanderleben ausgedrückt war, als bleibenden Auftrag auch über das Jahr hinausführt. Er sagt: Zeigt euch dankbar! Meint ihr nicht auch, daß das zumal in unser Heute herein ein wahrhaft not-wendiges Wort ist? Ich meine es buchstäblich: Not-wendig; denn ist es nicht auch ein Stück jener Not, in die wir mit all unserem Forschrittswahn und unserer Wohlstandsbesessenheit geraten sind, daß wir bei allem Kalkulieren und Aufportionieren unserer Leistungen und Ansprüche es verlernt haben, noch daran zu denken (und damit auch dafür zu danken!), daß eben nicht alles verrechnet und abgegolten werden kann, sondern zu danken ist?

Das wissen unsere Behinderten, wieviel über alle institutionelle soziale Sorge und Hilfe hinaus, das Gutsein und das tägliche Verstehen, das ohne Aufhebens gegeben wird, für sie bedeutet.

Das sollte uns, den Gesunden, bewußt werden, wieviel auch der leidende und behinderte Mitmensch in unser Leben einbringt, und wäre es – was ich weiß Gott nicht für das Geringste halte! – „nur" ihr tägliches Zeugnis der Angewiesenheit aufeinander und das Beispiel tapferer wie ergebener Hinnahme von Leid, Verzicht und Entbehren. Wohin kämen wir denn wir Neunmalklugen und Selbstsicheren, wir unerleuchteten Manager des Lebens und eingebildeten Glücksschmiede des Wohlstandes, gäben nicht sie gerade uns Signale dafür, daß eben nicht alles machbar ist und daß nicht unabwendbares Leid im Leben auch schon unabwendbar zur Verzweiflung führen müßte!

Ich meine, gerade jetzt, da wir angesichts der Wirtschaftsflaute und so vieler Katastrophen, inmitten so vieler Untergänge an Traumschlössern und selbstgebastelten Sicherheitsnetzen, anfangen, nervös zu werden oder gar zu resignierten Aussteigern aus Gesellschaft und Leben, gerade jetzt also müßte uns ein Gespür für Dankbarkeit aufkommen denen gegenüber, die als Stiefkinder von Wohlstand und Wohlergehen und oft wie Strandgut des Fortschritts Liegengebliebene, vorleben und vorgeben, wofür wir zu danken haben und womit wir unsere Krisen meistern können.
„Zeigt euch dankbar!" ruft uns die Liturgie an der Jahreswende zu, und wir nehmen den Anruf auf, weil die Gedankenlosigkeit (und mit ihr unsere Dankunfähigkeit!) uns als Menschen mindestens ebenso zerstört wie Contergan und Droge. Weil eine Gesellschaft, in der man nur Leistung mit Gegenleistung quittiert, das Konto ihrer Grundwerte abbucht in ein Defizit, das noch sorgenvoller wird als das Manko in der Staatskasse! Wer menschliche Zukunft will, muß für das Gestern danken können und im Heute danken lernen!
Das Jahr der Behinderten geht zu Ende. Wir haben es nicht als Pflichtsoll zu erfüllen versucht, sondern als solche, die Gott, der mit und für uns Mensch geworden ist, in Pflicht genommen hat. Und wir wissen, daß wir in dieser Pflicht bleiben; denn Gottes Wort geht nicht nach dem Kalender. Amen!

Behindertengottesdienst

Zwischen gestern und morgen
(zu Mt 24, 1–13)

600 Jahre Vohenstrauß, 600 Jahre Geschichte Ihrer Heimat an der Grenze. Das feiern Sie in diesen Tagen in vielfältiger Weise, und ich finde es gut so; denn ich halte es mit dem Wort Carlyles, daß die Menschen verkommen, wenn sie sich kein Feierkleid mehr anziehen, und ich stehe dazu, daß wir zuzeiten solche Festtage nötig haben, auch Festtage unserer Heimat, damit sich in der Freude und unter dem Anruf einer neu erlebten Vergangenheit wieder festige, was oft genug in der Sorge des Alltags auseinanderzufallen droht, sei es in den privaten Sorgen und Problemen oder auch im Widerstreit politischer Meinungen. Sie feiern Vohenstrauß in diesen Tagen in froher Gemeinschaft, und das ist gut so. Besser aber meine ich, ist es, wenn wir uns nun im Auftakt ihrer Feier als Gemeinschaft um den Altar versammeln und uns unter Gottes Anruf stellen, unter ihn, der Herr aller Geschichte ist und in dessen Tag hinein alle Tage unseres Lebens und alle Jahrhunderte unserer Zeitgeschichte fließen. Im Auf und Ab unserer Tage und inmitten der wechselvollen Geschichte von Vohenstrauß und am endgültigen

Zielpunkt dieser Stadt und seiner Menschen steht nach unserem Glauben ER, ER allein.
Darum möchte ich Ihnen in diese Feier hinein das 24. Kapitel des Matthäus-Evangeliums in Erinnerung bringen mit jener Szene an der Sionsburg von Jerusalem, vor der damals auch Menschen voller Stolz auf die scheinbar ewigen Steine verweisen, um dann aus dem Mund des Herrn zu erfahren, daß einmal auch diese mächtigen Quader bersten werden, daß Zeiten voller Bedrängnisse und Bewährungsproben die Hochgemutheit des Augenblicks ablösen werden und es letztlich darauf ankommt, im Namen des Herrn und in der Treue zu seiner Wahrheit standzuhalten. Worum geht es uns also in dieser Stunde als Christen, wozu ruft Gott uns an?
Lassen Sie es mich in einer kurzen, dreifachen Antwort versuchen zu sagen:

1. Dem Gestern verpflichtet in Dankbarkeit

Vor ca. 30 Jahren, als der Krieg zu Ende war, hörten wir die mahnende Stimme eines Heimkehrers, eines Dichters, der mit knapp 30 Jahren verstarb: Wolfgang Borchert. Er schrieb damals: „Wir sind eine Generation ohne Abschied. Wir haben nicht mehr die Kraft, Abschied vom Gestern zu nehmen. Wir stehlen uns einfach davon wie die Diebe." Hatte er recht? Natürlich konnte es uns niemand anlasten, wenn wir nach dem Inferno von 39–45 zunächst einmal vergessen wollten, das Grauen, den Hunger, die Zerstörung, die Gräber und die Greuel. Nur fürchte ich, wir haben zu tüchtig und zu schnell vergessen. Wir rannten zukunftsbesessen voran, alles hinter uns lassend, und eine neue Generation wuchs auf, die der Vergangenheitsbewältigung satt war und nichts anderes mehr als das Morgen kennen wollte, eine Generation, der Adolf Hitler so egal war wie Friedrich Barbarossa und die erfaßt vom neuen Fortschritt der Zeit allergisch wurde, wenn ihr jemand von Tat und Leistung der Alten erzählte. Wir wurden tatsächlich eine Generation ohne Abschied und waren daran, uns aus der Geschichte wegzustehlen. Aber Geschichte schüttelt man nicht ab wie lästigen Staub, und wenn uns heute, wie man sagen hört, eine Welle der Nostalgie überflutet, wenn auf einmal wieder Brauchtum und Volkstum attraktiv wird, wenn uns Denkmalspflege wertvoll wird wie die Konstruktion von Swimming-pools und Flutlichtsportplätzen, so ist das nicht von ungefähr. Nur damit allein kehren wir noch nicht in die Geschichte zurück, und vor allem sind wir damit noch nicht fertig mit dem Dank, den wir denen vor uns schulden, die vor uns waren. Um die Pflicht solchen Dankes aber zu wissen, muß es uns gehen; denn ein dankloses Volk ist ein gedankenloses Volk und Gedankenlosigkeit rächt sich über Geschlechter hinweg. Wenn Vohenstrauß in diesen Tagen seine Geschichte wachruft, eine Geschichte voller Bedrängnisse und Bewährungen, wenn es seine Friedrichsburg als Wahrzeichen guter und böser Tage in Erinnerung bringt, so meine ich, sollte für uns auch der Dank wach werden für die namenlose Reihe derer, die in dieses Land an der Grenze die Frohbotschaft Christi gebracht haben, den Glauben durchgetragen haben in Treue und Zeugnisbereitschaft und die die Jahrhunderte der Stadt durchbetet und durchlebt haben. Es ist dies ein Dank, mit dem wir uns selbst zu Christus und seiner Kirche bekennen, weil wir um seine Gnade wissen und um die Kraft einer Gemeinschaft des Glaubens. Dann hat auch diese Eucharistiefeier zum Stadtjubiläum ihren wahren, eigentlichen Sinn, und Eucharistie heißt Danksagung. Laßt uns also vor und in unserem Herrn danken nicht nur für ein Stück bewahrten Heimatbodens, sondern auch für ein Land und eine Geschichte unter dem Kreuz der Erlösung!

2. *Ins Heute gerufen zur Wachsamkeit*

Dankbar dem Gestern verpflichtet, ruft Gott uns zur Wachsamkeit ins Heute hinein. Den Jüngern, die damals vor der Sionsburg und dem Tempel Salomons stolz auf die Geschichte verwiesen, gab der Herr als Antwort, klaren Kopf zu behalten und sich vom wirren Lauf der Zeiten, die da kämen, nicht Sinn und Herz vernebeln zu lassen vor falschen Ideologien, Katastrophen und Konflikten. Meinen Sie nicht auch, daß Gott uns dasselbe im Schatten Ihrer Burg sagen kann und muß!? Die Stunde des Christen war nie zur Schlummerstunde erklärt, immer ist sie Stunde der „wachen Knechte und Mägde, die ihren Herrn erwarten". Auch die Stunde des Jahres 1978, und in einem Abschnitt unserer Geschichte, in der uns Wohlstandsseligen langsam die Gänsehaut wächst angesichts von Wirtschaftsflauten, Terroraktionen, politischer Leidenschaft und ideologischer Rattenfängerei. Und zwar nicht irgendwo in der Welt, sondern mitten unter uns und mitten in einem Land, das zweitausendjähriges Erbgut Gottes zu verwalten hat. In die Geschichte horchen, heißt ins Heute schauen, und ich möchte wahrhaftig nicht in den Wein Ihrer Festfreude den Essig klerikalen Pessimismus schütten. Aber dazu weiß ich mich verpflichtet, auch an einer vollen, schier übermütigen Feiertafel wie Maria aufmerksam zu machen, daß der Wein zu Ende geht und die Reserven fehlen. Welche Reserven haben wir denn für morgen? Ich meine nicht Geld, Aktien und Investitionen, ich meine jene wirklichen Reserven, aus denen ein Volk lebt: Güter des Glaubens, der Treue, der Gewissenhaftigkeit, der Ehre, der Moral, eben jene Grundwerte, um die man sich bei uns bereits herumschlägt, angefangen von dem Grundwert des menschlichen Lebens bis hin zu den unaufgebbaren Werten von Freiheit, Menschenwürde und Verantwortung für die kommende Generation. Daß sich solche Grundwertfragen bereits zu Wahlkampfparolen verfärbten, beweist doch, wie sehr es an der Zeit ist, daß wir Christen Farbe

bekennen im Heute, daß wir auf dem Jahrmarkt der Trunkenheit und Vernebelung gewahr werden müssen, wie weit unsere Wegwerfgesellschaft daran ist, die unabdingbaren ethischen Güter eines Volkes auf dem Flohmarkt der Zeit als Ramsch von gestern anzubieten.
Die Jünger, die damals so stolz auf den Sionsberg verwiesen, müssen sich sagen lassen: Laßt euch nicht irreführen! Der Tempel wird euch nicht retten. Glauben wir, daß wir auf den 700jährigen Dom von Regensburg schauen können und darin schon die Bürgschaft haben werden, daß der Choral der Domspatzen auch nach 2000 erklingen wird? Heute gilt es, auf das Erbe Gottes zu sehen, heute heißt es: „Sieh zu, daß du bestehst, denn die Gottlosigkeit wird ihr Vollmaß erreichen und die Liebe in der Mehrzahl der Menschen vereisen." So hat es der Herr damals im Schatten des Sionsberges den Seinen gesagt, er sagt es auch im Schatten eurer Burg. Seid wach im Heute!

3. *Ins Morgen gesandt zur Entschlossenheit*

In der Festschrift zur Geschichte Vohenstrauß habe ich unter den Grußworten den Satz gelesen: „Mögen die Bewohner der Stadt aus diesen Feiertagen neue Kraft schöpfen, um in der Zukunft mit der gleichen Energie und Ausdauer für das Blühen und Gedeihen der Heimat arbeiten zu können, wie sie das immer schon getan haben!" Es ist das Wort eines Politikers, und ich finde, sein Wort liegt nicht weitab von dem Anruf des Herrn, der damals vor der Sionsburg den Jüngern nicht nur bedeutet hat, sie sollten standfest bleiben in allen Wirren der Zeit, sondern auch, sie sollten neue Botschaft der Hoffnung in die Zeit tragen, Wegbereiter werden für die Menschen von morgen. Dieses Herrenwort gilt, es gilt auch in dieser Stunde und für uns als Christen und Bürger dieser Zeit. Es ist sein Anruf, den wir hier in der Altargemeinschaft aufnehmen und als Pflicht aus diesen Festtagen vor uns haben; denn was die Welt von morgen hält, zusammenhält und aufrecht hält, sind nicht die Stützmauern von UNO-Papieren und Machtblöcken politischer Allianzen, sondern unser Glaube und die Gnade des Herrn. Was morgen und übermorgen Heimat für andere sein kann, ist nicht ein mühsam gezimmertes Europa der Vaterländer, sondern das christliche Abendland. Was in den Umbruch des 2. Jahrtausends an wahrer Stabilität unserer Gesellschaft dienen wird, sind nicht Parteiprogramme, sondern das Gesetz Jesu Christi; denn auch nach dem Jahr 2000 bleibt er alleinig Weg, Wahrheit und Leben, weil Jesus Christus derselbe ist heute, morgen und in Ewigkeit.
Uns aber ist es aufgegeben, jene Welt, die er mit seinem Blut besiegelt und sich zu eigen gemacht hat, als seine Welt zu erhalten und zu gestalten. Wir Christen sind zur Welt entschlossen, weil Gott ein für allemal beschlossen hat, diese Welt

uns als erlöste Welt in Treuhänderschaft zu übertragen. Wer das Kreuz bejaht, muß auch ja sagen dazu, das Kreuz auf sich zu nehmen, d. h. Last und Opfer um der Menschen und der Welt willen aufzunehmen. Und das, lassen Sie mich es recht deutlich sagen, ist konkret eine sehr alltägliche Sache der Bereitschaft jedes einzelnen, über seine Selbstsorge hinaus mitzusorgen in der Gemeinschaft, zu seiner eigenen Bewährung vor Gott hin zu anderen den Zugang zu Gott zu erschließen, und bei allem eigenen Leid das Herz offen zu haben für namentliches und namenloses Leid der anderen. In die Zukunft entschlossen zu sein, das heißt für uns Christen, für morgen dem Vatergott und den Schwestern und Brüdern verfügbar zu bleiben, damit aus irdisch-heimatlicher Gemeinschaft eine Ahnung werde für das, woran wir glauben, an die bleibende, ewige Beheimatung aller in Gott.

Es mag nun schon mehr als 30 Jahre her sein. Da stand ich als Soldat in Riga vor einem grasüberwachsenen Grabhügel. Darüber ein verrostetes Kreuz, in das ein toter Engländer weit weg von seiner Heimat als letztes, stolzes Treuebekenntnis schreiben ließ: Dieses Stück Erde gehört meiner Heimat. Welch ein Bekenntnis! Tausend Meilen weit von zu Hause und ohnmächtig im Tode erobert einer seinem Vaterland zwei Quadratmeter lettischen Bodens. Weil ich hier liege und mich hier keiner wegbringt! Darf ich das Wort und Bekenntnis dieses anonymen Toten ihnen als Losung in dieses Jahrhundert Ihrer Heimatgeschichte und Ihr Leben als Christen weitergeben: Daß das Stück Boden, auf dem Sie leben, auf dem Sie sich mühen, auf dem Sie Zeugnis Ihres Christseins geben, daß dieses Sück bleibender Besitz für Vohenstrauß bleibe und dazu Terrain Gottes, das ihm niemand entwinden kann? Dies wünsche ich Ihnen, darum laßt uns nun um Gottes Kraft und Segen bitten. Amen!

600-Jahr-Feier in Vohenstrauß

Anlässe

Personenverzeichnis

Schriftstellen

Aus den Überschriften

Stichwortverzeichnis

Vom Verfasser sind erschienen:

Pustet-Verlag Regensburg

Frohbotschaft im Nebensatz (Biblische Betrachtungen)
Begegnungen (Meditationen)
Lied der Passion (Meditationen)

KAB-Buchvertrieb Regensburg

Die Ernte ist groß (Soziale Predigten und Vorträge)

Auer-Verlag Donauwörth

Kleinschriften:
Morgen bist du Stift
Morgen ist es soweit
Im Heiligen Dienst

Buchner-Verlag München

Laienspiele:
In jener Nacht
Aber die Seinen
Der Mann aus Kolossä

MZ – Mittelbayrischer Zeitungsverlag Regensburg:

So is mei Schloch (Mundart aus der westlichen Oberpfalz)